소그룹 영성형성 훈련

학습자용

소그룹 영성형성 훈련: 학습자용
Companions in Christ: Participant's Book
초판 발행: 2002년 1월 30일
4판 5쇄 인쇄: 2024년 3월 15일
지은이: Gerrit Scott Dawson, Adele Gonzalez, E. Glenn Hinson, Rueben P. Job,
　　　　Marjorie J. Thompson, Wendy M. Wright
옮긴이: 최대형
발행처: 은성출판사
등록: 1974년 12월 9일 제9-66호
　　ⓒ2002년, 2016, 2024년 은성출판사
주소: 서울시 강동구 성내로3길 16, 은성빌딩 3층
전화: (070) 8274-4404
이메일: esp4404@hotmail.com
홈페이지: http://eunsungpub.co.kr

한국어 번역판에 대한 출판 및 판매에 관한 모든 권한은 본 출판사가 소유하고 있습니다. 출판사의 서면 허락없이 번역, 재제작, 인용, 촬영, 녹음 등을 할 수 없음을 알려드립니다.

Originally published in English under the title of Companions in Christ by Gerrit Scott Dawson, Adele Gonzalez, E. Glenn Hinson, Rueben P. Job, Marjorie J. Thompson, and Wendy M. Wright, published by Upper Room Books, in U. S. A. in 2001. All rights to this book, not specially assigned herein, are reserved by the copyrights owner. All non-English rights are contracted exclusively through Upper Room Books.

Printed in Korea
ISBN: 979-11-92914-31-2 93230

Companions in Christ

A Small-Group Experience in Spiritual Formation

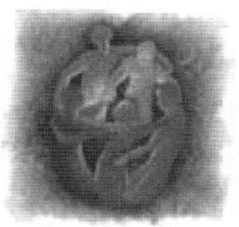

Participant's Book

by
Gerrit Scott Dawson, Adele Gonzalez, E. Glenn Hinson,
Rueben P. Job, Marjorie J. Thompson, Wendy M. Wright

translated by

Anthony Paul Choi

소그룹 영성형성 훈련

학 습 자 용

Gerrit Scott Dawson, Adele Gonzalez, E. Glenn Hinson,
Rueben P. Job, Marjorie J. Thompson, Wendy M. Wright 공저

최대형 번역

목차

감사의 글 / 9
개요 / 11
제1부 여정의 시작: 그리스도의 길
    제1주 여정으로서의 기독교인의 삶 / 23
    제2주 영성 생활의 특성 / 33
    제3주 은혜의 경로와 수단 / 47
    제4주 신앙 여정 나누기 / 61
    제5주 언약 공동체로서의 삶 / 73

제2부 말씀: 그리스도의 정신
    제1주 성경은 왜 하나님의 말씀인가? / 89
    제2주 영성훈련으로서의 성경 공부 / 99
    제3주 말씀 묵상 / 109
    제4주 말씀 상상으로 묵상하기 / 123
    제5주 그룹 성경 묵상 / 133

제3부 기도: 그리스도의 마음
    제1주 기도와 하나님의 성품 / 145
    제2주 기도의 장애물 제거하기 / 159
    제3주 청원과 중보기도 / 171
    제4주 전인적인 기도 / 183
    제5주 시편, 성경의 기도서 / 197
    제6주 관상기도 탐구 / 209

제4부 하나님의 부르심에 응답: 그리스도의 사역
제1주 하나님으로부터 쓰임 받음 / 225
제2주 전적으로 의지하는 삶 / 237
제3주 포도 열매 맺기 / 249
제4주 성령의 은사 / 261
제5주 세상을 위해 주어진 그리스도의 몸 / 279

제5부 영적 지도: 그리스도의 영
제1주 나의 삶에 대한 하나님의 뜻을 어떻게 알 수 있는가? / 293
제2주 영적 동반자 / 307
제3주 소그룹 영적 지도 / 321
제4주 우리의 삶을 그리스도 안에 있는 동반자 관계로 보기 / 333
제5주 영적 지도의 필요성 분별하기 / 347

참고 자료
폐회 피정 / 361
그룹 모임을 위한 자료 / 363
그룹 영적 독서 과정 / 364
호흡기도 훈련 / 366
제자도의 일반 규칙 / 369
언약 제자도 그룹을 위한 언약서 견본 / 371
웨슬리 전통의 언약 기도 / 373
회중: 영적 돌봄과 지도의 생태 환경 / 374

참고문헌 / 377

주 / 383

난외주 및 인용 자료 / 391

감사의 글

『소그룹 영성형성 훈련』은 하나의 공통된 이상을 가지고 있는 사람들이 팀을 이루어 노력한 결과이다. 이 팀은 영적 성장과 발전의 여정에 사람들을 창조적으로 참여하게 할 소그룹 자료를 개발하기 위해서 자신들의 지식과 경험을 후히 제공했다. 학습자용 교재를 저술한 사람들은 게릿 스코트 도슨Gerrit Scott Dawson, 애이들 곤잘레스Adele Gonzalez, 글렌 힌슨E. Glenn Hinson, 루벤 욥Rueben P. Job, 매조리 톰슨Marjorie J. Thompson, 웬디 라이트Wendy M. Wright 등이다. 스테픈 브라이언트Stephen Bryant는 지도자 지침서와 매일의 과제에 관한 내용을 저술했다. 매조리 톰슨은 이 책의 계획을 세우고 전체 자료를 편집하는 일에 참여했다. 키스 비즐리-토플리프Keith Beasley-Topliffe는 소그룹 모임을 위한 과정을 만드는 일에 고문 역할을 했고, 자료의 최종 형성에 많은 아이디어를 제공했다.

초기 단계에서 두 개의 자문 집단이 초고를 읽고 평가해주었다. 이 자문 집단에 참여한 사람은 지네트 배이크Jeannette Bakke, 애버리 브룩Avery Brooke, 토머스 파커Thomas Parker, 헬렌 피어슨 스미드Helen Pearson Smith, 루터 스미드Luther E. Smith Jr., 에레디오 밸버드Eradio Valverde Jr., 다이앤 루튼 블룸Diane Luton Blum, 캐롤 범벌로Carol Bumbalough, 루스 토리Ruth Torri, 마크 윌슨Mark Wilson 등이다. 이 책을 출판하기 전에 다음의 교회들이 자료를 사용하고, 학습자 교재와 지도자 교재의 개선을 위해 유익한 제안을 해주었다.

First United Methodist Church, Hartselle, Alabama

St. George's Episcopal Church, Nashville, Tennessee

Northwest Presbyterian Church, Atlanta, Georgia

Garfield Memorial United Methodist Church, Pepper Pike, Ohio

First United Methodist Church, Corpus Chirsti, Texas

Malibu United Methodist Church, Malibu, California

First United Methodist Church, Santa Monica, California

St. Paul United Methodist Church, San Antonio, Texas

Trinity Presbyterian Church, Arvada, Colorado

First United Methodist Church, Franklin, Tennessee

La Trinidad United Methodist Church, San Antonio, Texas

Aldersgate United Methodist Church, Slidell, Louisiana

이 『소그룹 영성형성 훈련』이 출판될 수 있도록 모든 과정에 참여하고 지원해 주신 모든 사람과 집단에 깊은 감사를 표하는 바이다.

『소그룹 영성형성 훈련』의 편집자,
Janice T. Grana, editor of Companions in Christ
2001년 4월

개요

『소그룹 영성형성 훈련』Companions in Christ에 참여한 당신을 환영합니다. 이 책은 소그룹 영성형성 훈련 교재로서 당신의 영성형성 훈련에 길잡이가 될 것입니다. 하나님은 우리를 그리스도 안에서 온전하며, 그리스도와 깊은 교제를 나누라고 부르셨습니다. 이 책은 당신이 개인으로서, 소그룹의 구성원으로서, 교회의 성도로서 이러한 부름에 응답할 수 있는 환경을 조성하기 위해서 집필되었습니다. 또 이 책은 하나님을 체험하고 영성형성 훈련하는 데 초점을 두고 있으므로, 이 책을 통해서 기독교인으로 사는 삶이 더 충만하게 될 것을 믿습니다. 또한 당신은 기독교 공동체가 성령을 통해서 서로를 인도해줄 뿐만 아니라 하나님의 은혜를 받는 장소가 된다는 사실을 깨닫게 될 것입니다. 하나님의 뜻을 알고, 그 뜻에 응답하려고 노력하다 보면 소그룹 구성원들과 점점 가까워질 것입니다. 성경 공부 시간이나 소그룹 모임에서 배운 것을 예배와 봉사 활동을 통해서 행할 때 당신의 교회는 성장해 나갈 것입니다.

『소그룹 영성형성 훈련』이 당신의 영 성장에 당신에게 어떤 도움을 줍니까? 이 책은 기도와 성경, 선교, 예배, 성경 공부, 기독교적인 대화와 같은 영성 훈련을 통해서 당신이 "생명의 시냇물"에 잠길 수 있도록 도와줄 것입니다. 이러한 은혜의 수단들은 그리스도께서 사람들을 만나시고, 그들의 믿음을 새롭게 하시고, 사랑 안에서 함께하는 그들의 삶을

깊게 하시는 일반적인 방법입니다.

- 『소그룹 영성형성 훈련』을 통해서 당신은 성경을 깊이 있게 탐구하며, 그것을 통하여 하나님의 음성을 듣는 방법을 배우게 될 것이며, 말씀으로써 당신의 삶이 형성될 것입니다.
- 『소그룹 영성형성 훈련』을 통해서 당신은 새로운 차원의 기도를 경험하며, 하나님께 자신을 개방하는 새로운 방법을 시도하게 되며, 하나님의 임재 훈련의 의미를 배우게 될 것입니다.
- 『소그룹 영성형성 훈련』을 통해서 당신은 삶에서 그리스도의 소명을 깊이 고찰하며, 개인적인 소명의 삶을 살도록 하나님께서 주신 새로운 은사들을 발견할 것입니다.
- 『소그룹 영성형성 훈련』을 통해서 당신과 당신이 지도하는 구성원 각자가 기독교 공동체로서 함께 성장하며, 교회의 소그룹이 영적 지도를 위한 배경이 되는 방법을 익히게 될 것입니다.

이 책은 초신자들을 위한 기독교 입문서가 아니지만, 교회의 성도들이 믿음의 기초훈련을 새롭게 하고 변화하도록 도울 것입니다.

개요

『소그룹 영성형성 훈련』은 두 가지 기본적인 것으로 구성되어 있는데, 학습자용 교재를 가지고 한 주 동안 개인적으로 읽고 매일의 과제를 하는 것과 지도자용 교재에서 제안된 것을 기초로 하여 매주 두 시간 동안 만나서 나눔의 시간을 갖는 것으로 되어 있습니다. 학습자용의 각 장은 매주 새로운 학습 자료와 그 내용에 따라서 닷새 동안 「매일의 과제」를 하게 되어 있습니다. 그룹의 예비모임을 가진 후에 당신은 다음과 같이 한 주간을 준비하면 됩니다. 첫째 날은 각 장의 학습 내용을 읽고, 둘째 날부터 여섯째 날까지는 다섯 개의 「매일의 과제」를 하루에 한 과제씩 하고, 제7일째 소그룹 모임을 가집니다. 「매일의 과제」는 당신이 지식(…에 대한 지식)에서 체험(…을 아는 지식)으로 이동하는 것을 돕는 데 그 목적이 있습니다. 이 과정에서 중요한 점은 묵상과 기도와 질문들을 살펴보고 소그룹에서 나눌 자료로 쓰일 개인 노트, 또는 영성일지를 기록하는 것입니다. 「매일의 과제」는 약 30분 정도 소요됩니다. 매주 모이는 소그룹은 지난 한 주간의 「매일의 과제」를 회고하고, 각 장의 내용을 더 깊이 탐구하며, 공동으로 드리는 기도를 체험하고, 탐구하였거나 체험한 것을 회중과 함께 나누는 시간으로 이루어집니다.

『소그룹 영성형성 훈련』의 자료는 다섯 부분으로 나누어져 있습니다. 28주간 실천하게 되어 있으며, 여기에 예비모임과 폐회 피정 시간도 포함됩니다. 다섯 부분은 다음과 같습니다:

1. 여정의 시작: 그리스도의 길(다섯 주)— 개인 또는 공동체가 하나님의 은혜로 말미암아 거룩함과 온전함을 향해 나아가는 여정으로서 영성형성에 관한 기본적인 탐구 과정.

2. 말씀으로 양육: 그리스도의 정신(다섯 주)— 성경 묵상과 기도에 대한 몇 가지의 방법 소개.

3. 깊은 기도: 그리스도의 마음(여섯 주)— 기도의 다양한 형태와 유형 안내.

4. 하나님의 부르심에 응답: 그리스도의 사역(다섯 주)— 하나님의 부르심 또는 소명 제시: 기꺼이 순종함으로써 자신을 하나님께 드리는 것과 성령의 열매와 은사를 받음.

5. 영적 지도: 그리스도의 영(다섯 주)—일대일의 관계에서 영적 성장 그룹으로, 전체로서 회중적인 삶 안에서 영적 인도에 이르기까지 영적 지도를 주고받는 다양한 방법을 개관함.

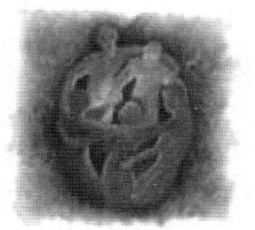

이 과정 중에 관련이 없는 묵상의 시간을 끼워 넣기 위해서 과정을 중단하거나, 크리스마스나 부활절 중에 모임을 거르자는 요청을 받을 수도 있습니다. 그러나 각 장은 연결되도록 설계되어 있습니다. 각 장은 이전의 장에 기초를 두고 있으므로 중간에 새로운 회원이 들어옴으로써 앞의 장을 생략한 채 시작하는 것, 또는 중간에 있는 장을 생략하는 것은 불가능하며 현명한 방법이 아닙니다.

학습자용 부록에 "그룹 모임을 위한 자료"가 있습니다. 이 부분은 보충이 될 몇 가지 참고 서적을 소개하는데, 그룹 모임에서 사용할 수 있습니다. 당신의 인도자가 이 자료들을 언제 사용해야 할지 적절한 때를 알려줄 것입니다. 또한 각각의 자료들에 주석을 달았는데, 이 자료들은 각 단원의 주제들과 관련이 있는 참고 자료들입니다.

소그룹으로 모일 때마다 성경과 『학습자용』 교재, 『개인 노트』 또는 『영성일지』를 반드시 지참하시기를 바랍니다.

영성일지

"나는 자신의 특별한 삶의 모습을 생각하기 위해서 이 글을 쓰기 시작했다.…나는 손에 연필을 잡으면 생각을 가장 잘 할 수 있으므로 자연스럽게 글을 쓰기 시작했다." 앤 모로우 린드버그Anne Morrow Lindbergh는 자신의 책 『바다로부터 온 선물』Gift from the Sea을 이렇게 시작했습니다. "손에 연필을 잡으면 생각을 가장 잘한다"라는 말이 상상이 안 되겠지만, 글을 쓰면서 우리의 내면의 삶을 반추할 때 놀라운 일들이 일어날 것입니다.

영성일지 또는 개인 노트를 기록하는 것은 당신이 『소그룹 영성형성 훈련』을 통해 얻는 체험 중 가장 중요한 것이 될 것입니다. 학습자용에는 매주 「매일의 과제」가 있습니다. 이때 각 과제와 관련하여 당신의 생각, 묵상, 질문, 느낌 또는 기도 등을 기록하라고 요청합니다.

당신이 영성일지를 기록해본 적이 없더라도, 금방 자연스럽게 습관이 된다는 것을 알게 될 것입니다. 전에는 전혀 나타내지 않았던 내면의 삶을 표현하는 생각들이 쏟아져 나올 것입니다. 그러나 영성일지를 기록하는 이이 계속 어렵고 귀찮게 여겨지면, 다른 방법을 시도해 보십시오. 영성일지는 "자기만 보는 것"이므로 자신에게 맞는 어떠한 방법이라도 선택할 수 있습니다. 미사여구로 쓴다거나, 문법이나 철자가 정확해야 한다고 걱정할 필요가 없습니다. 완전한 문장으로 기록할 필요도 없습니다. 묵상, 깨달음, 사색 등에 대한 핵심 단어면 됩니다. 묵상 중에 낙서하거나, 떠오르는 것을 스케치해도 됩니다. 일지를 재미있고 여유롭게 작성하십시오. 당신의 일지를 볼 사람은 아무도 없으며, 자신이 기록한 내용을 모임에서 나누는 것도 당신의 결정에 달려 있습니다.

이 과정에서 개인 노트나 영성일지를 기록하는 데에는 두 가지 중요한 이유가 있습니다. 첫째는 자기 생각을 글로 기록하는 과정에서 생각들이 분명해집니다. 어떨 때는 자기 생각을 종이에 글로 쓰기 전까지는 그것이 어떤 것이었는지 분명하지 않을 때가 있으며, 글을 정리하며 기록하는 중에 새롭고 창조적인 생각이 떠오르기도 합니다. 둘째로 이러한 개인적인 기록은 시간이 지난 후에 내면적으로 일어난 체험을 기록합니다. 영성일지를 기록하면 우리의 생각의 변화와 통찰의 과정을 추적할 수 있습니다. 우리의 기억력은 이러한 관점에서 매우 허약하며 한계가 있습니다. 2주 전, 심지어 3일 전에 느꼈던 특별한 감정이나 창조적인 생각도 기록된 자료가 없으면 생생하게 기억해내기 어려울 것입니다. 비록 생각하면서 마음속에 일어났던 것을 완벽하게 기록할 수 없다고 하더라도, 영성일지는 그러한 생각들을 상기시켜주는 것만으로도 충분한 가치가 있습니다. 또 당신은 매주 소그룹 모임에서 자기 생각을 상기시켜주는 영성일지의 필요성을 느끼게 될 것입니다.

우선 이런 목적으로 사용할 노트를 한 권 구입하십시오. 스프링이 달린 평범한 노트도 좋고, 특별한 표지로 디자인된 노트도 좋습니다. 줄이

있는 노트를 좋아하는 사람도 있고, 줄이 없는 노트를 좋아하는 사람도 있을 것입니다. 그러나 링 바인더나 종이철보다는 영구적인 노트가 좋습니다.

매일의 과제를 시작할 때, 영성일지와 필기도구를 가까이 두십시오. 과제를 완전히 읽고 생각하는 것이 끝날 때까지 기다릴 필요가 없습니다. 중간중간 멈추고 기록하는 습관을 기르십시오. 종이 위에서 생각하십시오. 머리에 떠오르는 생각, 그것이 주제와 벗어난 것이라도 무엇이든지 기록하십시오. 그것이 우선 생각하는 것보다 더욱 유익하고 요긴한 것임을 나중에 알게 될 것입니다. 이 과정이 처음에는 불편하고 어색하더라도 초조해하지 마십시오. 어떤 영성훈련처럼 이것 또한 점점 익숙해지며, 그 가치도 분명하게 나타날 것입니다.

다음은 한 주일 동안 영성일지를 기록하는 방법입니다. 먼저 그룹 모임을 가진 다음 날, 한 주간의 첫째 날의 본문을 읽으십시오. 읽은 내용에 대한 당신의 반응을 간단히 기록하십시오. 깨달은 것, 질문, 인정할 수 없는 부분, 떠오르는 이미지, 혹은 기록해 두고 싶은 것을 기록하십시오. 첫째 날 학습 자료를 읽으면서 책 좌우 여백에 기록하면 좋습니다. 그다음 날부터 「매일의 과제」를 하는 동안, 자신의 반응을 영성일지에 기록하십시오. 그룹 모임이 있는 일곱째 날 아침에 한 주 동안 기록한 것을 검토하면서 그룹 모임에서 나누고 싶은 부분에 표시해 두는 것이 도움이 될 것입니다. 그룹 모임에서 영성일지에 기록된 것을 직접 나누거나, 토론 시간에 부연 설명이 필요할 때 기억을 되살리기 위해서 영성일지를 지참하십시오. 시간이 흐르면서, 당신은 영성일지가 자기 삶의 형태를 생각하는 데 도움이 되며, 이를 통해 당신의 삶 안에서 하나님이 어떻게 역사하시는지 분명히 알 수 있을 것입니다.

그룹 모임

주간 소그룹 모임은 네 부분으로 나누어집니다. 첫째 시간은 잠시 예배와 기도를 드리는 시간입니다. 이 시간은 일상사들을 뒤로 물리고 하나님의 현존과 인도하심에 집중합니다.

둘째 시간은 "나눔의 시간"입니다. 이 시간에 매일의 과제를 하는 동안 느낀 자기 경험을 이야기합니다. 그룹 인도자는 소그룹의 구성원으로 참여하면서 자신의 반응을 같이 나눕니다. 일반적으로 이 시간에 회원들은 과제와 관련된 특별한 이야기를 나눕니다. 이 시간은 회원들이 하나님의 음성을 듣고 그리스도의 제자로서 신실하게 사는 사람들의 공동체를 이루기 위한 것들을 배우고 실천하는 매우 중요한 시간입니다. 소그룹은 하나님의 말씀을 듣고, 영성 훈련을 하며, 이 훈련을 일상생활에서 실천하는 방법을 탐구하기 위한 공간입니다. 회원들이 서로 평가하거나 충고해서는 안 됩니다. 오히려 매일의 과제에 대한 당신의 특별한 반응에 회원들이 관심을 기울이게 하여, 그들의 관심과 기도로 당신이 도움을 받습니다. 이 모임은 서로에게 충고하며 직접 도움을 주는 전통적인 모임이 아닙니다. 회원들은 성령께서 인도하시고 회원 서로가 성령의 인도하심을 들을 수 있도록 도와주라는 부르심을 받았다고 믿습니다.

"나눔의 시간"은 각자의 삶에 각기 다른 하나님의 역사하심이 있다는 것을 알게 되는 특별한 기회입니다. 우리의 여정은 다양하지만 다른 사람의 경험으로 인해 풍요롭게 됩니다. 우리는 기도를 통해서 서로를 붙들어 줄 수 있으며, 다른 사람의 경험을 존경할 수 있습니다. 모임 중 이 시간을 통해 우리는 하나님의 역사하심이 예기치 못한 방법으로 우리의 삶에 관여하신다는 것을 새롭게 깨달을 것입니다. 한편 나눔의 시간을 원활하게 진행하기 위해서 기본 규칙을 몇 가지 정하는 것이 좋습니다. 예를 들어 다른 사람에 대한 것을 말하지 말고 자신의 믿음과 느낌과 반

응에 대해서 말한다는 것, 원하는 사람만 나눈다는 것을 분명히 해두는 것도 좋습니다. 무엇보다도 비밀이 지켜져야 하며, 그룹 안에서 나눈 것은 그룹 안에서 끝내야 합니다. 다른 사람이 말할 때 끼어들거나 비평하거나 틀린 것을 고쳐주려 한다면 이 모임은 의미가 없어집니다. 그룹 인도자는 제기된 주제들을 다시 정리하면서 이 시간을 끝냅니다. 이때 정리된 주제는 하나님께서 회원들에게 주시는 말씀이 될 수도 있습니다. 그룹 인도자는 참여자이며, 또한 표면으로 부상된 주요 통찰을 듣고 요약함으로써 진행 과정을 돕는 사람이라는 것을 알아야 합니다.

세 번째는 "탐구 시간"입니다. 이 시간은 한 주에 배운 내용의 범위를 확장하며, 여기서 소개된 영성훈련을 실천 또는 훈련하거나 회원 자신과 교회를 위해 배우고 있는 것과 관련된 것을 생각하는 기회를 줍니다. 이 시간은 그룹에 공통적인 학습 체험을 제공하며, 예수 그리스도의 정신과 마음과 사역에 온전히 참여할 방법을 더 깊이 이해하도록 기회를 제공합니다.

마지막으로 그룹 모임을 시작할 때처럼 끝날 때도 간단한 예배로 마칩니다. 이 시간은 대화 중에 필요하다고 느꼈던 중보기도 및 그 밖에 기도 모임과 관련된 여러 가지 기도를 함께 나눌 수 있는 이상적인 시간입니다.

소그룹 영성형성 훈련에 참여하는 한 주간은 그리스도와 우리의 관계에 초점을 두게 하며, 하나님의 현존하심과 인도하심에 우리 자신을 더욱 개방하는 기회를 제공할 것입니다. 이러한 체험에 대한 유일한 기대는 진정한 여정의 동반자인 소그룹 회원들이 당신의 탐구와 학습에 용기를 주리라는 것입니다.

이 책을 저술하고 편집한 우리는 이 기간에 하나님이 당신에게 말씀해 주시고, 당신을 일깨워 그리스도의 이름으로 더 큰 사랑과 봉사를 할 수 있게 하시기를 기도합니다. 우리가 서로의 말을 경청하고 연구해 감에 따라 우리를 사랑하시는 하나님을 만나게 될 것입니다. 왜냐하면, 하나님은 우리가 성령의 은혜 가운에 그리스도 안에서 더욱 성숙한 자가 될 수 있도록 인도하기 위해서 간절히 기다리고 계시는 분이기 때문입니다.

제1부

여정의 시작: 그리스도의 길

루벤 P. 좁, 매조리 J. 톰슨

제1부, 제1주

여정으로서의 기독교인의 삶

내가 여섯 살 때, 우리 가족이 함께 장거리 여행을 한 적이 있습니다. 부모님과 두 남동생과 나까지 다섯 명이 장거리 여행을 하는 동안 먹을 음식과 옷가지 등 필요한 짐을 1929년식의 낡은 자동차에 실었습니다. 부모님은 밤새 세밀하게 여행 계획을 세웠습니다. 매일 식사는 낡은 나무 사과 상자 위에 놓고 먹었습니다. 점심은 길옆이나 그늘진 공원에서 먹었고, 아침과 저녁은 전날 밤에 지낸 큰길 가의 오두막에서 먹었습니다.

장거리 여행을 하는 동안 모든 것이 불확실해지기 시작했습니다. 낡은 자동차를 믿을 수 없었으며, 도로 표지도 정확하지 못했으며, 도로 사정도 좋지 않아서 매우 힘든 자동차 여행이었습니다. 게다가 우리는 한 번도 이런 여행을 한 적이 없었습니다. 지도도 그리 도움이 되지 못해서 도중에 트럭 기사나 여행객들에게 수없이 길을 물어보아야 했습니다.

그러나 이 여행은 정말 좋았습니다. 하루하루가 놀랍고, 때로는 말로 표현할 수 없을 정도로 큰 기쁨을 느끼기도 했습니다. 서로가 느낀 것을 함께 나누고, 새로운 것들을 발견하며, 새로운 경험을 통해 많은 것들을 배울 수 있었습니다. 결국 우리는 이 여행을 통해서 많은 것을 알게 되었고, 우리 자신도 변화되었습니다.

예를 들면 엔진이 고장 났을 때 도와줄 사람을 기다리면서 인내하는 법을 배웠습니다. 타이어가 잇따라 터졌을 때, 우리에게 예기치 않은 어려움이 닥칠 수 있다는 것과 이를 극복하는 것을 배웠습니다. 공사로 길이 막혀서 계획하지 않았던 길로 돌아가게 되었을 때는 우리에게 닥칠 예기치 못했던 일에 대처하는 방법도 배웠습니다. 빵, 과일, 소시지, 그리고 잠시 쉬는 동안 함께 마신 시원한 물 등 주변에 있는 소박한 것들이 우리에게 얼마나 큰 기쁨을 주는지도 알았습니다. 또 처음 보는 광활한 초원과 장엄한 산들 앞에 경이로움을 느꼈으며, 우리의 작은 차가 여름날 거센 폭풍 앞에 흔들렸을 때는 장엄한 자연의 힘 앞에서 두려워하기도 했습니다.

60년이 훨씬 지난 후에도 그 여행의 기억이 생생합니다. 아직도 동생을 만나면 그때 일을 회상합니다. 그때 배운 교훈들이 계속 나의 삶, 특히 영성 생활의 교훈이 되고 있습니다.

여정에서의 이동

나는 기독교 영성이 어떤 목적지가 아니라 여정이라고 하는 이유를 잘 알고 있습니다. 영성 생활은 움직임과 발견, 도전과 변화, 역경과 기쁨, 불확실성과 성취라는 특성이 있습니다. 또한 영성 생활은 동반자들, 즉 첫째로는 우리가 따르고자 하는 그분, 둘째로는 예수 그리스도를 따르려는 사람들과 교제한다는 특징이 있습니다.

성경은 여정으로서 영성 생활을 표현한 상징들로 가득 차 있습니다. 성경에서 영적 여정을 표현한 두드러진 예는 출애굽의 이야기입니다. 40년 동안 히브리 민족은 애굽의 속박에서 벗어나 약속의 땅의 자유를 찾아 이동하기 위해 투쟁했습니다. 어떤 시험을 통해서는 순종을 배웠으며, 어떤 시험을 당할 때는 철저히 믿음이 실패하였습니다. 그러나 변함없는 하나님의 신실하심이 광야를 여행하는 동안 안전하게 지켜주셨

> 신앙생활에는 성장과 발전 이상의 것이 포함된다. 회심과 변화, 우리를 지으시고 계속 붙들어주시는 하나님을 향한 근본적인 돌이킴이 포함된다. 믿음은 살아계시는 그리스도를 만남에서 비롯되는 내적 의식의 변화와 관련된다.
> —제임스 펜하겐

습니다.

성경학자 월터 브루그만Walter Brueggemann은 신앙생활의 특징이 하나님과 함께하는 세 종류의 이동이라고 말했습니다: (1) 방향이 정해진 여행being oriented; (2) 방향 잃은 여행becoming disoriented; (3) 다시 방향을 잡은 여행being surprisingly reoriented.[1] 시편은 이러한 모습을 통해서 이동하고 있음을 계속 증언합니다. 이러한 이동들이 내면의 영적 여정을 시작한 우리가 모두 잘 알고 있는 것인지 모르겠습니다. 삶에 대한 우리의 확실성이 완전히 파괴되지는 않아도 심각하게 손상을 입은 듯한 때가 있습니다. 어떤 때는 의식적으로 노력하든지 전혀 노력하지 않든지 방향을 잃은 상태에서 의미와 온전함이라는 별자리를 향해 이동합니다. 삶은 정적인 경험이 아닙니다. 새로운 통찰과 발달은 끊임없이 우리가 삶을 이해하고 하나님을 경험하도록 도전하게 합니다. 그러나 영성 생활을 여정으로 본다면, 이런 변화의 과정이 우리를 두렵게 하거나 우리의 주요 목적인 하나님을 알고 사랑하는 것에서 벗어나게 하지 않을 것입니다.

예수님과 제자들의 여정

예수님의 생애는 여정으로서의 영성 생활을 보여주는 가장 훌륭한 모범이 됩니다. 우리처럼 예수님도 부모의 양육과 도움이라는 하나님의 은혜에 완전히 의존해야 하는 연약한 유아로서 지상생활을 시작하셨습니다. 주님은 어린 시절에서 성년으로 성장하는 동안 아버지로 알고 있는 분과의 관계에서 자신의 정체성을 깨닫게 되셨습니다. 열두 살 때 주님은 예루살렘의 장로들 가운데 앉아서 자신의 아버지 집에 거하고 있음을 느끼셨습니다. 주님은 하나님과 특별한 관계 안에서 확실한 "방향"이 결정되었으며, 요단 강에서 세례를 받으신 일과 변화산의 변모變貌를 통해서 하나님으로부터 특별한 소명의 인정을 받으셨습니다. 예수

> 영성 생활은 우리의 행동의 중심이 되는 생활, 우리가 하나님 안에 닻을 내리는 곳이다. 그것은 하나님의 실재와 요구에 대한 의식에 철저히 젖어 있는 삶이며 하나님의 뜻에 복종하는 삶이다.
>
> —에블린 언더힐

제1부 여행의 시작: 그리스도의 길

님은 하나님과 인격적인 교제를 강하게 느끼셨습니다. 주님은 자신 안에서, 그리고 자신을 통해서 하나님의 능력이 나타나는 거룩하고 결정적인 순간들을 잘 알고 계셨습니다. 주님은 제자들과 자신을 따르는 군중으로 이루어진 공동체의 기쁨을 알았습니다. 그러나 예수님의 삶에서 원수들은 물론이고 제자들로부터 배반당하는 아픔이나 투쟁, 실망 등이 면제된 것이 아니었습니다. 광야에서 받은 유혹의 경험은 예수님에게 있어서 방향을 잃고 다시 방향을 잡은 것이었습니다. 주님은 자신의 가르침과 목적을 오해하는 제자들과 군중 때문에 실망하셨습니다. 더욱이 겟세마네 동산에서의 고민, 제자들의 배반과 부인, 하나님께 버림받았다고 느꼈을 때의 극심한 두려움 등은 예수님 삶의 여정에서 방향을 잃은 상태를 나타냅니다. 그러나 예수님은 부활의 영광 안에서 하나님을 사랑하는 목적을 향하여 방향을 다시 잡음으로써 우리에게 모범을 보여 주셨습니다. 하나님의 최후 말씀은 죽음이 아닌 생명이며, 분리가 아닌 교제입니다.

예수님을 따르는 자들의 삶의 여정이 각기 다르지만, 예수님의 여정은 그들에게 모범이 됩니다. 우리는 예수님의 부르심을 받아들임으로써 여정을 시작한 열두 제자들의 삶의 모습을 압니다. 많은 사람의 조소와 거절로 이루어진 여러 날 계속된 지친 여행은 불치의 병 치유, 오병이어의 기적, 거센 폭풍우를 잠잠하게 하신 것 등 계시와 기적의 놀라운 순간들이 되었습니다. 제자들은 예수님이 누구인지 불완전하지만, 점차 알아가고 있었습니다. 그러나 예수님에 대해서 확실히 안 것도 유월절 마지막 만찬과 십자가의 고난 앞에서 산산조각이 났습니다. 그러나 심각하게 방향을 잃게 된 사건 뒤에 부활하신 주님을 체험하였습니다. 가장 기억에 남을 이야기는 엠마오로 가는 두 제자 이야기입니다. 지금 잘 알려지지 않은 두 사람은 혼란과 슬픔을 느끼면서 엠마오로 가는 길에서 도반道伴과 스승으로서 부활하신 그리스도를 만났습니다. 두 제자가 받은 완전히 새로운 삶의 방향과 의미는 우리의 믿음 안에서 삶의 경험

을 약속합니다.

여정의 본질

우리는 일찍이 하나님의 사랑에 방향을 맞춘 운 좋은 사람들인지도 모릅니다. 그렇다 하더라도 인생에서 불가피하게 일어나는 방황이라는 폭풍을 피할 수 없습니다. 즉 사랑하는 사람의 죽음, 이 세상이나 우리의 삶 속에 불법이 존재하는 것, 편견과 탐욕, 권력욕 등으로 인해 일어나는 여러 가지 해악이 있습니다. 이러한 깊은 혼란을 체험하는 동안에는 하나님 현존의 실재, 최소한 하나님 은혜의 선하심조차 인식할 수 없습니다. 그러나 하나님의 은혜는 위험 속에서 안전 또는 고통 속에서 편안함을 주는 것 이상의 모양으로 다가옵니다.

하나님께 대한 진정한 헌신은 모든 것 안에서 하나님의 뜻을 구한다는 의미입니다. 세월이 흐른 후에 삶은 우리가 기도하면서 원했던 것을 얻지 못한 것이 오히려 우리에게 유익했음을 가르쳐 줍니다. 하나님이 우리가 어떤 사람이 되기를 원하시는지에 대한 잘못된 생각 및 하나님에 대한 잘못된 생각에서 벗어나는 것은 하나님의 선물입니다. 하나님을 단지 우리를 위로하시고 인정하시고 치유하시고 사랑하시는 분으로만 생각하는 것은 우리에게 의로움을 구하시고 우리의 헛된 망상에 도전하고 우상을 대적하라시는 하나님의 거룩을 부인否認하는 것입니다. 헛된 망상에서 벗어날 때 우리는 영적 여정이 힘들다는 것을 느낍니다. 이는 평지를 걷는 것보다 산에 올라가기가 더 어려운 것과 같습니다. 때로는 믿음이라는 가는 밧줄을 붙잡고 절벽을 올라가는 것처럼 느껴질 때도 있습니다. 또 지평선에서 긍정적인 것을 전혀 볼 수 없을 때 소망 가운데 인내하라는 음성을 듣습니다.

더 깊고 더 풍부하고 단단한 믿음으로의 방향 전환은 방향을 잃은 삶의 경험 안에 잠재되어 있습니다. 그러나 이러한 은혜는 우리가 바라는 바대로 빨리, 또는 우리가 원하는 바대로 반드시 오지 않습니다. 하나님의 방법은 신비롭습니다. 우리는 오직 믿음으로 로마서 8장 28절의 "우리가 알거니와 하나님을 사랑하는 자 곧 그의 뜻대로 부르심을 입은 자들에게는 모든 것이 합력하여 선을 이루느니라"는 약속을 담대하게 요구할 수 있습니다.

믿음의 약속

하나님은 선하시며, 이 세상에서 선을 위해 특별히 하나님을 사랑하는 자들 안에서 그들을 위해서 그들을 통해서 쉬지 않고 일하십니다. 그러나 이 세상에서 하나님의 선하신 목적은 고통 없이 이루어지지 않습니다. 이 사실을 예수 그리스도의 삶에서 분명히 볼 수 있습니다. 예수님은 제자들에게 자신을 따르면 이 세상에서 고통을 받을 것이라고 말씀하셨습니다. 그러나 더 큰 약속은 기쁨, 즉 자기를 위하거나 자기중심으로 살지 않고 하나님을 위하고 그리스도 중심의 삶을 살 때 주어지는 비할 데 없는 기쁨에 대한 약속이었습니다. 그리스도 안에 있는 삶은 풍요롭습니다. 혼란과 고통 가운데서도 이 기쁨을 알 수 있습니다. 믿음의 공동체 안에서 말씀 묵상, 기도, 예배, 영적 지도를 꾸준히 실천하는 것은 개인적으로나 공동체적으로 영적 진리를 발견하고 실천하며 살도록 도와줍니다. 함께 이러한 영성훈련을 탐구하는 것이 이 책의 목적입니다.

역사적으로 유대교와 기독교는 하나님과 함께하는 삶―영성 생활―을 여정이라고 여겼습니다. 그래서 묵상과 과제에 대한 이번 주의 과정에서 우리의 영성 생활을 이러한 관점으로 보는 것은 자연스러울 것입니다. 우리는 각자가 개인적으로 여행하지만, 이 소그룹 모임 중 「깊은 탐구」 시간에 모두가 함께 여행하기로 언약할 것입니다. 우리는 영성 생활이 완전한 성숙complete maturity(더는 성장할 여지가 없는 성숙한 상태, 역자

주)이 아니라 그리스도 안에서 자라고 있음을 깨닫도록 서로 도와줄 수 있습니다. 우리는 이미 도착한 것이 아니라 하나님을 향해서 움직여 나아가고 있으며, 그러므로 우리는 하나님의 자녀로서 잠재성을 이루어가고 있습니다.

에베소서 저자는 우리에게 "온전한 사람을 이루어 그리스도의 장성한 분량이 충만한 데까지 이르리니"(엡 4:13)라고 권면합니다. "온갖 교훈의 풍조"(엡 4:14)에 쉽게 요동되는 것이 영적 미성숙을 의미하므로, 여기서 말하는 "온전한 사람을 이룬다"라는 것은 바른 가르침과 연관됩니다. "범사에 그에게까지 자랄지라 그는 머리니 곧 그리스도라"(엡 4:15)는 것은 교회라는 건강하고 일치되고 생명을 주는 유기체의 지체인 우리의 개인적인 삶에서 나타나는 능력을 의미합니다. 교회의 지체들이 그리스도 안에서 하나님의 진리로 무장할 때, 전체의 한 지체로서 맡은 바 역할을 할 때 교회는 "사랑 안에서 스스로 세우면서"(엡 4:16) 성장합니다. 사랑 안에서 교회를 세울수록, 더욱 주님을 닮아가게 됩니다. "장래에 어떻게 될지는 아직 나타나지 아니하였으나 그가 나타나시면 우리가 그와 같을 줄을 아는 것은 그의 참모습 그대로 볼 것이기 때문이니"(요일 3:2). 이것이 신앙생활의 목적이며, 다음 장에서 탐구할 주제입니다.

> 매사에 하나님이 당신과 함께 하신다는 것, 하나님이 당신의 여정에 함께 할 동반자들을 보내주신다는 것을 믿으십시오.
>
> — 헨리 나우웬

매일의 과제

이번 주의 내용을 읽으십시오. 당신의 생각, 질문, 기도, 상상 등을 기록하기 위해서 영성일지나 노트를 준비하십시오. 과제를 하기 전에 잠시 침묵하면서 일상사에서 벗어나십시오. 하나님의 도우심에 맡기고, 성령께서 인도하시도록 마음의 문을 여십시오. 금주의 과제는 신앙의 여정으로서 영성 생활에 대한 당신의 경험을 생각하는 기회가 될 것입니다.

과제 1
창세기 12장 1-9절을 읽으십시오. 이 이야기는 히브리 민족의 신앙 여정의 출발점인 아브라함의 삶에서 큰 전환점이 되는 이야기입니다. 당신의 신앙 여정— 당신이 알고 있던 "땅"에서 주님이 보여주신 "땅"으로 의식의 이동—의 출발점은 어디입니까? 신앙 여정을 시작하게 한 것에 대한 기억, 생각, 느낌을 기록하십시오. 잠시 당신의 느낌을 하나님과 나누십시오.

과제 2
창세기 28장 10-22절을 읽으십시오. 이 이야기는 야곱의 삶에 임재하시고 약속하시며 야곱과 동행하시는 하나님의 이야기입니다. 당신의 생장력生長歷을 거슬러 올라갈 수 있다면, 야곱처럼 "여호와께서 과연 여기 계시거늘 내가 알지 못하였도다"라고 해야 할 때는 언제였습니까? 자신의 과거를 초기, 중기, 최근으로 삼등분하여 마음으로 여행하면서, 기도하는 마음으로 본문을 반복하여 외우십시오. 기억나는 일과 하나님의 함께하심에 대해 깨달은 것을 기록하십시오. 하나님께 감사하면서 이 과제를 마치십시오.

과제 3

출애굽기 17장 1-7절을 읽으십시오. 이 이야기는 이스라엘 백성이 애굽의 노예 생활에서 벗어나 광야를 지나는 "여정"에서 경험한 신앙의 투쟁에 관한 이야기입니다. 당신이 신앙 여정에서 영적인 갈급함과 공허함을 느꼈을 때, 혹은 낙담했을 때를 생각해 보십시오. 그때 무슨 일이 일어났습니까? 무엇이 당신을 사막을 지날 수 있게 해주었습니까? 묵상한 내용을 기록하십시오. 하나님께 당신의 질문과 놀라움을 말씀드리면서 과제를 마치십시오.

과제 4

시편 126편을 읽으십시오. 이 시편은 이스라엘 백성이 바벨론 포로기를 보낸 후 고국으로 돌아오는 기쁨을 노래하고 있습니다. 당신이 어떤 사람이나 장소나 공동체와 재회함으로써 기쁨을 느낀 때가 있습니까? 영적 여행 중 하나님과 관계가 회복되었다고 느꼈을 때는 언제입니까? 묵상한 내용을 기록하십시오. 언제든 고향으로 돌아오는 당신을 환대하시는 하나님께 감사기도를 드리십시오.

과제 5

누가복음 24장 13-35절을 읽으십시오. 이 이야기는 두 제자가 방향을 정하고 being oriented 가다가 (예수님이 십자가에 못 박히기 전까지), 방향을 잃고 13-24절; being disoriented, 다시 방향을 찾는 25-35절; being reoriented 모습을 보여줍니다. 이 이야기는 그리스도와 함께 걸어가면서 성장하는 우리를 반영해주는 이야기입니다. 이 세 가지 움직임 중 지금 당신은 어디에 있습니까? 깨달은 바를 기록하십시오. 당신의 삶에서 하나님의 현존을 느꼈던 때나 내면의 자극을 받은 때를 기억하고, 몇 분 동안 그리스도와 대화로 기도하십시오.

제1부 여행의 시작: 그리스도의 길

그룹 모임을 위하여 한 주 동안 기록한 영성일지를 살펴보십시오.

제1부, 제2주

영성 생활의 특성

기독교인의 영성 생활이란 무엇입니까? 영성 생활이란 그리스도 안에서 사는 삶—그것은 우리의 자아상이 우리의 중심을 이루는 것이 아니라 그리스도가 중심을 이루는 삶입니다. 그것은 예수님이 전 존재에 현현顯現하신 것처럼 성령으로 충만하고, 성령에 의해 인도되고, 성령이 주시는 능력으로 사는 삶입니다. 자만심과 이기심을 비우면, 인간의 삶은 하나님이 원하시는 바 거룩하고 겸손하며 기쁨으로 순종하며 사랑의 능력을 전하는 삶이 될 것입니다. 갈라디아서 2장 20절에서 바울은 이러한 상태를 "그런즉 이제는 내가 사는 것이 아니요 오직 내 안에 그리스도께서 사시는 것이라"고 말합니다. 이것이 성숙한 기독교인의 모습이 되어야 합니다. 우리는 대부분 영적 성숙함이 부족하다고 느낍니다. 영적 성숙은 인간의 능력과 고상한 목표에 대한 아름다운 비전을 제시하지만, 불가능하지는 않아도 벅찬 이상처럼 보일 것입니다.

그것이 우리가 은혜로 시작해야 하는 이유입니다. 하나님의 은혜를 떠나서는 영성 생활이 불가능합니다. 은혜는 전적으로 하나님께서 예수 그리스도 안에 있는 우리에게 주신 것입니다. 은혜와 관련해서 도움이 되는 구절을 에베소서에서 많이 발견할 수 있습니다. 이 짧은 서신에는 영성 생활을 이해하고 살아가는 데 도움이 되는 귀중한 진리의 보화가 많이 들어 있습니다. 그래서 많은 학자가 에베소서를 교회의 신학의

> 하나님의 피조물인 우리 인간은 당신을 찬양하기를 간절히 원합니다.…하나님이 우리를 일깨우시고 기쁨을 주셨음을 찬양합니다. 이는 하나님이 우리를 지으시고 당신에게로 이끄셨기 때문입니다. 우리 마음은 하나님 안에서 쉼을 찾기 전까지는 불안합니다.
> — 힙포의 어거스틴

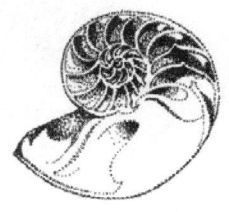

"왕관보석" crown jewel이라 합니다.

　에베소서의 서두의 인사말에서 은혜가 강조됩니다: "하나님 우리 아버지와 주 예수 그리스도로부터 은혜와 평강이 너희에게 있을지어다." 그러나 에베소서 1장 3-14절은 은혜의 내용과 범위를 분명하게 설명합니다. 이 구절을 깊이 묵상하면서 천천히 읽으십시오.

　에베소서 기자는[1] 그리스도 안에서 "하늘에 속한 모든 신령한 복"을 선물로 주신 하나님께 복을 빌면서 시작합니다. 하나님이 "우리로 사랑 안에서 그 앞에 거룩하고 흠이 없게 하시려고 창세 전에 그리스도 안에서 우리를 택하셨다"라는 사실은 놀랍습니다. 이 선물과 함께 죄사함과 구원이 주어지며, 하나님의 자녀가 되고, 구원의 유산과 하나님의 신비한 뜻에 대한 지식이 주어집니다. 이는 우리가 선택한 것이 아니라, 하나님의 택함을 받은 우리의 운명입니다. 풍족한 이 은혜는 그리스도 안에서 우리를 향한 하나님의 선한 뜻이 분명히 나타난 것입니다. 이때 우리는 불가항력으로 우리가 창조된 목적인바 기쁨으로 하나님을 찬양하게 됩니다.

　에베소서는 우리를 향한 하나님의 무한하고 선하신 뜻을 포괄적으로 확실하게 보여줍니다. 즉 말씀이 육신이 되신 그리스도 안에 모인 모든 피조물을 향한 포괄적인 계획을 보여주고 있습니다. 이 계획의 신비는 그리스도의 희생적인 사랑입니다. 비록 우리가 죄 때문에 은혜에서 멀어졌지만, 그리스도 안에서 죄사함을 받고 화해되고 거룩함으로 회복되었습니다. 하나님의 가장 큰 갈망과 기쁨은 예수 그리스도 안에 있는 우리가 복 받는 것입니다. 예수 그리스도를 믿는 사람들에게서 이를 빼앗을 자가 없습니다. 이 구절의 중심이 되는 진리를 요약하는 단어가 '은혜' 입니다.

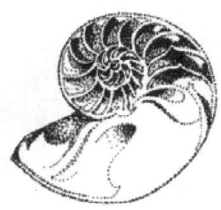

은혜를 보여주는 예화

은혜는 신앙적인 대화를 나눌 때 거르지 않고 자주 언급되는 단어 중 하나입니다. 우리 모두가 은혜를 경험한 것은 분명하지만, 모두 동일한 경험이라고 정의하기 어렵습니다. 은혜에 대한 정의를 내리기는 어렵지만, 가끔 경험을 통해서 은혜를 깨닫게 됩니다. 다음은 나의 어린 시절 이야기입니다. 이 이야기를 통해서 은혜라는 단어의 의미를 찾으시기 바랍니다.

내가 어릴 적에 고무총을 갖는 것은 굉장한 일이었습니다. 나는 아버지가 처음으로 고무총을 만들어 주셨던 때를 분명하게 기억합니다. 아버지는 벗나무를 Y자로 자른 뒤에 낡은 트럭에서 잘라낸 튜브 줄과 낡은 신발에서 잘라낸 가죽 조각으로 고무총을 만드셨습니다. 아버지는 작은 돌로 몇 번 시험해 보신 후 고무총을 나에게 주셨습니다. 물론 사용 방법도 가르쳐 주셨습니다. 아버지는 창문, 동물이나 새를 향해 쏴서는 안 되며, 부수거나 상처를 입히거나 죽이기 위해 조준해서는 안 된다고 말씀하셨습니다.

처음에는 모두 좋았습니다. 나는 이 세상에서 가장 행복한 다섯 살 소년이었습니다. 쏠 수 있는 돌은 어디든 깔려 있었고, 사방의 모든 것이 표적이었습니다. 나는 나무와 나뭇잎, 울타리, 바위, 웅덩이 등 모든 것을 쏘았습니다. 어느 날 저녁을 먹고 집 밖으로 나갔습니다. 그때 비둘기가 눈에 들어왔습니다. 새를 쏘아서는 안 되는 것을 알고 있었지만, 쏘아도 새를 맞추지 못하리라고 생각했습니다. 그래서 비둘기를 향해서 고무총을 쏘았습니다. 그런데 놀랍게도 비둘기는 명중되어 땅에 떨어졌습니다. 나는 놀랐고 마음이 아팠습니다. 아버지의 말씀을 거역하거나 화나게 하고 싶지 않았기 때문입니다.

나는 방에 들어가 옷도 벗지 않은 채 자리에 누웠습니다. 곧 아버지가 방에 들어와 침대에 걸터앉으셨습니다. 아버지는 내가 왜 침대에 누워있는지 물으셨습니다. 나는 울면서 아버지가 고무총을 만들어 주셨을 때 말씀하신 것을 지키지 않았다고 고백했습니다. 아버지는 울고 있는 나를 안아 주시면서, 규칙을 어겼을 때 따르는 위험과 하나님이 지으신 피조물을 보호할 것에 관한 이야기를 해주셨습니다. 나는 아버지에게 안겨서 용서 받았고, 다시 기회를 주겠다는 말씀도 들었습니다. 나는 아버지와 손을 잡고 고무총을 책임 있게 사용해야 한다는 의미를 되새기면서 바깥으로 나갔습니다.

은혜는 종종 뜻밖의 장소에 예기치 못한 방식으로 임합니다. 그러나 어떻게 임하든지 은혜는 공로로 주어지는 순전한 선물입니다. 우리의 노력으로 은혜를 벌거나 살 수 없고, 심지어 부술 수도 없습니다. 에베소서 기자는 이 사실을 2장에서 분명히 말합니다. "너희는 그 은혜에 의하여 믿음으로 말미암아 구원받았으니 이것은 너희에게서 난 것이 아니요 하나님의 선물이라 행위에서 난 것이 아니니 이는 누구든지 자랑하지 못하게 함이라"(엡 2:8-9).

우리 모두가 때로는 고의로, 때로는 무의식중에 불순종하는데도 하나님은 왜 후한 선물을 주시는 것일까요? 이 서신에서 설명하고 있는 것처럼, 그것은 "그리스도 예수 안에서 우리에게 자비하심으로써 그 은혜의 지극히 풍성함을 오는 여러 세대에 나타내기"(엡 2:7) 위함이었습니다. 넘칠 정도로 친절하심으로 사랑하는 것이 하나님의 본성입니다. 좀 더 깊은 의미에서 은혜는 하나님의 선물이며, 하나님 자신을 우리에게 나타내신 것입니다. 즉 "그가 사랑하시는 자 안에서 우리에게 거저" 주신 것입니다(엡 1:6). 여기에서 "그가 사랑하시는 자"는 예수님인데, 이 명칭은 예수님이 세례를 받으실 때 계시되었습니다(마 3:17). 영적 은사들—사랑, 순결, 자비, 평화, 진리, 충성, 단순함, 기쁨—은 그리스도 안에서 우리를 향한 하나님의 본성을 나타냅니다. 그런 은혜는 우리의 평안, 치유, 인도, 변화를 위해서 주어집니다. 또 우리가 풍성한 삶을 살 수 있도록 주어지는 것입니다.

영성 생활의 목표

이제 다시 기독교인의 삶의 "불가능한 이상"으로 돌아가겠습니다. 우리는 그리스도 안에서 하나님이 주신 은혜에 의해서 하나님이 계획하신 존재로 점차 변해갈 수 있습니다.

우리는 "보이지 아니하는 하나님의 형상"(골 1:15)이신 그리스도의 모습을 닮도록 지어졌습니다. 즉 원래 조성된 거룩한 우리의 모습이 예수 그리스도 안에서 회복됩니다. 그러나 하나님이 계획하신 모습에 따라 재형성되는 이 과정에는 시간이 필요합니다. 이것은 성령의 사역으로서 신학적으로 성화라고 합니다. 하나님께로 우리의 마음을 돌리고, 그리스도를 믿음으로써 의롭다 함을 받은 후 우리의 전인적인 성품이 그리스도의 성품과 일치를 이루는 역사가 시작됩니다. 우리는 지식과 지혜와 사랑 안에서 성장하기 시작합니다. 성령 안에서 성장은 상하 전후로 움직이며, 때로는 원을 그리면서 움직입니다. 인간에게 있어서 영성 생활은 굴곡 없이 직선으로 진행되지 않습니다. 그러나 그것은 항상 하나님의 불변하는 선하심으로 인해서 은혜를 받습니다. 이 사실이 우리에게 인내할 수 있는 용기와 소망을 줍니다.

어떤 수도사의 말을 통해 신앙 여정에서 인내가 무엇인지 알 수 있습니다. 어느 날 호기심 많은 사람이 수도원장에게 "이 수도원에서 무엇을 합니까?"라고 물었습니다. 늙은 수도사는 "우리는 걷다가 넘어지면 다시 일어나 걷고, 또다시 쓰러지면 또 일어납니다"라고 대답했습니다. 어떤 사람은 "사람이 물에 빠져 죽는 이유는 물에 빠졌기 때문이 아니라 물에서 나오지 않기 때문이다"라고 말했습니다.

변덕스러운 우리를 향한 하나님의 은혜와 관대함으로 말미암아 기독교인의 삶에서 특별히 감사와 믿음이 나옵니다. 감사는 구원자를 인격적으로 친하게 안다는 마음의 증거입니다. 하나님이 주신 선물의 의미를 진정으로 알 때 영혼에 감사가 넘쳐납니다. 또 감사하는 삶이란 작지

> 은혜는 우리가 실패했을 때 끝없이 풍성하게 위로해주며, 부끄럽게 실족했을 때 영광스러운 자리로 올려준다. 은혜는 비참하게 죽어가는 삶을 거룩하고 복된 삶으로 변화시켜준다.
>
> — 노리지의 줄리안

만, 하나님에게 돌려드리고자 하는 관대한 삶을 말합니다. 하나님의 은혜는 우리에게 하나님의 선하심과 능력을 믿도록 가르쳐줍니다. 오직 하나님의 사랑만이 가장 흉한 우리를 살아 계신 주님의 동반자로 변화시킵니다. 은혜는 비판적이고 기진맥진한 영혼으로 하여금 새로운 눈—어린아이들의 눈처럼 경이로움으로 가득 찬 눈—으로 삶을 바라보게 합니다. 우리는 계속 세상의 죄와 악과 고통을 봅니다. 실제로 이런 것들이 더 분명하게 보이고, 더 사실적으로 느껴집니다. 그러나 우리는 이것들이 하나님의 임재와 목적과 더욱 큰 사랑의 능력으로 둘러싸여 있는 것을 봅니다. 우리가 신앙의 눈으로 보기 시작할 때 우리는 개인적으로, 그리고 모두가 함께 치유하시고 구원하시며 변화시키시는 하나님의 능력을 받을 수 있습니다.

에베소서는 사도 바울이 감옥에 갇혀 있는 상황을 이러한 관점에서 설명합니다. 사도 바울은 박해의 고통을 직접 당했습니다. 그는 자신이 "쇠사슬에 매인 사신"(엡 6:20)이라고 말하면서, 믿음 때문에 감금되어 있지만 교회를 향한 깊은 애정과 감사의 마음을 가지고서 새로운 성도들이 소망과 유산을 깨닫기를 바랐습니다. 바울은 하나님의 능력이 우리의 약함을 온전하게 하며(고후 12:9), 새 생명이 십자가의 고통을 통해서 자유하게 된다는 것을 알고 있었습니다. 그래서 바울은 에베소 교인들이 "믿는 우리에게 베푸신 능력의 지극히 크심"(엡 1:19)을 알게 되기를 끊임없이 기도했던 것입니다.

사도 바울은 '죽음을 통하여 새 생명을 주시는 하나님의 능력'을 경험으로 알았습니다. 부활하신 주님에 대한 그의 경험이 그를 박해자에서 그리스도를 선포하는 자로 변화하게 했습니다. 바울은 "율법 아래 의로운" 바리새적인 삶이 영적 죽음이라고 이해했습니다. 그는 그리스도 안에 있는 생명, 즉 "은혜 위에 은혜"를 받은 자의 영적인 자유를 맛보았습니다. 구원에 반드시 선행이 필요한 것이 아니므로, 그는 감사의 제물로서 선행에 기꺼이 헌신할 수 있었습니다.

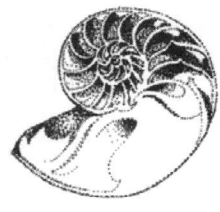

제2주 영성생활의 특성

계속되는 회심의 삶

에베소서 기자는 영성 생활을 회심(回心; conversion 또는 to change the mind; 마음의 변화를 의미하는 헬라어 *metanoia*: 역자 주)—거짓에서 진리로, 속박에서 자유로, 죽음에서 생명으로의 회심—의 삶이라고 했습니다. 바울 자신은 다메섹 도상에서 특별하고 의미심장한 회심을 경험했지만, 회심은 단 한 번으로 끝나는 것이 아닙니다. 기독교인의 삶은 그리스도를 알아 온 기독교인들의 옛 생활 방식에서 새로운 생활 방식으로 매일 변화되는 지속적인 회심의 삶입니다. 이것이 에베소서 저자가 "부르심을 받은 일에 합당하게 행하여 모든 겸손과 온유로 하고 오래 참음으로 사랑 가운데서 서로 용납하고 평안의 매는 줄로 성령이 하나 되게 하신 것을 힘써 지키는"(엡 4:1-3) 삶으로 변화하라고 강력하게 권면한 이유입니다.

회심은 그리스도의 온전한 모습을 닮아 성장해가는 과정입니다. 에베소 교인들은 이미 은혜를 받았고, 그래서 그들은 더 이상 "세상의 풍조"를 따르지 않았습니다(엡 2:2). 그러나 그들에게는 여전히 "이방인들의 생활 방식을 따라" 탐욕스럽고 음란하게 살아서는 안 된다는 사실을 깨우쳐주는 자가 필요합니다. 그들은 서로 진리를 말하고, 정직하게 일하고, 서로 세워주는 말을 들어야 합니다. 그래서 바울은 "모든 악독과 노함과 분냄과 떠드는 것과 비방하는 것을 모든 악의와 함께 버리라"(엡 4:31)고 말합니다. 이 말씀은 그들이 지금까지 그리스도에 대해 배운 것이 아니었습니다. "너희는 유혹의 욕심을 따라 썩어져 가는 구습을 따르는 옛사람을 벗어 버리고 오직 너희의 심령이 새롭게 되어 하나님을 따라 의와 진리의 거룩함으로 지으심을 받은 새 사람을 입으라"(엡 4:22-24). "서로 친절하게 하며 불쌍히 여기며 서로 용서하기를 하나님이 그리스도 안에서 너희를 용서하심과 같이 하는"(엡 4:32) 것과 다른 새 삶은 어떤 삶입니까?

에베소 교인들처럼 우리는 믿음 안에서 길을 가고 있습니다. 우리는

> 하나님과 함께하는 모험은 목적지가 아니라 여정이다. 끝이 없는 이 여정은 당신이 문을 열고 하나님의 현존을 당신의 의식 속에 영원히 들어오도록 청함으로써 시작된다. 여정의 시작은 정해진 시간에 진행하는 결혼식과 같고, 여정 자체는 결혼 생활과 같다. 서로를 알고 이해하기까지 시간이 필요하다.
> — 벤 캠벨 존슨

인식하거나 설명할 수 있는 것보다 훨씬 더 많은 은혜를 이미 받았습니다. 그러나 우리는 삶이 어떠해야 하는지, 그리고 기독교인의 삶이 어떠한 것이며 어떻게 행동해야 하는지를 규칙적으로 상기해야 합니다. 이것은 "하나님을 본받는 자"가 되기 위한 훈련하는 것입니다. 이것이 "그리스도께서 너희를 사랑하신 것같이 너희도 사랑 가운데서"(엡 5:1-2) 살도록 이기심으로부터 자유롭게 합니다. 우리는 "새 사람을 입기"(엡 4:24) 위해 많은 지원과 격려와 훈련이 필요합니다. 또 훈련하는 데 있어서 하나님의 은혜를 구하는 것이 중요합니다. 그러나 믿음의 공동체는 우리의 성화를 이루어가는 것을 발견하는 중요한 장소이기도 합니다.

새로운 공동체

우리는 새 생명의 길을 혼자 여행할 수 없으며, 그렇게 기대되지도 않습니다. "세상 끝날까지" 함께 하시겠다고 약속하신 부활하신 그리스도가 우리와 함께 여행하십니다. 그러나 가장 강력한 하나님 현존의식은 그의 몸 된 교회를 통해서 나타납니다. 언제나 교회를 이런 모습으로 경험하지는 않지만, 그것이 예수님이 요구하신 교회의 모습, 즉 성령의 역사를 통하여 세상에 그의 임재가 가득한 교회임은 의심할 여지가 없습니다.

에베소서는 분명히 영성 생활이란 그리스도 몸의 지체로서 공동체 안에서 사는 삶이라고 가르칩니다. 이러한 공동체 안에서 삶은 돌아가신 그리스도께서 우리에게 주신 화해와 평화를 나타내는 것이기 때문에 반드시 그렇게 되어야 합니다. 이 말씀과 관련해서 에베소서 2장 11-22절을 읽으십시오. 에베소서 저자인 유대인 바울이 여기서 헬라인들에게 말하고 있음을 이해해야 합니다. 그 당시 유대인과 이방인 사이에 문화적인 분리가 극심하여 어떤 좋은 생각이나 호의로도 타협할 수 없을 정도였습니다. 일반인들의 상거래는 이루어지고 있었지만, 종교적인 차

> 영적으로 홀로 성장할 수 있는 사람은 없다. 그리스도인이 된다는 것은 공동체 안으로 부름을 받다는 뜻이다. 그것은 그리스도 몸의 지체가 되는 것을 의미한다.
>
> ― 스티븐 하퍼

원에서 유대인들은 이방인들과의 관계를 인정하지 않았습니다. 이방인들은 하나님의 구원의 약속에 포함되지 않았습니다. 그러나 바울은 예수 그리스도 안에서, 그들 사이의 적대감과 분단의 벽이 무너졌다고 말합니다. 예수님은 자기의 몸 안에서 두 민족을 하나로 화해시켜 주셨습니다. 즉 "이 둘을 한 몸으로 하나님과 화목하게" 하셔서 사람들 간에, 그리고 하나님과 화해를 이루셨습니다.

예수 그리스도를 믿는 공동체는 이제 하나님이 거하시는 성전입니다. "그의 안에서 건물마다 서로 연결하여 주 안에서 성전이 되어가고 너희도 성령 안에서 하나님이 거하실 처소가 되기 위하여 그리스도 예수 안에서 함께 지어져 가느니라"(엡 2:21-22). 실제로 성령의 은사는 오직 교회의 능력과 온전함과 증인을 세우기 위해서 주님의 몸의 각 지체에 주어집니다. 성도를 온전하게 하여 봉사의 일을 하게 하며 그리스도의 몸을 세우려"(엡 4:12-13) 은사가 주어집니다.

기독교인의 영성 생활은 공동체를 떠나서는 영위될 수 없습니다. 엘리자베스 오코너Elizabeth O'Connor는 "우리 중 누구에게든 이러한 삶을 살라는 부르심은 가장 창조적이면서도 어려운 일이다. 이 세상에서 이러한 공동체의 구성원이 되는 것보다 더 큰 일이 없으며, 이러한 삶은 모든 기독교인의 소명이다"[2]라고 말했습니다. 이것은 우리가 사랑과 용서와 화해와 외면적인 차이보다 더 깊은 영혼의 일치를 서로 나눌 수 있는 다양한 교회(가정을 포함한) 공동체 안에 있습니다. 당연히 우리의 회중이나 가족 안에서 항상 이것을 경험하는 것은 아닙니다. 죄가 계속 우리를 지배하고 있으며, 사랑이 승리했다고 보기 어렵습니다. 그러나 교회는 갈등을 통하여, 그리고 갈등하고 있음에도 불구하고 그리스도의 사랑을 실천하는 것을 배우는 교회가 되어야 합니다. 우리는 그리스도가 우리의 평화가 되게 하며, 우리의 견해로 일치를 이룰 수 없으므로 그리스도 안에서 일치를 찾아야 합니다.

궁극적으로 우리의 임무는 우리가 어디에 있든지 기독교적 삶을 훈련하는 것입니다. 이러한 훈련이 가능하도록 하나님께서 우리에게 놀라운 은혜의 선물을 주셨습니다. 그러나 이는 우리가 교회로부터 우리의 믿음을 이해하고 믿음의 삶을 살도록 돕는 특별한 은혜의 수단을 받음으로써 시작됩니다. 역사적으로 이러한 수단들은 하나님의 말씀을 듣는 것과 성례를 받는 것이었습니다. 은혜의 수단들은 확대되어 공동체로 드리는 기도, 겸손한 사랑으로 서로에게 하는 봉사, 상호 간의 영적 인도, 성령의 역사하심을 분별하는 것도 포함합니다.

우리가 교회 안에서 믿음의 작은 공동체로서 막 시작한 체험적인 학습 과정이라는 모임은 개인적이며 공동체적인 은혜의 수단을 탐구할 수 있도록 도와줄 것입니다.

매일의 과제

이번 주의 본문 내용을 읽으십시오. 깊이 묵상한 내용을 기록하기 위해서 영성일지를 옆에 두고 시작하십시오. 침묵 중에 기억하며, 하나님께 마음을 집중하며, 성령의 역사에 마음과 정신을 여십시오. 이번 한 주 동안 에베소서를 읽으면서 당신의 삶 안에 있는 하나님의 은혜로운 은사를 묵상하게 될 것입니다.

과제 1

에베소서 1장 1-14절을 읽으십시오. 이 편지의 시작 부분은 복의 폭우와 같습니다. 하나님께서 당신의 정신과 마음의 토양에 흠뻑 젖어들도록 주신 영적인 많은 복을 받으면서, 찬양과 기도에 집중하십시오. 하나님께서 그리스도 안에 있는 당신을 위해서 행하신 것 중 어느 것이 당신에게 가장 중요합니까? 묵상 내용을 영성일지에 기록하십시오. 아직도 당신에게 신비로운 것으로 남아 있는 것을 기록하십시오. 하나님을 찬양하십시오. 그 밖에 하나님께서 당신에게 복을 주시고 은혜로써 살게 하신 것들이 있으면 기록하십시오.

과제 2

에베소서 2장 11-22절을 읽으십시오. 당신의 가정, 친구, 교회, 공동체 등 삶의 장소에서 "서로를 적대시"하는 "중간에 막힌 담"이 있습니까? 이러한 상황을 기도로써 하나님께 말씀드리십시오. 사랑 안에서 더불어 살아가는 모습을 향하여 마음의 문을 열면서, 당신과 갈등하고 있는 사람 사이에 평화의 그리스도께서 서 계시다고 상상하십시오. 그리스도께서 주신 은사에 관해서 당신이 보고 느낀 점들을 글이나 그림으로 표현하십시오. 이것은 무엇을 달라지게 하며, 무엇이 당

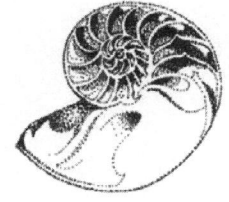

신이 해야 할 일이라고 생각됩니까?

과제 3

에베소서 3장 14-19절의 기도가 내면화되어 당신을 위한 약속이 되도록 천천히 반복해서 읽으십시오. 첫째, 이 구절을 당신 자신을 위한 기도라고 생각하면서 읽으십시오. 그러고 나서 가족을 위한 기도, 그 다음에는 교회, 그리고 마지막으로 인류 전체를 위한 기도라고 생각하고 읽으십시오. 이런 순서로 읽은 후에 기도를 통해서 당신을 변화시키시는 하나님의 은혜에 대해 깨달은 바를 영성일지에 기록하십시오. 마음에 닿는 구절을 암기하여, 오늘 하루 마음으로 되새기면서 기도하십시오.

과제 4

에베소서 5장 6-20절을 읽으십시오. 이 구절은 어둠에서 벗어나서 "빛의 자녀로 살아가는 것"이 무슨 뜻인지 설명하고 있습니다. 이 구절을 읽으면서 마음으로 "맞아", "아니야", 혹은 "맞는 말이긴 하지만…"이라고 느끼는 구절을 찾으십시오. 영성일지에 에베소서 기자에게 보내는 편지를 쓰십시오. 이 시대에 빛의 자녀로 살아가는 것에 대해서, 그리고 오늘 우리에게 지도가 필요한 도전을 기록하십시오. 기록한 내용을 읽고, 당신의 말을 통하여 하나님이 당신에게 말씀하시는 것이 있는지 살펴보십시오.

과제 5

에베소서 6장 10-17절을 읽으십시오. "우리가 능히 서기 위해서…하나님의 전신 갑주를 취한다"라는 것은 "사랑 가운데서 뿌리가 박히고 터가 굳어지는"(3:17) 것을 뜻합니다. 일상생활에서 당신의 신앙을 흔들고, 내면의 힘을 빼앗고, 그리스도의 사랑 안에서 "든든히 설" 수 있는

제2주 영성생활의 특성

용기를 빼앗는 내적 요인과 외적 요인은 무엇입니까? 사랑 안에 있는 당신의 뿌리에 영양을 공급하며, 당신 안에 있는 하나님의 생명력을 튼튼하게 하는 개인이나 공동체 훈련은 어떤 것입니까? 당신이 입어야 할 "갑주"는 무엇입니까? 누가 당신을 서도록 도와줍니까?

그룹 모임을 위하여 한 주간 기록한 영성일지를 검토하십시오.

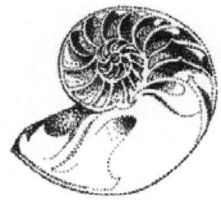

제1부, 제3주

은혜의 경로와 수단

앞 장에서 언급했듯이, 기독교인의 삶은 오직 하나님의 은혜를 통해서만 가능합니다. 우리 안에 계시는 하나님을 깨닫는 것은 성령이 우리 안에, 그리고 우리 위에서 역사하신 결과입니다. 거룩하신 하나님께서 먼저 우리에게 다가오시고 주도하심으로써 우리가 하나님을 알며 하나님 안에 살게 됩니다. 생명이 우리의 능력 밖의 것으로서 우리가 요구해서 얻어지는 것이 아닌 순전히 하나님으로부터 받은 선물인 것처럼, 영성 생활은 우리가 그리스도와 함께 길을 가려는 생각을 하기 전에 이미 하나님으로부터 받은 선물입니다.

에베소서는 세상이 창조되기 전에 하나님의 은혜가 이미 우리에게 왔다고 말합니다. 태초의 창조 때 하나님은 이미 하나님과 화평을 누리고 사랑 안에 살게 하기 위해서 우리를 택하셨습니다(엡 1:4). 하나님의 은혜는 항상 우리를 앞서며, 뒤따라오며, 감싸 안으며, 우리를 살아가게 합니다. 그것은 불변하고 한결같은 선물입니다. 우리가 그것을 멈추게 하거나 바꾸거나 변경할 수 없습니다. 우리는 언제나 생명을 주시는 풍성한 하나님의 은혜라는 요람에서 양육됩니다.

하나님이 먼저 우리를 부르시고 초청하셨지만, 그 부르심에 응답하는 것은 우리의 몫입니다. 하나님께서 깨달음을 주시는 성령의 부르심에 응답할 수 있는 은혜를 우리에게 주셨지만, 우리는 이 부르심을 외면하

> 하나님의 은혜는 잡동사니로 나누어지지 않는다.…은혜는 우리의 중재요 조정자이신 그리스도를 위해서 우리를 완전히 하나님의 은총 속으로 데려간다. 이는 성령의 은사가 우리 안에서 역사를 시작하게 하기 위한 것이다.
>
> — 마틴 루터

거나 거부할 수 있습니다. 성령의 도움으로 믿음과 조화를 이루면서 하나님과 함께 걷는 길을 택할 수도 있습니다. 우리 모두 이런 선택을 통해서 하나님의 자녀로서 진실되고 충만한 유산을 누릴 수 있습니다. 하나님의 은혜에 우리 자신을 개방하기로 한다는 것은 삶에 있어서 가장 큰 선물을 받고 영적인 풍요의 길을 걷는다는 의미입니다.

이번 주에는 은혜의 본질과 경로와 수단에 대해서 더 탐구하겠습니다: 제자로서 우리의 구원과 기쁨과 풍성한 열매를 위한 이러한 은사들을 어떻게 받는가? 나그네였던 우리가 하나님과 친밀하게 교제하는 자로 변화될 때, 우리의 삶을 빚고 형성하는 은혜를 어떻게 받을 것인가?

은혜의 본질

나는 초등학교 때 성홍열을 앓았습니다. 심하게 아파서 일 년 동안 학교에 갈 수 없었습니다. 몇 주 동안 침대에 누워서 헛소리만 했습니다. 앉을 수 있을 만큼 회복되었을 때 어머니는 나를 위해서 특별한 공간을 마련해 주셨습니다. 우리 집은 개조되어 벽 두께가 90센티미터 정도나 되었기 때문에 창문 안쪽에 큰 상자가 들어갈 만한 공간이 있었습니다. 어머니는 겨울이면 그곳에 화분을 놓아두기도 하셨습니다.

내가 앉아 있을 수 있을 정도로 회복이 되자 어머니는 남쪽 창가에 작은 베개를 놓고 나를 거기에 눕히셨습니다. 아마 어머니는 햇빛의 치유 효과를 알고 계셨을 것입니다. 어머니는 그곳이 나에게 안락하며 따뜻하고 어머니와 가까운 곳이라는 것을 아셨습니다. 오랜 투병 생활 때문에 많이 약해졌지만, 내 어린 시절 가장 행복했던 기억 중 하나가 그때 밝은 햇볕과 따뜻함을 느끼면서 누워있었던 일입니다. 나는 그곳에서 바깥을 내다볼 수 있었고, 아버지가 일하고 계시는 것도 볼 수 있었습니다. 또 어머니가 음식을 장만하거나 집안일을 하시는 모습을 가까이에서 볼 수 있었습니다. 남쪽 창문을 통해서 들어와 나의 병을 빨리 낫게

> 각 사람의 삶에서 하나님의 사랑이라는 음악은 각각 다른 형태로 연주된다. 각자의 성격이나 개인적인 사건들을 통해서 하나님의 선하심이 멜로디가 되어 연주된다. 하나님의 노래가 아름다운 소리를 내기 위해서는 악기가 필요하다.…우리 모두에게는 악기가 되어야 하는 소명이 있다. 그 악기를 통해서 하나님의 멜로디가 울려 퍼지게 된다. 우리의 삶을 통해서 하나님의 사랑이 춤이 되고 세상을 향한 음악이 되려 한다.
>
> — 조이스 루프

해준 밝고 따뜻한 겨울 햇볕은 나에게 하나님의 은혜를 가장 잘 설명하는 상징이 되었습니다. 은혜의 선물은 항상 밝은 빛, 따뜻함, 편안함, 치유함을 줍니다.

기독교 은혜의 개념은 성경에 근거를 두고 있으며, 구원하시는 하나님의 우리를 향한 사랑을 나타냅니다. 성경은 모든 백성을 구원하시는 하나님의 역사役事를 기록한 것입니다. 이 역사는 인류를 위한 무조건적이고 과분한 하나님의 사랑을 나타냅니다. 하나님은 조건 없이 우리 각자와 모두에게 사랑과 구원과 언약 공동체와 친교를 주십니다.

기독교인들은 예수 그리스도의 인성을 통해 자신을 주시는 하나님의 행동에서 가장 분명하게 은혜를 보게 됩니다. 십자가에서의 고통스러운 사랑과 용서를 통해서 진정하고 완전한 은혜를 인식합니다. 그리스도에 대한 믿음이 이렇게 놀랍고 엄청난 선물을 깨닫고 발견하게 합니다(롬 5:1-2). 창세부터 우리는 하나님의 자녀로 택하심을 받았고, 그분의 자녀로서 물려받은 유산을 누리며 살게 되었습니다(엡 1:5). 태초에 받은 유산을 죄 때문에 상실했지만 이제 예수 그리스도를 통해서 받을 수 있게 되었습니다. 그리스도 안에 있는 하나님의 사랑과 애정으로 우리는 그것을 받습니다.

은혜의 경로

은혜에 대한 우리의 경험은 기독교인의 삶에서 어떤 본성적인 성장을 나타냅니다. 처음에는 의식적인 지식이 없는 가운데 하나님의 은혜가 우리를 둘러쌉니다. 우리는 단순히 하나님의 무조건적이고 변함없는 사랑 안에 잠깁니다. 하나님은 영적인 위험에서 우리를 보호하시고, 의식이 없는 믿음의 유아기 상태에 있는 우리를 어르고 달래주십니다. 우리가 예수 그리스도 안에서 용서하시는 하나님의 사랑을 받기로 선택하고 결정할 정도로 의식이 온전해지면 칭의의 은혜를 경험합니다. 이때 이

제1부 여행의 시작: 그리스도의 길

> 창조는 하나님이 주신 선물로 가득 차 있다. 하나님 자신을 직접 선물로 주신 것, 즉 은혜라는 것과 하나님의 생명이 창조의 중심에 있는 은밀한 원동력이다.
>
> — 마리아 볼딩

은혜의 경험은 우리가 우리 자신의 것이 아니라 신실한 구속자이신 예수 그리스도의 것임을 알게 해줍니다. 하나님 앞에서 의도 우리 힘으로 된 것이 아니라 오직 선물로서 얻을 수 있음을 알게 됩니다. 성령은 우리를 칭의라는 기초 위에 세우시기 때문에 우리는 점차 삶의 거룩 혹은 성화를 이루어갑니다. 이러한 은혜의 경험이 성령의 열매를 맺게 하며 성령의 은사들을 실천하게 합니다.

교회의 주된 전통 중 하나인 감리교에서는 이런 은혜의 경험을 선행 은총, 칭의 은총, 성화 은총이라 합니다. 이 은총들은 우리가 하나님 은혜의 도입 단계에서부터 은혜 안에서 온전함을 이루기까지의 "경로" 혹은 진보를 나타내는 것으로 이해됩니다. 우리는 하나님을 인식하지 못하는 단계로부터 우리로 하여금 의롭다 함을 받고 성숙한 기독교인으로서 자라게 하시는 하나님과 의식적인 연합으로 나아갑니다. 존 웨슬리에 따르면 칭의 은총의 열매는 그리스도께 속해 있다는 "복된 확신"이며, 성화 은총의 열매는 거룩함 안에서 성장과 사랑 안에서 완전함입니다.

그러나 하나의 은혜의 표현에서 다른 은혜의 표현으로의 진행이 자동으로 정해진 순서대로 이루어지는 것은 아닙니다. 우리의 삶에서 많은 경우에 이러한 은혜가 중첩되어 주어집니다. 하나님의 편재하시고 설득하시는 은혜는 우리를 붙잡아 줍니다. 그리고 태초에 우리를 완전한 모습으로 지으신 하나님은 우리가 칭의의 은혜를 온전히 받을 수 있도록 계속 역사하십니다. 그래서 다양한 은혜의 표현이 동시에 작용하지만, 그 은혜는 언제나 다르지 않으며 동일한 하나님의 사랑입니다. 이 하나님의 사랑은 우리를 위한 하나님의 역사에 감사하지 못하거나 받아들이지 못할 때도 우리를 강권하시면서 하나님의 마음으로부터 영원히 흘러 넘칩니다.

하나님의 은혜는 끊임없이 우리를 죽음에서 생명으로 인도하시며, 용서와 회복을 위한 치유와 정결함을 주시며, 더욱 온전한 삶을 향해 나아갈 수 있도록 용기와 힘을 주십니다. 우리는 은혜의 수단을 통하여 이러한 영적 선물들을 받게 될 것입니다.

은혜의 수단

나는 어린 시절 양지바른 창가에 앉아 있었던 일을 회상함으로써 은혜의 수단의 의미를 알게 됩니다. 우리 자신을 생명을 주시는 하나님 사랑의 빛을 가장 잘 받을 수 있는 자리에 앉게 하는 것이 은혜의 수단이 지닌 궁극적인 목적입니다. 은혜의 수단이란 "하나님의 방법에 우리 자신을 두는 방법과 훈련"입니다. 그것은 우리로 하여금 수용적인 태도를 취하게 해줍니다.

하나님께서 다양한 은혜의 수단을 통해서 우리에게 주실 것을 우리가 마음대로 조종하고 통제할 수 없지만, 우리는 받은 은혜와 받을 은혜가 우리가 처한 특별한 상황에 가장 적합하다고 믿을 수 있습니다. 예를 들어 몇 년 동안 어떤 말씀을 읽었지만 한 번도 영적인 도전과 양육과 형성을 얻지 못했는데 어느 날 갑자기 깨닫게 될 수 있습니다. 갑자기 어떤 성경 본문이나 이야기에 흥미를 느낄 때, 우리는 전과 같을 수 없을 것입니다.

우리가 하나님을 향해 여행할 때 은혜는 여러 가지 모습으로 다가옵니다. 그 방법들이 셀 수 없을 정도로 많지만, 어떤 은혜의 수단들은 교회사에서 공통으로 실천되어온 것들입니다. 인류 역사만큼 오래된 것도 있습니다. 그것에 대해 많이, 또는 모두 알고 있다고 해도, 그것들이 자신의 것이 되려면 힘든 훈련이 필요합니다.

전통적인 은혜의 수단은 예배, 세례와 성찬 등 성례전(또는 聖事), 기도, 금식, 성경 묵상, 공동체 생활 등입니다. 이것들은 충분히 검증된 것, 생명을 주시는 하나님의 은혜를 받기에 적합한 수단들입니다. 은혜의 수단 자체는 의미가 없지만, 그것들이 온전함 및 하나님과 깊은 교제를 이

루게 해줍니다.

예배

공동예배는 기독교인의 길을 진지하게 가는 사람에게 필수적인 은혜의 수단입니다. 예배는 인간의 모든 활동 중에 가장 중요합니다. 우리가 할 수 있는 어떤 것도 예배만큼 우리에게, 우리의 세상에, 또는 우리의 예배 대상인 하나님에게 중요하지 않습니다. 하나님의 뜻과 길을 추구하는 사람들이 함께 모이는 것 자체가 하나님의 은혜를 받을 수 있는 수단입니다.

일반적으로 개신교회 전통에서의 은혜의 수단은 세례와 성찬입니다. 세례를 통해서 하나님의 사랑이 우리가 태어나기 전에 활동하였으며 우리를 영원히 감쌀 것을 알게 됩니다. 시편에서는 하나님의 은혜가 없었다면 우리가 존재할 수 없었을 것이라고 말합니다(시 119:73; 139:13). 우리는 세례식 때 서약을 통해서 하나님의 은혜로써 자녀 되었음을 시인하며, 하나님께 신실하게 응답하며 살겠다고 약속합니다. 우리는 그리스도의 몸과 연결되며, 믿음의 언약 공동체인 교회의 지체가 됩니다(고전 12~13장).

대부분 기독교인들에게 있어서 성만찬은 예배의 중심입니다. 성만찬을 통해서 하나님이 누구인지, 그리고 하나님의 현존 안에 있는 우리가 누구인지 고백합니다. 주님의 식탁 앞에서 우리는 가난하고 배고픈 자들입니다. 우리 모두는 치유를 받고 음식을 먹으라는 초청을 받습니다. 어떤 신앙인도 외면당하지 않습니다. 모든 사람이 분에 넘치는 하나님의 용서와 평화와 현존하심을 받았습니다. 우리를 향한 희생적인 사랑으로 자신을 주신 주님과 우리가 하나 될 때, 우리는 성만찬을 통해서 다른 사람들과 영적으로 하나가 됩니다. 그리스도와 교제하는 은혜는 믿음의 친교로써 사람들과 교제하는 은혜입니다.

> 하나님의 구원을 열망하는 사람이 지켜야 할 일반적이면서도 확실한 규칙은 기회가 있을 때마다 하나님이 정해주신 은혜의 수단을 이용하는 것이다. 하나님이 그 수단을 통해서 은혜 가운데 우리를 만나주시며, 그럼으로써 당신이 구원을 얻게 될지 누가 알겠는가?
> ― 존 웨슬리

제3주 은혜의 경로와 수단

기도

기도는 은혜의 수단 중에서 중심이 되는 가장 중요한 수단이라고 알고 있습니다. 기도는 남녀노소와 인종과 종파를 초월해서 우리 모두의 모국어입니다. 기도는 우리가 삶의 신비를 탐구할 때 배우는 언어, 말로 표현할 수 없는 감사나 도움을 요청하는 단말마의 고통을 통해서 배우게 되는 언어입니다. 또 기도는 길 안내를 구하면서 배우는 언어이며, 그 길에 대한 확실한 안내를 구했을 때 응답하는 언어입니다.

우리가 형식을 갖추어 기도한 적이 한 번도 없어도, 그리고 한동안 기도를 전혀 하지 않았어도, 우리 모두 이 은혜의 수단을 어느 정도 체험했습니다. 어떤 사람에게는 기도가 숨 쉬는 것처럼 쉽습니다. 어떤 사람들은 기도하려면 힘들게 노력하고 집중해야 합니다. 어떤 이들에게 기도는 기쁜 마음으로 예수 그리스도와 교제를 나누는 것입니다. 어떤 이에게는 생명력 있는 하나님과 관계를 유지하기 위한 투쟁입니다. 어떤 이들은 기도 생활을 통해서 하나님과 관계를 발전시켜 나갑니다. 어떤 사람은 생활고 때문에 기도할 힘도 없이 지쳐 있습니다. 각 사람이 처한 상황과 상관없이 기도는 가장 주요한 은혜의 수단입니다.

기도가 없으면 하나님과 사랑과 생생한 교제가 불가능합니다. 이 은혜의 수단이 없으면 그리스도의 정신과 마음을 알 수 없으며, 하나님의 인도하심을 받지 못하며, 하나님의 부르심에 응답할 수 없습니다. 다른 은혜의 수단이 없이 하나님의 나라에 들어갈 수 있어도 기도 없이는 들어갈 수 없을 것입니다. 예수님이 자신을 찾는 사람들을 떠나 기도하실 만큼(막 6:31) 기도가 중요합니다. 주님의 삶과 사역은 기도로 이루어졌습니다. 주님을 따르기로 결심한 사람에게 주님의 모범을 따르는 것보다 더 좋은 것이 없습니다.

의도적인 영적 여행 중에 있는 제자는 기도가 살아계신 그리스도와의 교제와 우정을 양육하는 데 필요불가결한 수단임을 발견할 것입니다.

어느 기독교 영성 고전의 저자는 기도가 우리의 삶을 한곳에 모아주는 회반죽이라고 말했습니다. 실제로 기도는 우리에 관한 것이 아니라 하나님에 관한 것입니다. 기도는 현세나 내세에서 본향으로 돌아와 평생 하나님과 함께 살라는 은혜의 초대에 대한 우리의 응답입니다.

리처드 포스터는 기도를 21종류로 분류하며, 어떤 사람은 그보다 조금 적게 분류합니다. 그러나 종류의 많고 적음을 떠나서, 어떤 종류의 기도를 하든지 신실하게 실천하는 것이 중요합니다. 앞서간 성도들은 기도의 방법에 관해서 많은 유익한 조언을 남겼습니다. 은혜의 수단으로서의 기도에 관해서는 이 책 제3부에서 깊이 있게 살펴보게 될 것입니다.

금식

달라스 윌라드Dallas Willard는 금식을 영적인 절제 훈련이라고 정의합니다.[1] 옛부터 금식은 하나님의 은사를 받기 위해 우리의 삶을 개방하는 훈련이라고 이해되어왔습니다. 하나님과 동행하기를 원하는 사람들이 금식하는 데는 두 가지 주요한 목적이 있었습니다. 첫째는 회개였고, 둘째는 신실한 삶을 위해 하나님의 능력을 받기 위한 준비였습니다.[2] 금식은 종종 은혜의 선물을 받기 위한 강력한 수단으로서 기도와 병행되어 왔습니다.

금식은 하나님의 부르심을 보다 분명히 듣기 위해서 개인적인 욕망과 기호, 심지어 현재 느끼는 욕구도 내려놓는 것을 제시합니다. 금식은 하나님으로 채우기 위해서 우리의 손과 삶을 비우는 것입니다. 음식이나 여흥, 성생활, 재물, 활동 등은 그 자체로는 하나님의 선한 선물이지만, 우리는 이것들에 집착함으로써 하나님을 배척할 수 있습니다. 현재 하나님을 밀어낼 정도로 당신의 삶을 채우고 있는 것이 무엇인지 자신에게 물어보십시오. 그 대답이 당신에게 은혜의 특별한 수단이 될 금식의

종류를 알려줄 것입니다.

처음 금식을 시작할 때 서서히 움직이는 것이 좋습니다. 금식에 어떤 반응이 보일지 알기 위해서 짧게 금식해 보십시오. 몸에 이상이 있으면, 의사에게 물어보고 금식하는 것이 좋습니다.

사람들이나 기도 공동체에 알리고 금식을 시작한다면, 더욱 의미가 있을 것입니다. 그룹의 각 사람에게 금식의 목적과 방법에 대해서 동의를 구하는 것이 중요합니다. 이 문제를 논의하는 시간을 가지십시오. 결정한 다음에 금식 기간과 시작하고 끝나는 날짜 등 세부 사항도 논의할 수 있습니다.

현대 많은 기독교인이 금식은 영성 생활의 분명한 목적과 방향을 제시하는 은혜의 수단이라고 말합니다. 한 주일에 하루 금식하는 사람이 있고, 특별한 경우에만 금식하는 사람도 있습니다. 당신은 자신이나 영적 여정의 동반자를 위한 은혜의 수단으로 금식을 고려할 때 도움을 받기 위해서 기도를 원할 것입니다.

성경

의도적인 영적 여정 중에 있는 대부분 사람에게 기도 다음으로 중요한 은혜의 수단은 성경을 읽는 것입니다. 매일 성경을 읽고 묵상하는 것은 우리의 삶 안에 하나님의 임재를 더욱 깨닫게 하는 탁월한 방법입니다. 성경으로써 변화되는 일상생활의 체험이 평생 그리스도의 모습으로 더욱더 정신과 마음이 닮아가게 해줄 것입니다.

성경에 천지창조와 하나님과 인간의 지속적인 관계를 포함하여 하나님의 능하신 행동들이 기록되어 있습니다. 성경은 하나님이 스스로를 계시하신 것을 기록한 것입니다. 이 계시는 나사렛 예수를 통한 하나님의 성육신에서 절정을 이룹니다. 어떤 사람은 하나님이 자연과 역사와 성경이라는 세 권의 책을 우리에게 주셨다고 말합니다. 그러나 대부분 기독교인은 하나님의 위격과 목적을 가장 분명하게 나타내는 것이 성경이라는 데 동의할 것입니다. 성경이 지니고 있는바 우리의 영성을 형성하는 능력에 관해서는 이 책 제2부에서 다루게 될 것입니다.

다른 은혜의 수단

믿음의 공동체도 은혜의 수단이 됩니다. 본서 제1부 다섯째 주의 내용이 은혜의 수단으로서의 기독교 공동체를 다루고 있으므로 여기에서는 간략하게 그 중요성만 강조하겠습니다.

가끔 우리는 영성훈련을 은혜의 수단이라고 말합니다. '훈련'이라는 말이 엄하게 들릴 것입니다. 그러나 진정한 영성훈련은 결코 외적으로 강요되는 것이 아닙니다. 오히려 그것은 "우리의 삶 안에서 영적 영역을 발전시키는 데 도움이 되는 훈련입니다. 화가가 그림 그리는 실력이 향상되기를 바라는 것이나 운동선수가 경기에서 이기기 위해 튼튼하고 유연한 육체를 원하는 것처럼, 성도들도 영적 성장을 위해서 특별한 생활 방식과 습관을 기릅니다."[3]

영성훈련은 새롭게 하시고 생명을 주시는 하나님의 숨결을 향해 우리의 삶의 창을 개방하는 데 효과적인 것으로 증명된 훈련 방법입니다. 영성훈련에는 많은 방법이 있지만, 훈련 자체는 의미가 없습니다. 다음과 같이 질문함으로써 영성훈련의 가치를 평가할 수 있습니다: "그 훈련이 우리의 삶이 하나님을 향해 나아가며 성령을 향해 마음의 문을 여는 데 얼마나 효과적인가?" 많은 그리스도의 증인들은 하나님이 우리에게 가장 적합한 은혜의 수단으로 우리를 인도해주신다는 사실을 확인해줍니다. 우리에게 그들을 따라갈 수 있는 믿음과 용기가 있기를 바랍니다.

매일의 과제

이번 주의 본문 내용을 읽으십시오. 깊이 묵상한 내용을 기록하기 위해서 영성일지를 준비하십시오. 과제를 시작하기 전에 조용히 묵상하고, 하나님께 집중하며, 성령의 인도하심에 초점을 맞추십시오. 이번 주 매일의 과제에서는 당신의 삶에서 일어나는 은혜(은총)의 이동과 하나님이 당신과 접촉하시는 데 사용하신 수단에 대해서 생각하겠습니다.

과제 1

누가복음 15장 11-32절을 읽으십시오. 예수님은 두 아들을 가진 아버지 이야기를 비유로 말씀하십니다. 당신은 두 아들 중 누구와 같습니까? 그 이유는 무엇입니까? 둘째 아들이 언제 정신을 차렸는지 묵상하십시오. 언제 당신은 정신을 차려 궁핍함을 깨닫고 하나님께 돌아오기 시작했습니까? 당신은 어떻게 하나님의 선행 은총의 사랑을 구하는 경험을 했습니까?

과제 2

누가복음 15장 11-32절을 다시 읽으십시오. 예수님의 비유는 두 아들을 무조건 사랑하고 용서하는 아버지의 모습을 그리고 있습니다. 둘째 아들이 돌아왔을 때 "아직도 거리가 먼데"도 아버지가 취한 행동을 살펴보십시오. 당신은 언제 이런 사랑과 용납과 용서를 경험했습니까? (둘째 아들과 같은 모습으로 하나님을 멀리 떠나 있었거나, 혹은 그와 같은 모습이었을 때). 그때 당신은 어떤 반응을 보였습니까? 당신은 어떻게 하나님의 의롭게 하시는 칭의의 은혜를 경험했습니까?

과제 3

누가복음 15장 11-32절을 다시 읽으십시오. 예수님은 이 비유를 통해서 바리새인과 우리에게 맏아들과 같은 경향이 있다고 말씀하십니다. 즉 우리 마음의 편협함을 보여줍니다. 당신은 돌아온 둘째 아들에게 어떻게 반응할 것으로 생각합니까? 당신 안에 사랑하고 용서하는 능력이 자라고 있는 곳이 어디이며, 성장이 멈춘 곳은 어디입니까? 다시 말해서 하나님의 성화의 은혜에 대해 소명과 도전을 느낀 부분은 어디입니까?

과제 4

누가복음 15장 11-32절을 다시 읽으십시오. 예수님의 이 비유에는 등장인물의 내면과 영적인 상태를 표면적이고 시각적인 모습으로 나타내는 행위들이 가득합니다. 아들의 방탕한 생활을 용서하고 회복시키려 하는 아버지의 환영하는 마음, 내면의 은혜를 밖으로 표현해내는 아버지의 행동을 기록하십시오. 하나님이 당신을 감동시키고 회복시키며 자라게 하시는 데 사용되는 은혜의 수단은 무엇입니까? 은혜의 수단으로서 당신이 받은 세례를 생각해 보십시오. 그 세례를 통해서 하나님은 우리가 "아직 멀리 있을" 때 우리를 껴안고 입 맞추며 새 옷을 입혀 주려고 달려오셨습니다. 또 은혜의 수단으로서 당신이 받은 성찬을 생각해 보십시오. 성찬을 통해서 하나님은 죽음에서 생명으로의 우리의 움직임을 축하하고 계십니다.

과제 5

누가복음 15장 11-32절을 다시 읽으십시오. 예수님의 비유를 치유와 온전함을 향해 여행하고 있는 한 가족의 이야기, 아직 끝나지 않은 이야기라고 생각하십시오. 세 사람 중 한 사람의 관점에서 그다음에 전개될 이야기를 상상하십시오. 또는 제삼자의 입장에서, 즉 창문을 통해 그 집을 내다보는 이웃의 입장에서 이야기를 상상해 보십시오. 예를 들어 잔치 다음 날 아버지는 작은아들에게 가족에게 돌아오는 것의 의미에 대해서 뭐라고 말했겠습니까? 맏아들은 여전히 화를 냈겠습니까? 아니면 아버지의 사랑에 설득되어 그의 태도가 변했겠습니까? 두 아들들은 아버지의 삶과 사랑을 배우면서 성장했겠습니까? 당신이 상상한 내용을 볼 때, 당신이 하나님이나 사람들, 그리고 자신에 대해서 어떤 생각들을 갖고 있다고 생각합니까?

그룹 모임을 위해 한 주 동안 기록한 일지를 살펴보십시오.

제1부 여행의 시작: 그리스도의 길

제1부, 제4주

신앙 여정 나누기

우리는 믿음 안에서 삶과 성장을 나타내는 비유로 여정이라는 이미지를 고찰하면서 영성형성 소그룹을 시작했습니다. 젊은 세대들은 여정이란 단어가 인간의 감정 및 영적 성숙에 적용되는 것처럼 들려서 진저리를 낼 것입니다. 그러나 이것은 매우 적절한 비유입니다. 깊은 의미에서 인생은 순례입니다. 인생에 대한 세상적인 표현은 출발점에서 정해진 목적지로의 이동입니다. 그것은 심리적으로, 지적으로, 육체적으로 많은 영역을 통과합니다. 여정에는 일정한 표식들, 즉 전개 과정에서 통과하는 공통 단계들이 있습니다. 그러나 지울 수 없는 우리의 개성을 형성하는 특별한 경험도 있습니다. 인생행로에서 특별하였을 때는 언제나 깊고 인격적인데, 그 방향은 인간의 능력을 초월하는 많은 영향력―가정, 환경, 상황, 역사 안에서 지역과 장소―뿐만 아니라 그 영향력과 관련해서 내린 자신의 결정에 따라 결정됩니다.

이것은 영적 여행의 특징과 윤곽을 이해하는 데 다소 도움이 됩니다. 우리는 여정의 주요 행로와 전환점을 어느 정도 알 때 그것의 의미를 말로 표현할 수 있으며, 그 의미를 여정 중에 있는 사람들과 함께 나눌 수 있을 것입니다.

영적 여정의 모습을 더 잘 알기 위해서는 위대한 믿음의 조상들의 삶을 살펴보는 것이 도움이 됩니다. 그들이 하나님을 찾게 된 동기는 무엇

> 강력한 역사적인 이야기들은…예수님을 따르는 자가 된다는 것의 의미를 가르쳐 준다. 우리의 인생 이야기와 신앙공동체의 이야기는 이콘 역할을 한다. 즉 우리의 존재 방식과 행동 방식에 영향을 미친다.
> ― 드와이트 보겔, 린다 보겔

제1부 여행의 시작: 그리스도의 길

입니까? 그들의 영적 여정의 특징은 무엇입니까? 그들의 여정에서 중요한 전환점은 무엇이며, 이 전환점의 의미를 어떻게 해석했습니까?

신앙 여정의 모범

최초로 영적 자서전을 쓴 사람은 힙포의 어거스틴Augustine of Hippo: 354-430일 것입니다. 그의 『고백록』Confessions은 자기성찰을 추구하는 놀라운 고백서이며, 16세기가 지난 후에도 여전히 기독교인들에게 감동을 주는 글입니다. 어거스틴은 훌륭한 지성인이었습니다. 따라서 그의 하나님 탐구가 진리에 관한 지적인 탐구의 형태를 취한 것은 당연한 일입니다. 그의 저술이 열정과 뜨거운 느낌과 영적인 깊이로 가득 차 있지만 감동적으로 그의 내면생활을 꿰뚫고 분석하고 표현한 것은 그의 순수한 정신의 힘이었습니다. 어거스틴은 "심리학 이전 시대"의 사람임에도 불구하고, 현대인도 놀랄 만한 방법으로 자신의 정신과 마음을 진단하는 예민한 능력을 갖추고 있었습니다.

어거스틴은 진리를 추구하려는 집념 때문에 어거스틴은 그 당시에 유행하던 사상들을 모두 섭렵했습니다. 그러나 점차 그의 정신은 마니교와 신플라톤주의를 떠나기 시작했습니다. 어거스틴은 "마니교도들이 말하는 진리를 어디에서도 찾을 수 없음에도 불구하고" 그들이 계속 진리에 대해 말하고 있다고 불평했습니다. 『고백록』에서 고백한 것처럼, 어거스틴은 하나님을 직접 언급하면서 "진리, 진리: 나의 존재의 깊은 곳에서 내 정신의 정수가 당신을 갈망합니다"[1]라고 말했습니다. 그 다음 문장에서 그는 "그러나 나는 하나님의 가장 큰 솜씨를 갈망하는 것이 아니라, 나의 하나님이신 당신을 갈망합니다. 당신은 변함이 없으시고 회전하는 그림자도 없으신 분(약 1:17), 진리 자체이시기 때문입니다"[2]라고 고백했습니다. 비록 어거스틴의 복잡한 영적 여정을 완전히 이해할 수는 없지만, 하나님을 향한 그의 여정이 강력한 지적 탐구의 여정이

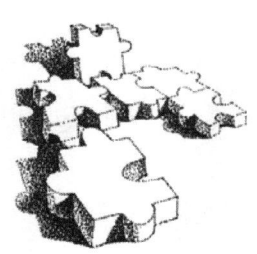

었으며, 이성의 은사를 통해서 걸어간 길이었음을 인정해야 합니다.

그로부터 12세기 후 마틴 루터Marin Luther는 어거스틴과 다른 여정을 걸었습니다. 젊은 시절 어거스틴 수도회의 수사였던 루터는 하나님을 추구하는 데 있어서 다른 욕구를 느꼈습니다. 민감하면서도 활달하고 격한 성격과 예민한 양심을 가진 루터는 내면적으로 자신의 구원을 확신할 수 없음을 느꼈습니다. 그 당시 "당신이 할 바를 행하고, 나머지는 하나님에게 맡기라"는 격언이 있었습니다. 이 격언은 지나치게 신중한 수사들이 스스로 부과한 노력(고행 또는 수덕생활: 역자 주)에서 벗어나 하나님의 은혜를 구하라는 위로의 말이지만, 루터는 자신이 할 바를 모두 행했다고 확신할 수 없었습니다. 그에게 은혜라는 단어의 의미는 심판의 불가능한 요구와 무거운 짐이었습니다.

루터에게 있어서 심각한 문제는 하나님의 은혜를 이성적으로는 알고 있지만 감정적으로는 인정되지 않는다는 것이었습니다. 청년 루터는 중세 독일의 가르침을 받으면서 성장했습니다. 변덕스러운 물의 요정에 대한 믿음과 심술궂은 숲의 정령들에 대한 믿음의 영향을 받았기 때문에, 그는 어느 정도 두려움에 질린 혼을 소유하고 있었습니다. 그는 라틴 저술 Latin Writings의 서문에서 다음과 같이 말했습니다: "비록 내가 수사로서 책망 받을 일을 한 것은 아니지만, 나는 하나님 앞에서 극심한 양심의 가책을 느끼는 죄인이었다. 나는 참회의 고행으로 하나님의 진노가 가라앉다고 생각할 수 없다. 나는 사랑하지 않았다. 그렇다! 나는 죄인을 심판하는 의로우신 하나님을 미워하고 있었다. 그리고 나도 모르게…나는 하나님께 화를 내고 있었다."[3]

흥미롭게도 어거스틴과 루터는 사도 바울이 기록한 로마서의 한 구절로 말미암아 회심을 경험했습니다. 루터를 회심으로 이끈 것은 로마서 1장 17절의 "의인은 믿음으로 말미암아 살리라"라는 구절이었습니다. 의義가 오직 믿음을 통해서 주어지는 선물임을 깨닫게 되면서 루터는 불가능해 보이는 것을 어떻게든 성취하려 했던 짐에서 해방될 수 있었습니다. 그는 "나는 완전히 다시 태어났으며, 열린 문을 통해서 낙원에 들어갔다고 느꼈다.…이전에 나는 하나님의 의라는 말을 증오했지만, 이제 그보다 더 큰 사랑을 가지고 가장 달콤한 말로 하나님을 찬양했다"[4]라고 말했습니다.

루터의 영적 여정은 지적인 진리 탐구가 아니라 하나님의 은혜가 마음 깊이 느껴지는 확신의 탐구였습니다. 그것은 위로를 구하는 불안한 마음의 여정이었습니다. 흔히 두려움이나 깊은 상처를 입은 마음이 우리로 하여금 하나님께 나아가게 합니다.

우리 시대에 가장 사랑받은 성녀인 캘커타의 테레사 수녀의 삶에서 또 다른 여정을 발견할 수 있습니다. 그녀에게는 가난한 사람들의 얼굴에서 그리스도의 모습을 보는 능력이 있었습니다. 그녀의 본명은 아그네스Agnes였고, 부모는 알바니아인이었습니다. 아그네스는 지적으로 탁월하지 못했고, 깊은 감정적 욕구도 없었습니다. 지도 수녀들이 볼 때 그녀는 평범하여 특출한 점을 찾아볼 수 없었습니다. 그러나 그녀는 가난한 사람 중에서도 가장 가난한 사람―사람들이 경멸하고 무시하는 캘커타 빈민가에서 병들어 죽어 가는 사람들―을 돌보는 일이 자신의 소명이라는 강한 느낌을 받았습니다. 테레사 수녀는 하나님의 형상을 따라 창조된 사람들을 사랑함으로써 그리스도에게 헌신하겠다는 뜻을 가지고 있었습니다. "가난한 자 중에서도 가장 가난한 자들이 그리스도, 인간적인 고통의 모습으로 온 그리스도이시다."[5] 그녀의 사역은 되도록 많은 사람을 구원하거나 사회구조를 바꾸는 것이 아니라, 한 번에 한 사람―각각의 아름다운 영혼, 하나님의 자녀, 하나님 앞에서 특별할 뿐만 아니라 다른 사람으로 대체할 수 없는 가치를 지닌 사람―을 사랑하는 것이었습니다. "나는 한 인격을 섬기라는 소명, 즉 각각의 인간을 사랑하라는 소명을 느낍니다. 나의 소명은 제도를 비판하는 것이 아닙니다.…만약 내가 군중을 생각했다면 결코 이 일을 시작할 수 없었을 것입니다. 나는 일대일의 인격적인 접촉을 믿습니다."[6]

제4주 신앙 여정 나누기

　마더 테레사와 그녀가 설립한 사랑의 선교 수녀회Missionaries of Charity는 웨슬리가 말한 "사회의 거룩", 즉 가난한 자들을 향한 봉사의 관계로 나타나는 거룩에 대한 갈망에 따라 하나님을 향해 갔습니다. 그것은 행동하는 사랑이라는 특징을 가진 하나님을 향한 여정입니다. 이 여정은 예배와 관상에 뿌리를 두고 있는 반면에 전적으로 이성적인 것도 감정적인 것도 아니며 본질상 육체적입니다. 몸으로써 세상에서 상처받은 사람들을 일으키고 마음에 위로를 주었습니다. 이것이 육체적인 존재라는 선물을 통하여 하나님께로 나아가는 길입니다.

　또 다른 여정을 현대의 영적 대가 에블린 언더힐Evelyn Underhill의 삶과 사역에서 찾아볼 수 있습니다. 영성 생활에 관한 그녀의 저술들은 20세기 초에는 널리 읽혔지만, 오늘날에는 그리 잘 알려지지 않습니다. 에블린은 영국에서 태어난 성공회 신자였습니다. 1920년대에 신비신학 분야에서 대가大家라는 명성을 얻었지만, 그녀에게는 영성 생활이 고독과 외로움의 견디기 어려운 짐으로 느껴졌습니다. 그녀는 성공회에서도 로마 가톨릭에서도 위안을 얻지 못했습니다. 자신의 기도 생활을 다른 사람과 나누지 못하게 되었을 때 에블린은 "이제까지 나를 지탱해 주던 공동체와 성례전으로부터도 격리되었다"[7]라고 말했습니다.

　그러던 중 에블린이 플레세이Pleshey라는 성공회의 피정(避靜; 전적으로 침묵으로 이루어지는 가톨릭의 관상 수련회, 역자 주)에 참석한 것이 전환점이 되었습니다. 조용하고 아름다운 에섹스Essex에 머무는 동안 에블린은 난생처음으로 교회 안에서 편안함을 느꼈습니다. 그녀는 자신의 영적 지도자인 폰 휘겔von Hügel남작에게 이렇게 썼습니다: "집 전체가 사랑과 기도로 가득 차 있는 듯합니다. 침묵 중에 매일 성찬과 하루에 네 번 침묵으로 드리는 예배는 제가 이제까지 살아온 기간 중 가장 편안하고 자유로운 생활이었습니다."[8] 흥미로운 사실은 이 피정을 통해서 에블린이 타인으로부터 더 격리된 것이 아니라 고독을 치유받게 되었다는 사실입니다. "나는 그곳에서 분리의 마지막 부분까지도 버렸습니다.…이

제1부 여행의 시작: 그리스도의 길

전의 나의 신앙생활은…빈약하고 적막한 것으로 보입니다."9)

언더힐은 곧 플레세이에서 사람들을 위한 영적 피정을 지도하게 되었습니다. 그녀는 재능 있는 영적 지도자요 피정 인도자로서, 그녀가 쓴 책만큼이나 사람들로부터 사랑받은 이 사역에 수십 년이 넘도록 헌신했습니다. 그녀는 진정한 피정이란 자신을 다른 사람들과 더욱 친밀하게 연합할 수 있도록 살아있는 근원과 재결합해 주는 것임을 경험을 통해서 알았습니다. 예배, 침묵, 성찬의 시간은 다른 활동과 비교할 수 없을 정도로 우리의 영혼을 새롭게 해줍니다.

하나님을 향한 에블린의 여정의 특징은 실재자(Reality: 그녀가 즐겨 불렀던 하나님의 이름)와 연합하려는 갈망이었습니다. 그녀는 관상에 의해 본향을 향해 여행했습니다. 관상은 본질적으로 하나님과 합일을 이루기 위한 침묵의 길입니다. 그러나 그녀의 일생은 집필, 강의, 그리고 그녀의 공동체 내의 집 없는 이들을 위한 실천적인 봉사로 가득 찼습니다. 마더 테레사의 여정이 활동적이면서도 관상에 뿌리를 두었듯이, 에블린의 삶은 주로 관상적이면서도 활동으로 균형을 이룬 삶으로 나타났습니다. 아빌라의 테레사와 토마스 머튼처럼 에블린 언더힐의 삶의 여정은 관상과 행동이 놀라울 정도로 조화를 이루었습니다. 그녀는 신비가로서 내적 침묵과 경청의 길을 따랐습니다.

> 자신의 삶이 이야기에서 진행되고 있는 것과 계속 접촉하며 사람들의 삶에서 진행되고 있는 것에 주목하는 일이 중요합니다. 만일 하나님이 어느 곳에든지 편재하신다면, 그런 이야기들 안에 현존하고 계실 것이다..
> — 프레드릭 뷔크네

연결점 찾기

앞에서 언급된 네 사람은 정신, 마음, 몸, 영혼을 통해서 하나님께로 나아가는 여정의 대표적인 인물들입니다. 이들 외에도 이러한 기본적인 신앙의 길을 예증해줄 수 있는 사람들이 많습니다. 당신의 영적 행로를 생각하게 하는 부양책을 취하는 데 도움을 주기 위해서 이 사람들을 제시했습니다. 당신은 지적인 질문이나 신학적인 문제와 씨름하면서 하나님께로 나아가는 편입니까? 마음의 갈등이나 깊은 상처를 통해서 하나님께 나아가는 편입니까? 단순한 봉사를 통해서 사람들을 사랑하고자 하는 갈망을 갖고 있습니까? 내면의 평안 및 영적 전통 안에서 평안하다는 의식을 통해 하나님께 나아갑니까? 이밖에 당신 자신의 것이라고 확인할 수 있는 다른 행로가 있습니까?

하나님은 우리 각자의 성격과 환경에 가장 잘 맞는 방법과 시기에 우리를 삶의 중심으로 이끄십니다. 그래서 당신의 여정과 나의 여정이 같을 수 없으며, 심지어 일란성 쌍둥이라도 같지 못할 것입니다. 그러나 우리의 여정들은 놀라운 공통점, 즉 인간의 정체성과 공동의 근저 안에서 위로를 발견하는 지점들을 공유합니다. 우리 안에서 역사하시는 하나님 은혜의 표징이 매우 비슷하게 나타납니다: 우리가 원했던 것보다 훨씬 더 좋은 것으로 기도의 응답을 받았다는 느낌, 바라던 대로 기도가 응답받지 못해 고통스러웠지만 되돌아보니 예기치 않았던 방법으로 더욱 근본적인 차원에서 응답받았던 경험, 하나님이 맡기신 소명에 비해서 자신의 재능이나 역량이 부족하다고 생각했지만 믿음과 인내를 통해서 그 소명이 곧 하나님이 우리에게 주신 진정한 소명이라는 사실을 느낀 직관 등.

이러한 제안들이 당신 자신의 영적 여정을 더욱 세밀하게 바라보려는 갈망을 자극하게 되기를 바랍니다. 당신의 영적 성장에 가장 큰 영향을 준 사람은 누구입니까? 당신은 언제, 어디에서 새로운 방향 감각을 갖게 되었습니까? 어떤 경험들이 어떻게 당신의 여정을 형성해주었습니까? 이러한 질문들이 당신의 영적 성장 과정에 주의를 기울일 수 있도록 도와줄 것입니다.

자신의 이야기하기

당신의 신앙 여정을 살펴보고 이야기하는 방법의 하나는 간단하게 영적 자서전을 쓰는 것입니다. 그러나 어거스틴의 『고백록』처럼 심오하거나 포괄적일 필요는 없습니다. 가능한 한 솔직하고 분명하면 됩니다. 그리고 자신의 관점으로 기록하면 됩니다. 무엇이든지 자신의 신앙과 관련된 것을 맨 처음의 기억에서부터 현재까지 끌어오십시오. 종교적 전통의 영향이나 그것의 결핍, 신앙과 관련된 가풍, 그리고 동료들이나 영적 지도자와의 관계를 기록하십시오. 당신이 탐색하고 발견한 것들의 배후에 있는 근본적인 동기에 주목하십시오. 독거하고 싶은 욕구와 공동체 안에 남아 있고 싶은 갈망의 균형, 즉 신앙의 내면적인 것과 외적인 균형을 살펴보십시오. 기도 경험을 기록하십시오. 여정 중의 중요한 전환점, 회심, 변화 등을 차례로 생각하십시오. 당신의 이야기 안에서 "중요한 행로"를 확인할 수 있는지 살펴보십시오.

당신은 자신의 여정을 그림으로 표현할 수 있습니다. 큰 종이를 준비하십시오. 당신의 삶을 선으로 표현하되, 올라가는 부분이나 내려가는 부분, 돌아가는 부분과 동그라미 등 어떤 모양이든지 당신이 생각하기에 적당한 모양으로 그림을 그리십시오. 특별히 중요한 사건에 기호로 표시해 둠으로써 자신의 신앙생활에 의미가 있다는 점을 표현하십시오. 이 과정에서 창의성을 발휘해도 좋습니다. 각 시기에 느꼈던 당신의 감정을 여러 가지 색깔로 표현하든지, 아니면 자신이 표시한 기호에 설명을 덧붙이기 위해서 메모지를 덧붙여도 좋습니다.

당신의 영성 생활의 내면적인 부분, 그러면서도 분명히 설명할 수 없는 부분을 한 편의 시로 표현할 수도 있습니다. 자신의 영적 여정에서 핵심이 되는 경험이나 상황을 확인할 수 있는지 생각해 보십시오. 어린 시절의 중요한 행동, 사춘기에 충격적이거나 도전적이거나 감동을 받았던 때, 친밀했던 인간관계의 상실, 직업을 바꾼 것, 다른 문화의 체험 등이 있을 것입니다. 그 경험들과 관련된 느낌이나 이미지나 비유 등을 생각해 보십시오. 그 경험의 영적 측면을 표현해주는 각각의 느낌이나 이미지를 시로 표현하십시오. 종종 하나님에 대한 경험을 글로 표현할 수 없을 때가 있습니다. 그럴 때는 그림, 음악, 춤, 시 등이 영혼의 언어가

> 자신의 이야기를 기억함으로써 하나님이 우리 개인의 역사에 어떻게 함께 하셨는지 인식할 수 있다. 우리는 기도에 대한 응답과 은혜의 순간들, 불가능한 위기처럼 보이는 것들을 통해서 하나님이 우리를 도와주신 때를 기억한다.
>
> — 리처드 모건

될 것입니다.

매일의 과제

이번 주의 본문을 읽으십시오. 과제를 시작하기 전에 당신의 생각을 기록할 수 있도록 영성일지를 곁에 두십시오. 각 과제를 시작할 때, 하나님 앞에 마음을 열고 그분의 인도하심을 바라십시오. 금주의 과제들은 믿음의 여정에 있어서 다양한 모범을 생각하고, 자신의 영적 이야기를 말할 수 있도록 도와줄 것입니다.

과제 1

갈라디아서 1장 11-2:1절을 읽으십시오. 우리는 사도 바울이 그리스도 안에서 즉각적으로 변화된 것이 아니라, 오랫동안 점진적으로 되었다는 사실을 알게 됩니다. 사도 바울은 그리스도의 계시를 받았고, 개인적으로 깨달음을 얻었으며, 다른 사도들과 의논했으며, 공동체 안에서 자신이 받은 소명대로 행동했습니다.

본문에서 설명한 네 사람의 "신앙의 여정"을 다시 읽으십시오. 이 인물 중에 당신과 비슷한 사람은 누구입니까? 왜 비슷하다고 생각합니까? 각 인물에 대해서 호감과 반감을 갖게 된 점은 무엇입니까? 기도하면서 하나님께 그런 느낌을 말씀드리고 하나님이 주시는 음성에 귀 기울이십시오. 특별히 당신과 비슷하다고 생각되는 다른 "신앙의 모범"이 있습니까? 그 이유는 무엇입니까? 당신의 생각을 기록하십시오.

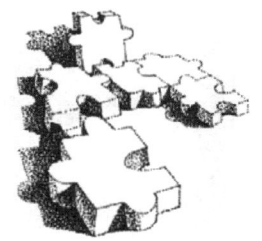

과제 2

마가복음 12장 28-30절을 읽으십시오. 예수님은 으뜸가는 계명이 온 몸으로, 즉 마음을 다하고 목숨을 다하고 뜻을 다하고 힘을 다하여 "주 너의 하나님을 사랑"하는 것이라고 다시 확인해주셨습니다. 이

네 가지 측면 중에서 어느 것이 하나님을 향한 당신의 영적 행로를 표현하고 있습니까? 예를 들어 하나님과 깊은 관계를 추구하는 것과 관련된 것이 마음(애정과 사랑을 향한 갈망)입니까, 혼(하나님과 일치를 이루고자 하는 갈망과 직관)입니까, 정신(진리 추구와 탐구)입니까, 또는 힘(공동의 유익을 위한 봉사와 실천)입니까? 어떤 동기가 가장 강합니까? 가장 약한 동기는 무엇입니까? 당신의 동기나 추구하는 태도가 여정 중에 변화했습니까? 일지에 당신의 생각을 기록하십시오.

과제 3

시편 116편을 읽으십시오. 1절의 내용을 다음과 같이 당신 자기 말로 완성해 보십시오: "나는 _____ 때문에 주님을 사랑합니다."

  하나님과 우리를 연결해 주는 것, 그리고 하나님이 당신을 위해서 행하신 일을 당신 자기 말로 표현해 보십시오. 그다음에 지금까지 세 주 동안 공부한 내용을 다시 읽으십시오. 자신의 영적인 역사信仰歷에서 결정적인 순간들의 명칭, 당신의 이야기의 장章 제목, 아직 완성되지 않았지만, 그 이야기에 붙일 제목을 생각해 보십시오. 지금 당신이 하나님께 쓰고 있는 장章의 제목은 무엇입니까? 당신의 여정이 특별하다는 것에 대해 하나님께 감사하십시오.

과제 4

시편 107편을 읽으십시오. 많은 시편처럼 이 시편도 사람들의 신앙의 이야기를 노래합니다. 이 시편에 당신의 이야기를 한 절 덧붙인다면 어떻게 쓸 수 있겠습니까? 오늘과 내일 당신의 영성 생활에 관한 이야기를 어떻게 표현하고 말해야 할지 생각해 보십시오. 당신의 이야기를 묘사하고 표현하고 그리는 데 어떤 방법이 적합한지 생각하십시오. 예를 들어 당신의 영적 여정의 특성을 표현해주는 이미지나 상징을 이용해서 자신의 여정을 "그림으로 그릴" 수 있습니다. 당신의 영적 여정에 영향을 미친 것들이나 경험을 시로 표현하거나 간단한 자서전으로 쓸 수도 있습니다. 당신이 걸어온 길을 그래프로 그릴 수 있고, 도표로 나타낼 수도 있고, 하나님이 당신의 신앙을 형성하기 위해서 보내주신 사람들의 "계보"를 그려볼 수도 있습니다. 중요한 이미지들을 콜라주 기법으로 표현할 수도 있습니다. 창의력을 발휘하십시오. 성령의 인도하심을 구하십시오. 그런 후에 모임에서 당신의 여정을 가장 편안한 방법으로 나눌 수 있도록 준비하십시오. 당신의 이야기를 나누는 데 10분에서 15분 정도가 적당할 것입니다.

과제 5

시편 136편을 읽으십시오. 당신의 삶 속에 나타난 하나님의 확고부동한 사랑에 감사하며, 그 사랑을 경험할 수 있었던 방법에도 감사하십시오. 어제 시작했던 일을 마치십시오. 노력하면서 성령을 의지하십시오.

그룹 모임을 위해서 한 주 동안 기록한 일지를 다시 살펴보십시오.

제1부, 제5주

언약 공동체로서의 삶

삶의 위기는 그것을 당하는 사람의 특성을 드러내 줍니다. 나는 어른이 되어서 중병에 걸린 적이 있는데, 그 일은 나 자신의 성품은 물론이요 주위 사람들의 성품까지 알 수 있게 해주었습니다. 가족 외에 나에게 도움을 준 첫 번째 사람은 10년 넘게 참여해온 언약 그룹의 회원이었습니다. 내가 병마와 싸우는 동안 그 그룹의 회원들은 내 가족들과 함께 사랑과 기도로 나를 보호해주었습니다. 그 위험한 시기, 내가 이성적으로 생각하거나 기도하기 어려웠던 때 신앙의 동지들은 나를 위해서 나와 함께 기도했습니다. 하나님의 신실한 종들이 나를 위해 기도하고 있고, 그 기도 때문에 내가 하나님 현존의 빛 안에 거하고 있다는 사실이 내게 큰 평안과 위로가 되었습니다. 우리와 언약 관계에 있는 사람들의 조건 없는도움은 공동체가 제공하는 유익 중 하나에 불과합니다. 그 외에도 공동체는 여러 가지 장점을 가지고 있는데, 일부는 다음 단락에서 설명되지만 다른 장점들은 사람들과 함께 언약의 삶의 풍요로움을 탐구하는 동안 발견하게 될 것입니다.

기독교인들은 서로 섬기는 공동체를 이루라는 부름을 받고 있으며, 언약 그룹은 이 소명을 실천하는 데 이상적인 곳입니다. 우리 모두에게는 다른 사람들과 나눌 수 있는 특별한 은사가 있습니다. 작은 공동체들은 받은 은사를 함께 나누고 함께 성장해 나갈 수 있는 곳입니다. 이러

> 우리는 고립되어 살기 위해서 창조된 것이 아니다.…우리에게 혼자 있는 시간, 즉 재충전의 시간이 필요한 것은 누구나 인정하지만, 신앙은 사람들과 함께 나누고 경험할 때 가장 쉽게 성장한다.
>
> — 메리 루 레딩

한 모임에서 우리는 용납과 성장과 책임을 원하는 자신의 욕구를 발견하며, 또 그 욕구가 충족되기도 합니다.

틸든 에드워즈Tilden H. Edwards는 공동체란 "모든 사람이 원하는 것이지만, 그것을 오랫동안 유지해 나갈 수 있는 사람은 거의 없다"라고 했습니다. 에드워즈의 말이 사실입니다. 진정한 공동체를 형성하기 위해서는 의도적이면서도 헌신적인 노력이 필요합니다. 그것이 바로 언약이 표현하는 바입니다. 언약 공동체는 우연히 생기지 않습니다. 그런 공동체를 유지하려면 끊임없는 돌봄과 헌신이 필요합니다. 아마 오늘날 오래 지속되는 언약 공동체가 없는 것은 이런 이유 때문일 것입니다. 우리는 공동체를 시작하는 방법을 모를 수도 있고, 공동체를 유지하기 위해서 시간과 노력의 대가를 지불해야 하는 것을 달갑게 여기지 않을 수도 있습니다.

그러나 우리는 언약 공동체의 유익함, 자기 얼굴과 삶의 여정의 방향을 하나님께 향하는 사람들과의 의미 있는 관계를 갈망합니다. 우리 시대에 진지하게 영성 생활에 임하는 것은 고독한 일입니다. 자기 자신이 하나님과 더 깊은 관계를 갈망하고 있음을 아는 사람은 흔히 외롭고 오해받고 있다고 느낍니다. 우리에게 자신을 분명히 볼 수 있고, 들을 수 있도록 도와줄 사람이 필요합니다. 우리의 두려움과 신앙의 장점들을 함께 탐구할 사람이 필요합니다. 우리는 하나님과 관계를 통해서, 그리고 사람들과의 관계를 통해서만 영적으로 성장할 수 있습니다.

예수님의 삶은 독거와 공동체 생활의 균형, 즉 우리 자기 삶에서 경험하기를 갈망하는 온전함과 균형을 생생하게 보여줍니다. 열두 제자는 서로를 완전하게 이해하지도 못했으며 온전한 성격의 소유자도 아니었지만 서로 신뢰하고 사랑하는 공동체를 이루었습니다. 예수님은 공동체를 소중히 여기셨는데, 자신을 따르는 사람들 및 가까운 제자들과 인격적인 깊은 교제를 나눌 때와 기회를 찾으셨습니다(요 15:15). 주님은 독거도 소중히 여기셨으며, 자신의 내면생활 및 하나님과 교제를 발전시키

기 위한 적당한 시간과 장소를 찾으셨습니다. 예수님은 우리가 갈망하는 삶의 리듬과 균형을 온전히 이루신 완전한 분이었습니다.

그렇다면 우리는 어떻게 시작해야 합니까? 그런 공동체를 어디에서 찾을 수 있습니까? 누가 우리의 동반자가 되어줄 것이며, 우리는 누구와 친교를 나눌 것입니까? 우리에게는 언약을 공유하는 공동체를 형성할 용기가 있습니까? 그런 공동체가 우리 문화 안에서 유지될 수 있습니까? 나에게 인격적으로 다른 사람들과 언약을 맺고 살 수 있는 능력이 있습니까? 그로 인해 치러야 할 대가는 무엇이며, 그 보상은 무엇입니까? 위의 질문들은 우리가 친밀한 공동체에 참여하려 할 때 자신에게 제기할 수 있는 여러 가지 질문들입니다.

언약의 성경적 · 신학적 근거

언약이라고 하면 가장 먼저 하나님께서 아브라함과 모세와 맺으신 언약을 생각하게 됩니다. 그러나 언약의 기원은 하나님께서 아담과 하와와 정하신 언약까지 거슬러 올라갑니다. 태초로부터 하나님은 온 인류와 상호 사랑과 책임의 관계를 지니시기를 원하셨습니다. 하나님은 우리를 부족함이 없이 풍요롭게 해주시고, 안전하게 지켜주시며, 거룩한 우정의 관계로 표현되는 영원한 사랑으로 사랑하십니다. 우리는 하나님의 선하심에 대한 감사와 즐거움을 통한 사랑으로 응답합니다. 하나님은 우리에게 신실함과 창조성을 요구하십니다. 이에 대해 우리는 순종으로 응답하며, 우리의 손과 마음을 하나님의 뜻에 맞추려고 합니다.

기독교 신앙은 오늘날도 하나님께서 우리 인간들과 언약의 관계를 갖기를 원하시며 주도하고 계신다고 선언합니다. 우리 기독교인들은 예수 그리스도를 통해서 우리로 하여금 알게 하신(히 1:1-4) 분과 함께하는 언약 공동체에 관한 이야기로 시작합니다. 하나님께서 우리의 삶을 통해 의도하시는 바를 알고자 한다면, 예수님의 삶을 보면 됩니다. 또 하나님

> 우리의 공동체가 점점 더 깊고 진정한 것이 될수록 우리 사이에 예수 그리스도와 그의 활동만이 더 분명하게 나타나고, 다른 것들은 희미해질 것이다. 결국 우리는 그리스도를 통해서만 존재하게 된다.
>
> — 디트리히 본회퍼

께서 우리의 모습을 어떻게 지으시기를 원하시는지 알고자 한다면, 예수님의 삶의 모습을 보면 됩니다. 분명히 예수님은 하나님, 그리고 우리와 깊은 언약의 관계를 맺으셨습니다.

많은 신학자는 삼위의 세 위격의 상호 내주하시는 사랑을 사랑의 공동체 안에서 하나님과 이웃을 향한 사랑을 가지고 사랑하기를 바라시는 하나님의 의도를 보여주는 모범이라고 합니다. 우리는 하나님의 형상을 따라 지음을 받았으므로, 이미 그러한 교제의 욕구와 갈망과 능력을 지니고 있습니다. 성경적 영성은 사적인 영성private spirituality이 아닙니다. 이것은 내적인 독거inward solitude를 통해서 하나님과 인격적인 관계를 갖는 것이지만, 독거해도 영광의 고립splendid isolation으로는 하나님께 나아갈 수 없습니다. 주님의 기도 첫마디는 우리가 공동체에 연합되어 있음을 선포합니다. 우리는 주님의 기도를 드리면서 자신이 하나님의 대 가족에 속해 있음을 인정합니다. 이것이 예수께서 자기를 따르는 사람들에게 주려 하시던바 아버지와 성령과 함께 누리시는 일치입니다(요 17:20-23).

그리스도의 몸으로 표현되는 교회는 본질상 사랑의 언약을 맺은 큰 언약 공동체입니다(고전 12:12). 우리는 세례를 받는 순간부터 신앙의 공동체—지역 공동체, 세계 공동체, 우주 공동체—와 영원히 결합됩니다. 우리는 그리스도 몸의 지체로서 서약하면서 언약 공동체 안에 들어갑니다. 또한 교회 안에서 언약된 삶의 의무들을 이행하기로 공개적으로 동의합니다. 교회와 연합한다는 것은 부활하신 주님의 제자가 됨으로써 하나님을 사랑하고, 하나님께 순종하려는 사람들의 집단에 들어가는 것입니다.

결혼은 종종 언약 공동체의 형태와 조직을 예증하기 위해 사용되는 것으로서 상호 언약에 기초를 둔 기독교 공동체에 대한 특별한 표현입니다. 결혼 서약은 두 사람이 자신의 일생을 서로에게 의탁한다는 것입니다. 그것은 상호 간의 사랑과 신뢰와 헌신에 기초한 서약입니다. 기독교인들의 경우에 결혼에 대한 책임은 더욱 큰 공동체와 하나님의 현존에 기초를 둡니다.

이런 예증을 통해서 기독교 공동체의 몇 가지 기본 요소들을 보게 됩니다. 가장 기초가 되는 것은 하나님께 대한 믿음입니다. 궁극적으로는 성령의 능력과 활동을 통해서 우리로 하여금 공동체를 이루게 하신 분은 바로 하나님이십니다. 디트리히 본회퍼Dietrich Bonhoeffer는 이 진리를 분명하게 표현했습니다. 그는 "기독교의 형제애는 우리가 실현해야 하는 이상이 아니라 하나님께서 그리스도 안에서 창조하시는 실체로서 우리도 그 안에 참여할 수 있습니다. 그리고 우리는 이 현실에 참여하게 될 것입니다"라고 설명했습니다.

우리의 노력도 물론 필요하겠지만, 진정한 공동체는 하나님이 주신 놀라운 은혜의 선물입니다. 그래서 우리는 무조건 하나님께 우리 자신과 삶을 드리며, 성령의 인도 아래 언약 공동체의 형성에 헌신하고자 합니다. 이런 공동체 안에서 우리는 매일 하나님의 현존 앞에서 충만하고 생명력 있는 삶을 살기 위해 노력하는 사람들과 연합하게 됩니다.

언약그룹의 형태와 요소

교회 내의 언약 그룹은 다양한 모습을 갖습니다. 어떤 그룹은 특별한 연구 자료나 영적 실천을 위해 모입니다. 또 어떤 그룹은 모임 외의 시간에 개인적으로 실천하는 훈련에 대해 상호 책임을 지는 데 초점을 둡니다. 후자를 「상호 책임지는 제자훈련」이라고 합니다.

첫째 유형의 그룹에서 회원들은 책, 테이프, 비디오, 기타 깊은 토론과 기도에 도움이 되는 자료 등을 사용함으로써 신앙을 발전시킵니다. 어떤 그룹은 중보기도를 하거나 묵상을 하거나 함께 관상기도에 참여하는 것 등의 특별한 계획에 대한 언약을 가지고 만납니다. 또 어떤 사람들은 일상생활에서 하나님의 인도하심을 받기 위해 성경연구 모임을 가지면서 그룹 영적 독서를 합니다(영적 독서에 관해서는 제2부에서 설명합니다). 또 어떤 이들은 개인적으로 혹은 다른 사람들과 함께 더 큰 공동체들을 위해서 적극적으로 봉사하려고 모입니다. 이들은 봉사 후에 함께 모여 묵상하고 기도하는 시간을 갖습니다.

이렇게 공동체의 형태가 다양하지만, 언약 그룹에는 일반적으로 다음과 같은 공통 요소가 있습니다.

- 정기적으로 모임을 갖고 성실히 출석할 것
- 그룹 전체와 서로를 위해서 기도할 것
- 자신의 삶과 믿음에 있어서 숨기지 않는다는 것; 즉 어두운 체험이나 밝은 체험 모두를 숨김없이 함께 나눌 것
- 그리스도의 사랑으로 서로를 도와주고, 이끌어주며, 격려할 것
- 서로가 정해진 약속과 책임을 다할 수 있도록 사랑으로 도울 것
- 모임에서 나누었던 것들을 서로 존중하며 비밀을 지킬 것
- 이밖에 공동의 봉사 활동이나 선교 활동에 함께 참여할 것

흔히 잘 논의되지 않지만 기독교 공동체에 있어서 매우 중요한 요소는 가식 되지 않은 진실된 자기 자신을 내어놓아야 한다는 것입니다. 다른 사람에게 줄 수 있는 가장 큰 선물은 바로 진실된 자기 자신입니다. 어떤 영적 지도자는 "은혜의 공동체 안에는 많은 일이 일어난다. 그중에서도 가장 특별한 것은 다른 사람들이 나를 거부할 것이라는 두려움을 느끼지 않는 상태에서 비밀을 털어놓으며, 다른 사람도 자기의 비밀을 거리낌 없이 내놓는다는 사실이다"라고 했습니다. 어떤 부인은 소그룹 모임에서 이렇게 말했습니다: "이 모임에서는 완전한 사람인 것처럼 행동할 필요가 없습니다. 우리 모두 여기에서 '나는 이런 사람입니다. 이것이 상처 입은 나의 모습입니다. 나는 여러분의 도움이 필요합니다. 나는 이런 경우에 하나님이 나에게 무엇을 원하시는지 알고 싶습니다.'

라고 말합시다." 진정한 돌봄과 기도와 상호 비밀을 지켜주는 분위기를 통해서 서로에 대한 신뢰가 생기고, 그룹 내에 정직함이 형성될 수 있습니다.

우리는 이 그룹의 회원으로서 기본적인 언약을 맺었습니다. 그러나 함께하는 삶에 대한 이득과 보상과 대가를 연구함으로써 소그룹 참여에 대해 더 많은 것을 배울 수 있습니다. 이런 과정을 통해서 호혜적 언약 공동체의 의미와 실재를 현실적으로 알 수 있습니다. 상호 지원적인 언약을 이루기 위해서 우리는 같은 목적을 가져야 합니다. 그룹을 형성하는 초기 단계에 모든 사람이 받아들일 수 있는 언약을 체결하는 것이 중요합니다.

공동체를 위해서 개인의 선택을 포기하는 것은 진정한 공동체를 추구하는 기독교인들이 극복해야 할 큰 장애 중 하나입니다. 그러나 항상 자신의 방법을 고집하고 자신만이 옳다고 생각하는 사람은 그룹 발전을 방해할 것입니다. 이런 사람은 언약 공동체에 참여하기 전에 깊은 회심이 필요합니다. 이 문제에 대해서는 바울이 빌립보 교인들에게 한 말이 적절한 것 같습니다. "아무 일에든지 다툼이나 허영으로 하지 말고 오직 겸손한 마음으로 각각 자기보다 남을 낫게 여기고 각각 자기 일을 돌볼 뿐더러 또한 각각 다른 사람들의 일을 돌보아 나의 기쁨을 충만하게 하라"(빌 2:3-4).

흔히 언급되거나 탐구되지 않은 것으로서 언약 공동체의 또 다른 핵심 요소는 상호 간의 책임입니다. 특히 개인주의와 자율적인 결정을 최고로 생각하는 서구 문화 안에서 서로 헌신에 대해 책임진다는 것은 공동체 생활에 있어서 불편한 요소가 될 수 있습니다. 대부분 우리는 자신의 선택과 행동에 대한 책임을 다른 사람에게 지우려 하지 않습니다. 그러면서도 권위주의와 독선적인 판단을 두려워합니다. 그러나 만일 우리가 그리스도 안에서 형제자매들이 우리를 조건 없이 사랑한다는 것을 믿으며, 믿음 안에서 우리 삶의 어떤 국면局面에 대한 책임을 그들에게

> 정해진 원칙을 가지고 영성 훈련에 참여하기 위해서 그룹을 형성했을 때 구성원 사이에 결속력이 생기는 일이 자주 있다. 그러나 이 결속력은 영성 훈련에 의해서 생기는 것이 아니라 믿음으로써 생겨나며, 이 믿음은 구성원들이 자신의 삶 속에서 역사하시는 하나님을 함께 나눌 때 생겨난다.
>
> — 조셉 드리스킬

지우려 한다면, 우리는 기독교 공동체의 이러한 상황을 받아들일 수 있을 것입니다. 실천적인 언약 그룹을 구성하려면 시간을 가지고 책임을 진다는 것의 유익함, 그것에 대한 느낌, 그리고 그룹 안에서 그것이 실천되어질 방법 등을 탐구해야 합니다.

모든 공동체의 기본 요소는 기독교인의 여정 안에서 상호 돌봄, 나눔, 발견의 기쁨을 체험하고자 하는 욕구입니다. 기독교인들이 언약 공동체를 형성할 때, 그들은 무한한 지원과 용납을 기대할 모든 권리를 갖습니다. 그러나 그런 도움과 용납에 대한 권리는 저절로 주어지는 것이 아닙니다. 초기 단계의 논의와 계획은 각 회원들로 하여금 서로를 돌보고 봉사할 기회를 놓치지 않게 해줍니다.

비용과 이익 저울질하기

이제, 우리가 치러야 할 대가는 무엇입니까? 언약 공동체가 대가를 치를 만한 가치가 있습니까? 이 사회에서 우리는 너무 많은 것을 요구하며 너무 적은 것을 내놓는 "싼 것이면 무엇이든 사는 장사꾼"이 되었습니다. 그러나 비용과 수익을 신중하게 분석하는 것은 가치 있는 일입니다. 우리보다 앞서서 공동체의 삶을 살았던 성도들도 우리에게 비용과 수익을 계산해 보라고 권고하고 있습니다. 우리가 치러야 하는 비용은 자신의 자율성을 포기하는 것, 인위적이고 거짓된 자아를 버리는 것, 시간을 들이는 것, 주의 깊게 경청하는 것, 서로에게 사랑의 책임을 지고 친밀해지기 위해서 어렵고 힘든 일을 기꺼이 감수하는 것 등입니다.

그렇다면 이익은 무엇입니까? 우리보다 앞서 영적 여행을 했던 사람들은 그것을 "천국의 맛"이라고 했습니다. 그들은 오늘날 언약 공동체의 결과를 직접 체험했던 사람들의 목소리와 연결됩니다. 어떤 여성 그룹의 한 회원은 자신이 사랑하는 그 사람들에 대해서 "그들은 또 다른 나의 가족, 자신을 거듭 설명하지 않아도 되는 사람들이다"라고 간단한 문장으로 표현했습니다. 또한 자신이 속한 그룹에서 항상 건설적인 도전을 받는 어떤 사람은 이 모임의 유익에 대해서 "나는 매주 모임에 참석할 때마다 불편을 느끼는데, 이는 그것이 나에게 조금 더 주고, 더 성장하고, 나 자신에게 더 정직하고, 하나님과 다른 사람들과 더욱 가까워지라는 도전을 주기 때문입니다. 그것은 내게 매우 필요한 일입니다"라고 말했습니다.

자신(몸과 혼)을 신실한 사랑의 공동체의 돌봄에 위탁하는 것이 가장 가치 있고 복된 경험입니다. 하나님의 뜻과 궁극적으로 나에게 생명이 되는 길을 분별하기 위해 내 말에 귀를 기울이는 기도가 있다는 것을 안다는 것은 나에게 커다란 확신입니다. 나를 위해서 하나님의 최상의 것을 추구하는 사람들에 의해서 나의 삶의 모든 날이 사랑하는 하나님의 마음을 닮고 있다는 확신은 나에게 가장 좋은 선물입니다. 그리고 내가 방황할 때 바른길을 제시해 주고, 내가 넘어졌을 때 도움의 손길을 주는 공동체의 돌봄은 순전한 선물입니다. 이렇게 보살펴 주는 헌신적인 공동체가 나와 함께 있고, 나를 붙들고, 나를 돌보며, 내가 넘어졌을 때 일으켜 세워준다는 것을 아는 것만으로도 세상에서 드물게 안전한 최상의 복입니다.

모턴 켈시Morton Kelsey는 "영적 순례의 길을 다른 사람들과 함께 걸어가는 것은 기술art이다"라고 했습니다. 그렇다면 우리 각자는 어떻게 하면 살아있고 성장하며 생명을 주는 공동체의 아름다운 모자이크를 만드는 예술가가 될 수 있습니까? 위대한 예술가에게는 타고난 재능이 있지만, 그들의 작품은 쉬지 않고 계속하려는 자발적인 마음과 끈기의 결과였습니다. 우리 모두에게는 하나님의 자녀들과 함께 언약 안에서 살 수 있는 자격이 있습니다. 그리고 공동체 안에서 신실한 삶을 살아갈 수 있는 천부적인 재능도 있습니다. 그러나 예술가들이 타고난 재능을 가지고 부단히 노력해야 하는 것처럼, 우리도 하나님의 형상을 지닌 공동체를 만들기 위해서 끊임없이 우리의 기술과 재능을 사용해야 합니다.

> 하나님은 우리에게 공동체로 살아가라는 소명을 주셨다. 그리고 우리의 공동체가 비록 다툼과 실패로 가득 찼어도 이것은 봉사하라는 가장 강한 계시와 증거이다.
> ― 사도 성 요한의 공동체 규칙

용기를 갖고 언약 공동체의 의미를 탐구하되, 당신이 제자로서의 삶을 보다 충만하고 풍요롭게 하려고 하나님이 보내주신 사람들과 함께 하십시오. 하나님께서 부르시고, 모으시고, 신실한 공동체를 이루라고 하심을 기억하십시오. 이 깨달음만이 우리에게 소망과 용기를 줍니다.

제5주 언약 공동체로서의 삶

매일의 과제

금주의 본문을 자세히 읽으십시오. 영성일지를 준비하고, 각 과제를 시작하기 전에 하나님의 영을 향해 마음을 여십시오. 금주의 훈련 과제들은 이번 모임에서 그룹의 언약을 알아보기 위한 준비 과정이 될 것입니다. 당신은 언약 그룹의 회원이 되었습니다. 왜냐하면 당신은 매일 교재를 읽고 훈련 과제를 해결하고, 매주 모임을 갖고 있기 때문입니다. 여기에서 한 걸음 더 나아가 당신이 소그룹을 통해서 어떤 체험을 하기를 원하는지, 그리고 이 그룹에 도움이 되는 영성 훈련이 무엇인지 깨닫게 될 것입니다.

과제 1

마가복음 3장 13-19절을 읽으십시오. 예수님 주위에 모인 열두 사람은 단순히 서로를 알기 위해 만난 것이 아니라 하나님 나라에 대한 약속과 주님의 부르심에 응답하기 위하여 공동체를 이루었습니다. 이제 당신의 마음 깊은 곳에서부터 들려오는 소리에 귀 기울이십시오. 이 그룹의 회원으로서, 어떤 부르심의 소리가 들립니까? 그리고 어떤 약속이 느껴집니까? 그리스도 안에서 함께 여행하면서 이 그룹이 어떻게 되기를 바랍니까? 당신이 바라는 것들을 정직하게 하나님께 말씀드리십시오. 일지에 의미 있는 생각과 깨달음과 의문점들을 기록하십시오.

과제 2

누가복음 22장 21-34절을 읽으십시오. 이 구절은 예수님의 제자들 사이에 기쁨과 함께 갈등이 있었다는 사실을 증명해줍니다. 파커 팔머 Parker Palmer는 자신의 저서 『활동적인 삶』*The Active Life*에서 공동체를

이루는 목적 중 하나가 "환상을 깨기" 위한 것이라고 했습니다. 즉 우리가 진리의 기쁨에 더 가까이 다가가기 위해서 하나님과 다른 사람들, 그리고 우리 자신에 대한 환상을 깨는 것입니다. 지금까지 그룹의 한 일원으로서 당신이 겪었던 기쁨과 갈등은 무엇입니까? 당신은 환상을 깬 적이 있습니까? 만약 그렇다면 그것을 통해서 하나님이 어떤 말씀을 하셨는지 귀 기울여 보십시오. 당신의 생각을 적으십시오.

과제 3

빌립보서 2장 1-4절을 읽으십시오. "다른 사람의 일을 돌보라"는 바울의 권면은 우리가 누구인지 좀 더 폭넓게 이해할 수 있도록 만들어 줄 뿐만 아니라 개인적인 자율성에 대한 이제까지의 생각에도 도전을 주고 있습니다. 다른 사람의 일을 돌보며 살겠다는 언약이 마음에 드는지, 아니면 거부감이 드는지 자신의 감정을 점검해 보십시오. 그 언약에 대해서 끌리는 점은 무엇이며 거부감을 느끼는 점은 무엇입니까? 당신의 감정에 대해서 성령이 하시는 말씀에 귀 기울여 보십시오.

과제 4

시편 133편을 읽으십시오. 이 시편에 나타난 공동체의 기쁨과 히브리 공동체의 정황의 관계를 생각해 보십시오. 즉 하나님과 언약, 그리고 서로의 언약 등에 대해서 깊이 생각해 보십시오. 인간의 공동체가 하나님의 "복과 영원한 삶"을 미리 맛보고, "선하고 즐거운" 것이 되려면, 어떤 언약과 훈련이 필요합니까? 당신의 공동체가 모든 사람이 은혜와 진리 안에 거할 수 있는 공동체로 성장하는 데 필요한 언약이나 훈련은 무엇입니까?

과제 5

마가복음 6장 30절을 읽으십시오. 영적 여정의 내적인 면과 외적인 면 모두에 대한 책임과 도움이 제자들의 공동체 안에서 절대적으로 필요한 것들이었습니다. 현재 당신이 속한 영적 그룹으로부터 당신이 받아들이고 있는 도움은 어떤 것입니까? 반면에 거부하고 있는 도움은 어떤 것입니까? 영적 그룹에서 당신이 다른 사람들에게 주고자 하는 도움은 어떤 것입니까? 그룹 안에서 긍정적으로 도움을 주고받는 당신 자신의 모습을 기도를 통해 상상해 보십시오. 그런 상호 도움이 어떻게 보입니까? 당신의 생각을 기록하십시오.

그룹 모임을 위하여 한 주간 기록한 영성일지를 살펴보십시오.

제2부

말씀: 그리스도의 정신

E. 글렌 힌슨

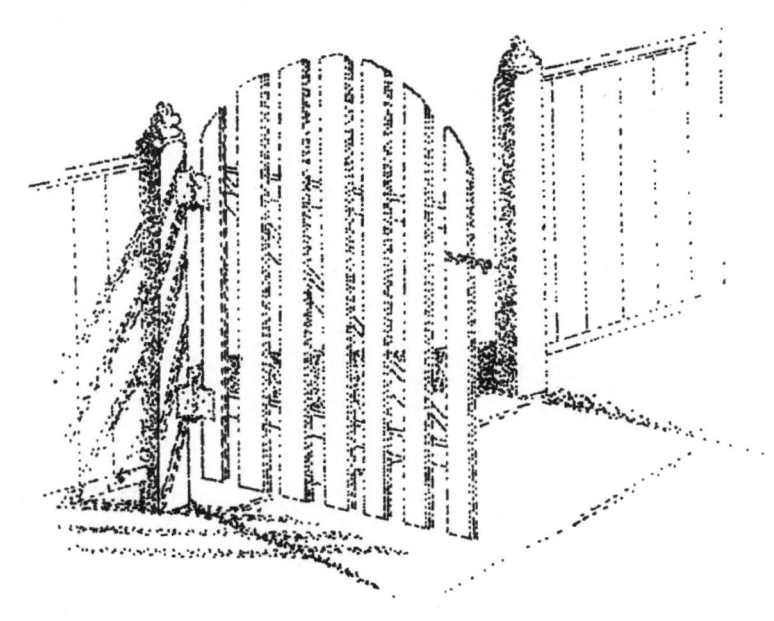

제2부, 제1주

성경은 왜 하나님의 말씀인가?

나의 할머니는 어린 나에게 성경이라는 책에 대해서 많은 추억을 남겨주셨습니다. 나는 할머니가 무릎에 성경을 펼쳐놓고 발코니의 흔들의자에 앉아 있던 모습이 아직도 눈에 선합니다. 때로는 할머니가 잠이 들기도 했지만, 낡은 성경에 눈물을 떨어뜨리는 할머니의 모습도 자주 보았습니다. 그때 나는 할머니에게 무슨 일인지 묻곤 했었습니다. 그때 할머니는 "쉿! 나는 지금 하나님으로부터 말씀을 듣고 있단다"라고 말씀하셨습니다.

> 만약 여러분이 성경에 관한 지식을 진정으로 원한다면, 철저하게 겸손한 마음을 가지고 완전한 사랑을 통해서 교만한 지식이 아니라 빛을 비추는 지식으로 나아가도록 하라.
> — 요한 카시아누스

내가 처음 개인적으로 성경을 펼친 것은 네 살이나 다섯 살쯤 되었을 때 미조리 주 성 루이스에 있는 루터교회 주일학교에서였습니다. 선생님은 나에게 성경에 관한 이야기를 해주셨고, 우리는 그 이야기와 관련된 그림에 예쁘게 색칠했습니다. 아픈 기억을 가진 가정에 태어난 나는 성경에서 요셉, 모세, 다윗, 예수님 등 몇몇 영웅들의 이야기를 발견했습니다. 나는 혼자서 성경을 읽을 수 있을 때까지 안달이 났습니다. 그 후 60여 년을 살아오는 동안 여러 번 성경을 읽었습니다. 그러나 세례문답자에게 성경을 통독했다고 거짓말했던 것을 고백합니다. 그때까지 레위기도 읽지 않았던 것입니다.

당신은 성경을 가까이해 왔지만, 교회학교를 제외하고는 일반적으로 성경을 이해하며 일상생활과 연관시킨다는 것이 어렵다는 것을 느꼈을

것입니다. 성경에서 모순으로 보이는 구절로 말미암아 혼란스러운 때가 있었을 것입니다. 아니면 일일 성경 읽기 계획을 세웠지만, 여러 가지 일로 인해 그 시간을 빼앗겼을 것입니다. 성경을 우리를 향한 하나님의 말씀으로 생각하는 데 있어서, 성경을 대하는 태도나 성경을 읽는 습관을 스스로 점검해 볼 것을 권하는 바입니다. 기도와 성경 묵상은 상호작용을 하며, 우리를 사랑하시는 하나님을 만나고 그분의 음성을 듣는 훈련입니다.

성경이 어떻게 만들어졌는가?

성경은 정말 매혹적인 책입니다. 성경을 한층 더 흥미롭게 하는 것은, 성경이 한 권으로 된 책이 아니라 여러 권으로 되어 있었다는 사실입니다. 성경은 처음에는 유대인들이, 그 후 기독교인이 몇백 년 동안 조금씩 모아서 만들었기 때문에 여러 종류의 글로 되었습니다. 기독교인들이 일반적으로 구약이라고 하는 히브리 성경은 유대인들의 역사와 성인들의 이야기(룻기와 에스더), 인간 고통에 관한 이야기(욥기), 노래 모음집(시편), 지혜 모음집(잠언서와 전도서), 신혼부부의 사랑 이야기(아가), 그리고 선지자들의 글로 구성되어 있습니다.

신약은 예수님에 관한 네 가지 이야기(복음서)와 초기 기독교 전파에 관한 이야기(사도행전), 바울과 여러 사도들의 서신서들, 그리고 초기 기독교의 설교(히브리서)와 묵시록(요한 계시록)으로 구성되어 있습니다. 16세기 종교 개혁이 일어나기 전까지는 외경도 성경에 포함되어 있었는데, 로마 가톨릭에서는 현재 외경을 성경에 포함시키고 있습니다. 종교 개혁자들은 외경을 성경에서 제외했는데, 그 이유는 이 글들이 히브리 원전에는 없었으며 유대 경전에 들어있지 않았다는 것입니다. 그러나 오늘날 개신교회의 성경에 외경이 포함된 것을 많이 찾아볼 수 있습니다.

이러한 다양성과 시간의 경과에도 불구하고 지금까지 성경이 남아 있다는 사실만 해도 매우 놀라운 일이 아닐 수 없습니다. 지금의 성경이 만들어지기까지 몇 단계가 있었습니다. 예를 들어 히브리인들의 출애굽 이야기나 예수님의 공생애와 죽음, 그리고 부활에 관한 이야기처럼 구전口傳 단계가 있었습니다. 고대인들은 현대인들에 비해서 기억에 의존하며 살았습니다. 그러다가 상당한 세월이 지난 후 어떤 사람은 자신이 들었던 이야기와 노래와 금언들을 기록으로 남기기 시작했습니다.

그다음은 기록 단계입니다. 현대 학자들은 성경이 단 한 사람이 기록한 하나의 작품이 아니라는 사실을 발견했습니다. 예를 들면 학자들은 구약의 역사서들이 몇 명의 편집자와 수정자들의 손을 거쳤다는 사실을 알아냈습니다. 또한 복음서의 경우에, 마태복음과 누가복음의 기록이 마가복음과 다른 "자료"들을 인용했다는 사실도 발견했습니다. 사실 누가복음에서도 "우리 중에 이루어진 사실에 대하여 처음부터 목격자와 일꾼 된 자들이 전하여 준 그대로 내력을 저술하려고 붓을 든 사람이 많았다"(눅 1:1-2)고 합니다.

세 번째는 필사와 전달 과정의 단계입니다. 성경이 기록되던 시대에는 인쇄 도구가 없었으므로 손으로 직접 베껴야 했고, 그런 필사본을 사람들에게 전해주었습니다. 물론 한 사람이 읽어주는 것을 여러 사람이 받아쓰는 방법으로 대량 복사를 할 수도 있었을 것이지만, 우리가 상상하는 것처럼 이러한 필사본을 만드는 데 많은 비용이 들었으며 널리 배포되지도 못했을 것입니다.

네 번째는 특정한 글에 권위를 부여하는 단계입니다. 예를 들면 히브리 사람들은 예레미야와 같은 예언자를 귀하게 여기지 못했습니다. 사실 예언자들도 안타까워했던 것처럼, 동시대인들은 예언자의 말을 듣고 비웃고 비난하며 책망했습니다(렘 20:7-10). 그리고 시간이 흐른 뒤에 그 예언이 사실이었다는 것을 알게 되었습니다. 그래서 후세 사람들은 그들의 예언을 공중예배 때 낭독하였습니다. 또한 유대인들이 그랬던 것처럼, 기독교 공동체들도 구약을 늘 권위 있는 말씀으로 여겼습니다.

그러나 점차 각 교회는 저마다 다른 글을 선택해서 공중예배에 사용하기 시작했습니다. 예를 들면 로마에서는 마가복음을 사용했으며, 안디옥에서는 마태복음을, 고린도에서는 바울서신들을 사용했습니다. 이런 필사들의 모음이 처음에는 적었지만, 점차 큰 권위 있는 책 즉, 정경이 되었습니다.

다섯 번째는 권위 있는 글들을 집성集成하는 단계입니다. 구약성경은 세 부분으로 분류할 수 있습니다: 율법서(처음 다섯 권의 책들)는 기원전 400년경에 정경으로 인정되었으며, 예언서(몇 권의 역사서를 포함)는 기원전 150년경, 그리고 나머지 글들(히브리 성경의 나머지 부분들)은 약 100년경 랍비들이 잠비아에 모여서 정경으로 인정했습니다. 물론 권위에도 등급이 있습니다. 즉 율법서는 예언서나 다른 글들보다 높은 권위를 가지고 있었습니다.

초대 기독교인들은 히브리 성경을 정경으로 인정했지만, 2세기경에 기독교 저술도 정경에 포함하게 되었습니다. 네 권의 복음서와 바울서신서, 베드로전서, 그리고 요한일서가 교회 대부분에서 권위를 인정받았습니다. 현재 신약에 포함된 다른 글들은 그 당시 몇몇 교회에서 공중예배 때 사용되고 있었습니다. 오늘날 대부분의 기독교인이 신약을 27권으로 인정하고 있는데, 이것은 4세기 말 북아프리카 카르타고 공의회에서 결정되었습니다.

마지막 단계는 번역과 유포의 단계입니다. 구약은 아람어로 된 구절이 몇 개 있긴 하지만, 대부분 히브리어로 기록되었습니다. 신약은 대중적인 그리스어로 기록되었는데, 이 그리스어는 기독교가 역사의 무대에 처음으로 나타났던 1세기에 로마제국 전체에서 통용되던 언어였습니다. 선교의 열정을 가진 기독교인들은 히브리 성경과 기독교 성경 모두를 로마제국 안에, 혹은 로마제국 근처에 있던 여러 민족의 언어인 라틴어나 콥틱어, 아르메니아어 등으로 번역했습니다. 그리고 이 번역의 단계는 지금도 계속되고 있습니다.

히브리 성경과 기독교 성경의 관계

히브리 성경과 기독교 성경은 어떤 관계입니까? 기독교인들은 이 질문에 대해서 각기 다른 대답을 제시했습니다. 비록 기독교가 유대주의의 한 종파로서 시작한 것은 사실이지만, 1세기 말에 이르러 기독교는 유대교에서 완전히 분리되었습니다. 그러나 여기에서 성경과 관련해서 한 가지 질문이 제기되었습니다. 즉 "히브리 성경 없이 기독교 성경을 이해할 수 있는가?" 하는 것이었습니다. 그 대답은 "불가하다"라는 것이었습니다. 기독교 성경은 히브리 성경에 근거한 논거들이나 그와 관련된 암시와 인용구들로 구성되어 있습니다. 초대 기독교인들은 예수님이나 보통 유대인들이 그랬던 것처럼, 히브리 성경에 근거해서 살고 있었습니다. 따라서 기독교인들은 히브리 성경과 기독교 성경을 서로 분리할 수 없었습니다. 유대인들은 수백 년 동안 히브리 성경만 가지고 살아왔지만, 기독교인들은 신약성경만 가지고는 불가능했습니다. 히브리 성경이 없이는 기독교 성경을 알 수도 없으며, 기독교 성경의 권위도 인정받을 수 없었습니다.

하나님의 말씀, 즉 성경에 응답하기

유대인과 기독교인 모두 이 방대한 편집물(성경)을 하나님의 말씀이라고 합니다. 그것은 무슨 의미입니까? 어떤 사람들은 성경이 모두 하나님의 영감으로 기록되었으며, 그래서 인간의 오류나 실수가 없다는 의미에서 하나님의 말씀이라고 주장합니다. 그들은 하나님, 즉 성령이 필자들 각자를 인도해서 하나님이 의도하신 것들을 정확하게 기록하게 하셨다고 믿고 있습니다.

그러나 또 다른 사람들은 이런 직접 영감설에 동의하지 않습니다. 그들은 하나님의 말씀은 계시이며, 하나님이 자신을 드러내신 것이라고

제2부 말씀: 그리스도의 정신

> 호기심이 종종 성경을 묵상하는데 있어서 방해가 되곤 한다. 왜냐하면 겸손하고 소박한 마음으로 믿음을 가지고 읽어내려가야 하는데도 불구하고, 우리는 자신의 머리로 이해하고 주장하기를 원하기 때문이다.
> — 토머스 아 켐피스

믿습니다. 성경이 계시를 포함하고 있지만, 성경의 모든 구절이 그런 의미의 계시는 아닙니다. 그들은 하나님이 직접 자신의 말씀을 받아쓰게 만들지는 않았지만, 성령을 통해서 그 사람이 자연과 역사, 그리고 인간의 일상사에서 활동하고 계시는 하나님을 인식하고 깨달아 알 수 있게 하셨다고 믿습니다. 하나님이 그런 방법으로 자신을 드러내신 것을 인간들이 기록했다는 의미에서, 성경을 하나님의 말씀이라고 합니다. 또한 성경은, 하나님이 그 성경을 통해서 우리를 찾아오시고 부르시며, 도전을 주시고, 우리를 위로하신다는 점에서 하나님의 말씀이라고 할 수 있습니다. 즉 성경을 통해서 하나님이 우리에게 개인적으로 하시는 말씀을 직접 들을 수 있는 것입니다.

우리가 성경을 하나님의 말씀이라고 하는 것은, 우리 자신의 신앙이나 행동에 있어서 성경이 권위를 가지고 있다는 사실을 인정하는 것입니다. 성경은 하나님이 누구인지, 그리고 우리를 향한 그분의 뜻이 무엇인지 생생하게 보여주고 있습니다. 그래서 성경은 권위가 있습니다. 정직하게 말해서, 우리 인간들은 이 권위에 복종하기 위해서 노력하고 있습니다. 하지만 교만이 승리를 거둘 때도 있습니다. 즉 우리가 성경을 우리 마음에 간직하기만 하고 그 말씀대로 살지 않는다면, 성경은 하나님의 말씀이 되지 않습니다. 그래서 내가 아는 어떤 교회에서는 주일에 "이 말씀이 우리에게 하나님의 말씀이 되게 하여 주옵소서"라는 기도문을 낭독합니다.

이것이 바로 성령이 우리를 돕기 위해서 오셔야 하는 이유입니다. 성령이 우리의 마음을 비춰주실 때만 자연과 역사와 인간의 경험 속에서 하나님이 자신을 어떻게 드러내시는지 알 수 있습니다. 성령은 성경이 수집되고 형성되는 복잡한 과정을 인도해 주셨습니다. 지금도 우리가 하나님의 말씀을 해석하고 적용하려면 성령의 도움을 받아야 합니다. 사도 바울이 로마서에서 "성령도 우리 연약함을 도우시나니"(롬 8:26)라고 했습니다. 성령은 우리의 마음을 살피시고 이해력을 도와주실 뿐만 아니라 더 나아가 성경의 지식을 일상생활 속에 적용하려 할 때도 우리를 인도해주십니다. 또한 성령은 하나님의 뜻에 우리의 뜻을 맞추도록 도와주시고, 그 뜻에 복종할 수 있도록 이끌어주고 격려해주십니다. 성령은 하나님의 말씀에 생명력을 주십니다. 이런 "하나님의 말씀은 살아있고, 활력이 있어 좌우에 날선 어떤 검보다도 예리하여 혼과 영과 및 관절과 골수를 찔러 쪼개기까지 하시며", 또한 "마음의 생각과 뜻을 판단"(히 4:12)하십니다.

만약 우리가 기대를 가지고 기도하는 마음으로 하나님의 말씀을 읽는다면, 그 말씀이 우리에게 말씀하실 것이며 우리의 삶을 변화시킬 것입니다. 우리는 성경에서 하나님의 현존을 간구하면서 말씀을 듣고 응답할 준비를 해야 합니다. 또한 우리가 성경을 열린 마음으로 믿음을 갖고 읽는다면 절대로 실망하지 않을 것입니다. 20세기에 가장 깊고 영향력 있는 저술가인 토마스 머튼Thomas Merton은 성경이 하나님의 말씀이라는 사실을 체험하고 깨닫게 될 것이라고 했습니다. 왜냐하면 성경이 우리의 삶을 변화시키고 자유롭게 해줄 것이기 때문입니다. 그래서 그는 언급하기를 "하나님의 말씀은 실제로 체험을 통해서 깨달을 수 있습니다. 왜냐하면 그 말씀을 실제로 들었던 사람들은 누구나 매우 중요한 일을 체험하게 되기 때문입니다. 다시 말해서 말씀은 인간의 전 존재를 변화시킵니다"[1]라고 했습니다.

> 성령이 성경을 열어주지 않는다면 성경을 읽을 수는 있겠지만, 그 뜻은 결코 이해할 수 없다.
> ― 마틴 루터

제2부 말씀: 그리스도의 정신

매일의 과제

매일의 과제를 시작하기 전에 본문 내용을 충분히 읽으십시오. 영성일지나 노트를 곁에 준비하여 자신의 생각이나 질문, 기도, 그리고 떠오르는 이미지를 즉시 기록할 수 있도록 하십시오. 마음을 안정시키고, 로버트 멀홀랜드Robert Mulholland의 글을 묵상하면서 훈련 과제를 시작하십시오.

> 기독교의 영성형성 과정은 그리스도의 형상을 닮아가는 과정입니다. …그리고 성경은 이렇게 그리스도의 형상을 닮아가는 전 과정에 있어서 그 중심이 됩니다. 성경은 하나님이 우리를 만나시는 주된 통로이며… 우리를 깨우쳐 활동하게 하고 새로운 존재가 되게 한다는 사실을 알아야 합니다.[2]

과제 1

시편 119편 97-105절을 읽으십시오. 당신이 좋아하는 성경 이야기나 성경 구절은 무엇입니까? 그 말씀을 마음에 품게 된 이유나 방법에 대해서 생각해 보십시오. 그 말씀이 당신의 삶에서 어떤 역할을 해왔으며, 또 어떤 의미를 주었으며, 이 말씀을 통하여 하나님께서 나에게 어떻게 말씀하셨는지 묵상하고, 그 결과를 기록하십시오.

과제 2

창세기 1장을 읽으십시오. "하나님이 이르시되…그대로 되니라"는 말씀이 거듭나옵니다. 우리의 말과 행동이 항상 그렇지는 않겠지만, 하나님의 말씀과 행동은 별개가 아니며 일치합니다. 하나님의 말씀은 곧 실재입니다— 즉각 이루어지지 않겠지만 결국은 그렇게 됩니다. 이 사실을 명심하면서 1장 26-31절을 다시 읽으십시오. "하나님이 이르시되…그대로 되니라"는 말씀으로써 당신의 삶을 예견해 보고 깊이 묵상하십시오. 어떤 일이 일어나겠습니까? 영성일지에 자신의 생각을 기록하십시오.

과제 3

시편 1편을 읽으십시오. 이 시편은 시편 전체의 서문으로서 하나님의 율법을 묵상하고 하나님의 말씀대로 사는 사람은 "시냇가에 심은 나무처럼" 될 것이라고 약속하십니다. 종이에 두 그루의 나무를 그리십시오. 한 나무에는 현재 자신의 삶을 표현하며, 또 한 나무는 미래의 삶을 나타냅니다. 나무 사이와 땅에는 나에게 영양분이 되고 성장의 밑거름이 되었던 성경 구절, 즉 시냇물과 같은 두세 개의 성경 구절을 기록하십시오. 몇 분 동안 하나님이 당신에게 어떤 말씀을 하시는지 조용히 묵상하십시오. 자신의 생각을 기록하십시오.

과제 4

요한복음 1장 1-18절을 읽으십시오. 요한복음의 서문은 하나님의 말씀이 성경에 있는 말과 글로 제한될 수 없음을 강조하는 동시에 예수 그리스도 안에서 "말씀이 육신이 되고 우리 가운데 살아 계시다"라고 했습니다. 당신은 언제 그리스도를 살아 계신 말씀으로 보게 되었습니까? "말씀이 육신이 되어"라는 어떤 약속을 줍니까? 이 말씀 때문에 당신에게 성경 "공부"의 의미가 어떻게 바뀌었습니까? 묵상한 내용을 영성일지에 기록하십시오.

과제 5

고린도후서 3장 1-6절을 읽으십시오. 여기서 사도 바울은 자신의 신실한 제자들을 "그리스도의 편지"라고 했습니다. 즉 "너희는 우리로 말미암아 나타난 그리스도의 편지니, 이는 먹으로 쓴 것이 아니요 오직 살아 계신 하나님의 영으로 쓴 것이며, 또 돌판에 쓴 것이 아니요 오직 육의 마음판에 쓴 것이라." 이 얼마나 극진한 칭찬입니까! 당신의 삶을 자신의 말과 태도와 행동으로 쓴 편지라고 생각하십시오. 당신의 "편지"— 특히 금주의 편지— 는 그리스도와 주님의 생명에 관해서 어떤 이야기를 했으며, 어떤 이야기를 하지 않았습니까? 성령께서 당신의 마음의 돌판(마음판)에 어떤 말씀을 써주셨습니까? 자신의 생각을 기록하고 하나님께 아뢰도록 하십시오.

그룹 모임을 위해 한 주간 기록한 일지를 다시 살펴보십시오.

제2부, 제2주

영성훈련으로서의 성경 공부

성경은 하나님의 말씀이기 때문에, 하나님께서 우리에게 무슨 말씀을 하시는지 듣기 위해서 지성을 사용해야 합니다. 이것은 곧 성경을 진지하게 읽고 연구해야 한다는 뜻입니다. 영어 단어 study는 "바쁘게 일하다. 혹은 전념하다"라는 뜻의 라틴어 *studere*에서 유래되었으며, 지금은 이 단어를 "지식을 얻기 위해서 이성을 사용하는 행위 혹은 과정", 또는 "어떤 주제나 사건을 주의 깊게 살펴보고 비판, 검토하며, 조사하는 것"으로 정의하고 있습니다. 그것은 특히 이성과 관련이 있는 것으로서, 자연과 역사와 인간에게 나타난 하나님의 자기 계시의 기록을 통해서 이해를 추구하는 신앙이라고 할 수 있습니다.

이해를 위해서 필요한 성경 공부

수 세기 동안 신실한 성도들은, 영적으로 성장하기 위해서는 성경 읽는 훈련을 꾸준히 해야 한다는 사실을 깨달았습니다. 바벨론 포수 동안 (B.C. 589-20)과 그 후에도 율법의 중요성이 계속 커짐에 따라, 서기관이라는 율법 해석자들이 성경 연구를 시작했습니다.[1] 예수님 시대에도 유대의 종교 지도자들은 성경을 면밀히 연구했습니다. 즉 "성경 안에 영생이 있다"(요 5:39)고 믿었던 것입니다.

제2부 말씀: 그리스도의 정신

> 성경을 부지런히 연구하는 것은 기독교인들의 의무이다.…성경이 아무리 그 자체로 유용한 책이라고 하더라도, 우리가 매일 성경을 읽고, 묵상하고, 그 안에 있는 하나님의 뜻을 이해하고, 우리가 이해한 하나님의 뜻을 자신에게 적용시키고, 그 뜻에 따라 나아가고, 상황에 맞는 교훈과 위로의 말씀으로 듣지 않는다면 그 책은 우리에게 아무 소용이 없다.
>
> — 매튜 헨리

초대 교인들도 성경을 읽을 때 이성을 사용하는 것이 얼마나 중요한지 알고 있었습니다. 우선 유대적인 환경에 살고 있는 사람들에게 그들의 메시지가 진리라는 사실을 납득시키려면 그것이 더욱 필요했습니다. 빌립과 에디오피아 내시의 이야기에서도 빌립이 성경을 읽을 때 이성을 사용하고 있는 것을 볼 수 있습니다. "읽는 것이 이해가 됩니까?"라고 빌립이 물었습니다. 내시는 "설명해 주는 사람이 없으니 어떻게 이해할 수 있겠습니까?"라고 대답했습니다. 이 대화를 통해서 빌립은 "예수님에 관한 좋은 소식"을 전했습니다(행 8:26-40). 그러나 "이것이 그러한가 하여"(행 17:11) 매일 성경을 연구하면서 기독교 이론을 확립한 사람으로 사도 바울을 능가할 사람이 없을 것입니다. 그는 성경에 기초한 이론을 편지로 썼습니다. 교회 안에 이방인들이 점점 많아지면서 성경 연구의 중요성이 더욱 커졌습니다. 바울은 디모데에게 "모든 성경은 하나님의 감동으로 된 것으로 교훈과 책망과 바르게 함과 의로 교육하기에 유익하니, 이는 하나님의 사랑으로 온전하게 하며 모든 선한 일을 행할 능력을 갖추게 하려 함이라"(딤후 3:16-17)고 설명했습니다.

많은 사람이 성경을 해석할 때 왜 이성을 사용해야 하는지 묻습니다. 즉 "만약 성경이 하나님의 말씀이라면, 비판적인 학문이 무슨 소용이 있겠는가? 우리는 왜 전적으로 성령에만 의존하지 않는가?"라고 묻습니다.

> 우리를 사랑하시는 하나님, 그리고 우리가 의문을 가진 채 살아가기를 원하지 않으시는 하나님, 그가 우리에게 말씀하시는 수단이 성경이라고 생각하고 그 성경을 읽을 때 우리는 참 행복을 느낄 수 있다.
>
> — 디트리히 본회퍼

첫째, 초대 교회의 교인 한 사람이 바울의 글에 대해서 말했던 것처럼 "그 중에 알기 어려운 것이 더러 있기"(벧후 3:16) 때문에 우리는 성경을 연구해야 합니다. 복잡하고 심오한 저술이 모두 그런 것처럼, 성경 또한 저자와 저술 목적, 연대, 장소, 환경 등 우리가 알 수 있는 모든 것을 파악하기 전까지는 그 진실을 좀처럼 드러내지 않습니다. 문학의 종류가 다르면 그 연구 방법도 달라야 합니다. 그리고 성경 속에서 심오한 진리와 씨름하기 위해서는 가장 좋은 방법과 정보를 유용하게 사용하는 연구가 필요합니다.

더 중요한 것은 우리가 사랑하고 섬기는 겸손한 마음, 즉 그리스도의 마음을 품기를 원하기 때문에 이런 노력을 해야 하는 것입니다(빌 2:5). 우리가 어떻게 그런 마음을 품을 수 있겠습니까? 성령이 우리 안에서 이런 변화를 일으키시도록 기다리기만 해서는 안 됩니다. 비록 그런 변화를 일으킬 수 있는 분이 하나님 한 분뿐이지만, 우리는 하나님에게 마음의 문을 열어야 하고, 우리를 향한 하나님의 뜻이 무엇인지 배워야 합니다. 수 세기 동안 여러 성도가 그랬던 것처럼, 연구란 성경을 열심히 조사하는 것입니다. 리처드 포스터Richard Foster는 "성경 연구는 우리로 하여금 무엇에든지 참되며, 무엇에든지 경건하며, 무엇에든지 옳으며, 무엇에든지 정결하며, 무엇에든지 사랑받을 만하며, 무엇에든지 칭찬받을 만한 것들(빌 4:8)에 대해서 생각하게 하는 으뜸가는 수단"이라고 했습니다.[2]

이 점과 관련하여 4세기 후반 신실한 로마의 여인들이 모범을 제시해 줍니다. 이 여인들은 로마의 아벤틴 언덕에 있는 마르셀라의 저택에 모여서 성경을 연구했습니다. 그들은 모두 그리스어에 유창한 사람들이었지만 히브리어도 배웠습니다. 마르셀라는 382년 당시 가장 유명한 성경 학자인 제롬이 로마에 왔다는 소식을 듣고, 그에게 성경 공부를 인도해 달라고 했습니다. 제롬은 처음에는 마지못해 그 일을 시작했지만, 그 여인들이 자신의 사상과 지식에 오히려 도전을 주고 있음을 느낄 수 있었습니다. 385년 제롬이 성지로 가게 되었을 때 그중 몇 명이 그와 동행했고, 그곳에서도 그들은 계속해서 성경을 연구했습니다.

성경 연구를 위한 도구

성경을 연구할 때 두 가지 정황—기록 당시 저자의 상황과 현재 우리의 상황—에 관심을 가져야 합니다. 해석을 정확하게 하려면, 자신이 연구하는 문헌을 제 생각이나 느낌을 가지고 읽어서는 안 됩니다. 즉 성경

> 베네딕트 수도원에서는 성경 및 영적 서적들을 읽고 연구하는 시간이 주어졌지만, 그것이 성경 본문이나 구절을 통해서 하나님의 말씀을 듣는 필수조건이 아니었다. 말씀을 학문적으로 정확하게 분석하는 것이 말씀을 대하는 주된 방법이 될 수 없다. 하나님의 말씀을 대하는 주된 방법은 하나님의 현존 앞에 우리의 마음과 정신을 열고 기다리는 것이다. 즉 말씀이 내 안의 가장 깊은 곳을 감동시켜 성경의 저자와 대화할 수 있을 때까지 기다리는 것이다.
> — 엘리자베스 칸햄

을 정확하게 해석하려면 기록 당시의 언어와 문화, 정황 등을 염두에 두고 그 안에서 이해해야 합니다.

언어. 훌륭한 번역본은 많은 도움이 됩니다. 그러나 좋은 번역은 문자 그대로 하는 직역이 아닙니다. 오히려 훌륭한 번역은, 원저자가 당시의 문화적 상황에서 가지고 있었던 사상을 취해서, 그것을 우리의 문화와 상황에 맞게 현대적인 용어로 표현하는 것입니다. 같은 성경 구절도 여러 개의 번역본으로 읽어보면 그 의미를 파악하는 데 많은 도움이 될 것입니다.

그러나 여러 개의 번역본을 함께 살펴보려 할 때 특별히 주의해야 할 점이 있습니다. 오래된 번역본은 오해의 소지가 있다는 점입니다. 왜냐하면 현대 언어도 이미 시대에 뒤진 말이 많기 때문입니다. 언어는 변합니다. 예를 들어 킹 제임스 번역본의 데살로니가전서 4장 15절을 읽으십시오: "주 강림하실 때까지 우리 살아남아 있는 자도 자는 자들을 방해하지 [앞서거나 또는 먼저 가지] 못하리니." 17세기의 이 번역본은 영어의 발전 때문에 오늘날 적지 않은 혼란을 일으켰을 것입니다. 그러나 더 중요한 것은 새로운 필사본의 발견과 기술의 변화로 번역 환경이 크게 개선되었다는 사실입니다. 또 번역자들의 실력과 지식도 번역의 질을 높이고 읽기 쉽게 하는 등 절대적인 역할을 담당했습니다.

문화. 언어도 문화의 한 부분이라고 할 수 있지만, 해석자가 성경을 이해하고 성경의 말씀을 현재 상황에 적용하려면 당시의 문화를 알아야 합니다. 이외에도 문화에는 저자의 심리, 자연과학 및 정치적인 견해, 그리고 세계관 등이 포함됩니다. 예를 들어 히브리인들의 심리는 그리스인들의 심리와 뚜렷한 대조를 이룹니다. 그리스인들은 인간에게 세 가지 요소—육체, 정신, 영혼—가 있다고 생각하지만, 히브리인들은 통합성을 강조합니다. 또 히브리인들은 물질과 정신을 분리하지 않습니다.

정황. 성경은 대부분 단순한 형태로 기록되었기 때문에 본문을 있는 그대로 이해하면 됩니다. 그러나 본문의 정황을 정확하게 알면 그 내용을 훨씬 쉽게 이해할 수 있을 것입니다. 정황이란 시대와 장소, 당시의 상황 등 여러 가지 요인들과 관련이 있는데, 이것들은 본문을 해석하는데 도움이 됩니다. 본문의 정황을 많이 알수록 본문의 내용을 그만큼 정확하게 해석할 수 있습니다.

히브리 성경에서 한 가지 예를 들면 학자들은 8세기의 이사야(B.C. 742-701) 선지자가 이사야서 전체를 기록한 것이 아니라 1~39장까지만 기록했음을 밝혀냈습니다. 그리고 40~66장의 내용은 페르시아의 키루스 시대(B.C. 539) 및 그 이후의 이야기라는 사실도 알아냈습니다. 이렇게 두 가지 서로 다른 정황을 구별함으로써 이사야의 메시지를 바르게 해석할 수 있었습니다.

복음서를 비롯한 신약성경의 정황을 구별하는 일도 그리 쉬운 일은 아닙니다. 그러나 요한복음이 마태복음, 마가복음, 누가복음(공관복음서)과 두드러진 차이점이 있다는 사실은 요한복음을 한 번만 읽어보면 알 수 있습니다. 요한복음은 분명히 다른 정황에서 기록되었습니다. 마태복음, 마가복음, 그리고 누가복음을 면밀히 연구해 보면 각각 다른 시대, 다른 장소, 다른 독자를 대상으로 기록되었음을 알 수 있습니다.

성경 공부의 한계

성경 해석이 성경 읽는 것에 방해가 되어서는 안 됩니다. 좋은 성경 공부는 가장 기초적인 정보를 줍니다. 더욱이 영성형성에서 비평적인 성경연구가 가장 중요한 관심사가 아닙니다. 성경의 역사적이며 언어적인 지식에는 한계가 있습니다. 성경 공부는 우리의 정신(mind: 마음의 이성

제2부 말씀: 그리스도의 정신

> 성경 묵상은 영성 훈련이다. 그러나 문제는 성경 묵상이 지루해질 때, 그리고 말씀이 우리를 위해서 역사하지 않을 때 우리가 곧 다른 곳을 바라보게 된다는 사실이다.…우리는 말씀을 기다려야 한다. 즉 하나님이 원하시는 때까지, 하나님이 원하시는 방법으로 말씀하실 때까지 우리는 성경을 묵상하면서 기다려야 한다.
>
> — 로버트 멀홀랜드

적인 기능, 역자 주)을 사용해서 하나님께 초점을 맞추게 해줍니다. 더욱 중요한 것은 성경 공부가 마음(heart: 마음의 감성적인 기능, 역자 주)으로 듣는 방법인 묵상의 틀을 제공해준다는 것입니다. 토마스 머튼은 이를 두고 묵상의 "현관"이라 했습니다. 머튼은 "성경 공부를 통해서 성경, 혹은 우리의 정신 밖에 있는 다른 것들로부터 진리를 찾는다. 묵상에서 우리가 이미 있는 진리를 자신의 것으로 취한다"[3]라고 말했습니다. 이 은유적인 표현은 우리가 하나님의 말씀을 배우는 것 이상을 배울 수 있다는 것을 일깨워주므로 이러한 표현은 매우 적절합니다. 우리는 말씀이신 하나님을 알기를 원합니다. 이 말에 덧붙여서 머튼은 묵상이란 "지식뿐만 아니라 사랑으로써 진리를 소유하려는 것"[4]이라고 했습니다. 묵상 안에서 우리는 하나님의 현존 안으로 들어가고, 하나님의 음성을 듣고, 믿음과 사랑과 행동으로 응답하려는 것입니다. 기독교 역사에서 수도사들이 성경의 필사자요 사본 채식사(彩飾師)였으며 성경 번역자이자 해석자였던 것은 결코 우연한 일이 아닙니다. 그들은 학습에 대한 열정을 주시는 하나님을 갈망했습니다.[5] 그들의 학습에 대한 열정은 성경에 초점을 두었으며, 이것이 마음과 정신을 위한 학습이 되었습니다.

매일의 과제

성경 연구의 핵심은 정신 집중과 세심하게 듣는 것입니다. 우리는 하나님의 음성을 듣고, 하나님의 뜻을 행하기를 갈망합니다. 이런 방법의 성경 묵상은 하나님이 부르신 바대로의 사람이 되게 하는 방법이 될 것입니다. 하나님께 마음을 열 수 있도록 간구하는 기도로 이번 주를 시작하십시오. 처음 과제에서 주어진 본문을 읽으면서 "본문 말씀을 듣기 위해서 나에게 무엇이 필요한가? 본문이 하나님, 나, 그리고 나의 관계성에 대해 전하고자 하는 보편적인 진리는 무엇일까?"라고 스스로에게 질문을 해 보십시오. 만일 좋은 스터디 바이블을 갖고 있다면, 각 구절에 언급된 내용을 읽으십시오. 두 번째로 읽으면서 "말씀의 어떤 관점이 나로 하여금 보다 깊은 탐구를 하게 하시는가? 하나님께서 무슨 말씀으로 나에게 듣거나 행하기를 원하시는가?"라는 질문을 자신에게 해 보십시오.

과제 1

창세기 3장 1-13절을 읽으십시오. 이 이야기는 하나님 말씀에 주목하는 것에 도전하는 이야기입니다. 첫 번째로 읽으면서 이 말씀에서 하나님이 원하시는 관계란 무엇인지, 하나님의 말씀을 경청하는 데 방해물이 무엇인지 말하고 있는 바를 생각하십시오. 두 번째로 읽으면서 본문 중의 단어나 이미지로 하여금 당신을 살펴보게 하려면 잠시 멈추십시오. 예를 들면 본문 8절과 관련하여 "최근에 나의 삶의 동산에서 하나님이 어떻게 다니셨을까?"라고 생각할 수 있습니다. 9절에서는 "네가 어디 있느냐?"라고 하나님이 찾으실 때 당신이 어떻게 응답하는지 생각할 수 있습니다. 13절에서는 하나님이 당신에게 "네가 어찌하여 이렇게 하였느냐?"라고 물으실 때 어떤 대답을 하였는지 생

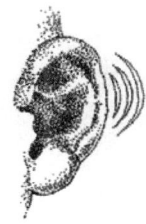

각할 수 있습니다. 지금까지의 당신의 생각과 느낌을 모두 기록하십시오.

과제 2

창세기 32장 22-32절을 읽으십시오. 이 이야기는 얍복강에서 야곱이 하나님과 씨름하고 변화되는 이야기입니다. 첫 번째 읽을 때 좀 더 넓은 상황에서 본문을 탐구할 수 있습니다: 야곱은 무엇을 걱정하고 있었고, 왜 혼자서 강을 건너려고 했습니까? (이런 정황에 대해서는 창세기 27장과 32장 3-21절을 참고하십시오.) 이 이야기는 독거에 대해서 무엇을 제시하며, 홀로 하나님과 있는 시간을 위해서 어떻게 해야 합니까? 두 번째 읽으면서 당신이 야곱과 같은 상황에 처했거나, 잠시 사람들과 떨어져 홀로 지내야 하는 당신의 입장을 만날 수 있을 것입니다. 하나님과 홀로 지내는 시간을 위해서 당신이 해야 할 일은 무엇입니까? 당신은 무엇 때문에 하나님과 씨름해야 합니까? "네 이름이 무엇이냐?"라는 하나님의 질문에 어떻게 응답하겠습니까? 하나님께서 당신의 삶을 약속하시는 표현은 무엇입니까?

"네 이름을 다시는 _____이라 부를 것이 아니요, _____이라 부를 것이다."

과제 3

시편 81편을 읽으십시오. 예배의 부름으로 시작한 이 시편은 우리의 영적 귀먹음에 대한 하나님의 실망으로 변합니다. 하나님은 우리에게 말씀을 듣고 거룩한 인도하심에서 오는 기쁨을 누리라고 하십니다. 첫 번째 읽을 때 이 시편에서 하나님의 마음과 히브리인들의 마음을 나타내는 것을 고찰할 수 있을 것입니다. 두 번째 읽을 때 "내가 알지 못하던 목소리"라는 구절을 당신의 마음의 상태와 관련하여 이해하려고 멈추게 될 것입니다. 고집을 부릴 때 당신의 마음의 상태는 어떠하며, 그로 인한 결과는 어떤 것이었습니까? 하나님의 말씀을 들을 때 마음의 상태는 어떠했으며, 그 결과 당신의 삶이 어떻게 달라졌습니까?

과제 4

마가복음 10장 17-22절을 읽으십시오. 이 이야기는 영생을 얻기 원하는 어느 부자에 관한 이야기입니다. 첫 번째 읽을 때 당당하게 예수님에게 말하는 것과 주님의 말씀에 순종하기를 주저하는 모습이 대조적이라는 사실에 주목하거나, 혹은 예수님의 부르심에 따르지 못한 것에 대해서 생각할 수 있습니다. 두 번째 읽을 때 당신으로 하여금 "선한 선생님"을 믿는다는 신앙고백대로 살지 못하게 하는 것이 무엇인지 생각할 수 있습니다. 한 가지 부족한 것이 있다는 예수님의 말씀에 주목하십시오. 그런데도 예수님이 사랑으로 지켜보신다는 사실을 기억하십시오.

과제 5

요한복음 10장 1-10절을 읽으십시오. 이 본문은 선한 목자 되시는 예수님에 관한 말씀입니다. 첫 번째 읽을 때, 처음에는 예수님이 묘사하고 계시는 목자와 도둑의 차이에 대해 주목할 수 있습니다. 두 번째 읽을 때 당신이 선한 목자의 음성을 알고 있는지 생각해 볼 수 있습니다. 그분의 음성의 특징은 무엇입니까? 하나님의 음성을 흉내 내면서 당신의 주의를 끌며 당신의 생명을 빼앗으려는 가짜 음성은 무엇입니까? 당신 안에 있는 그러한 음성과 하나님의 음성의 차이를 어떻게 분별합니까?

그룹 모임을 위해서 한 주 동안 기록한 일지를 살펴보십시오.

제2부, 제3주

말씀 묵상

기독교 묵상은 여러 종류가 있지만 무엇보다도 성경을 통해서 하나님의 말씀을 듣고 그 말씀을 반추하며, 듣고 응답하는 깊은 대화입니다. 묵상에서 우리는 정보만 얻기 위해 읽는 것이 아닙니다. 성경 말씀이 우리 삶 안에서 하나님의 말씀이 되도록 검토하고 깊이 생각하며 연구하는 것입니다.

> 복음은 언어의 교리가 아니라 삶의 교리이다. 그것은 이성이나 지성만으로는 이해할 수 없고, 영혼 전체를 통해서 이해할 수 있다. 그리고 마음 가장 깊은 곳을 관통한다.
> — 장 칼뱅

묵상 훈련

율법에 중심을 두고 있는 히브리 전통은 묵상을 권합니다. "율법서"인 신명기에서 모세는 "오늘 내가 네게 명하는 이 말씀을 너는 마음에 새기라"(신 6:6)고 말했습니다. 그는 여호수아에게 "율법을 주야로 묵상하여 그 안에 기록된 대로 다 지켜 행하라"(수 1:8)고 명했습니다.

시편은 "복 있는 사람은…여호와의 율법을 즐거워하여 그 율법을 주야로 묵상하는도다"(시 1:1-2)라는 말씀으로 시작합니다. 또 다른 시편 기자는 "나의 반석이시요 나의 구속자이신 여호와여, 내 입의 말과 마음의 묵상이 주님 앞에 열납되기를"(시 19:14; 49:3 참조) 원한다고 고백합니다. 어느 시편 기자는 "청년이 무엇으로 그의 행실을 깨끗하게 하리이까?"라고 물은 후에 "내가 주께 범죄하지 아니하려 하여 주의 말씀을

내 마음에 두었나이다"(시 119:9, 11)라고 기록했습니다.

주전 2세기경에 유대 서기관이었던 예수 벤 시락은 성경 말씀을 깊이 묵상하며 그 의미를 탐구하는 것은 단순히 성경을 연구하는 것 이상이라고 했습니다. "지혜에 전념하고 지각에 따라 생각하는 사람은 행복하다. 그는 마음속으로 지혜의 길을 숙고하고 지혜의 비밀을 명상한다"(집회서 14:20-21). 율법을 묵상하는 것은 "율법을 생각하고 연구하는 것뿐만 아니라 우리에게 하나님의 뜻을 나타내시려는 하나님의 목적을 온전하게, 혹은 어느 정도 완전히 알고 사는 것"을 의미합니다.

랍비들처럼 나사렛 예수님도 오랫동안 히브리 성경을 묵상하셨습니다. 예수님이 자신을 비판하는 사람들과 맞설 때마다 성경 말씀을 인용하신 것을 보면 이 사실을 더욱 분명하게 알 수 있습니다. 랍비 사울(사도 바울이 되기 전의 이름)도 묵상을 권합니다: "끝으로 형제들아, 무엇에든지 참되며, 무엇에든지 경건하며, 무엇에든지 옳으며, 무엇에든지 정결하며, 무엇에든지 사랑받을 만하며, 무엇에든지 칭찬받을 만하며, 무슨 덕이 있든지 무슨 기림이 있든지 이것들을 생각하라"(빌 4:8; 골 3:2 참조). 여기에서 그는 숙고하고 신중히 생각한다는 의미로 "생각하라"라는 단어를 사용합니다.

기독교의 묵상은 4세기부터 6세기에 이집트와 아라비아 사막에서 하나님을 보기 위해 깨끗한 마음을 추구했던 은수사들과 수도사들에게서 꽃을 피웠습니다. 당시는 기독교 역사의 초기였으므로 사막 교부들이나 교모 중에 완전한 성경을 소유한 사람이 드물었고 성경을 읽을 수 있는 사람도 적었을 것입니다. 그러나 『사막 교부들의 금언』은 말씀 묵상의 유익에 대해서 자주 언급합니다. 개인적으로나 공동체적으로나 수도사들은 입으로 특정한 말씀을 외우고, 지성mind으로 그 말씀을 곰곰이 생각하고 곱씹으며 천천히 소화시켰습니다. 이러한 훈련은 하나님으로부터 그들의 삶의 힘과 변화를 얻기 위해서 자신을 부인하는 데 도움이 되었습니다.

사막 교부 및 교부들의 묵상에 대한 지혜는 베네딕트의 영적 전통으로 이어졌습니다. 6세기에 누르시아의 베네딕트Benedict of Nursia가 수도원을 설립했습니다. 베네딕트회의 규칙은 수도사들의 일상생활을 세 가지로 구분합니다. 즉 여섯 시간의 노동, 네 시간의 성무일과聖務日課: 시편 낭송, 네 시간의 영적 독서, 그리고 기도하는 시간으로 구분해서 생활했습니다. 영적 독서 시간에 성인들의 전기 등 신앙 서적을 읽기도 했지만 주로 성경을 읽었습니다. 그 목적은 '장래' future만이 아니라 '여기 지금' here and now 하나님과 더 친밀한 교제를 나누기 위한 것이었습니다. 이러한 교제에는 지식뿐만 아니라 사랑도 요구됩니다.

묵상 방법

묵상은 어떻게 하는 것입니까? 그 방법은 각자의 개성에 따라 다릅니다. 어떤 사람은 성경 말씀을 천천히 듣기를 원합니다. 이런 사람은 성경 본문을 몇 부분으로 나누어 읽으면서, 생각이 떠오를 때마다 멈추고 생각합니다. 어떤 구절에는 이러한 묵상 방법이 더 어울립니다. 예를 들면 산상수훈의 "온유한 자는 복이 있나니 그들이 땅을 기업으로 받을 것임이요"(마 5:5)라는 말씀을 읽을 때 역설적인 논리를 생각하려고 멈춥니다. 이때 마음에 질문이 생길 것입니다: "어떻게 그럴 수 있을까? 일반적으로 온유한 사람이 성공하는 것이 아니라 능력 있는 사람이 성공하지 않는가? 온유한 사람이 어떻게 땅을 기업으로 받을 수 있는가? 예수님은 땅을 기업으로 받으셨는가? 아씨시의 프란치스코, 간디, 마틴 루터, 테레사 수녀 등과 같은 사람들은 온유함을 통해서 무엇을 얻었는가? 악착스러운 사람들이 더 많이 차지하지 않았는가?"

이것이 묵상의 한 단계입니다. 즉 성경이 예수님 시대의 사람들에게 어떤 의미를 지녔으며, 오늘날 우리에게는 어떤 의미가 되는지를 질문합니다. 그러나 다음 묵상 단계에서 질문의 차원이 달라집니다. "이 말

> 성경 묵상은 그 구절을 자기 것으로 흡수하고 내면화하는 데 초점을 두는 것이다. 글로 기록된 말씀이 살아있는 음성이 되어 우리에게 말하는 것이다.
>
> — 리처드 포스터

씀이 나에게 무엇을 말하는가? 이 본문은 오늘 이 시간 나에게 어떤 의미를 지니는가? 운전할 때나 내 의견을 관철하려 할 때나 나를 험담하는 사람을 대할 때 나는 온유하거나 부드럽지 않다. 그것이 나를 어디로 끌고 가는가? 이 본문이 나의 관계성에 어떤 영향을 미치는가? 온유한 사람들은 도피하려는 것처럼 보인다. 그러나 우리의 권력 투쟁의 결과는 어떤 것인가? 끊임없는 대립과 갈등이 아닌가? 폭력은 우리가 어떻게 할 수 없는 것이 아닌가? 나는 온유한 삶에 도전하라는 예수님의 혁명적인 음성을 들으려 하는가? 주님, 나를 부드러운 자가 되게 해주십시오. 온유하다는 것이 어떤 의미인지 깨닫게 해주십시오."

어떤 사람의 말씀 묵상은 직관, 즉 "말씀을 진실에 국한하지 않고 총체적으로 진리를 초월하는 말씀으로 이해하는" 직관에 더 의존합니다. 시편 139편을 봅시다. 이 시편은 우리와 '하나님의 절대 분리될 수 없는 관계' God's inescapable nearness에 대한 시입니다. 시편 기자는 겉보기에는 하나님에게서 도망치려는 것 같지만 만물의 중심에 계신 하나님을 발견합니다. 7절까지 시편 기자는 우리를 잘 알고 계시는 하나님을 노래합니다. 하나님은 우리를 우리 자신보다 더 잘 알고 계십니다.

계속해서 시편 기자는 하나님의 현존에서 벗어날 수 있는 곳이 어디에도 없다는 사실을 생각합니다. 8절에서 "내가 하늘에 올라갈지라도 거기 계시며, 스올에 내 자리를 펼지라도 거기 계시니이다"라고 위로의 진리를 노래하지만, 여전히 혼란스러움을 나타내고 있습니다. 필자는 이 구절을 묵상하면서 "펴다"make와 "스올"sheol이라는 두 단어를 떠올렸습니다. 시편 기자는 "내가 실수로 스올에 빠지거나 떨어진다면"(if I trip and fall in)이라고 말하지 않습니다. 그는 "내가 펼지라도"(if I make)라고 합니다. 이 말은 "글렌, 하나님이 버리실 정도로 네가 삶을 망가뜨릴 수는 없어"라는 의미로 들렸습니다. 히브리 사상에서 스올은 하나님이 계시지 않는 곳입니다. 그러나 시편 기자에게 하나님은 어느 곳에나 계시는 분입니다. "내가 새벽 날개를 치며 바다 끝에 가서 거주할지라도 거기서도 주의 손이 나를 인도하시며 주의 오른손이 나를 붙드시리이다"(시 139:9-10).

다음 장章에서 상상을 이용한 성경 묵상 방법을 공부하겠습니다. 성경 말씀을 생생하게 상상할수록 좋습니다. 이냐시오 로욜라가 말한 것처럼, 동물과 연관된 말씀을 묵상할 때는 분뇨 냄새를 맡을 수 있을 정도로 생생하게 상상하는 것입니다. 이 밖에도 묵상에는 여러 가지 방법이 있는데, 그것들은 하나님의 말씀을 주의하여 듣는 데 도움이 됩니다.

묵상의 기본 형태

누르시아의 베네딕트는 성경의 영적 독서를 할 때 규칙적인 리듬을 이용하라고 권했습니다. 그 후 몇 세기가 지나면서 베네딕트 전통의 수도사들은 더 분명한 형식을 갖춘 성경 묵상 방법을 가르쳤습니다. 그것은 간단하면서도 심오한 형태로서 읽기, 묵상, 기도를 하나로 통합한 것이었습니다. 이 방법은 가톨릭교회와 개신교 등에서 수 세기 동안 널리 사용되었습니다. 이 방법을 라틴어 발음으로 렉시오 디비나(lectio divina; "영적 독서" 또는 "거룩한 독서")라고 합니다. 렉시오 디비나를 하려면 우선 편안한 마음으로 묵상하고 기도할 수 있는 시간과 장소를 마련해야 합니다. 렉시오 디비나에는 네 단계가 있습니다. 이 네 단계는 읽기와 기도하기와 관련된 여러 가지 활동을 반영하는데, 정신mind과 마음heart의 활동이라고 묘사할 수 있습니다.

첫 단계는 성경 말씀을 천천히 읽는 단계입니다. 이 읽기 단계에는 양보다는 깊이와 집중력이 더 중요하기 때문에 짧은 성경 구절을 선택하는 것이 좋습니다. 그리고 몇 번 거듭해서 읽는 것이 좋습니다. 한 번만 읽으면 이미지와 단어를 쉽게 지나치게 됩니다. 또 우리에게 의미 있는 구절을 깊이 생각하려면 읽다가 가끔 멈추어야 할 것입니다.

둘째 단계는 묵상하는 단계입니다. 우리는 성경 본문을 깊이 묵상하

> 렉시오 디비나는 하나님의 말씀이 "선한" 말씀이라는 확신에서 시작된다. 다시 말해서 그 말씀이 하나님의 생명을 가져다 주고, 결국 그 말씀을 신실하게 받는 사람들에게 유익을 가져다 준다는 뜻이다.
> — 노벤 베스트

기 시작합니다. 이것은 하나님이 말씀하시고자 하는 특별한 단어, 이미지, 혹은 구절을 듣고 탐구하는 것으로서 묵상의 중심이 되는 단계입니다. 우리는 그 말씀이 우리의 의식 깊은 곳에 내려앉게 하며, 말씀으로 하여금 우리 자신과 하나님의 관계를 볼 수 있게 해야 합니다.

현대 작가인 엘리자베스 캔햄Elizabeth Canham은 마가복음 1장 35-39절을 묵상하면서 다음과 같은 경험을 했다고 합니다. 성경 본문에서 예수님이 일찍 기도하러 가셨는데, 시몬과 제자들은 주님을 찾아가서 "모든 사람이 주를 찾나이다"라고 말했습니다. 이때 예수님은 "다른 가까운 마을들로 가자. 거기서도 전도하리니 내가 이를 위하여 왔노라"라고 대답하셨습니다. 그리고 말씀을 전하고 병을 고치는 사역을 계속하셨습니다. 엘리자베스는 이 구절을 묵상하면서 자신이 삶에서 얼마나 많은 스트레스를 받고 있는지 생각하게 되었습니다. 자신의 시간을 자신의 것으로 주장함으로써 분노가 일어난다는 사실도 깨달았습니다. 그녀는 예수님을 생각하기 시작했습니다. 예수님은 일찍 일어나 기도하는 것에 우선순위를 두셨지만, 그런 중에도 제자들의 요청을 받아들여 다시 상처받은 세상을 향한 사역을 시작하셨습니다. 그녀는 하나님의 현존을 갈망하면서 봉사의 소명을 분명히 느낄 수 있게 해달라고 기도했습니다. 그녀는 새로운 힘과 이상을 가지고 봉사의 장소로 나가기를 원했고, 자신의 분노를 극복하기를 원했습니다. 그녀는 이 묵상을 통해서 자신의 삶에 어떤 일이 일어나고 있는지 알 수 있었고, 하나님이 그녀에게 무엇을 주고 계시는지도 알 수 있었습니다.

셋째 단계는 기도입니다. 묵상한 후에는 자연스럽게 기도하게 됩니다. 기도란 묵상 중에 들은 하나님 음성에 응답하는 것입니다. 이때 우리는 필요한 것, 힘든 일, 그리고 회개와 감사를 하나님께 직접 말씀드립니다. 하나님이 주시는 새 생명을 받아들이고 하나님이 원하시는 일을 할 수 있는 은혜를 구합니다. 결국 성경 말씀이 표면적인 독서에서 우리 내면에 거하시는 말씀으로 변화됩니다.

마지막 단계는 평온함과 휴식의 단계, 즉 관상contemplation을 경험하는 것입니다. 이제 우리는 말을 멈추고 하나님의 현존 안에 머물게 됩니다. 이때 우리를 사랑하시는 하나님에게 우리 자신을 맡깁니다. 이 시간은 하나님이 우리에게 주려 하시는 것들을 받아들이는 시간입니다.

물론 이 단계들이 정해진 순서대로 일어나지 않습니다. 우리는 몇 단계를 연이어 옮겨갈 수 있으며, 때로는 어떤 단어에 "붙잡힌 바" 되어 즉시 기도를 하거나, 하나님의 사랑 안에서 잠시 쉬려는 갈망을 느낄 수도 있습니다. 어떤 때는 기도문을 쓰고 싶을 것입니다. 어떤 과정이든지 간에 그것은 하나님이 우리에게 생명의 말씀을 주시고 우리는 그 말씀을 듣고 응답하려는 갈망을 표현하는 것입니다.

묵상 실천에 유익한 안내

토마스 머튼은 묵상에 도움이 되는 몇 가지 지침을 제시했습니다. 그 하나는 "기도하는 분위기"를 조성하는 것입니다. 주의가 산만하지 않고 정신을 집중할 수 있는 조용한 장소—침실이나 예배당, 정원, 공원 등—가 필요합니다. 묵상은 혼자 할 수도 있고, 사람들과 함께 할 수도 있습니다. 토마스 머튼은 "가장 중요한 것은 침묵, 평온함, 기억, 그리고 평화를 추구하는 것"이라고 말합니다.

우리 중에는 자신에게 묵상을 허락해야 하는 사람이 있습니다. 이는 우리가 활동을 소중히 여기며 홀로 시간을 보내는 것을 게으르다고 여기는 사회에서 살고 있기 때문입니다. 만약 당신이 이런 생각을 갖고 있다면 자신에게 이렇게 말하십시오: "나의 새로운 창조를 위해서 이 시간이 필요하다. 만약 내가 묵상 시간을 갖지 못한다면, 사람들이 나와 함께 살아가지 못할 것이다. 그러나 내가 묵상 시간을 가진다면 집중할 수 있어서 더 많은 일을 할 수 있다. 반면에 묵상하지 않는다면 결국 지칠 것이며, 궁극적으로 아무것도 할 수 없게 된다!"

묵상에 있어서 결정적으로 중요한 것은 성실함입니다. 묵상 훈련이 일상적인 것이 되더라도 말씀으로부터는 무엇인가 얻을 것이 있지만, 일상적으로 된다는 것은 당신이 원하는 바와 다른 것입니다. 사막의 수도사들과 청교도들은 종종 "가책"이라는 말을 사용했습니다. 가책이란 우리가 하나님이 필요하다는 사실을 깨달아 행하는 것이어야 합니다. 다시 말하자면 우리도 바울과 같이 "우리는 마땅히 기도할 바를 알지 못한다"(롬 8:26)고 고백하게 되고, 성령에게 우리의 연약함을 도와 달라고 간구하게 됩니다.

우리가 진지하게 말씀을 붙잡고 씨름할 때 말씀이 우리에게 말을 하기 시작합니다. 사막 교부 이삭Isaac은 자신 및 다른 사람들이 처해 있는 상황과 시편을 어떻게 연결했는지 이렇게 설명했습니다: "우리는 말씀을 묵상할 때 일종의 묵상적 연상聯想에 의해서 자신의 상황과 갈등, 우리의 태만이나 진지함의 결과, 하나님의 섭리에 따른 자비나 마귀의 시험들, 망각이라는 교묘하고도 교활한 죄나 인간적인 연약함, 또는 조심성 없는 무지無知 등을 기억합니다."

묵상은 집중을 요구합니다. 16세기 갈멜회의 개혁자요 신비주의자인 아빌라의 테레사는 수련수녀들에게 간단한 묵상 방법을 가르쳤습니다. 그녀는 이 묵상 훈련에 익숙하지 못한 사람들의 묵상은 양동이로 저수지 물을 퍼내는 것과 같아서 사람의 정신을 피곤하게 한다고 경고했습니다. 어떤 때는 수원지가 말랐을 수 있으며, 언제나 주의가 산만할 수도 있습니다. 실제로 마음이 "휴일을 맞은 벌새"처럼 여기저기 분주하게 날아다니는 것을 경험했을 것입니다. 20년이 넘도록 기도 방법을 익히려고 애쓴 테레사는 수녀들에게 끝까지 포기하지 말라고 충고했습니다. 성령께서 우리를 들어 올리실 때까지 기다리라고 말했습니다. 만일 분심이 되면 그 정체를 파악하고 나서 하나님의 말씀을 계속 듣기 위해 그것을 그대로 두십시오(let go; 분심거리에 집착하지 말고 내버려 두라는 의미, 역자 주).

> 성경을 읽을 때 그 내용을 통해서 우리의 마음과 생활 모든 면을 살펴보게 된다면 매우 유용할 것이다. 그리고 어떤 빛을 받았든지 즉시 그 빛을 최대한 사용해야 한다. 지체하거나 미루지 말라.…그래서 말씀이 현재 구원뿐만 아니라 영원한 구원을 주시는 하나님의 능력이라는 사실을 깨닫게 될 것이다.
>
> — 존 웨슬리

나치에 항거한 독일 신학자 디트리히 본회퍼는 핀켄발데Finkenwalde 의 신학생들에게 베네딕트회 수도사들처럼 같은 성경 구절을 가지고 한 주일 동안 매일 30분씩 묵상하라고 했습니다. 그는 『함께하는 삶』 Life Together에서 다음과 같이 설명했습니다: "우리는 묵상할 때 선택된 말씀이 이 시대와 우리 신자들의 삶을 위해서 개인적으로 말씀해 주신다는 약속, 즉 그것이 교회를 위한 하나님의 말씀일 뿐만 아니라 우리 개인을 위한 하나님의 말씀이라는 약속에 의지하여 그 문장을 숙고한다. 어느 특별한 단어가 우리에게 개인적으로 말할 때까지 그 단어에 몰두한다. 이렇게 할 때 무식하고 조야粗野한 기독교인처럼 행동하지 않게 된다. 우리는 하나님의 말씀을 우리를 위한 말씀으로 읽는다."[11]

본문 전체를 한자리에서 읽을 필요는 없습니다. 한 문장, 심지어 한 단어가 우리를 사로잡을 수도 있습니다. 우리의 생각이나 말로 드리는 기도나 새로운 아이디어의 발견이나 예기치 않은 특별한 경험이 필요하지 않습니다. 중요한 것은 "말씀이 우리 내면에 침투하고 내주內住하는 것"[12]입니다. 천사가 목자들에게 한 말을 깊이 생각했던 마리아처럼(눅 2:19), 우리는 말씀을 마음 깊이 생각하기를 원합니다. 본회퍼가 말씀을 강조한 것은 "우리는 말씀에만 주의를 집중해야 하며, 말씀의 역사役事의 결과를 잊어야 한다"라는 것입니다.

매일의 과제

이번 주에는 말씀 묵상 기도, 라틴어로 거룩한 독서라는 의미인 렉시오 디비나(lectio divina: 발음 표기로 LEX-ee-oh dih-VEE-nah)를 훈련할 것입니다. 고전적인 렉시오 디비나는 네 단계로 이루어집니다: *lectio*(읽기), *meditatio*(묵상), *oratio*(하나님께 응답), *contemplatio*(관상; 하나님 안에서 휴식).

lectio(읽기)—짧은 성경 구절을 천천히 읽으십시오. 자신에게 읽어주듯이 읽으십시오. 높낮이를 두고 소리내어 읽으십시오. 강도와 억양을 달리해서 읽으십시오.

meditatio(묵상)—본문을 깊이 생각하며 말씀을 내면화內面化하십시오. 말씀을 읽을 때 그 의미를 새기면서 들으십시오. 말씀을 정신(mind: 마음의 이성적이며 분석적인 기능, 역자 주)으로 숙고하십시오. 이 구절이 왜 당신의 주목을 끌었는지, 무엇이 정신을 일깨웠는지, 그 말씀이 오늘 당신에게 어떤 의미인지 생각하십시오. 영성일지에 말씀 중 의미 있는 단어들을 적되 그 단어와 관련하여 연상되는 것, 마음의 반응, 느낌, 도전 등을 기록하십시오.

oratio(기도)—당신 자신과의 대화를 하나님과 대화, 즉 기도로 전환하십시오. 자신의 생각과 질문과 느낌을 정직하게 하나님께 말씀드리십시오. 하나님과 대화하는 동안 당신의 내면에서 일어나는 감사, 고백, 기원, 중보기도를 표현하십시오. 하나님의 응답과 내면의 소리에 귀를 기울이십시오.

contemplatio(관상)—정신적인 활동을 중단하고, 하나님의 사랑과 돌보심에 전적으로 의지하십시오. 하나님의 현존 안에서 쉬십시오. 하나님께 주의를 고정하기 위해서 본문 중 한 단어(또는 문장)를 선택하고 되풀이하여 읽으십시오. 이 구절이 하루 종일 하나님 현존의식을 유지하는 것이 되게 하십시오. 이러한 "하나님의 현존 연습"을 주기도문이나 찬송이나 감사의 침묵으로 마칩니다.

당신의 묵상, 기도, 그리고 하나님께서 주신 새로운 통찰과 장래의 희망 등을 영성일지에 기록하십시오. 말씀을 가지고 지낸 특별한 시간 동안, 하나님께서 주신 생명의 말씀에 감사하고, 오늘 하루 동안 그 말씀에 응답한다는 표—작은 행동—를 정하십시오.

고전 작가들은 이 과정을 음식을 먹는 과정에 비유했습니다. "읽기"는 본문의 작은 덩어리를 뜯는 것입니다. "묵상"은 씹는 것, 즉 영양분과 수분을 취하는 것입니다. "기도"는 씹은 것을 삼키는 것입니다. 즉 묵상 결과를 종합하고, 그것이 생명에 양분이 되게 하는 과정입니다. "관상"은 입 속에 남은 맛을 음미하는 것입니다. 즉 하나님이 주신 말씀의 선물을 기뻐하고, 새 삶을 받는 것입니다. 렉시오 디비나는 단지 말씀을 읽는 방법이 아니라 매일 하나님의 말씀을 경청하는 데 근거를 둔 삶의 방법입니다.

이번 주의 매일의 과제를 통해서 렉시오 디비나의 네 단계를 연습하게 될 것입니다. 이 훈련을 시작하기 전에 하나님과 함께하는 시간을 준비하십시오. 숨을 천천히 깊게 들이쉬면서 마음을 가라앉히십시오. 본문 말씀을 통해서 하나님이 말씀하시는 것을 들을 준비를 하십시오. 매일 렉시오 디비나를 시작하기 전에 "이 말씀이 나에게 주시는 하나님의 말씀이 되게 해주십시오"라고 기도하십시오. 그리고 "이 말씀을 통해서 하나님은 나에게 무엇을 말씀하시는가?"라고 질문하면서 본문으로 들어가십시오. 말씀이 자연스럽게 눈과 입술(읽기)에서 정

신(mind; 숙고)으로, 그리고 마음(heart; 하나님께 응답하는 기도)으로, 그리고 당신 삶의 정신(하나님의 선물을 받으며 하나님의 사랑 안에서 휴식함)으로 나아가는 것을 찬양하십시오. 당신이 각 말씀을 통해 하나님께로 향하는 여정을 성령이 인도하시도록 하십시오. 다음에 제안한 순서에 따라 과제를 해 나가십시오.

과제 1

읽기: 시편 23편을 처음 대하는 것처럼 조용히 읽은 후에 다시 소리내어 읽으십시오.

묵상: 각 구절을 천천히 묵상하십시오. 본문 내용의 이미지들을 상상해 보십시오. 당신이 그 이미지들에 끌리는 이유를 탐구하십시오.

기도: 생각과 느낌(감사, 기쁨, 혹은 기대)을 가지고 하나님께 기도하십시오. 당신의 삶 중에서 이 시편이 전해주는 것을 필요로 하는 곳이 어디인지 하나님께 아뢰십시오. 정직하게 마음을 열고, 들으십시오.

관상: 하나님의 돌보심의 은혜를 관상하십시오. 지금 처한 상황에서 당신의 삶을 하나님께 맡기십시오.

기록: 자기 경험을 영성일지에 기록하십시오.

과제 2

읽기: 시편 27편을 한 번 통독한 후에 한 줄씩 천천히 읽으십시오.

묵상: 각 구절에서 당신에게 의미가 있는 구절이나 단어, 예를 들어 "주님", "주님은 나의 빛", "나의 구원" 등을 가지고 묵상하십시오.

기도: "내가 누구를 두려워하리요?"라는 질문에 대답하십시오. 나를 억누르고 있는 두려움을 주께 말씀드리십시오. 하나님과 대화하는 방법으로서 각 절을 당신의 것으로 만든 다음에 그 말씀을 경청하십시

오.

관상: 14절의 "너는 여호와를 기다릴지어다. 강하고 담대하며, 여호와를 기다릴지어다"와 같은 확신을 하고 하나님의 빛 안에서 쉬십시오.

기록: 당신의 체험을 기록하십시오.

과제 3

읽기: 마태복음 16장 13-16절, 그리고 본문과 관련된 성경연구 자료나 바이블 스터디 등을 읽으십시오.

묵상: 예수님의 질문을 당신에게 주신 질문으로 여기고 묵상하십시오. 오늘날 사람들은 예수를 누구라고 합니까? 당신은 예수님을 누구라고 고백합니까? 당신의 확신과 질문을 탐구하십시오.

기도: 예수님께 직접 대답하십시오. 기도 안에서 주님과 대화를 나누고, 주님의 대답과 자극에 귀를 기울이십시오.

관상: 우리를 주님의 교회로 삼으시겠다는 말씀 안에 편안히 쉬십시오. 말씀이 이끄는 대로 행하기로 결심하십시오.

기록: 깨달은 것을 기록하십시오.

과제 4

읽기: 누가복음 12장 22-32절을 몇 번 읽으면서 관심을 끄는 구절을 반복해서 읽으십시오.

묵상: 25절을 묵상하십시오. 장래에 대한 걱정이나 필요한 것, 또는 선입견을 적고 묵상하십시오.

기도: "근심하지 말라", "하나님의 나라를 구하라"는 예수님의 말씀

과 관련해서 내면에 숨겨놓은 것들을 예수님께 말씀드리십시오. 그리고 주님의 응답에 귀를 기울이십시오.

관상: 하나님이 당신을 소중히 여기신다는 확신, 그리고 당신이 근심하게 하는 것들을 내려놓을 때 자유로워진다는 확신을 가지고 안식하십시오.

기록: 당신의 생각과 깨달은 바를 기록하십시오.

과제 5

읽기: 로마서 8장 31-39절을 읽으십시오. 본문 중 가장 의미 있게 여겨지는 구절을 반복해서 읽으십시오.

묵상: 하나님의 사랑과 돌보심을 믿으며 사는 것의 의미를 묵상하십시오.

기도: 당신 자신이나 다른 사람이 하나님의 사랑을 깨닫지 못하게 하는 환경에 처해 있음을 하나님께 말씀을 드리듯이 기도하십시오. 그리고 성령의 인도하심에 주목하십시오.

관상: 하나님께 각각의 상황을 제시하면서 다음과 같이 말할 수 있는 믿음을 달라고 간구하십시오. "내가 확신하노니 사망이나 생명이나…다른 어떤 피조물이라도 우리를 우리 주 그리스도 예수 안에 있는 하나님의 사랑에서 끊을 수 없으리라"(38-39절).

기록: 깨달은 점을 기록하십시오.

그룹 모임을 위해 한 주간 기록한 영성일지를 살펴보십시오.

제2부, 제4주

말씀으로 상상 묵상하기

앞 장에서 언급했듯이 말씀 묵상은 어린아이들이 이야기 잘하는 사람의 이야기를 듣는 것처럼, 성경 안으로 들어가듯 상상력을 이용함으로써 유익을 얻을 수 있습니다. 당신도 그런 경험이 있었을 것입니다. 어린이들은 이야기를 듣다가 갑자기 일어나 그 이야기 한 부분을 행동으로 나타내 보이고, 하지도 않았던 질문에 대답합니다. 다시 말해서 아이들은 이야기를 자신의 이야기로 만듭니다.

칼 융의 이론을 따르는 심리학자들의 표현에 의하면, 상상을 생생하게 할수록 그 이야기가 우리의 기억과 생각 안에 더 새겨지며 더 깊이 무의식에 배어들 것입니다. 깨어있을 때를 제외하고 일어나는 것은 당신이 꿈꿀 때 일어나는 것과 공통점이 있습니다. 당신은 의식적인 차원—보고 듣고 만지고 맛보고 냄새 맡고 생각하는 것 등—과 잠재의식 차원에서 성경을 다루고 있습니다. 결론적으로 묵상은 두 가지 수준에서 모두 할 수 있습니다.

융 학파의 이론에 의하면, 인간의 심리는 의식적이고 이성적인 차원에서 작용하는 것보다 훨씬 복잡하고 그 범위도 넓습니다. 잠재의식 수준은 내가 누구인지, 그리고 한 인격으로서 나는 어떻게 행동하는지를 다양한 방법으로 나타냅니다. 우리는 무의식 차원에서 외부로부터 오는 많은 것을 체험합니다. 좋고 나쁜 삶의 경험은 무의식 안에 잠복해 있으

> 상상은 가시적인 것과 불가시적인 것을 연결하는 능력, 즉 하늘과 세상, 현재와 과거, 그리고 현재와 미래를 연결하는 능력이라고 할 수 있다. 기독교인에게 상상이 절대적으로 필요하다. 왜냐하면, 우리가 실재를 보는 것은 상상을 통해서만 가능하기 때문이다.
>
> — 유진 피터슨

며, 다른 사건 때문에 다시 의식으로 올라올 때까지 숨어있습니다.

꿈처럼 상상은 우리의 관찰과 생각 안에서만 아니라 보다 광범위한 무의식 안에서도 일어납니다. 인간의 상상은 매우 복잡합니다. 꿈처럼 상상은 말이나 생각보다 훨씬 더 큰 영향을 미치는 상징들로 나타납니다. 그것들은 우리 존재의 가장 깊은 차원에서 민감하게 작용합니다. 예를 들겠습니다. 고린도후서 12장 1-10절에 기록된 바울의 경험을 생각해 봅시다. 그는 14년 전에 낙원에 이끌려갔는데 자신이 몸 안에 있었는지 몸 밖에 있었는지 모른다고 말합니다. 그는 그곳에서 인간의 말로는 표현할 수 없는 주님의 환상과 계시를 보고 들었습니다. 말로 다시 표현할 수 있든지 없든지, 그 환상은 바울에게 깊은 영향을 주었습니다. 그것은 바울의 삶을 영원히 변화시켰습니다. 환상의 체험은 일반적으로 상징과 이미지를 통해서 전달됩니다.

상상을 통해 성경 안에 들어가기

어떻게 성경을 가지고 상상합니까? 먼저 성경의 이야기체 부분을 가지고 상상하는 것이 가장 좋습니다. 즉 그 이야기에 등장하는 인물들과 말하고 대화하고 움직이는 것을 상상하는 것이 가장 좋습니다. 복음서나 사도행전이 이렇게 상상으로 묵상하는 데 이상적입니다. 상상을 이용함으로써 우리는 하나님이 말씀하시고자 선택하신 성경의 인물들이나 사건들과 대화할 수 있습니다. 우리는 이야기의 상황을 상상하며, 거기에 등장하는 사람을 묘사함으로써 성경의 이야기의 한 부분이 되려 합니다. 이렇게 성경 이야기 안에 들어감으로써 우리는 깨달음과 영감과 생명력을 얻을 수 있습니다.

두 명의 기독교 지도자가 거룩한 삶의 열쇠로서 상상으로 성경 묵상하는 방법을 가르쳐 주었습니다. 그 중 한 사람은 가톨릭 개혁자요 예수회 창시자인 로욜라의 이냐시오 Ignatius of Loyola: 1491-1556입니다. 또 한

> 거룩한 관상을 자주 하는 것은 하나님과 우리 사이의 서먹함을 없애는 데 매우 중요하다. 교제를 자주 나누면 친밀감이 증가되고, 이러한 친밀감에서 사랑과 기쁨이 생기게 된다. 그래서 우리는 대담하게 하나님께 말할 수 있게 된다. 관상의 주된 목적은 하나님을 알고 그분과 친교를 나누는 것이다. 그래서 우리가 관상을 드물게 하면 하나님 앞에서 낯선 자로 남게 된다.
>
> — 리처드 포스터

사람은 능력 있는 청교도 목사요 저자였던 리처드 백스터Richard Baxter: 1615-91입니다. 이 두 사람이 상상으로 성경을 묵상하는 목적은 달랐습니다. 이냐시오는 영혼이 "과도한 집착에서 벗어나" 자기 삶에서 하나님의 뜻을 발견하는 데 그 목적이 있다고 말했습니다.[1] 반면에 백스터는 "성도들이 영원한 안식"을 얻는 데 목적이 있다고 말했습니다.[2] 오늘 우리의 목표는 하나님과 친밀한 교제를 갖는 데 있다고 할 수 있습니다.

놀랍게도 이냐시오와 백스터는 묵상의 방법—상상을 통하여 말씀 안으로 들어가서 말씀이 우리의 삶에 감동을 주고 삶의 모습을 형성하는 것—에 대해 의견이 일치합니다. 성경 묵상은 임시방편적인 지식을 갖는 것이 아니라 성경과 친밀하고 친숙하게 합니다. 성경 안에서만 삶의 가장 중요한 문제의 해답을 찾을 수 있다고 확신했던 경건한 청교도들은 성경을 깊이 생각하고 암기하는 등 성경 연구와 묵상에 시간을 보냈습니다. 17세기 『천로역정』의 저자인 존 번연John Bunyan은 병상에 있을 때 "나는 말씀을 읽거나 묵상했기 때문에 성경에서 떠난 적이 없었다"라고 말했습니다.[3] 청교도들은 익숙한 말씀이 정신과 마음에 박히고 필요한 안내를 해줄 것으로 믿었습니다.

묵상 준비에 대해서 백스터는 토마스 머튼과 같이 충고했습니다: "조용히 침묵할 수 있으며 마음의 성향性向: disposition을 신중히 살펴볼 수 있는 장소를 찾으십시오. 마음은 가능한 한 분심分心으로부터 벗어나야 합니다. 그런 후 '마음과 정신의 지고한 엄숙함'을 가지고 묵상을 시작하십시오.[4] 『천국의 안식』, 또는 하나님과 친밀함으로 마음을 향하게 하는 열쇠는 정감情感: affection, 즉 사랑, 갈망, 소망, 용기, 기쁨을 훈련하는 데 있습니다. 그러나 인간의 감정感情: emotion은 간사하고 쉽게 미혹迷惑될 수 있으므로, 이것이 하나님께 더 가까워지도록 보살펴야 합니다. 이것이 숙고熟考; consideration라는 것입니다."[5]

> 묵상을 할 때 되도록 마음에서 세상의 것들을 제거하라. 사업이나 고민 등 당신의 영혼을 차지하고 있는 모든 것을 밀쳐내고, 가능한 한 영혼을 비우라. 영혼을 비울수록 그만큼 하나님으로 채울 수 있기 때문이다.
> — 리처드 백스터

제2부 말씀: 그리스도의 정신

백스터의 견해에 의하면, 묵상의 한 형태인 "숙고"는 상상에 의존하며, 기억된 말씀의 깊은 우물에서 퍼 올릴 수 있습니다. 그는 말씀을 그림으로 그렸는데, 그것은 천국을 갈망하는 신도들을 위하여 천국의 모습을 세상의 모습으로 보여준 그림이었습니다. 이냐시오처럼 백스터도 천국의 영광과 이 세상의 시험을 생생하게 상상하려 했습니다. 백스터는 성도들이 천국의 영광을 갈망하게 하도록 이냐시오와 비슷한 방법으로 감각적인 상상을 권했습니다. 그가 계시록에 나오는 천국의 영광을 묵상하라고 권고한 말을 들어봅시다. 다음의 인용문에서 "상상하라"라는 단어에 주목하십시오.

> "당신의 정감affection을 돕기 위해서 감각으로부터 되도록 강한 상상을 끌어내십시오.…당신이 하나님의 도성을 바라보고 있으며; 지금 사도 요한에 이끌려 그의 영광을 보고 있으며; 요한이 보았던 하나님의 보좌와 위엄과 천군들과 영광의 빛을 보고 있으며; 흰옷을 입은 성도들이 손에 승리의 종려나무를 쥐고 있는 모습을 보고 있으며; 모세와 어린양의 찬양을 듣고 있으며; 살아계신 하나님을 찬양하고 영광을 돌리는 소리를 듣고 있다고 상상하십시오.…이런 모습을 되도록 생생하게 간직하십시오. 마치 실제로 보고 할렐루야 소리를 정말로 듣는 것처럼 그 장면을 상상하십시오. 내가 영광을 보는 것 같다! 기쁨과 찬양 소리를 듣는 것 같다! 아브라함과 다윗과 베드로와 바울과 함께 서 있는 것 같다.…구름 속에서 나타나는 하나님의 아들을 보는 것 같다.… '내 아버지의 복을 받은 자여, 오라'는 주님의 음성을 듣는 것 같은 생각이 들 때까지 묵상하십시오."6)

백스터는 독자들에게 성경에 묘사된 특정 장면으로 상상을 통하여 들어가라고 권합니다. 그 후 자신의 묵상 방법을 예로 들었지만, 백스터는 그리스도와 자기 영혼 사이에 무의식적인 대화로 이어갑니다. 이것은 로욜라가 자주 언급했던바 성경 말씀을 자기 것으로 만드는 것과 같습니다.

백스터는 가톨릭교회가 했던 것처럼 실제로 어떤 객체object를 그리지 않도록 조심한다면, 묵상에 감각적인 실체를 이용하는 방법이 신앙생활에 도움이 될 것이라고 조심스럽게 말했습니다. 오늘날 대부분의 개신교인은 묵상을 위해서 그림, 이콘icon, 채색 유리창, 조각상 등 다양한 상징을 이용하기를 주저하지 않습니다. 시각적인 학습 세대의 많은 사람은 전통적인 기독교 성상들이 "사랑의 하나님과 친밀한 교제"로 인도한다는 사실을 재발견하고 있습니다.[7]

상상 묵상의 본보기

필자가 누가복음 19장 1-10절에 기록된 예수님과 삭개오의 만남을 어떻게 묵상했는지, 그 내용을 소개하려 합니다. 나는 정신mind의 눈을 통해서 예수님이 여리고를 지나가실 때 만난 삭개오가 "나"라고 상상했습니다. 나는 "세리장"이었는데, 그것은 그리 좋은 직업이 아닙니다. 오늘날 우리 사회에서도 세리는 공직자로서 국민을 위해 일하고 있지만 그리 좋은 평판을 받지 못합니다. 나는 예수님 주위에서 떠드는 사람들이 나를 어떻게 생각하는지 상상할 수 있습니다. 유대인인 내가 우리나라를 점령하고 있는 로마인들을 위해서 세금을 거두고 있으니, 그들이 나를 좋지 않게 생각하는 것이 당연합니다. 그보다 더 나쁜 것은 부자가 되려고 남의 돈을 착취했다는 것입니다.

또 나는 키가 너무 작아서 예수님을 보려면 뽕나무 위에 올라가지 않으면 안 됩니다. 키가 작은 사람이 살아남으려면 종종 독창적인 방법을 고안해내야 합니다. 나는 예수님이 그곳을 지나가실 때 맞추어 나무 위에 올라갔습니다.

놀랍게도 주님은 지나치지 않으셨습니다. 주님은 걸음을 멈추시고 올려다보시며 "삭개오야, 속히 내려오라. 내가 오늘 네 집에 유하여야 하겠다"라고 말씀하셨습니다. 나는 그 말씀을 듣고 놀라 나무에서 떨어질

> 성경은 많은 인간 드라마가 들어있는 거대한 저장고이다. 성경은 우리에게 끝없는 이야기 보따리를 풀어줌으로써 우리의 감정과 지식과 헌신을 탐구할 수 있게 해준다. 관상을 할 때, 그런 이야기를 생생하고 힘 있게 만들려면 작은 상상력이 필요하다.
>
> — 존 킬링거

뻔했습니다. 나는 예수님이 나 같은 사람과 교제한다는 비난을 받지 않으려고 외면하시거나, 다른 사람들처럼 멸시하는 시선으로 나를 바라보실 것으로 생각했습니다. 그런데 예수님은 그렇지 않으셨습니다. 주님은 나를 쳐다보시면서 내 집에 들어가기를 청하십니다.

이때 나의 기분이 어떻겠습니까? 말할 수 없는 기쁨이었습니다. 예수님은 나에 관한 관심과 용납이라는 귀한 선물을 주십니다. 주님은 나를 똑바로 바라보실 뿐만 아니라 나에게 초대해 달라고 말씀하십니다. 주님이 지금 자신이 무슨 일을 하고 있는지 아실까요?

나는 여기서 "묵상의 연상"을 잠시 멈추었습니다. 나는 삭개오처럼 무관심 때문에 상처받았던 일들을 생각하기 시작했습니다. 언젠가 파티에서 어떤 사람과 대화하고 있었는데, 그 사람은 나보다 더 재미있는 대화 상대를 찾으려고 두리번거렸습니다. 또 한 번은 내가 새로운 계획을 세우고 흥분된 상태에서 설명하고 있었는데, 사람들은 나의 기분을 이해하지 못하는 듯했습니다. 그들은 정중히 내 말을 들었지만, 나의 계획에 전혀 반응이 없었습니다. 이 외에도 나는 거절당한 아픈 경험을 많이 갖고 있습니다.

그러나 여기에 세리까지 품을 수 있는 넓은 사랑이 있습니다. 주님이 포용하지 못할 사람이 어디 있습니까? 그러나 주님의 이러한 포용력을 의심한다면, 그 뒤에 일어난 일을 보아야 합니다.

예수께서 치르신 대가를 보십시오. 주님이 내 집으로 들어서자마자 불평의 소리, 불신앙을 감추려는 겉치레의 소리가 들려오기 시작했습니다. "그가 죄인과 같이 점심을 먹으러 들어갔도다."

나는 다시 걱정하기 시작했습니다. 그러나 즉시 마음을 바꾸어 "주여, 보시옵소서. 내 소유의 절반을 가난한 자들에게 주겠사오며, 만일 누구의 것을 속여서 빼앗은 것이 있으면 네 갑절이나 갚겠나이다"라고 말했습니다. 나는 내 마음을 변화하게 한 생각과 느낌에 대해 생각했습니다.

이제 나는 예수님의 반응을 기다립니다. 주님은 나를 실망시키지 않으십니다. 예수님은 항상 무시당했던 나를 받아주셨을 뿐만 아니라 인정해주십니다. 이는 내가 한 약속 때문이 아니라 주님의 사랑 때문입니다. "오늘 구원이 이 집에 이르렀으니 이 사람도 아브라함의 자손임이로다. 인자가 온 것은 잃어버린 자를 찾아 구원하려 함이니라." 이렇게 말씀하시는 주님이 집에 계시는 것이 얼마나 좋은 일입니까! 조금 전까지만 해도 주님을 존경했던 사람들은 주님을 죽이려 할 것입니다. 주님은 멸시받아 마땅한 세리인 나를 "아브라함의 자손"이라고 불러주십니다.

이 본문에 대한 당신의 묵상은 성경 본문과 관련된 살아있는 경험을 바탕으로 한 다른 느낌과 이미지를 갖게 할 수 있을 것입니다. 묵상은 나로 하여금 십자가로부터 얻는 것과 같은 확언을 다시 이 이야기 속에서 듣게 해주십니다. 어떤 사람은 이것에 대해 "하나님의 자비가 바다처럼 넓고도 넓다"라고 찬양했습니다. 로마서 8장에서 사도 바울은 "어떤 피조물이라도 우리를 우리 주 그리스도 예수 안에 있는 하나님의 사랑에서 끊을 수 없으리라"고 했습니다. 잠시 그 확신에 대해서 깊이 생각해 보십시오. 그것을 당신의 머리에서 마음으로 이동시키십시오. 이것이 묵상의 목표입니다.

> 나는 읽으면서 듣는 방법을 배웠다. 때로 내가 읽는 말씀 외에 아무것도 들리지 않을 때도 있다. 그러나 자주 그 구절이 내 정신과 마음 속에 들어와서 나의 일부가 되는 것을 느낀다. 그순간 내가 읽고 있던 말씀의 어떤 부분이 갑자기 힘과 명확성을 가지고 나에게 들어온다. 그때 나는 하나님이 시편 기자나 선지자나 제자들에게만 말씀하시는 것이 아니라 지금 여기에서 나에게 말씀하고 계시다는 사실을 의심 없이 믿게 된다.
>
> ― 아베리 브루크

매일의 과제

다음의 훈련 과제를 시작하기 전에 금주의 학습 내용을 기억하고, 영성일지에 메모, 반응, 질문, 관심 등을 기록하십시오. 금주의 성경 구절은 누가복음에 기록된 성탄절 이야기이며, 이 구절은 상상 묵상 훈련에 도움이 될 것입니다. 과제가 어렵더라도 지시하는 대로 따라 하십시오. 질문에 대하여 깊이 생각하고 관상을 마친 후에 영성일지에 그 내용을 기록하십시오.

과제 1

누가복음 1장 5-23절을 읽으십시오. 사가랴의 이야기로 돌아가서 "나이 들고 늙은" 사가랴의 입장이 되십시오. 성전에서 일하고 있는 모습을 상상하고, 천사가 처음 나타났을 때 당신이 보고 느끼는 것을 상상하십시오. 천사가 "네 아내 엘리사벳이 네게 아들을 낳아주리라"고 말할 때 당신의 감정은 어떻게 변합니까? 그 소식에 대해서 천사와 정직하게 대화하는 모습을 상상하십시오. 가능하다면 그 대화를 글로 써보십시오. 몇 달 동안 이 놀라운 소식을 침묵하면서 지켜보는 당신의 모습을 상상하십시오. 이 이야기를 통해서 당신의 삶에 숨겨진 약속, 오랫동안 해온 기도의 제목, 혹은 변화할 수 있는 능력 등 묵상의 결과를 영성일지에 적으십시오. 주님께 기도하고 하나님의 약속 안에서 안식을 취하십시오.

과제 2

누가복음 1장 24-25절을 읽으십시오. 당신이 임신이 불가능한 늙은 여인인 엘리사벳의 입장이 되십시오. 당신이 사가랴에게 일어났던 일을 어떻게 알게 되는지, 그리고 당신이 임신했다는 사실을 어떻게 깨닫게 되는지 그 과정을 상상해 보십시오. 이에 대한 당신의 반응은 무엇입니까? 왜 숨어 지내려 하며, 그것이 당신에게 무슨 도움이 됩니까? 혼자서 5개월을 어떻게 지내며, 무엇을 생각하며, 무엇에 대해서 기도하는지 상상해 보십시오. 당신이 엘리사벳이라고 생각하십시오. 하나님이 당신의 삶에 새로운 일이 일어날 것이라고 말씀하십니까? 얼마 동안 지내는 것이 그 일을 실현하는 데 도움이 될까요?

과제 3

누가복음 1장 26-38절을 읽으십시오. 수태고지의 이야기를 읽으면서 천천히 상상을 통해 이야기 안에 들어가서 마리아의 입장이 되십시오. 마리아처럼 천사가 전하는 소식을 듣는다고 상상하십시오. 나는 어디에 있는가? 무엇을 보고 듣는가? 느껴지는 감정은 어떤가? 천사에게 어떻게 응답하는가? 어떻게 성령이 나에게 임하시는가? 당신의 내면에서 상상을 불러일으킨 상징을 생각해 보십시오. 당신의 삶에서 하나님의 약속과 관련된 것은 무엇입니까? 마리아의 응답과 당신의 응답을 비교해 보십시오.

과제 4

누가복음 2장 8-20절을 읽으십시오. 목자들의 이야기와 그들의 감정 변화를 당신의 것이 되게 하십시오. 당신이 천사들에게서 들은 좋은 소식이란 무엇입니까? 마음을 캐럴, 합창, 헨델의 [메시아]의 일부 등으로 채우십시오. 당신의 찬양을 글로 쓰십시오. 마리아와 요셉과 아기를 찾아가십시오. 그들을 발견했을 때 당신이 보고 냄새 맡고 느낀 것은 어떤 것입니까? 실제로 그들에게 무슨 말을 했습니까? 상상의 이야기 속에서 경험한 것을 생각해 보십시오.

과제 5

누가복음 2장 22-38절을 읽으십시오. 마리아와 요셉이 예수님을 성전에 데리고 갔을 때 당신이 군중의 한 사람이었다고 상상하십시오. 눈을 감고, 오감을 이용해서 되도록 생생하게 그 장면을 상상하십시오. 시므온과 안나가 지기들의 역할을 하는 이야기를 전개하십시오. 본문을 자유롭게 참고하면서 머릿속으로 그 모습을 그려보십시오. 시므온에게 말을 걸거나, 아기를 안고 찬양을 드리는 등 어떤 모습이든지 그 상황에 끼어들고 싶은 대로 하십시오. 그런 후에 그 장면에서 당신의 행동과 느낌과 생각을 기록하십시오. 몇 분 동안의 묵상이 당신의 삶에 어떤 의미를 주었는지 생각해 보십시오.

제2부, 제5주

그룹 성경 묵상

개신교인들은 하나님의 말씀을 찾는 사람이면 누구나 성경 안에서 그것을 찾을 수 있다고 확신하지만, 다른 신자들과의 모임을 통해서 하나님의 음성을 듣는 것도 가치가 있음을 알아야 합니다. 회중 묵상은 성경 안에 있는 하나님의 음성을 듣는 또 하나의 방법입니다.

> 나는 하나님의 백성들이 모인 공동체 안에서 그들과 함께 생활함으로써, 그리고 그곳에서 나의 자리를 적절하게 지켜나감으로써 내가 누구인지, 진정한 나의 모습을 보게 된다.
>
> — 매이 진 매니언

그룹 묵상의 유익

성경의 그룹 묵상은 신앙관을 넓혀줍니다. 문화는 우리가 듣고 이해하는 데 강력한 영향을 미칩니다. 이것은 성경을 통하여 하나님이 말씀하시는 것보다 오히려 문화가 말하는 것을 들으라고 우리를 때리고, 망치로 치고, 틀에 붓고, 조각합니다. 문화적 체험이 제한될수록, 성경을 통해서 하시는 하나님의 말씀을 듣는 우리의 능력이 제한됩니다. 하나의 그룹이 편협한 견해를 가질 수 있습니다. 그룹이 다양할수록 서로의 견해로 인하여 구성원들의 견해도 넓어질 수 있습니다. 예를 들어 120개 나라에서 300개 이상의 교파가 참석한 세계교회협의회에 참석한 사람들은 광범위한 신앙관에 접하여 놀랄 뿐입니다. 우리에게는 그런 회의에 참석할 기회가 거의 없겠지만, 우리의 신앙관을 넓힐 수 있는 다양한 그룹을 찾을 수 있습니다.

제2부 말씀: 그리스도의 정신

그룹 묵상은 한 개인의 특이한 성격을 교정할 수 있습니다. 성경을 진지하게 묵상하는 사람이 때로 성경을 무리하게 해석하고, 조금이라도 의심스러운 사상이라고 여겨지는 것을 악마의 것으로 여길 뿐만 아니라 하나님까지도 비난합니다. 전체 상황을 고려하지 않고 하나의 문장만 가지고 이상한 결론을 내립니다. 예를 들면 존 번연은 말씀을 정신과 마음에 새기며 자신이 "선택받은 자"인지 말해주는 성경 말씀에 의존하는 청교도의 방법을 사용했을 때 롤러코스터를 탄 것처럼 정신적인 혼란을 느꼈다고 말했습니다. 어떤 때는 "내게 오는 자를 절대로 버리지 않겠다"라는 말씀을 통해서 확신을 얻었습니다. 그러나 대부분 시간에 자신이 구원받았다는 사실에 대한 긍정적인 말씀을 얻지 못했습니다. 에서가 장자권을 판 이야기가 계속 생각났습니다. 그는 자신의 본성적인 것을 팔지 않고 기독교인으로서의 장자권을 판 오늘날의 에서가 분명하다는 생각이 들었습니다. 그는 용서받을 수 없는 죄를 지었다며 두려워했습니다. 그의 기분은 위로 치솟았다가 떨어졌습니다. 그는 안정되지 못했습니다. 그가 구원을 받는 데 가장 도움을 준 사람은 존 기포드John Gifford 목사와 그의 집에 모이는 소그룹이었습니다. 번연의 고전 『천로역정』에서 이 책의 주인공인 기독도는 베드포드에 있는 이 교회를 "아주 희귀하고 유익한 것, 즐겁고 두려운 것, 내가 손에 잡기 시작했던 것에서 안정하게 해준 것들"을 본 "해석자의 집"이라고 말했습니다. 그룹의 상호작용은 참석자들로 하여금 자기들이 들은 것과 통찰하는 방법에 대해 보다 깊고 신중히 생각하게 합니다.

우리의 통찰을 사람들과 나눌 때 자신이 잘 듣고 바르게 이해하고 있다는 확신이 있어야 합니다. 한 사람만 하나님의 말씀을 바로 듣고, 모두가 잘못 들을 수도 있습니다. 그렇지 않다면, 우리에게 선지자가 없을 것입니다. 양심에 거스르는 행동을 할 수 없다고 말하면서 독일의회 전체에 대항한 종교개혁의 아버지 마틴 루터를 생각해 봅시다.

성경이나 바른 이성에 의해서 확신을 얻지 못했다면(교황들이나 공의회도 가끔 잘못을 범하고 모순에 빠지기 때문에 나는 그들을 신뢰하지 않는다) 내가 성경 본문에서 벗어나지 않으며 내 양심이 하나님의 말씀에 포로가 되었다고 확신하지 않는 한 나는 아무것도 철회하지 않을 것이다. 왜냐하면 양심을 거슬러 행동하는 것은 옳은 일이 아니고 안전한 일도 아니기 때문이다.[3]

그러나 우리 각 사람이 얼마나 배웠으며 영적으로 성숙한지에 상관없이 자신이 그러한 위치에 있는 것을 발견할 때 두려워해야 하며 잘못할 수 있음을 인정해야 합니다. 그리 자주 하지 않더라도 함께 모여 진지하게 서로의 이야기를 듣는 것이 홀로 개별적으로 하는 것보다 더 진리에 가까울 수 있을 것입니다.

우리는 사람들과 함께 깨달음을 발견하는 즐거움을 가져야 할 것입니다. 혼자서 진리를 탐구하지 않는 즐거움이 얼마나 크겠습니까! 우리는 다른 사람이 깨달은 바를 자신의 것에 부연하고 확인하며 추가함으로써 새로운 것이 되게 합니다. 그룹에 참석하는 어떤 사람이 내가 경험했지만 표현할 수 없었던 것을 말로 표현할 수도 있을 것입니다.

그룹 묵상 방법

말씀으로 그룹 묵상을 하는 방법은 무엇입니까? 그룹 묵상에는 다양한 방법이 있지만, 대부분은 다음의 요소들을 포함합니다: (1) 침묵 또는 센터링기도로 시작하는 개회, (2) 정해진 성경 구절을 소리내어 읽기, (3) 그 말씀을 가지고 충분한 시간 생생한 상상이나 신중한 숙고熟考를 할 수 있는 두 번째 침묵, (4) 각자가 깨달은 것을 나누는 시간, (5) 마감.

침묵으로 그룹 묵상을 시작하는 것은 참석자들로 하여금 일상의 분주함에서 벗어나며, 하나님의 임재에 집중하며, 하나님께서 말씀을 통하여 말씀하시려는 것에 정신을 집중하게 합니다. 대부분 참석자는 복잡

> 우리가 자신의 관점으로 진리를 제한하려고 하기 때문에, 하나님이 매일 주시는 놀라운 복을 받지 못하는 경우가 있다. 그러나 우리가 눈을 열려고 노력할 때—어린아이의 눈으로 보려고 노력할 때, 또는 우리 자신과는 다른 관점에서 보려고 노력할 때—우리는 상상할 수 없었던 방법으로 하나님의 세계와 하나님을 체험하게 된다.
> ─ 드와이트 보겔, 린다 보겔

한 길을 운전해 왔거나 불쾌한 회의에 대한 기억이나 경청하는 데 방해가 될 여러 가지 일상사와 씨름하다가 그곳에 왔을 것입니다. 침묵 시간은 듣기 전에 초점을 다시 맞추는 시간입니다. 만일 참석자들이 마음을 진정시킬 수 없다면, 인도자는 찬양과 간단한 기도문을 읽는 등 긴장을 풀기 위한 순서나 센터링 프레어를 시도할 필요가 있습니다. 그러나 경청을 위한 준비로서 가장 좋은 것은 침묵입니다.

복음서에 "이야기 중의 이야기"인 예수님의 이야기가 있으므로 기독교 묵상은 특별히 복음서에 초점을 둡니다. 그렇다고 다른 성경을 사용하지 말라는 것은 아닙니다. 다른 성경 본문도 분명히 하나님께서 자기를 계시하시는 말씀이기 때문입니다. 많은 사람은 시편을 묵상함으로써 마음의 깊은 양식을 얻기도 합니다. 매 주일 그룹 묵상을 한다면, 복음서 중 한 권으로 할 수도 있고, 교회력을 따른 성구집lectionary으로 할 수도 있습니다. 그룹의 지도자들은 각기 상이한 번역 성경을 사용할 수 있지만, 현대어로 된 성경을 선택하면 더 효과적일 것입니다.

앞에서 언급했던 것처럼, 묵상은 여러 방법으로 할 수 있습니다. 어떤 사람들은 묵상적이고, 어떤 사람들은 직감적이며, 또 어떤 사람들은 상상적일 수 있습니다. 성경의 종류가 다르면 접근 방법도 달라야 합니다. 잠언을 묵상할 때는 상상보다는 논리에 의존합니다. 반면에 성경에 나오는 이야기를 가지고 묵상할 때는 생생한 상상이 필요합니다. 서구의 성도들은 상상력을 이용하는 것보다 이성적인 접근에 더 익숙합니다. 즉 이들은 직관이나 감정보다는 이성적인 성향이 발달되어 있습니다. 결론적으로 이들에게는 직관이나 감정적인 요소를 강조할 필요가 있습니다. 묵상자들에게 들어본 적이 없는 이야기를 듣는 어린아이처럼 본문을 경청하라고 주의를 상기시킬 필요가 있습니다. 이렇게 듣는 방법은 비평으로 길든 사람들이 상상력을 이용하는 데 힘이 들더라도 성경 연구와 어긋나지 않을 것입니다. 묵상의 목적이 지식적인 것에서 벗어나 우리의 내적 자아가 말씀에 의해서 변화되는 과정까지 나아가는 것입니다.

본문을 읽은 후 15~20분 정도의 침묵 시간은 묵상자들에게 본문을 철저하게 탐구할 수 있게 해줄 것입니다. 흑인 영가靈歌인 "거기 너 있었는가?"(147장)는 바른 질문을 제기해줍니다. 우리는 상상을 통해서 그 장면 안에 들어갑니다. 현대 기술의 발달 결과 언어에서 시각적인 문화로의 획기적인 혁신이 이 묵상 과정에 도움이 될 것입니다. 나의 제자는 나에게 "저는 시각적인 사람입니다"라고 말했습니다. 당신은 시각 지향적입니까, 아니면 듣거나 읽거나 행동으로 학습하는 것이 더 좋습니까?

깨달은 것을 서로 나누는 그룹 묵상의 마감 시간에 인도자는 학습자들에게 "무엇이 생각났습니까? 당신의 상황에 대해 말하는 것이 무엇입니까?"라고 질문할 수 있습니다. 이런 질문들은 도입에 좋은 화두이지만, 일반적으로 사람들에게 이러한 것이 필요하지 않습니다. 몇 분 동안의 침묵 뒤에 저절로 대화가 시작됩니다. 주의할 점은 어떤 결과를 기대하지 않는 것입니다. 우리가 듣고 응답하기를 원하는 것은 말씀입니다.

그룹 묵상의 사례

한 예로서 내가 돌아온 탕자(눅 15:11-32)에 대한 묵상을 인도한 학생 소그룹의 나눔을 요약하겠습니다.

지도자: "무슨 생각이 떠올랐습니까? 무엇이 여러분의 상태를 말해줍니까?"

가: "맏아들이 생각났습니다. 나는 집에 있으면서 아버지께 순종하며 지내다가 탕자가 돌아왔을 때 화를 낸 첫째 아들과 같다고 생각합니다."

지도자: "맏아들과 관련해서 인상 깊은 것은 무엇입니까?"

가: "토라져 성내는 맏아들을 향한 아버지의 사랑입니다. 맏아들이

제2부 말씀: 그리스도의 정신

집에 들어가려 하지 않았을 때 '아버지가 나와서 권한대'라고 기록되어 있습니다. 나는 그 말을 들어야 합니다. 왜냐하면 나는 성내는 것 때문에 죄책감을 느끼고 있거든요."

나: "나는 탕자와 비슷한 점이 많습니다. 나도 방탕한 생활을 했거든요. 나는 유산을 요구하지는 않았지만, 탕자처럼 집을 나왔습니다. 아버지와 도저히 함께 살 수 없었어요. 아버지가 언제나 나를 괴롭게 했기 때문에 집을 뛰쳐나왔습니다. 그러나 혼자 힘으로 살아갈 수 있을 만큼 성장하진 못했습니다. 나는 친구들과 어울려 나쁜 짓을 하기 시작했습니다—탕자처럼 술 마시고 담배 피우고 여자들과 관계를 했습니다. 결국 나는 최악의 상태에 빠졌습니다."

지도자: "그다음에 어떻게 했습니까?"

나: "나는 탕자처럼 집으로 돌아갈 수가 없었습니다. 아버지가 돌아가셨을 때도 집에 가지 못했습니다. 그러나 알코올 중독자 치료 프로그램(AA)을 통해서 하나님을 만났습니다. 그 프로그램에 대해서는 당신도 알고 계시지요?"

지도자: "그렇습니다."

다: "이 이야기에서 가장 인상적인 것은 아버지의 기다림과 달려 나가는 모습입니다. 이것은 이야기의 전반부와 후반부에 나옵니다. 전반부에 '아직도 거리가 먼데 아버지가 그를 보고'라고 기록되어 있습니다. 후반부에는 화가 난 첫째 아들에 대해, 맏아들이 들어가기를 거절하자 '아버지가 나와서 권한대'라고 기록되어고 있습니다. 그것이 매우 인상적이었습니다. 그것은 내 아버지가 했던 행동과는 전혀 달랐어요."

지도자: "그렇지요. 중동 지방의 아버지들도 그렇게 행동하지 않지요. 탕자의 아버지는 권위를 완전히 버렸습니다."

다: "그렇다면 그것은 하나님에 대해 무엇을 말해줍니까?"

라: "그것은 특별한 사랑을 암시합니다. 그러나 화해하는 데 하나님이 주도권을 갖고 계시다는 사실이 특이합니다. 인간 부모라면 두 아들

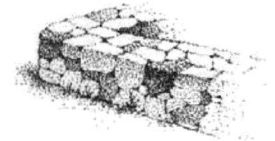

을 받아들이기 전에 먼저 탕자가 뜻을 굽히고 돌아올 때까지 기다렸을 것이고, 맏아들이 사과하기를 바랐을 것입니다."

지도자: "그것이 핵심입니다. 하나님은 평범한 부모가 아닙니다. 하나님의 사랑은 평범한 사랑이 아닙니다."

마: "옳습니다. 그렇다면 하나님과 우리의 관계에서 하나님이 주도권을 갖고 계셔야 하는 이유도 알겠군요. 물리학자들은 우주가 150조兆 이상의 은하계로 이루어져 있다고 말합니다. 만약 하나님이 주도권을 가지고 계시지 않는다면, 우리 같은 인간이 어떻게 하나님의 관심을 끌 수 있겠습니까?"

라: "그렇군요. 하나님이 먼저 우리를 찾아오시지 않았다면, 우리가 하나님의 관심을 끌 만큼 큰 소리를 지를 수 없고, 긴 안테나를 설치할 수도 없고, 우주선을 띄울 수도 없겠지요."

바: "이제까지의 이야기를 종합해 보면 이 이야기를 '탕자 이야기'라고 하는 것이 어색하다는 생각이 듭니다. 이 이야기는 사랑의 아버지에 관한 이야기가 아닐까요?"

지도자: "그렇습니다. 이 이야기는 '어떤 사람에게 두 아들이 있었는데'라고 시작합니다. 이것이 핵심입니다."

다: "맞습니다. 아버지가 이 이야기의 두 부분을 연결하는 중심인물입니다. 이제 알았습니다. 예수님은 우리에게 하나님 아버지에 관해서, 즉 하나님의 자비가 크고 넓다는 것을 말씀하려 하십니다."

가: "나는 예수님이 자신을 비판하는 사람들에게 응답하시면서 이 비유를 말씀하셨다고 들었습니다. 그렇다면 여기에서 주님은 누구에게 대답하고 계시는 것일까요?"

나: "예수님이 탕자 같은 죄인이나 부랑자들과 함께 계시는 것을 비판한 당시의 종교 지도자들을 향한 것이 아니었을까요?"

라: "맞습니다. 하나님이 부르시는 사람은 존경할 만한 사람들이어야 한다고 생각하는 사람들과 예수님이 맞서고 있는 것을 볼 수 있습니다.

> 강요하지 않고 자유로운 분위기에서 하나님에 대한 친밀한 경험을 함께 나누는 것은 우리를 더 완전한 존재가 되게 해준다.
> — 노벤 베스트

그러나 하나님의 사랑에는 한계가 없습니다."

지도자: "그렇습니다. '하나님의 사랑에 한계가 없다'라는 것이 오늘 우리가 들을 수 있는 좋은 음성일 것입니다. 여러분의 마음 깊은 곳에서 이 말을 들을 수 있습니까?"

이상의 내용은 주요 부분만 발췌한 것이며, 실제 그룹 묵상은 매우 광범위합니다. 참여자들은 명확한 결말을 원할 것입니다. 이때 지도자는 침묵 시간을 다시 주거나, 주기도문 등 간단한 기도를 하거나, 주제와 관련된 찬송을 부름으로써 묵상을 마칠 수 있습니다.

그룹 묵상은 하나님의 말씀을 먹이는 또 다른 방법입니다. 이것은 성경 공부와 말씀을 통하여 하나님의 음성을 듣는 것을 증진시킬 것입니다. 그러나 이 방법을 사용할 때 우리의 목적이 단순히 성경을 아는 것이 아니라 살아 계신 하나님과 관계로 깊이 들어가는 것임을 명심해야 합니다. 우리의 기도가 시편 기자의 기도처럼 되기를 바랍니다: "하나님이여, 사슴이 시냇물을 찾기에 갈급함같이 내 영혼이 주를 찾기에 갈급하니이다. 내 영혼이 하나님, 곧 살아 계시는 하나님을 갈망하나이다"(42:1-2).

매일의 과제

매일의 과제를 시작하기 전에 학습자 본문을 반드시 읽으십시오. 당신은 성경을 묵상하는 몇 가지 방법을 배웠습니다. 이번 주에는 어떤 방법을 사용하든지 자신에게 가장 적합하다고 생각되는 방법을 사용하십시오. 당신의 경험과 생각을 일지에 기록하십시오.

과제 1
마가복음 3장 1-6절: 예수님이 손 마른 사람을 고쳐주셨습니다.

과제 2
누가복음 13장 10-17절: 예수님이 꼬부라져 펴지 못하는 여자를 고쳐주셨습니다.

과제 3
마가복음 6장 45-52절: 예수님이 바다 위를 걸어가셨습니다.

과제 4
요한복음 13장 1-17절: 예수님이 제자들의 발을 씻어주셨습니다.

과제 5
누가복음 22장 39-46절: 예수님이 겟세마네 동산에서 기도하셨습니다.

그룹 모임을 위하여 한 주 동안 기록한 일지를 살펴보십시오.

제3부

기도: 그리스도의 마음

아델 곤잘레스

제3부, 제1주

기도와 하나님의 성품

기도 생활에 대해서 질문을 받아본 적이 있습니까? 그 질문을 받을 때 어떤 느낌이 들었습니까? 그리고 어떤 대답을 했습니까? 몇 년 동안 대부분의 기독교인이 자신의 기도 생활에 대해서 말하거나, 심지어 생각조차 하는 것을 어렵게 생각하고 있음을 발견했습니다. 이런 망설임은 아마도 기도를 사적私的인 일로 생각하는 문화에서 비롯된 것인 듯합니다. 또는 자신의 기도 생활을 이해하거나 분명하게 설명한다는 것은 적절하지 못하다고 느끼는 것인지 모릅니다. 이유가 어떻든지 많은 기독교인에게 믿음의 근본 요소 중 하나인 기도가 애매하거나 불편한 것인 듯합니다. 이번 주에는 기도에 대한 근본적인 신념과 이해를 살펴보겠습니다.

기도prayer는 "간청하다, 빌다"를 의미하는 라틴어 동사 *precari*에서 유래되었습니다. 이 말은 우리가 의도적으로 간구하지 않을 때도 하나님 앞에서 가난한 존재일 수밖에 없음을 나타내는 말입니다. 우리는 기도하면서 하나님에 [대해서] 말하는 것이 아니라, 하나님[과] 말합니다. 우리는 언제나 우리에게 주시는 하나님께 드리려 하며, 항상 우리와 교제하기를 원하시는 유일하신 분께 응답하기를 원합니다. 기도는 하나님을 환대하는 것이며, 깊고 인격적인 관계를 향해 자신을 개방하는 것입니다. 우리는 기도를 통해서 말이나 침묵으로 하나님과 교제하며, 하나

님께 우리와 교제하실 시간과 장소를 드립니다. 기도한다는 것은 우리 자신을 하나님께 복종시키는 것, 그리고 우리의 마음과 이해와 의지를 하나님께 개방하는 것입니다.

기도의 대상이신 하나님

기독교의 기도의 본질을 이해하기 위해서는 기도의 대상이신 유일하신 분—著: One에 대한 이해가 필요합니다. 하나님은 누구이십니까? 우리가 하나님에 대해서 믿는 것이 우리의 기도를 형성합니다. 기독교 신학에서는 하나님이 주권과 영광과 권능을 가진 두려우신 분이라고 말합니다. 피조 세계의 광대함과 질서가 이를 증언합니다. 성경에 기록된 하나님은 모든 생명의 근원으로서 창조하고 회복시키는 완전한 능력을 가지신 분입니다. "대저 하나님의 모든 말씀은 능하지 못하심이 없느니라"(눅 1:37). 또 하나님은 지혜롭고 의로우시며, 사랑이십니다. "하나님은 사랑"(요일 4:8)이시므로 사랑과 관련될 때만 그 능력을 사용하십니다. 그 사랑 때문에 우리는 주저하지 않고 "하나님은 선하시다"라고 말할 수 있습니다. 거룩하신 사랑이 우리를 두려움 없이 하나님의 엄위하신 권능 앞에 나갈 수 있게 해줍니다.

하나님의 지혜는 하나님의 능력과 사랑의 표현입니다. 하나님의 지혜에는 인자와 긍휼, 그리고 정의와 의義가 포함됩니다. 하나님의 지혜는 우리의 위로의 근원입니다. 비록 그 깊이를 알 수 없지만 하나님은 우리에게 가장 좋은 것을 아십니다. 하나님의 이해는 우리가 아는 것보다 더 무한하시므로 모든 사람 및 모든 피조물의 유익을 위해 행하십니다.

기독교의 특별한 신념은 하나님이 삼위일체라는 것입니다. 즉 하나님이 성부와 성자와 성령의 세 위격位格이심을 믿습니다. 이 교리의 발단은 성육신에 대한 믿음입니다. 이는 형언할 수 없는 하나님이 그리스도 안에 나타나셨음을 믿습니다. 그리스도는 "보이지 아니하는 하나님의

> 하나님이 어떤 분인지에 대한 또렷한 생각이 없다면, 즉 하나님을 발견할 수 있는 장소와 하나님이 세상과 관계 맺는 방법을 모른다면, 우리는 기도하기를 망설이게 되고, 쉽게 제한을 받을 것이다. 그래서 기도에 대한 논의를 시작하기 전에 자신이 하나님을 어떻게 생각하는지 살펴보아야 한다.
> ─ 마르타 그레이빌 로울렛

형상"(골 1:15)이며, "아버지께서는 모든 충만으로 예수 안에 거하게"(골 1:19) 하셨습니다. 그리스도는 본질적으로 삼위의 관계를 가지신 하나님, 역사 안에 들어오신 하나님, 긍휼로써 사랑하시는 하나님, 스스로 비우신 하나님(빌 2:1-11)이십니다. 성령은 우리 마음에 이러한 진리를 계시하시고 믿게 하십니다(고전 2:6-16). 성령으로써 우리는 그리스도가 하나님의 능력과 지혜이며(고전 1:24), "육신으로"(요 1:14; 3:16) 우리와 함께하는 하나님의 사랑임을 믿게 됩니다.

삼위일체의 세 위격은 완전하고 상호적인 사랑의 교제 안에 연합되어 있습니다. 삼위일체가 되시는 하나님의 형상으로 조성된 인간인 우리는 하나님 및 사람들과 교제를 나누도록 피조 되었습니다. 이런 관점에서 기도는 하나님과 교제 안으로 들어가는 것이며, 우리를 지으신 분께 마음으로 응답하는 것입니다. 이 기도는 인격적personal인 것이지 사적private인 것이 아닙니다. 교제가 우리 모두를 하나님의 마음 안에 모아들입니다.

하나님의 본성에 대한 이러한 이해는 기도에 대한 우리의 인식과 기도를 하는 방법에 영향을 끼칩니다. 그러나 개인의 이력과 생각도 하나님을 알고 관계를 맺는 방법에 영향을 미칩니다. 수 세기 동안 기독교인들은 기도를 통해 하나님을 발견함으로써 진정한 자신을 더욱 잘 알게 된다는 사실을 깨달았습니다. 하나님 앞에 선 내가 진정한 나입니다. 기도는 인간의 피조성과 한계를 나타내는 겸손과 정직함을 가져다줍니다. 참된 기도는 정직하고 진정합니다.

기도가 자기인식을 분명하게 함에 따라 하나님의 실재reality와 하나님에 관한 우리의 생각이 일치하지 않는 것을 가끔 발견하게 됩니다. 우리가 생각하는 하나님의 모습이 하나님과 교제하는 방법에 많은 영향을 끼칩니다. 나에게 하나님은 누구입니까? 하나님을 부모, 재판관, 친구, 또는 애인으로 생각합니까? 하나님에 대한 생각과 관련된 기억은 어떤 것입니까? 만일 내가 하나님을 친구로 생각한다면, 기도하는 시간을 더

> 그리스도안에서 성장하기를 원한다면 한계를 밀어내고 변화의 가능성을 받아들여야 한다. 이 변화는 영원히 불변하시는 하나님 편에서의 변화가 아니라, 하나님이 누구시며 하나님과 관계를 맺고 있는 자신이 누구인지에 대한 인식과 이해의 변화이다.
>
> ─ 마가렛 구엔터

많이 할애할 것입니다. 그러나 하나님을 냉정한 재판관으로 생각한다면, 하나님과 함께 있는 시간을 피하려 할 것입니다.

몇 년 전 내 친구가 세 살 난 딸을 암으로 잃었습니다. 어느 친구가 그녀에게 "딸이 지금 더 좋은 곳"에 있으니 위안으로 삼으라고 말하면서, 하나님이 "천국에 작은 천사"가 필요했기 때문에 아이를 데려가신 것이라고 말했습니다. 슬픔에 빠진 아이 엄마는 인간의 고통이나 상실감을 돌보지 않는 "신"god을 믿지 않겠다고 대답했습니다. 사랑하는 딸을 천국에 천사로 두려고 데려가시는 하나님이라면 "양으로 생명을 얻게 하고 더 풍성히 얻게 하기"위해서 온 목자가 아니라 "도둑질하고 죽이고 멸망시키려는"(요 10:10) 도둑이라고 했습니다. 몇 년 동안 이 친구는 여러 종교를 전전했습니다. 요즈음 그녀는 유일하게 어머니의 심정을 이해할 수 있는 성모 마리아에게 기도함으로써 어느 정도 평화를 찾은 듯합니다. 이런 경우 하나님을 "도둑"으로 보는 부적절하고 잘못된 생각이 살아계신 하나님과 교제하는 데 방해가 됩니다.

언젠가 믿음의 나눔 시간에 어떤 청년이 하나님을 만나려고 노력하는 "하나님을 따라다니기"chasing God가 얼마나 피곤한지에 대해서 말했습니다. 한 사람이 이 청년에게 하나님이 어떤 분이라고 생각하느냐고 물었습니다. 그는 자기가 자라나는 동안 하나님은 언제나 권위적이고 인정사정없는 심판관이었다고 대답했습니다. 그는 계속해서 그 후에 하나님에 대한 이미지가 자비롭고 사랑 많으신 분으로 바뀌었다고 말했습니다. 다른 회원이 그가 지나치게 열심히 노력했으며 아직도 하나님이 그에게 겁을 주고 계시냐고 물었습니다. 이 청년은 자신이 그리 열심히 하지 않았으며, 하나님과 관계 획득에서 신앙적 수행과 훈련은 기본이라고 말했습니다. 이 청년에게 어릴 때 가졌던 하나님 이미지가 깊이 박혀 있어서, 자신과 교제를 나누려 하시는 하나님의 갈망을 인식하는 데 제한이 있었음을 알지 못했습니다. 우리가 생명을 주시는 기도의 관계에 자신을 개방할 수 있으려면 우리의 하나님 이미지가 치유되어야 합니

다.

전형적인 기도 자세

만약 우리의 하나님 이미지가 은혜와 진리에 근거하고 있다면, 우리는 하나님의 선하심과 신실하심을 믿고 기도할 것입니다. 우리는 하나님의 사랑을 받고 있음을 믿고 있으며 기도로써 이 사랑에 응답하기를 원하기 때문에, 이 관계에 마음을 열 것입니다.

관계성으로서 기도는 역동적이며 다양한 표현 방법을 취합니다. 기독교 전통에서 전형적인 기도 자세는 경모와 찬양, 죄 고백과 통회, 감사, 그리고 탄원(청원과 중보)입니다. 초대 교부 중 한 사람인 요한 카시안John Cassian은 4세기 말에서 5세기 초에 수도원의 기도를 체계화한 몇 편의 글을 집필했습니다. 그는 "기도하는 사람들이 다양하듯이 기도의 형태도 다양하며, 마음의 상태도 다양하다"(『담화집』 9.8)라고 말했습니다. 카시안은 디모데전서 2장 1절에서 바울이 간단히 언급한 기도의 종류("간구, 기도, 중보기도, 감사기도")가 단계적으로 상승하는 것으로 설명했습니다.

기도가 높은 차원으로 단계적으로 올라간다고 생각하든지 단순히 하나님과 관계를 다르게 표현하는 것으로 생각하든지, 네 가지 기도는 상호 관련이 있으며 각각의 기도 안에 다른 기도의 요소들이 내포되어 있음을 기억해야 합니다. 기도할 때 우리는 자신의 궁핍함과 한계를 인정합니다. 우리는 무력한 상태로 태어납니다. 젖먹이일 때 우리는 배가 고프거나 불편하면 울었고, 이러한 욕구를 충족시키기 위해서 다른 사람에게 의존했습니다. 특별히 우리가 사는 문화에서는 어른이 되면 독립과 자급자족을 위해 노력합니다. 어떤 때는 이러한 태도가 우리가 하나님 앞에서 언제나 궁핍한 존재라는 사실을 깨닫는 데 방해가 됩니다. 우리의 궁핍함을 인정하는 것이 노예근성이나 장애를 의미하는 것이 아닙니다. 기도는 창조주 앞에서 피조물의 참모습을 드러내는 것입니다. 피

> 오 주님, 제가 또 사람들에게 설교를 늘어놓았습니다.
> 생각의 바퀴들이 불언덕에서 저를 빙빙 돌게 했어요.
> 제가 쏟아놓은 말들이 밥풀처럼 허공을 떠돌았고 소심한 제가슴은 부풀어 올랐습니다. 그런즉 이제 저 자신을 당신 앞에 던지오니
> 불붙은 제 머리에 찬 손을 얹어주시고 나약한 가슴에서 부푼 공허를 짜내 주십시오.
>
> — 조지 맥도날드

조물은 하나님께 속한 것이며 만물 안에 하나님의 창조적 현존이 있다는 것을 인정하기 때문에, 기도는 믿음의 행위입니다. 우리는 하나님께 자신의 한계를 고백하거나 도움을 간청할 때, 우리를 돌보시고 우리 마음의 간절한 소원을 들어주기를 원하시는 하나님에 대한 우리의 감사와 믿음을 표현합니다. 그래서 청원기도와 죄고백에 경모敬慕; adoration와 감사의 요소가 포함됩니다. 우리는 자신의 삶 속에서 하나님의 현존을 발견할 때 하나님의 신비와 위대하심을 경모하며, 동시에 인간의 역사 속에서 예수 그리스도의 자유하게 하시는 사역에 대해 하나님께 감사드립니다.

예수님처럼 기도하기

기독교인의 삶에서 기도가 중요하다는 것은 예수님이 보여주신 기도 생활의 모범과 그 가르침을 통해서 잘 알 수 있습니다. 예수님에게 있어서 기도는 언제나 아빠(히브리어로 특히 친밀한 관계로 부를 때의 아버지)와의 만남이었습니다. 이런 교제 안에서 예수님은 자신의 정체성과 하나님의 구원 계획을 더욱 분명히 알아가게 되었습니다. 복음서에서 예수님의 삶의 중심은 기도였습니다. 예수님은 세례 요한에게 세례를 받고 공생애를 시작하기 전에 기도하셨고(눅 3:21-22), 이 세상에서의 마지막 순간에도 기도하시면서 자신의 뜻을 버리고 하나님의 뜻에 순종하셨습니다(눅 22:41-42). 예수님은 중요한 순간마다 기도하셨습니다. 예를 들면 열두 제자를 선택하실 때 밤을 새워 기도하셨고(눅 6:12), 하루 종일 치유 사역을 하신 뒤에 한적한 곳에서 기도하셨습니다(눅 4:42). 제자들이 전도 여행을 마치고 돌아왔을 때 감사와 찬양의 기도를 하셨습니다(마 11:25-26). 그리고 변화산에서 기도하실 때 베드로와 야고보와 요한 앞에서 변모變貌되셨습니다(눅 9:28-29). 십자가에서 절망의 고통과 외로움을 느낄 때 하나님께 기도하셨으며(막 15:34), 마지막 숨을 거두실 때 모든 것을 하나님께 맡기는 기도를 하셨습니다(눅 23:46).

예수님은 귀신을 만났을 때 기도가 필요하다는 것을 가르쳐 주셨으며(막 9:29), 기도로써 다른 사람들과 합일을 이루는 능력을 가르쳐 주셨습니다(마 18:19-20). 예수님은 기도할 때 정직해야 한다고 말씀하셨습니다. 예수님은 마음으로부터 신실하게 기도하며 행동으로써 자신의 기도를 증언하라고 하셨습니다(마 7:21-23; 15:8-9; 막 12:40; 눅 18:11-13). 주님은 자신을 따르는 사람들에게 확신을 가지고 기도하라고 권면하셨습니다(마 21:21-22). 예수님의 삶과 사역에서 기도가 중심이었듯이, 주님을 따르는 우리의 삶에서도 기도가 중심이 되어야 합니다. 우리의 기도에 주님의 기도와 같은 특성—하나님의 신뢰, 친밀, 성실, 정직, 순전함, 그리고 감사—이 있어야 합니다.

기도와 헌신

겟세마네 동산에서 드린 예수님의 기도는 하나님의 선하심과 그 지혜를 전적으로 신뢰하고 있다는 사실을 분명히 나타냅니다. 예수님은 잡히시기 전날 밤에 심히 고민하시고 괴로워하셨습니다(막 14:34). 예수님이 세례를 받으면서 공생애를 시작하실 때, 하나님은 "너는 내 사랑하는 아들이라. 내가 너를 기뻐하노라"(막 1:11)고 하셨습니다. 이제 그가 하나님의 아들이라는 사실이 철저히 검증될 것입니다. 겟세마네 동산은 예수님의 마음과 영혼 간의 치열한 내적 전쟁의 시간을 보여줍니다. 메시아의 사역을 감당하는 것이 너무 고통스러운 듯합니다. 마지막 순간 예수님의 영혼은 고통 때문에 "아빠 아버지여 아버지께서는 모든 것이 가능하오니 이 잔을 내게서 옮기시옵소서"(막 14:36)라고 말씀하셨습니다. 그런 다음에 "그러나 나의 원대로 마시옵고 아버지의 원대로 하옵소서"(막 14:36)라고 순종하고 위탁하는 기도를 드립니다.

복음서 중 가장 먼저 기록되었으며 가장 짧은 마가복음은 허둥대는

> 신앙생활이 성장하기 위해서는 끊임없이 다시 일어서고 다시 뛰는 마음이 필요하다. 기도가 항상 순조롭고 평화롭게 진행되는 것은 아니다. 기도는 하나님 이외의 모든 것을 버려야 하는 힘든 과정이다.
> — 마리아 볼딩

인간 예수의 모습을 보여 줍니다. 만일 예수께서 앉아 계셨다면, 마가가 그것을 기록할 수 없었을 것이라고 합니다. 마가는 예수님의 슬픔, 그리고 하나님의 뜻을 받아들인 것을 한 문장으로 표현하는데, 예수님이 극심한 고통에서 하나님께 대한 전적 포기로 옮겨가는 데 불과 몇 초밖에 걸리지 않았다는 느낌을 줍니다. 예수님이 얼마나 오랫동안 갈등하셨는지 상관없이, 예수님의 기도의 깊이와 생명력은 이 결정적인 순간에 자신의 소명을 굳게 붙들며 죽기까지 하나님께 충성할 수 있게 해주었습니다(빌 2:8; 히 5:7-10). 예수님은 자신의 생명보다 하나님의 통치에 헌신하셨습니다.

이와 같이 우리는 기도할 때 예수님이 보여주신바 하나님의 통치에 절대적으로 헌신하며 주님의 발자취를 따르려는 결심을 나타냅니다. 이것은 특히 주기도문에서 분명히 나타납니다. 누가의 기록에 의하면, 어느 날 예수님이 기도하고 있을 때 제자 중 하나가 찾아와 "주님, 우리에게 기도하는 방법을 가르쳐 주십시오"라고 말했습니다. 이에 예수님은 기도의 핵심을 가르쳐주셨습니다.

아버지여, 이름이 거룩히 여김을 받으시오며	경모
나라가 임하시오며	복종
우리에게 날마다 일용할 양식을 주시옵고	간구
우리 죄도 사하여 주시옵고	죄고백
우리가 우리에게 죄 지은 모든 사람을 용서하오니	제자도
우리를 시험에 들게 하지 마시옵소서	간구

(눅 11:1-4)

"사망이나 생명이나 천사들이나 권세자들이나 현재 일이나 장래 일이나 능력이나 높음이나 깊음이나 다른 어떤 피조물이라도 우리를 우리 주 그리스도 예수 안에 있는 하나님의 사랑에서 끊을 수 없으리라"(롬

8:38-39)는 말씀을 믿을 때, 감사하는 마음으로 기도할 수 있습니다. 우리를 향한 하나님의 신실하신 사랑과 돌보심을 믿을 때 하나님의 통치에 망설이지 않고 우리 자신을 맡길 수 있습니다.

하나님과 우리의 관계에는 다양한 차원이 있습니다. 때로는 부모와 자식의 관계와 같습니다. 어떤 때는 주인과 종의 관계와 같고 친구 관계와 같으며, 어떤 때는 연인 관계와 같습니다. 믿음이 성장함에 따라 그 관계는 자녀나 종의 관계에서부터 친구나 연인의 관계로 발전합니다. 예수님은 제자들과 3년 정도 함께 지내신 후 제자들을 종이라고 부르지 않고 친구라고 부르겠다고 말씀하셨습니다. 왜냐하면 제자들과 함께 하나님에 대한 친밀한 지식을 나누었기 때문입니다(요 15:15). 우리가 기도를 통해서 인격적으로 하나님을 많이 알수록 사랑이신 하나님과 그 사랑을 받는 친구 관계로 발전합니다.

기도에서 우리는 주의집중, 개방, 겸손, 정직을 가지고 하나님의 선하심에 응답하라는 요청을 받습니다. 우리가 거룩한 친구Friend와 점점 깊은 교제로 들어감에 따라, 우리의 기도는 더욱 의지하는 기도가 됩니다. 우리는 하나님의 현존의식을 느끼거나 받지 못할 때도 하나님을 믿으며, 기도할 수 없거나 기도하는 방법을 모를 때도 하나님의 임재하심을 믿습니다. 우리는 고통과 기쁨 중에 변함없는 하나님의 사랑을 확신합니다. 하나님은 우리에게 완전한 기도를 바라시지 않으며, 우리가 기도를 무엇으로 생각하든지 상관없이 사랑이신 하나님이 간절히 바라시는 것은 우리와 신실한 관계임을 알게 됩니다. 기독교인의 삶의 궁극적인 목적은 그리스도를 통한 하나님과 연합입니다. 그것이 솔로몬의 노래에서 상징적으로 아름답게 표현되고 있는바 사랑 안에서 이루어지는 뜻의 일치입니다.

나는 내 사랑하는 자에게 속하였도다.
    그가 나를 사모하는구나.

제3부 기도: 그리스도의 마음

기도 생활은 잠에서 깨어나 성령의 교감하시고 인도하시고 깨끗하게 하시고 변화시키시는 흐름으로 나아간다는 뜻이다. 그 안에 내가 깊이 빠져 든다는 뜻이다.
— 더글라스 스티어

내 사랑하는 자야, 우리가 함께
　　들로 가서 동네에서 유숙하자…
거기에서 내가 내 사랑을 네게 주리라.
(아 7:10-12)

매일의 과제

금주의 학습자 본문을 충분히 읽으십시오. 깨달음과 도전이 된 부분이나 의문이 생기는 부분을 표시하십시오. 마음을 가라앉히고 다음 구절을 깊이 생각하면서 준비하십시오.

> 영성 생활과 마찬가지로 기도도 하나님께서 주도하신다. 기도의 기원에 대한 우리의 생각과는 상관없이, 기도는 내면에서 이루어지는 성령의 역사에 대한 응답이다.

금주의 과제는 당신의 삶에서 기도의 훈련을 성장시키는 데 초점을 두고 있습니다.

과제 1

사무엘상 3장 1-14절을 읽으십시오. 이 이야기는 소년 사무엘이 주님의 부르심에 응답할 수 있도록 엘리가 도와주는 장면입니다. 당신이 처음으로 드린 기도는 어떤 기도였습니까? 어렸을 때 기도에 대한 당신의 이해가 어떠했으며, 지금은 어떻게 변화되었습니까? 당신의 삶에서 하나님의 현존을 깨닫고 응답하는 데 도움이 된 것 또는 도움을 준 사람을 누구입니까?

하나님— 지금 당신과 함께 계시는 하나님— 앞에 존재하기 위해서 최소한 5분 정도 침묵하고, 당신을 사랑하시는 하나님의 사랑에 초점을 두되, 당신에게 도움이 되는 적절한 방법으로 행하십시오.

과제 2

누가복음 11장 1-4절을 읽으십시오. 제자 한 사람이 예수님에게 기도하는 방법을 가르쳐 달라고 요청했습니다. 이 제자가 진실로 원한 것

이 무엇이라고 생각합니까? 당신이 이 제자라고 생각하고, 예수님에게 직접 질문해 보십시오. 당신이 진실로 원하는 것은 무엇입니까? 제3부의 「깊은 기도」를 시작하면서 당신이 찾으려 한 것은 무엇입니까?

하나님— 지금 당신과 함께하시는 하나님— 앞에 존재하기 위해 최소한 5분 정도 기도하십시오. 당신에게 유익하고 도움이 되는 방법으로 기도하십시오. 당신의 경험을 영성일지에 기록하십시오.

과제 3

누가복음 11장 1-4절을 읽으십시오. 눈과 귀를 열어, 예수님이 제자들에게 기도하는 법을 가르쳐주신 이야기를 읽으십시오. 본문의 주기도의 내용이 우리가 갖추어야 할 기도의 "모습"(찬양, 신뢰, 탄원 등)을 나타내고 있음을 살펴보았습니다. 그중에서 당신이 흔히 취하는 기도의 모습은 어떤 것입니까? 당신에게 가장 도전이 되는 기도는 무엇이며, 가장 불편한 기도는 무엇입니까?

5분 정도 하나님 앞에 현존하며 하나님의 부르심에 응답하십시오. 당신이 할 수 있는 방법으로 기도하십시오. 그 결과를 영성일지에 기록하십시오.

과제 4

주님을 찬양하는 시편 18편 1-2절을 읽으십시오. 시편 기자는 하나님이 어떤 분인지 나타내고 찬양하기 위해서 열 가지 이상의 이미지를 사용합니다. 당신의 입장에서 하나님을 찬양한다면 어떤 이미지가 적합할지 생각해 보십시오. 시편 18편 1-2절을 당신의 글로 다시 써보십시오. 그리고 당신이 생각하는 하나님 이미지를 추가하십시오.

최소 5분 동안 하나님의 현존에 감사하며, 당신에게 가장 좋은 방법으로 하나님께 자신을 표현해 보십시오(앉거나 걸어가면서, 혹은 춤을 추면서, 노래하면서). 당신의 경험을 영성일지에 기록하십시오.

과제 5

다음의 어거스틴의 『고백록』(최민순 역서 참조)에 기록된 기도문을 천천히 읽으십시오. 가능하다면 큰 소리로 읽으십시오. 그리고 그 내용이 자신의 마음에 전해지도록 하십시오.

늦게야 님을 사랑했습니다.
이렇듯 오랜, 이렇듯 새로운 아름다움이시여!
늦게야 당신을 사랑했나이다.
내 안에 님이 계시거늘,
나는 밖에서 님을 찾아
당신의 아리따운 피조물 속으로 더러운 몸을 쑤셔넣었사오니,
님은 나와 같이 계시건만 나는 님과 같이 아니 있었나이다.
당신 안에 있지 않으면 존재조차 없었을 것이,
이 몸 붙들고 님에게서 멀리했나이다.
부르시고 지르시는 소리로 듣지 못하던 내 귀로 듣게 하시고,
비추시고 밝히시사 눈 멀음을 보게 하시고,
향내음 풍기실제 나는 맡고 님 그리며,
님 한 번 맛본 뒤로 기갈 더욱 느끼옵고,
님이 한 번 만지시매 가이없는 기쁨에 마음이 살아지나이다.

5분 동안 어거스틴의 기도를 통해서 하나님의 임재를 의식하십시오.
영성일지에 자기 경험을 기록하십시오.

한 주 동안 기록한 영성일지의 내용을 살펴보십시오.

제3부, 제2주

기도의 장애물 제거하기

최근에 어느 모임에서 한 여성이 자신의 기도 생활에 대해서 말하는 것을 들은 적이 있습니다. 그녀는 좌절 상태에 있었고, 모임에 참석한 사람들은 그녀를 도와주려 했습니다. 그들은 몇 가지 조언을 했는데, 그녀는 지난 몇 주 동안 기도가 메말랐으며 기도를 통해서 아무것도 얻지 못했다고 고백했습니다. 그 모임에 초청을 받은 나는 "메말랐다"의 뜻이 무엇인지 설명해 달라고 말했습니다. 그녀는 전에는 자신이 필요로 하는 것을 주님께 말씀드릴 수 있었고, 기도하는 동안 마음이 편안해지는 것을 느꼈다고 대답했습니다: "전에는 물 흐르듯이 유창하게 기도했습니다. 기도가 정말 좋은 경험이었어요. 나는 하나님의 현존, 그리고 영감과 흥분을 느꼈어요. 그런데 지금은 그런 느낌이 전혀 들지 않으며, 마음에 떠오르는 것을 기도로 옮길 수 없어요. 기도할 수 있다고 해도 머릿속이 복잡해서 제대로 기도한 것 같지 않아요. 내 기도는 나와 별개인 듯해요." 그녀의 말을 들은 사람들도 그런 경험을 했다고 말해주었습니다.

이 상황은 특별한 것이 아닙니다. 많은 기독교인은 언제나 편안하고 자연스럽고 저절로 기도할 수 있어야 한다고 생각합니다. 우리는 자신을 의미 있는 방법으로 표현하며 기도함으로써 하나님의 현존을 느낄 수 있기를 원합니다. 또 우리의 마음과 정신 안에 있는 것을 모두 하나

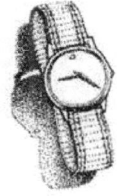

제3부 기도: 그리스도의 마음

님께 말씀드릴 수 있을 때 제대로 기도했다는 느낌이 듭니다. 우리는 기도에 동반될 수 있는 위로와 영감을 느낍니다. 우리가 말하고 느끼는 것은 매우 중요하게 여기며, 하나님께서 우리에게 전하시려는 것에는 별로 관심을 두지 않는 것이 아닐까요?

기도는 언제나 쉽고 자연스럽고 자동으로 되는 것은 아닙니다. 기도생활을 진지하게 하는 사람이라면, 기도가 도전과 고투의 시간임을 경험했을 것입니다. 피곤, 두려움, 의심, 질병, 인식의 변화, 강한 감정 등 많은 것들이 기도하는 우리를 방해합니다. 그것은 이런 것들을 살펴보고 그것들로부터 우리 자신의 관계 및 하나님과 관계에 대해 무엇을 배울 수 있는지 살펴보는 데 도움이 될 것입니다. 이번 주는 기도의 장애물 및 이 장애물들을 처리하는 방법을 살펴보겠습니다.

기도에 대한 오해

사도 요한은 요한일서에 "사랑은 여기 있으니 우리가 하나님을 사랑한 것이 아니요, 하나님이 우리를 사랑하사"(요일 4:10)라고 썼습니다. 앞에서 언급했듯이 기도는 언제나 우리를 사랑하시고 우리와 교제하기를 원하시는 하나님께 대한 응답입니다. 의미 있는 기도 생활은 자신의 공로功勞에 의해 다양한 기술을 터득한 "영적인 달인達人"이 됨으로써 얻어지는 것이 아닙니다. 영성훈련 및 그 방법들은 기도의 성향性向: disposition을 촉진하지만, 기도는 하나님의 자유로운 인도하심에 대한 마음에서 우러난 응답입니다.

많은 사람은 하나님의 조건 없는 사랑과 우리를 들어쓰심에 대해서 의심합니다. 어떤 때는 우리의 삶의 경험들이 이 사실을 믿기 어렵게 합니다. 우리에게는 하나님을 인간에 비유하고 인간적인 방법으로 상상하는 경향이 있습니다. 만일 아버지가 필요한 어린 시절에 아버지가 계시지 않았다면, 아버지이신 하나님이 계시지 않을 것이라고 믿을 것입니다.

> 기도는 하나님과 교제이다. 그것은 생명과 기쁨의 중심에 계시는 하나님과 관계맺는 것이며, 항상 이러한 관계를 맺고 살아가는 방법을 배우는 것이다.
>
> — 존 킬링거

부모가 엄격하고 융통성이 없는 규율 준수자로서 언제나 잘잘못을 따지는 분이었다면, 하나님의 조건 없는 사랑, 혹은 "하나님의 심판"에 구원과 회복이라는 큰 목적이 있다는 사실도 인정하기 어려울 것입니다. 기도하려는 노력이 실패할 때 우리는 하나님이 우리와 만나려는 데 지치셨다고 생각할 것입니다. 인간의 사랑에 한계가 있어서, 우리는 하나님의 무한한 사랑에도 한계가 있다고 생각하는 경향이 있습니다. 그러나 기도는 우리에게 하나님의 신실한 사랑의 신비를 깊이 생각하게 합니다.

호세아서에서 특별한 격려의 말씀을 찾아볼 수 있습니다. 호세아는 매우 감동적인 이미지를 사용하면서 이스라엘을 아내로 비유합니다. 하나님은 그녀에게 "진실함으로 네게 장가들리니 네가 여호와를 알리라"(호 2:20)고 말씀하십니다. 호세아는 하나님의 사랑을 부모의 사랑에 비유하면서 "이스라엘이 어렸을 때 내가 사랑하여… / 내가 에브라임에게 걸음을 가르치고/ 내 팔로 안을지라도… / 내가 사람의 줄 곧 사랑의 줄로 그들을 이끌었고/ 그들에게 대하여 그 목에서 멍에를 벗기는 자같이 되었으며 그들 앞에 먹을 것을 두었노라"(호 11:1, 3-4)고 말합니다. 하나님은 이스라엘 백성이 하나님을 떠나 다른 신을 섬긴 것 때문에 매우 슬퍼하셨습니다. 하나님은 "맹렬한 진노"(호 11:9)를 나타내시며 이스라엘을 포기하고 싶은 마음으로 갈등하십니다. 그러나 하나님은 호세아에서 가장 아름다운 독백으로 "내가 다시는 에브라임을 멸하지 아니하리니 이는 내가 하나님이요 사람이 아님이라"(호 11:9)고 말씀하십니다. 이것은 우리가 이해하기 어려운 핵심 진리입니다. 하나님은 우리와 같은 분이 아니십니다. 우리는 기도를 시작하면서 하나님이 너무 피곤하시거나 신경질이 나셔서 우리와 함께 하시지 못할까 두려워할 필요가 없습니다. 하나님은 유한한 인간이 아니시며, 신실하신 분입니다.

이 신실하심 때문에 우리는 기도하기가 쉽든지 어렵든지 항상 하나님을 만난다는 사실을 믿을 수 있습니다. 또 우리를 향한 하나님의 사랑과

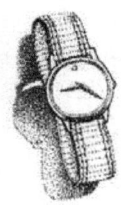

갈망이 "훌륭한 기도"나 깊은 기도를 할 수 있는 우리의 능력보다 더 크다는 것을 믿을 수 있습니다. 기도는 우리를 피하려는 신神에게 다가가려는 노력이 아니라, 이미 사랑으로써 우리를 사로잡고 계시는 하나님께 드리는 응답입니다. 기도는 주님과의 분명한 만남이지만, 우리가 기대하고 바라는 방법으로 이루어지는 것만은 아닙니다. 우리가 개인적인 계획을 "성취"하려고 노력해도, 예기치 못한 방법으로 주시는 하나님의 조건 없는 사랑과 친교를 얻지 못할 수도 있습니다.

기독교의 기도는 상황적입니다. 즉 기도는 언제나 우리 자신, 우리의 행동, 우리가 거주하는 곳, 우리의 느낌 등의 영향을 받습니다. 우리가 하나님께 응답하는 방법도 제한됩니다. 종종 삶의 요소들이 기도 생활을 방해하는 것을 경험하기도 합니다. 너무 피곤하거나 시간이 없거나 집에 적절한 기도 공간이 없거나, 혹은 자신에게 맞는 기도 방법을 알지 못할 때가 있습니다. 기도는 기독교인의 삶에서 격렬한 투쟁 중 하나를 유발하지만, 활기찬 기도 생활이 없으면 참된 믿음의 성장이 있을 수 없습니다.

기도를 방해하는 장애물들이 많지만, 그중에서 대표적인 장애물 세 가지를 살펴보겠습니다.

시간이라는 장애물

첫째 장애물은 "기도할 시간이 없어! 직장과 가정, 그 밖의 일을 하려면 하루 24시간도 부족해!"라는 것입니다. 우리는 복잡하고 바쁜 세상에서 살고 있으며 관심사도 많습니다. 그러나 중요하다고 생각하는 것들을 바쁜 일정 속에 끼워 넣고 있는 것을 볼 때 놀랍습니다.

어느 날 아침 나는 너무 바빠서 기도하지 않겠다고 결정했습니다. 출근 준비를 하고 있는데 현관 벨이 울렸습니다. 며칠 전에 산 전자제품을 수리하려고 사람이 온 것입니다. 그는 예고 없이 방문한 것을 사과하면

> 우리를 인도할 사람이 없는 것처럼 보여도 포기하지 않고 기도한다면 주님이 우리를 모든 것으로부터 지켜주실 것이다. 기도를 포기하는 죄를 치유할 수 있는 것은 기도를 다시 시작하는 것뿐이다. 그렇지 않으면 영혼은 하루하루 죽어갈 것이다.
> — 아빌라의 테레사

서 이웃에 살고 있으므로 전화하지 않고 찾아왔다고 말했습니다. 나는 친절하게 그에게 들어오라고 하고 방문해 주어 고맙다고 말했습니다. 그리고 사무실에 전화해서 한 시간 정도 늦겠다고 알렸습니다. 이 일 때문에 바쁜 하루가 되겠지만, 가전제품을 고칠 기회를 놓칠 수 없었습니다. 수리를 마친 후 운전하여 사무실로 가는데 "수리하는 시간이 어디서 생겼을까?"라는 질문이 일어났습니다. 기본 동기는 반드시 수리를 받아야 한다는 것과 비용-효율에 따른 결정에서 온 것이었습니다. 그렇게 바쁜 아침에 한 시간 동안 기도했으면 더 좋았을 것이라는 생각은 들지 않았습니다. 나는 수리하는 사람에게서 내가 원했던 결과를 얻었습니다. 그러나 나는 하나님에 대해서 제멋대로 행동하지 말았어야 했습니다.

어느 때는 시간이라는 요소가 기도에 대한 무관심과 걱정을 덜어줄 핑곗거리가 됩니다. 우리의 느낌이 중요하며 하나님은 그것을 이용하여 우리와 교제하시지만, 그러한 느낌이 하나님과 신실한 관계를 결정짓도록 해서는 안 됩니다. 우리는 "좋은 느낌"을 위해서 기도하는 것이 아니라 신실하게 되기 위해서 기도합니다.

시간적 여유가 많은 사람이 드물지만, 시간을 제대로 사용하지 못하는 경우도 많습니다. 예를 들어 병원에서 진료 순서를 기다리는 경우를 생각해 봅시다. 우리는 시간이 빨리 가지 않는가 하여 시계를 자주 봅니다. 잡지를 읽거나 텔레비전을 보거나 사람들을 쳐다보기도 합니다. 왜 이런 귀중한 시간을 하나님을 만나는 데 사용하지 않습니까? 지난주에 어느 친구가 운전 중에 기도하기 시작하면서부터 운전 태도가 달라졌다고 말하는 것을 들었습니다. 전에는 교통 체증이 심할 때면 안절부절못하고 난폭운전을 했지만, 이제는 천천히 운전하는 시간 때문에 하나님께 감사하며, 바울이 권고한 "쉬지 않는 기도"(살전 5:17)를 처음으로 마음에 품고 산다고 고백했습니다.

기도 시간을 할애하는 것은 우선순위와 의지에 관련된 일입니다. 정

말로 기도를 원한다면, 기도에서 표현되는 관계를 갖기 위한 시간을 만들 것입니다. 더욱이 삶 가운데 있는 하나님의 현존에 마음을 집중함으로써 활동 때문에 분주한 일상생활 속에서 기도하라는 세미한 음성을 들을 것입니다.

기도를 조종하려는 욕구

더욱 깊고 참된 기도 생활의 두 번째 장애물은 그 결과를 조종하려는 욕구입니다. 기도할 때 우리는 상상할 수 없는 방법으로 우리를 알고 사랑하시는 하나님께 순종하고 자기를 포기하라는 부르심을 받습니다. 자기 포기는 매우 어려운 일입니다. 왜냐하면 우리는 기도에 대한 하나님의 응답 또는 심지어 기도의 경험 자체가 우리가 원하는 대로 될 것이라고 믿지 않기 때문입니다. 기독교인들은 하나님의 방식을 전적으로 믿는다고 주장합니다. 그러나 많은 교인은 하나님께 자신이 원하는 것뿐만 아니라 자신이 원하는 것이나 그것을 언제 어떤 방식으로 원하는지 정확히 말하려고 노력합니다. 기도할 때 우리는 하나님을 믿습니까, 자신의 이성적인 견해를 더 믿습니까? 어떤 사람은 우리가 요청하는 것을 받을 것이라고 기대할 때 하나님에 대한 큰 믿음을 나타낸다고 주장합니다. 이는 "구하는 이마다 받을 것이요"(마 7:8)라는 성경 구절 때문일 것입니다. 그러나 우리는 하나님의 말씀을 선택해서 듣는 경향이 있습니다. 우리는 기도의 특별한 소망과 갈망과 상관없이 하나님이 "구하는 자에게 좋은 것"(마 7:11)을 주시리라는 말씀을 듣지 못합니다. 우리가 기도하면서 이러한 좋은 것들을 구한다고 확신할 수 있습니까? 하나님은 "너희는 먼저 그의 나라와 그의 의를 구하라 그리하면 이 모든 것을 너희에게 더하시리라"(마 6:33)고 말씀하십니다. 우리는 기도할 때 하나님의 나라를 먼저 구합니까, 아니면 우리에게 필요한 것을 먼저 구합니까? 누가복음에서 예수님은 마르다가 많은 일로 염려하고 근심한다고

> 우리는 기도할 때마다 하나님을 어떤 상황 속에 제한시켜서는 안 된다. 또한 하나님을 시간이나 장소, 혹은 어떤 행동양식으로 규정해서도 안 된다.···우리는 자신을 위해서 어떤 것을 간구하기 전에 하나님의 뜻이 이루어지고, 그렇게 함으로써 우리가 하나님의 뜻에 순종하기를 원해야 할 것이다.
>
> — 장 칼뱅

말씀하십니다(눅 10:41). 우리의 기도가 예수님의 기도처럼 정직하게 하나님을 신뢰하는 것인지 의심이 들 때가 많습니다: "아버지여 나의 원대로 마시옵고 아버지의 원대로 하옵소서"(마 26:39); "뜻이 하늘에서 이루어진 것 같이 땅에서도 이루어지이다"(마 6:10).

마리아는 예수님의 탄생을 알려주는 천사에게 질문했었습니다. 요셉도 의심했습니다. 예수님이 하나님의 나라에 대해서 말씀하실 때 제자들도 여러 번 이해하지 못했습니다. 그러나 그들의 "예"라는 대답 때문에 오늘날 예수님을 믿는 믿음이 가능합니다. 우리도 기도할 때 "예"라고 대답합니까? 다시 말해서 우리를 향한 하나님의 긍휼과 사랑을 믿으며 하나님의 방법에 순종합니까? 기도한다는 것은 모험한다는 의미입니다. 우리는 듣기 원하는 것을 듣지 못할 수 있고, 아무것도 듣지 못할 수도 있습니다. 17세기 프랑스의 영성가인 코사드의 장 피에르Jean-Pierre de Caussade는 이렇게 기록했습니다:

"영성 생활에서 가장 중요하고 확실한 토대는 우리 자신을 하나님께 바치며 매사에 그분의 뜻에 따르는 것이다.…이러한 토대를 갖춘 후에 해야 할 일은 우리가 하나님이 하나님 되심을 기뻐하고 완전히 하나님 뜻에 맡기는 생활을 함으로써 우리의 행동 및 하나님께서 우리의 활동을 어떻게 사용하시는지에 무관심한 것이다. 우리의 주된 임무는 자신을 포기하는 것이다."[1]

기도의 결과를 조종하려는 것은 두려움과 걱정, 혹은 믿음의 부족에서 온 결과입니다. 이 과도한 통제 욕구는 복음의 메시지 및 그리스도의 제자로서의 삶의 태도에서 기인된 것이 아니라, 세상적인 가치나 깊은 심리적 욕구에 비롯됩니다.

자신에 대해 발견하게 될 것에 대한 두려움

기도에 있어서 세 번째 장애물을 어떤 친구의 경험으로 설명할 수 있을 것 같습니다. 몇 주 전 한 친구는 매일 한 시간씩 성경을 읽고 기도하기로 결심했습니다. 지난주에 만났을 때 그녀는 자기 경험을 나누고 싶어 했습니다. 그녀는 잠시 머뭇거리더니 지난 며칠 동안 매우 힘들었다고 털어놓았습니다. "한동안 잊어버렸다고 생각했던 일들이 다시 떠올랐어!"라고 말했습니다. "내 삶의 한 부분에 치유되었다고 생각했지만, 기억이 되살아나서 나를 괴롭히는 것이 있어. 그런 기분은 정말 싫어. 분노와 원한을 모두 버렸다고 생각했지만, 그것들이 여전히 내 안에 있는 거야. 그런 것을 느낄 때마다 나 자신이 싫어!" 나는 그 불쾌한 감정을 어떻게 처리했냐고 물었습니다. 그녀는 "지금은 많이 기도하는 것이 좋은 것 같지 않아. 시간이 좀 지난 뒤에 하루에 한 시간 기도하려는 계획을 다시 실천할 거야"라고 대답했습니다.

우리는 기도할 때 하나님뿐만 아니라 자신의 진상, 손상된 신분을 만나게 됩니다. 이것은 두려움이나 분노 같은 강한 감정을 포함하여 인간성의 가장 깊은 곳에 있는 모든 것과 동등하게 되신 예수님을 기억하게 해줄 것입니다. 자기 인성의 도전에 직면하셨을 때도 주님의 기도는 하나님과 친밀한 관계를 증언해줍니다. 기독교의 기도는 평정을 얻기 위한 처방이 아니며, 긴장을 해소하는 기법도 아닙니다. 살아계신 하나님을 만날 때에 삶의 표면적인 평화가 파괴될 수도 있습니다.

기도는 변화의 용광로에 비유됐습니다. 우리가 마음에 있는 것을 분명히 보고 그것을 하나님께 바치려 할 때 점차 하나님의 형상을 닮아간다는 것의 의미를 깨닫게 됩니다. 이 과정은 때로 고통스럽고 절망스럽습니다. 하나님이 우리를 사랑하고 찾으시며 우리가 기꺼이 응답하려 한다면, 왜 어렵겠습니까? 우리는 다시 피곤과 좌절과 실망 등 모든 인성을 취하시고 우리 가운데 오신 하나님이신 예수님을 의지합니다. 십

> 지금 당신이 있는 곳에서 시작하라. 지금 순종하라. 비록 겨자씨처럼 작은 것이라도 순종하라. 지금 있는 곳에서 시작하라. 지금 이 자리에서 하나님께 철저히 복종하며 살라.
> ― 토머스 R. 켈리

자가 위에서 주님의 완전한 순종은 이해가 아닌 순종입니다. 우리는 좌절, 불안, 낙심 등의 감정을 기도 안에 가져갈 수 있으며, 믿음으로 하나님의 응답을 기다립니다. 우리는 불안과 두려움을 정직하게 표현할 수 있으며, 하나님이 하시는 말씀을 들을 수 있습니다. 기도란 예수님과 함께 걸어가는 친구 관계처럼 두 사람 중 한 사람을 제한하는 인간의 조건을 겸허하게 수용하는 것입니다. 우리는 신실하게 이 여정을 계속하면서 마태복음의 맹인처럼 외칠 것입니다. "다윗의 자손이여 우리를 불쌍히 여기소서!"(마 9:27)

매일의 과제

둘째 주의 본문을 읽고 떠오르는 생각이나 질문, 기도, 심상 등을 영성일지에 기록하십시오. 다음의 인용문을 숙고해 보십시오.

> 기도를 배울 때는 실험실이 아닌 방이 필요하며, 도구가 아니라 우리 자신이 필요하다. 살아계신 하나님은 우리가 기도를 통해 들어갈 수 있는 능력의 장소이며, 돌이킬 수 없는 실패는 기도를 멈추고 다시 시작하지 않는 것이다.[2]

다음의 과제들은 당신의 삶에서 기도를 방해하는 것을 찾도록 하며, 하나님의 현존에 저항하는 모습을 주의 깊게볼 수 있게 해줄 것입니다.

과제 1

이사야 44장 6-11절을 읽으십시오. 우리 시대의 공통적인 우상은 무엇입니까? 당신과 싸우고 있거나 기도를 어렵게 하는 하나님 이미지(성난 부모, 멀리 계시는 창조주, 회계사, 재판관, 우주의 지배자, 남성 하나님 등)는 무엇입니까? 그 모습을 그려보십시오.

이제 당신을 하나님의 현존으로 인도해주며 기도를 돕는 하나님 이미지(목자, 사랑하는 부모님, 창조주, 빛 등)를 생각해 보십시오. 당신이 생각하는바 가장 진실된 하나님 이미지를 표현하는 상징을 그림으로 그리십시오.

몇 분 동안 우리가 생각하는 형상을 초월하시는 분이며 "보이지 아니하는 하나님의 형상"(골 1:15)이신 그리스도를 통해서 우리 가운데 실재하시는 하나님의 현존 안에 머무십시오. 영성일지에 당신의 경험을 기록하십시오.

과제 2

마태복음 26장 36-46절을 읽으십시오. 이 말씀은 예수님이 겟세마네 동산에서 기도하실 때 제자들이 한 시간도 주님과 함께 깨어있지 못했다는 기록입니다. 제자들이 예수님과 함께 깨어있는 것을 어렵게 한 원인이 무엇이라고 생각합니까? 금주에 살펴본 기도의 세 가지 장애물에 대해서 생각해 보십시오. 당신이 영적으로 깨어있는 것을 가장 힘들게 하는 것은 무엇입니까? 영성일지에 당신의 생각을 기록하십시오.

　최소 5분 동안 그리스도의 현존 안에 머물며, 깨어 그리스도와 함께 있도록 하십시오. 그 경험과 깨달음과 도전을 기록하십시오.

과제 3

시편 139편 1-18절을 읽으십시오. 하나님이 우리를 찾으시며 우리를 알고 계시다는 데 대한 당신의 느낌을 살펴보십시오. 당신이 소속되어 있는 곳(가족, 직장, 교회 등)을 방으로 생각하면서 당신의 삶을 집으로 설계해 보십시오. 주님을 초대해서 이 집을 함께 둘러본다고 상상하십시오. 방을 차례로 살펴보면서 하나님과 당신에 대한 느낌에 주목하십시오. 또 각 방을 둘러본 주님의 반응을 살펴보십시오. 당신의 삶과 하나님에 대한 느낌이 자연스럽게 기도로 이어졌는지, 아니면 마지못한 기도로 이어졌는지 영성일지에 기록하십시오.

　몇 분 동안 우리를 낱낱이 알고 계시는 하나님의 현존 앞에 삶을 개방하십시오. 이때의 경험을 영성일지에 기록하십시오.

과제 4

마가복음 9장 2-9절을 읽으십시오. 이 이야기에서 예수님은 제자들을 이끌고 따로 높은 산에 올라가셨고, 그곳에서 예수님과 제자들은 하나님의 능력으로 변화되는 경험을 합니다. 베드로는 이 경험을 이용

하고 보전하거나 유용한 것으로 삼겠다는 생각 때문에 방해받았습니다. 당신 안에서 하나님의 현존을 방해하는 것은 무엇입니까?

10분 정도 하나님의 현존에 머물면서 "이는 내 사랑하는 아들이니 너희는 그의 말을 들으라!"는 말씀에 집중하십시오. 당신의 경험을 영성일지에 기록하십시오.

과제 5

마태복음 11장 28절을 읽으십시오. 하나님의 말씀을 경청하는 데 모든 시간을 사용하십시오. 당신의 기도 시간을 하나님께 맡기십시오. 너무 힘을 들이지 마십시오. "수고하고 무거운 짐 진 자들아 다 내게로 오라. 내가 너희를 쉬게 하리라"는 예수님의 초청으로 시작할 수 있습니다. 주님 안에 쉬며, 무거운 짐을 하나님 앞에 내려놓으십시오. 침묵이 끝나면 당신의 깨달음, 감정, 통찰, 경이로움 등을 영성일지에 기록하십시오.

모임을 위하여 영성일지를 읽으십시오.

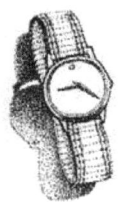

제3부, 제3주

청원과 중보기도

얼마 전 내 친구 사라가 집에 있을 때 그녀의 아버지가 심장마비로 쓰러졌습니다. 구급차가 와서 아버지를 가까운 병원으로 옮길 때까지 사라가 심폐소생술을 했습니다. 아버지의 병세가 호전되었고, 사라는 교인들에게 아버지의 생명을 구할 기회를 주신 하나님께 감사드린다고 간증했습니다. 그날 그녀는 하나님께서 자신을 인도하여 아버지를 살릴 수 있게 하셨다고 생각했습니다. 많은 교회 친구가 함께 모여 사라 자신이 "작은 기적"이라고 생각하는 이 일에 대해서 감사의 기도를 드렸습니다. 사라의 아버지는 곧 회복하여 퇴원하였습니다.

몇 달 후 사라는 나에게 전화를 걸어 그녀의 아버지가 뇌종양 진단을 받았다고 알려주었습니다. 그녀의 아버지에게 사물이 두 개로 보이는 등 여러 증상이 나타났다고 합니다. 담당 의사는 수술할 수 없다고 했습니다. 병세는 급격히 악화되었습니다. 몇 달 후 임종이 가까웠을 때 뼈만 남은 아버지는 보지도 듣지도 말하지도 못한 채 침상에 누워 죽기만 기다리고 있었습니다. 사라는 무척 괴로워했습니다. 아버지가 참을 수 없는 고통 때문에 비참하게 죽어가고 있는데, 사라는 이 비극의 책임이 자신에게 있다고 생각했습니다. "그때 차라리 돌아가셨으면 좋았을 것을…그랬다면 이런 고통을 당하시지 않았을 거야. 하나님은 왜 이런 일이 일어나게 하셨어?"라고 울면서 한탄했습니다. 나는 괴로워하는 친

제3부 기도: 그리스도의 마음

구를 위하여 무슨 말을 해야 할지 몰랐습니다. 단지 친구의 말을 듣고 그녀를 위해 기도할 뿐이었습니다.

이 이야기는 근본적이고 난해한 질문을 제기하며 우리의 심오한 감정을 혼란스럽게 합니다. 이 이야기에서 무슨 일이 일어났습니까? 하나님이 사라를 실망시키셨습니까? 아버지를 위기에서 구한 것이 잘못된 일이었습니까? 가족들과 친구들이 잘못된 기도를 드렸습니까?

청원기도와 중보기도가 우리를 혼란스럽게 할 수 있습니다. 우리의 기도가 응답받지 못한 것처럼 느껴질 때가 있고, 우리가 구하는 것이 가치 있는 것인지 의심스러울 때도 있습니다. 그리고 사라의 경우처럼 우리가 잘못된 것을 구했는지 혼란스러운 때도 있습니다. 만일 특정한 때에 어떤 사람에게 가장 좋은 것이 무엇인지 알 수 없다면, 무엇 때문에 구하며 기도해야 합니까? 수 세기 동안 이런 질문들이 종교계에서 끊임없는 토론과 논쟁의 주제가 되어 왔습니다. 이와 관련된 수많은 책이 출판되었으며, 기독교인들은 이에 대한 답을 추구하고 있습니다. 이러한 문제들에 대해 분명한 결론은 없지만, 그리스도는 우리를 사랑하시고 보살피시는 하나님께 그것을 알려 달라고 간청하라고 말씀하십니다. 이번 주에는 청원기도와 중보기도, 즉 우리 자신을 위한 기도와 다른 사람들을 위한 기도에 초점을 두어 살펴보겠습니다.

> 기도를 통해서 우리는 자신이 계획하지 않았지만 하나님이 우리와 함께 하려 하시는 일에 대해 자신을 개방하게 된다.
> — 에밀리 그리핀

청원기도

청원이란 "부탁하다, 간청하다"라는 뜻입니다. 청원은 하나님의 신비 앞에 서 있는 인간의 근본적인 태도입니다. 하나님을 경모할 때 하나님의 경이로움을 아는 것처럼, 청원기도를 할 때 우리가 하나님께 의존된 존재라는 것을 알게 됩니다. 우리는 상관적相關的인 하나님을 믿기 때문에 하나님이 우리와 인격적인 관계를 맺으려 하신다고 믿습니다. 이런 맥락에서 우리는 자신을 위해서 청원기도를 드립니다. 청원기도는 우리를 돌보시며 우리의 유익을 원하시는 하나님에 대한 믿음과 우리의 욕구를 연결해줍니다. 우리가 자신에게 가장 좋은 것을 안다고 생각하고서 자신의 지식에 대한 확신을 가지고 청원기도를 드릴 때 문제가 발생합니다. 우리는 청원기도가 하나님을 조종하는 수단이 아니라 우리의 궁핍함과 가난으로부터 하나님께 응답하는 것임을 잊고 우리에게 필요한 기쁨이나 치유나 선한 것을 위해 기도합니다. 인간은 하나님 뜻의 신비를 조종할 수 없습니다. 그럼에도 불구하고 우리는 자신의 요청에 대해 기대했던 응답을 받지 못했을 때 화를 내거나 절망합니다.

청원기도에 필요한 두 가지 요소를 제안하렵니다: (1) 인정할 수 있든지 없든지, 우리가 구하는 것에 대한 하나님의 응답이 가장 선하고 가장 깊은 사랑임을 믿는 것, (2) 믿음의 행위로 하나님의 뜻에 순종하면서 하나님으로부터 주어지는 것을 기꺼이 받는 것.

요청(asking): 하나님은 이미 우리에게 필요한 것을 알고 계시지만, 우리는 자기에게 필요한 것을 하나님께 제시합니다. "여호와여, 내 혀의 말을 알지 못하시는 것이 하나도 없으시니이다"(시 139:4). 시편 기자는 하나님의 전지全知하심을 알고 있었지만, 다음과 같이 외쳐 기도했습니다: "내가 여호와께 말하기를 주는 나의 하나님이시니 여호와여 나의 간구하는 소리에 귀를 기울이소서 하였나이다"; "여호와여 나는 가난하고 궁핍하오니 주의 귀를 기울여 내게 응답하소서"(시 86:1). 시편 기자처럼 우리는 자신의 궁핍함에 대한 정보를 제공하려고 기도하는 것이 아닙니다. 우리는 하나님을 의지하며 우리를 향한 하나님의 사랑을 믿기 때문에 기도합니다.

때로 우리의 기도는 우리에게 필요한 것을 분명히 알도록 도와줍니다. 우리의 기본적으로 필요한 것이 감정 치유나 관계 치유일 때 육체적인 치유가 필요하다고 생각할 수 있습니다. 우리는 특별한 결과를 기대하고 기도를 시작하는데, 시간이 흐르면서 우리의 기도가 하나님의 현

존 안에서 "걸러진다는" 것을 알 수 있을 것입니다. 성령께서 우리의 욕망을 정화하시면 기도에서 자기중심적이고 불안하고 지나친 면이 사라집니다. 이것은 하나님께서 우리의 의지를 재형성하여 하나님의 온전하신 뜻에 일치하게 만드시는 과정입니다. 예수님은 하나님이 주시는 좋은 선물들을 발견하려면 구하고 찾고 두드리라고 말씀하셨습니다(눅 11:9-10). 무엇보다도 하나님은 "구하는 자에게 성령을 주시기를"(눅 11:13 참조) 원하십니다. 성령은 하나님의 뜻을 분명히 분별하시기 때문에(롬 8:27), 우리가 추구하는 모든 것을 주시는 가장 좋은 선물입니다.

하나님이 이미 우리에게 가장 좋은 것 주기를 원하고 계시므로 청원기도는 하나님의 마음을 바꾸기 위해 드리는 기도가 아닙니다. 청원기도는 하나님께서 이미 우리에게 주려 하시지만 우리의 동의가 필요한 것과 우리의 갈망을 연합하는 것입니다. 우리는 하나님께 도움을 청할 때 언제나 우리 곁에, 그리고 우리 가운데 임하시는 하나님의 나라에 자신을 개방합니다. 우리는 주님이 가르쳐주신 기도를 드릴 때 물질적인 양식, 용서, 연약함 가운데에서의 강함, 혼돈 속에서의 지혜, 고통 속에서의 위로 등 많은 것을 구합니다. 우리는 생명을 주신 하나님께 우리의 영적, 육신적, 감정적인 생명을 달라고 간구합니다. 질병의 치유가 포함되든지 그렇지 않든지 우리는 깊은 차원의 치유를 구합니다. 무엇보다도 성령의 은혜, 그리고 하나님의 나라가 이루어지기를 구합니다(마 6:10).

받음(receiving): 우리가 하나님께 청원할 때, 우리는 모태에서 나를 만드신 분(시 139:13), 그리고 우리에 대해 우리 자신보다 더 잘 알고 계신 분에게 양보합니다: "내가 너를 모태에 짓기 전에 너를 알았다"(렘 1:5). 내 친구 사라는 아버지에게 가장 좋은 것이 무엇인지 알지 못했습니다. 그것을 알고 계시는 분은 하나님뿐입니다. 그녀는 아버지에게 심장마비가 왔을 때 "평안히" 돌아가시는 것이 더 좋았으리라 생각했습니다. 그러나 사람들은 그녀의 아버지가 하나님과 더 좋은 궁극적인 만남을 준비하기 위해서 시간이 더 필요했다고 말했습니다. 우리는 이 상황에서 하나님이 어떤 생각을 하셨을지 추측할 뿐입니다. 중요한 것은 하나님의 마음에 품고 있는 것을 우리가 믿을 수 있다는 것입니다.

청원기도와 중보기도를 할 때 우리는 시편 기자처럼 외쳐야 합니다. "나의 하나님이여, 내가 주의 뜻 행하기를 즐기오니 주의 법이 나의 심중에 있나이다"(시 40:8). 하나님의 응답을 받아들인다는 것은 하나님이 우리와 상관없이 결정하신 것에 대해 수동적이 된다는 뜻이 아닙니다. 오히려 우리가 자신을 하나님께 기꺼이 양도할 때 우리는 하나님의 계획에 능동적으로 참여하는 자, 즉 피조물에 대한 하나님의 계획에 전적으로 참여하는 자가 됩니다. 하나님의 뜻에 우리의 뜻을 일치시킴으로써 주님의 겟세마네 동산에서 드린 기도에 참여하게 됩니다. 주님은 하나님의 뜻을 받아들임으로써 하나님의 아들, 하나님이 사랑하시는 자, 하나님이 기뻐하시는 자의 모습을 성취하셨습니다(눅 3:22). 우리도 하나님의 뜻을 받아들임으로써 살아계신 하나님의 자녀로서의 정체성을 성취하게 됩니다.

중보기도

우리는 자신이 하나님의 자녀임을 믿기 때문에, 사람들을 위해 기도할 때 우리의 친교와 연대감을 표현합니다. 우리는 구약성경에서 이스라엘 백성에게 하나님과 맺은 언약에 충실하라고 일깨워주고 그들의 죄에 대해 중재한 아브라함, 모세, 예언자 등 위대한 중보자들을 만납니다. 고난받는 종은 중보기도의 성경적 모범을 보여줍니다. "그가 많은 사람의 죄를 담당하며 범죄자를 위하여 기도하였느니라"(사 53:12). 히브리서 기자는 예수님을 위대한 중보자, 대제사장, 새 언약의 중보자, 많은 사람의 죄를 짊어지시려고, 단번에 자기 몸을 제물로 드리신 분(히

> 누군가를 위해서 기도한다는 것은 그 사람의 욕구와 고통에 귀 기울일 수 있는 장소를 제공하는 것을 의미한다.
>
> — 헨리 나우웬

7:26; 9:15, 28)이라고 말합니다. 바울은 로마서에서 예수님의 중보적 역할을 우리의 소망으로 제시하는데, 그리스도는 정죄하는 분이 아니라 "죽으실 뿐 아니라 다시 살아나셨고, 하나님 우편에 계신 자요 우리를 위하여 간구하시는 자"(8:34)라고 표현합니다. 우리는 하나님만이 우리에게 좋은 것을 주실 수 있다고, 그리스도가 하나님 앞에서 우리의 진정한 중보자라고 주장합니다. 우리는 사람들을 위해 중보기도를 드릴 때, 유일하신 하나님의 자녀로서 우리 모두가 가난한 존재라는 사실을 표현하며, 우리의 욕구를 정화하여 하나님께 드리시는 그리스도의 마음과 우리의 의지를 연합합니다.

하나님은 이 세상에서 구속의 계획을 계속 수행하시며, 이러한 신비의 역사役事를 수행하실 때 신앙인들의 믿음을 사용하십니다. 우리의 기도가 영향을 미칠 수 있으며 영향을 미칩니다. 어느 작가의 표현처럼 우리의 기도는 "결정적인 역할을 하는 우주적인 사실"[1]입니다. 이 세상을 구원하고 변화시키려는 하나님의 뜻과 연합할 수 있는 엄청난 권위와 특권이 기도하는 우리에 큰 용기를 줄 것입니다.

무엇을 구할 것인가?

사라와 그녀의 친구들은 자기들이 드린 기도가 합당한 것이었는지 의심했습니다. 그들처럼 우리도 어떤 이에게 가장 좋은 것이 무엇인지 알지 못합니다. 그렇다면 청원기도와 중보기도를 할 때 무엇을 구해야 합니까?

앞에서 우리의 궁핍함을 도와주신다는 하나님의 약속을 믿기 때문에 우리가 기도한다고 말했습니다. 그렇다면 질문은 "우리에게 정말 필요한 것은 무엇인가?"입니다. 어떤 상황에서는 우리에게 필요한 것이 분명하므로 우리는 그것을 구체적으로 구하는 기도를 드립니다. 그러나 나는 분명한 욕구를 넘는 것, 청원기도와 중보기도에서 흔히 간과看過하

> 우리는 기도에 대해서 충분히 확신하지 못하고 있습니다. 우리가 조금 기도하면, 응답도 조금 받을 것입니다. 그러나 많이 기도하면 응답도 많이 받게 될 것입니다. 그리스도는 기도를 기초 삼아 행동하셨습니다. 우리는 자신을 중심에 두어서는 안 되며, 우리의 기도는 하나님 앞에서 세상 전체에 대한 책임의식을 나타내야 합니다
>
> — 도요히꼬 가가와

제3주 청원과 중보기도

는 공통적인 인간의 욕구, 즉 치유를 구할 때 필요한 세 가지 요소를 제시하려 합니다. 그것은 사랑과 용서와 평화에 대한 욕구입니다.

　우리는 하나님 앞에 설 때 자신이 얼마나 상처가 많은 존재인지, 즉 하나님의 사랑에 응답하기에는 우리가 죄 많고 부족한 존재임을 깨닫습니다. 우리는 예수님 시대의 죄인들이나 세리처럼 예수님의 말씀을 들으려고 다가갑니다. 어떤 사람은 우리가 예수님에게 가까이 갈 자격이 없으며 하나님의 사랑을 받을 만큼 선하지 않다고 말합니다. 이런 논쟁이 벌어졌을 때 예수님은 탕자의 비유로 대답하셨습니다(눅 15:11-32). 이 비유를 통해서 예수님은 우리가 아버지의 집으로 돌아올 때 우리가 진심으로 뉘우쳤기 때문이 아니라 무한하신 사랑 때문에 우리를 기꺼이 맞아주시는 하나님의 조건 없는 사랑을 계시하셨습니다. 우리는 기도할 때 이런 사랑에 마음을 열게 해달라고 구하고, 우리의 삶 속에 하나님의 자비를 청해야 합니다. 하나님이 가장 원하시는 것은 우리 개개인과 나누는 교제입니다. 이것이 예수님의 약속이었습니다. 즉 "사람이 나를 사랑하면 내 말을 지키리니 내 아버지께서 그를 사랑하실 것이요, 우리가 그에게 가서 거처를 그와 함께 하리라"(요 14:23). 이보다 더 친밀한 관계는 있을 수 없습니다. 우리가 자신과 이웃을 위해 하나님의 사랑을 받아들이는 은혜를 구하면 우리는 하나님을 사랑하며 자신을 영원한 사랑이신 하나님이 거처로 드릴 수 있을 것입니다.

　또 우리는 자신과 이웃의 용서, 그리고 그것을 받아들이는 은혜를 구해야 합니다. 우리는 과거에서 쉽게 벗어나지 못합니다. 하나님은 이미 잊어버리셨음에도 불구하고 우리는 죄와 죄책감에 매달려있습니다. 최근에 어떤 사람이 하나님은 우리의 죄를 호수에 던지시고 그곳에 "낚시 금지"라는 푯말을 세워두셨다고 말하는 것을 들은 적이 있습니다. 하나님의 용서를 받기 위해서, 그리고 완전하지 못한 자신을 용서하기 위해서 다른 사람을 용서하는 열린 마음이 필요합니다. 그래서 우리의 청원 기도에 용서를 구하는 것이 포함되며 우리에게 해를 끼친 사람들을 용

177

서하는 은혜를 구하는 것이 포함됩니다.

   마지막으로 우리는 기도할 때 평화를 구해야 합니다. 우리는 하나님께 우리의 삶이 이웃을 위한 평화의 선물이 되게 해 달라고 구할 수 있으며, 그 선물을 받는 사람을 위해 기도할 수 있습니다. 13세기 아씨시의 성자 프란치스코는 다음과 같은 아름다운 기도를 했습니다: "주님, 저를 당신의 도구로 써주소서. 미움이 있는 곳에 사랑을, 다툼이 있는 곳에 용서를 심게 해주소서." 우리가 이렇게 기도할 때 부활하신 그리스도의 변화시키시는 평화의 능력에 자신을 개방하게 됩니다. 부활하신 예수님은 두려워 떨고 있는 제자들에게 "너희에게 평강이 있을지어다"(요 20:19-21)라며 평강shalom의 은혜를 주셨습니다.

   기도는 개인적personal인 것이지 사사로운private 것이 아닙니다(두 단어는 거의 동일하게 번역되지만, personal이란 상호 인격적인 관계에 있는 개인을 의미하며, private는 타자와 엄격히 분리된 사적인 관계를 의미함, 역자 주). 우리는 항상 그리스도의 몸, 교회, 성도들의 공동체의 교제 안에서 기도합니다. 청원기도와 중보기도를 하면서 우리는 자신과 다른 사람에게 필요한 것을 구하지만 하나님이 가장 좋은 것을 알고 계시다고 믿습니다. 우리는 하나님을 조종하려고 기도하는 것이 아니라 우리의 궁핍함을 솔직하고 정직하게 말씀드립니다. 더욱이 우리는 어떤 것을 구할 때 그리스도를 성실히 따르는 자가 되기로 서원합니다. 우리는 하나님께 청원하고 하나님의 나라가 도래하기를 구할 때 그것이 실현되도록 최선을 다하겠다고 약속합니다.

   우리의 청원기도와 중보기도는 소리 없는 행동이 아니라, 에너지와 활동이 충만한 행동입니다. 우리는 구할 때 복종하며, 필요한 것과 바라는 것을 표현할 때 신뢰합니다. 이러한 기도에는 체념이 없습니다. 기도에는 오직 믿음, 개방, 그리고 우리가 간절히 구하는바 하나님의 나라의 도래를 위해 하나님의 사역에 동참하려는 헌신이 요구됩니다.

중보는 모든 차이점들을 가장 훌륭하게 다루는 중재자이며, 진실한 우정을 만들어가는 가장 훌륭한 촉진제이며, 나쁜 성격과 성냄과 교만의 치료제이자 예방제이며, 우리 자신의 마음 상태를 알 수 있게 해주는 가장 좋은 도구이다.

— 윌리엄 로

매일의 과제

다음의 과제를 시작하기 전에 교재의 "청원기도와 중보기도" 부분을 읽으십시오. 영성일지를 곁에 두고 자기 생각이나 질문, 기도, 깨달음 등을 기록하십시오. 다음의 인용문을 읽고 그 의미를 생각하면서 과제를 준비하십시오.

> 당신의 사랑, 하나님을 향한 마음, 소망, 목마름 등 모든 것은 하나님께서 당신을 채워주시기 위해서 당신의 내면에 창조하시는 것입니다.…
> [하나님은] 우리의 갈망 안에 계십니다.

이번 주의 과제는 당신의 갈망을 기도로 표현하고, 그것을 당신과 예수 그리스도 안에 있는 모든 사람을 위한 하나님의 크신 갈망과 결합하게 합니다.

과제 1
누가복음 11장 9-13절을 읽으십시오. 당신은 특별히 무엇을 위해 기도합니까? 영성일지에 당신이 구하는 것을 기록하십시오. 그리고 하나님의 응답에 대해 깨달은 것을 기록하십시오. "구하라, 찾으라, 두드리라"는 주님의 말씀이 당신의 경험과 어떤 관계가 있습니까?
10분 동안 호흡기도를 하십시오. 영성일지에 당신의 경험을 기록하십시오. 매일 기억이 날 때마다 호흡기도를 하십시오.

과제 2
요한복음 15장 7절을 읽으십시오. 이 말씀 중 약속의 조건("너희가 내 안에 거하고 내 말이 너희 안에 거하면…")에 주목하십시오. 당신은

하나님에게 어떤 것을 구할 때 고집스러운 태도("내가 원하는 것은 무엇이든지 계속 구하겠다")를 취합니까, 아니면 기꺼이 받아들이겠다는 태도("나는 내가 필요로 하는 것을 하나님께 구하지만, 하나님이 지혜와 사랑 가운데 주시는 것은 무엇이든지 기꺼이 순종하며 받아들이겠다")를 취합니까? 당신이 구하고 있는 것에 요한복음 15장 7절의 조건을 적용해 보십시오. 어떤 도전을 받았습니까? 당신의 기도는 어떤 모습으로 변화되고 있습니까?

10분 정도 호흡기도를 하십시오. 영성일지에 당신의 경험을 기록하십시오. 매일 호흡기도를 자주 하십시오.

과제 3

마태복음 6장 31-33절을 여러 번 읽으십시오. 하나님의 나라에 초점을 둔다는 것의 의미를 생각하기 위해서 영성일지에 원을 크게 그리십시오. 원주에 당신이 염려하고 있는 것들을 적으십시오. 이제 당신의 경우에 "먼저 하나님의 나라를 구하라"는 예수님의 말씀이 어떤 의미인지 구체적으로 생각하십시오. 먼저 구할 것이 무엇인지 확실해지면, 그것을 원의 중심에 적으십시오. 이 최우선의 것이 실현된다면, 당신의 삶이 어떻게 변화될 것인지 생각하십시오.

몇 분 동안 호흡기도를 하십시오. 먼저 구해야 할 것에 대한 당신의 생각과 호흡기도의 관계에 대해서 깨달은 바를 영성일지에 기록하십시오.

과제 4

골로새서 1장 9-12절을 읽으십시오. 형제들을 위한 바울의 포용력 있는 기도와 소망에 주목하십시오. 가족, 주일학교 학생, 직장 동료 등에게 기도문을 써서 보내십시오. 그들의 영적 행복을 향한 당신의 희망과 열정을 표현하기 위해서 당신 안에 있는 그리스도의 사랑을 발휘하십시오.

　몇 분 동안 호흡기도를 하십시오. 이때 당신이 기도문에 쓴 것처럼 그들을 향한 당신의 기도를 자연스럽게 반영할 수 있는지 살펴보십시오. "너희를 위하여 기도하기를 그치지 아니한다"라는 바울의 말을 기억하면서 종일 호흡기도를 계속하십시오.

과제 5

에베소서 6장 18-20절을 읽으십시오. "항상 성령 안에서 기도하라"는 말씀은 중보기도의 자발성과 계획성을 암시합니다. 호흡기도를 할 때 당신의 의식 안에 자동으로 등장하는 사람들과 상황에 주목하십시오. 그리스도의 사랑으로 그들을 기도 안에 맞아들이십시오. 특히 역사하시는 성령을 믿으면서 사랑으로 그것들을 하나님께 드리십시오. 원수, 까다로운 사람, 기대하지 않은 옛사람들의 얼굴이 나타나더라도 그것들을 향해서 마음을 여십시오. 성령께서 당신의 기도를 오늘 하나님의 사랑이 이 사람들의 마음을 감동시키는 수단으로 쓰실 것을 믿으십시오.

　"깨어 구하기를 항상 힘쓰며 여러 성도를 위하여 구하십시오." 매일 기도할 수 없으면, 규칙적으로 기도해야 할 사람들의 목록을 작성하십시오. 특별히 책임감을 느끼거나 관심이 필요한 사람들을 목록에 별도로 추가하십시오. 기도할 대상이 많으면, 일곱 부분으로 나누어서 매일 돌아가며 기도하십시오. 오늘 당장 시작하십시오. 몇 분이라도 시간을 내어 이 사람들을 위해서 기도하십시오.

　하나님의 사랑이 이끄는 대로 호흡기도를 하십시오. 이 기도를 날마다 자주 해야 한다는 사실을 잊지 마시기를 바랍니다.

그룹 모임에 대비해서 한 주 동안 기록한 영성일지의 내용을 살펴보십시오.

제3부, 제4주

전인적인 기도

결혼한 지 15년이 되는 부부가 있었습니다. 그들은 교회에서 몇 달 동안 청년 사역자로 봉사해 왔습니다. 최근에 담임목사가 그들을 기도의 중요성에 대한 특별 강의에 초대했습니다. 강의에서 크게 감동을 받은 이 부부는 몇 명의 친구들이 참석하고 있는 기도 모임에 참석하기로 결심했습니다.

모임이 있던 첫날 밤 남편은 매우 흥분했습니다. 그는 새로운 사람들을 만나서 자기 기도 생활에 관해서 이야기하는 것을 기대했습니다. 반면에 아내는 기도 모임에 참석하기로 한 것이 잘한 일인지 생각하게 되었습니다.

이 기도 모임은 어느 회원의 가정에서 정기적으로 모였습니다. 모임에 참석한 사람들은 이 부부를 환대했습니다. 간단하게 자기소개를 마친 후 찬송을 부르고 성경 한 구절을 읽었습니다. 그때 누군가가 이 말씀을 주신 하나님께 감사와 찬양을 드리기 시작했고, 곧 다른 사람들도 합류하여 감사와 찬송을 드렸습니다. 잠시 침묵이 흐른 뒤 한 사람이 지난해에 예수님을 영접한 후 자신의 삶이 어떻게 변화되었는지 간증했습니다. 그의 감동적인 이야기 뒤에 하나님의 선하심과 자비하심에 대한 감사와 찬양이 이어졌습니다. 곧이어 인도자가 참석자들에게 간단한 청원기도 시간을 주었습니다. 기도 시간이 끝나고, 집주인이 준비한 다과

를 들면서 자유롭게 모임에 관한 의견을 나누었습니다. 남편은 이러한 분위기의 모임을 매우 좋아했습니다. 그러나 아내는 지치고 당황한 나머지 집으로 돌아갈 시간만 기다렸습니다. 돌아오는 차 안에서 남편의 말을 들으면서 아내는 자신이 남편보다 신앙심이 부족하고 경건하지 못하다는 생각 때문에 착잡해졌습니다. 남편은 아내의 이러한 생각을 인정하면서, 편안하게 기도 모임에 참석할 수 있을 때까지 인내하라고 격려했습니다. 그러나 이 부부는 이 문제의 본질을 이해하지 못한 채 혼란스럽고 우울한 기분으로 돌아왔습니다.

이런 일이 우리의 회중 모임에서 흔히 일어납니다. 동일한 자극과 경험에 대해 사람마다 각기 다르게 반응합니다. 우리는 한편이 옳으면 다른 편은 틀렸다고 생각하거나, 한편이 다른 편보다 더 우수하다고 생각합니다. 위의 경우에 아내는 자신이 남편보다 "기도에 대해 마음을 열지 못했다"라고 느꼈습니다. 즉 남편이 자신보다 기도를 더 잘 받아들였다고 생각했습니다. 그러나 정반대일 수도 있습니다. 아내의 입장에서 볼 때 이 모임에는 조용히 묵상할 수 있는 시간이 일 분도 없었으며, 그래서 기도가 너무 감정적이고 피상적이었다고 할 수 있습니다. 아내는 자발적인 기도 모임에 어울리려고 노력해야 합니까? 기독교인들이 하나님께 획일적으로 응답해야 합니까?

우리는 때때로 자신이 사랑하고 존경하는 사람처럼 기도하지 못한다는 이유로 낙심합니다. 그러나 영적 저자들과 지도자들은 사람들을 하나의 틀에 부어서 같은 모습으로 주조鑄造하는 것에 대해 경고했습니다. 위대한 성인들과 신비주의자들도 어떤 사람의 영적인 길을 모범으로 제시하면서 모두가 그 길을 따라야 한다고 강요하는 것에 대해 우려합니다. 현대의 영적 지도자 어번 홈즈Urban T. Holmes는 『기독교 영성의 역사』A History of Christian Spirituality에서 기독교인들의 영적 경험의 다양성과 풍부함을 간략하게 개괄합니다. 여기에서 그는 기독교의 영성을 수평과 수직의 두 선으로 교차하는 것으로 설명하는데, 이 도표는 기독교

영성의 형태를 표현하고 있습니다. 몇몇 저자들은 홈즈의 영성 좌표를 자신의 영성 유형을 확인하는 데 사용합니다. 코린 웨어Corinne Ware는 『당신의 영성 유형을 발견하라』*Discover Your Spiritual Type*에서 개인과 회중 공동체가 선호하는 영성의 유형을 탐구하는 도구로서 "영성 바퀴 선별기"Spirituality Wheel Selector를 계발했습니다.

금주에는 이 자료를 근거로 두 개의 좌표를 이용함으로써 네 가지 유형의 영성에 대해 생각하겠습니다. 이 영성 유형에 관한 공부가 앞에서 언급한 부부를 이해하는 데 도움이 될 것으로 기대됩니다.

수평 좌표의 영역: 신비/계시

기독교인들은 모든 것을 초월하시는 하나님이 형언할 수 없고 이해할 수 없는 분임을 믿습니다. 이사야서에서 하나님은 "내 생각이 너희의 생각과 다르며 내 길은 너희의 길과 달라서 하늘이 땅보다 높음 같이 내 길은 너희의 길보다 높으며 내 생각은 너희 생각보다 높으니라"(사 55:8-9)고 말씀하십니다. 또 우리는 모든 피조물이 하나님을 아는 방법을 제공한다고 믿습니다. 그래서 바울은 "창세로부터 그의 보이지 아니하는 것들 곧 그의 영원하신 능력과 신성이 그가 만드신 만물에 분명히 보여 알려졌나니 그러므로 그들이 핑계하지 못할지니라"(롬 1:20)고 기록합니다.

얼핏 보기에 두 성경 말씀은 모순이 되는 것 같지만 기독교의 하나님의 신비를 반영하고 있습니다. 즉 하나님은 우리와 함께하시는 임마누엘의 하나님이시지만 전적 타자他者; the Other이십니다. 기독교 전통에서는 하나님에 대해서와 하나님과 관련하여 말하는 두 가지 방법, 즉 신비의 방법과 계시의 방법을 생각해왔습니다.

신비의 방법은 하나님과 피조물의 부동성不同性을 강조합니다. 이 부동성은 그리스도의 사랑을 본받음에 있어서 겸손한 추구와 자기-비움을 요구합니다. 이 신비의 방법은 일종의 기도 방식으로서 탐구자들에게 "인식되고 이해되는 것을 버리고…존재와 지식을 초월하시는 분과 합일을 이루도록…노력"[1]할 것을 권고합니다. 이것은 이성, 감각, 이미지, 상징 등을 의존하지 않는 기도로 전환됩니다. 이것은 어느 저자가 기독교 전통에 대하여 표현한바 "청빈한 삶을 사는 사람들과 개념과 심상들을 초월하여 그리스도 안에서 하나님과 합일을 이루는 숨겨진 지식으로 인도되기를 갈망하는 사람들을 통하여 나타나는 적나라한 믿음 naked faith의 기도"입니다.[2]

이와 반대로, 계시의 방법은 하나님과 피조물 사이의 "닮음"을 강조하며, 예수님의 인성으로 나타난 하나님의 성육신을 강조합니다. 계시의 방법에서 기도 형태는 계시되고 알 수 있는 하나님과 관계를 맺기 위한 수단으로 피조물, 이성, 상상력, 감정 등을 이용합니다. 13세기 아씨시의 성자 프란치스코가 이러한 영성을 대표합니다. 프란치스코는 하나님이 지으신 피조물에 대해서 경외심을 가졌으며, 피조물과의 교제를 하나님과 만남으로 생각했습니다. 프란치스코에게 있어서 모든 피조물은 하나님의 현존을 나타내는 것이었습니다. 프란치스코는 모든 피조물, 즉 태양, 땅, 달, 별, 불, 자기 육신의 질병, 눈이 먼 것, 심지어 "자매 죽음" 안에서 현존하시는 하나님을 보았습니다. 그는 "태양의 찬가"The Canticle of Creatures라는 시에서 모든 피조물을 형제자매의 관계로 표현했습니다.

신비의 방법과 계시의 방법은 상충되는 것이 아닙니다. 이 둘은 상호보완적이며, 기도라는 스펙트럼의 양 끝에 놓을 수 있습니다. 하나님의 계시는 하나님의 신비 및 숨겨진 것과 연결되어 있으므로 이 두 방법은 서로 연결되어 있습니다. 또 어느 방법이 더 바람직하다고 할 수도 없습니다. 신비는 무엇으로도 하나님의 실재를 완전히 이해하고 파악할 수 없으므로, "무"無를 통해서 하나님께 나아가는 것이 바람직함을 강조합니다. 계시는 모든 피조물이 하나님의 성성聖性을 나타낸다고 보기 때문

에, 만물을 통해서 하나님께 나아갈 수 있다고 봅니다. 신비의 방법에서 기도는 감각적이고 정신적인 의식을 초월하여 하나님과 합일을 직접 체험하는 것을 목표로 삼습니다. 계시의 방법에서 기도는 모든 피조물이 거룩한 생명을 나타내며, 그러므로 하나님과 합일을 이루도록 인도하기 때문에 피조물 안에서 하나님을 찾습니다. 이 두 방법 모두 성경적 영성에 근거하고 있으며, 기독교 영성을 추구하는 데 합당한 방법입니다.

앞에서 언급한 부부는 어떤 영역에 속해 있습니까? 남편은 기도 모임에서 나눈 신앙 간증을 통해서 하나님을 쉽게 발견할 수 있었습니다. 그러나 그 모임에 다소 침묵의 시간이 있었다면 아내가 훨씬 편안함을 느꼈을 것입니다. 아내는 침묵 시간을 통해서 하나님의 임재 안으로 들어가는 것을 더 좋아했을 것입니다. 그렇다면 두 사람 중 누가 더 우수합니까?

수직 좌표의 영역: 정신/마음

어번 홈즈가 제시한 두 번째 영역은 정신mind/ 마음heart의 영역입니다.[3] 하나님을 알려는 갈망 때문에 어떤 사람들은 정신mind의 조명照明: illumination을 구하고 어떤 사람들은 마음heart의 조명을 구합니다. 전자는 하나님과 이성적이고 지적인 관계를 맺습니다. 이런 사람들은 선, 사랑, 진리 등과 같은 생각의 범주를 통해서 하나님을 알게 됩니다. 그러나 후자는 정감情感; affection 혹은 느낌feeling으로써 하나님과 관계를 추구합니다. 오늘날 교회에서 정신을 선호하는 것과 마음을 선호하는 것 사이의 긴장을 찾아볼 수 있습니다. 당신의 교회에 훌륭한 내용의 설교, 또는 성경 공부 그룹을 구성해야 한다고 주장하는 사람들이 있습니까? 아니면 설교보다 성도들의 교제나 영감 있는 찬양이 더 중요하다고 주장하는 사람이 있습니까? 그렇다면 어느 편이 옳습니까? 우리는 교회가 성장하는 데 이 두 가지 모두 필요하다는 것을 압니다. 우리는 언제

> 하나님을 안다는 것은 우리의 존재의 근저인 참 자아Self를 아는 것이다. 그러므로 기도는 강력한 인간적 체험이다. 그 안에서 우리의 눈이 열려 자신의 진정한 본성을 분명하게 볼 수 있다.
>
> — 케네스 리치

제3부 기도: 그리스도의 마음

나 평형 저울 양 끝에 놓인 두 종류의 사람들을 만나게 될 것이므로, 이 두 가지를 경쟁적이고 상반된 것으로 보지 않고 하나의 완전한 실체를 이루는 필수 요소로 보아야 합니다. 나는 목회하면서 이 두 가지 입장 때문에 야기된 긴장을 해결하는 데 많은 시간을 보냈습니다. 어떤 사람들은 하나님에 대한 지적인 통찰을 갖거나 하나님의 뜻을 깨닫는 것이 신앙의 중심 요소라고 주장합니다. 또 어떤 사람들은 하나님의 현존과 사랑의 돌보심을 느끼는 것이 종교 체험의 핵심이라고 주장합니다. 어느 편이 더 바람직합니까?

이 장의 처음에서 제시한 부부의 경우에 남편의 개성은 마음 지향적 heart-centered이고, 아내는 정신 지향적mind-centered이라고 할 수 있습니다. 아내는 그 모임의 성격이 매우 감정적이었기 때문에 불편을 느낀 것입니다.

자신이 선호하는 것을 이해함으로써 각 사람이 하나님의 형상을 반영하는 다양한 방법을 인정하고 존중할 수 있습니다. 이 이해는 다양한 기도 방법이 있다는 것을 암시합니다. 어떤 사람에게 유익한 기도 방법이 다른 사람에게는 방해가 될 수 있습니다. 사람들을 하나의 틀에 부어 주조鑄造하지 않도록 조심해야 합니다. 내가 유익한 어떤 영성훈련이나 기도 방법이 다른 사람에게도 도움이 될 것으로 생각해서는 안 됩니다. 우리는 기도하면서 하나님의 주도하심에 응답함에 따라 존중되어야 하는 바 각 사람이 독특한 개성과 기호를 가지고 피조된 하나님의 형상임을 기억해야 합니다. 사도 바울은 초대 교인들에게 "우리가 한 몸에 많은 지체를 가졌으나 모든 지체가 같은 기능을 가진 것이 아니니 이와 같이 우리 많은 사람이 그리스도 안에서 한 몸이 되어…우리에게 주신 은혜대로 받은 은사가 각각 다르니"(롬 12:4-6)라고 말했습니다.

각 사람이 받은 은사가 다르며 몸의 지체로서 다른 역할을 감당한다면, 각기 다른 방법으로 하나님과 관계를 맺는 것이 합당하지 않습니까?

> 나는 우리의 기도 안에 들어있는 모든 감정들을 믿는다.…기도는 단순히 말하는 것이 아니라, 복잡한 감정과 갈망을 지닌 우리의 모습을 나타내준다.
>
> — 티모시 존스

영성의 네 가지 유형

이 두 영역이 나타내는 선들이 교차할 때 홈즈가 영성의 네 가지 유형이라고 말한 사분면四分面이 나타납니다. 다음의 도형은 코린 웨어가 영성의 유형에 대한 홈즈의 이해를 상술한 것입니다.[4]

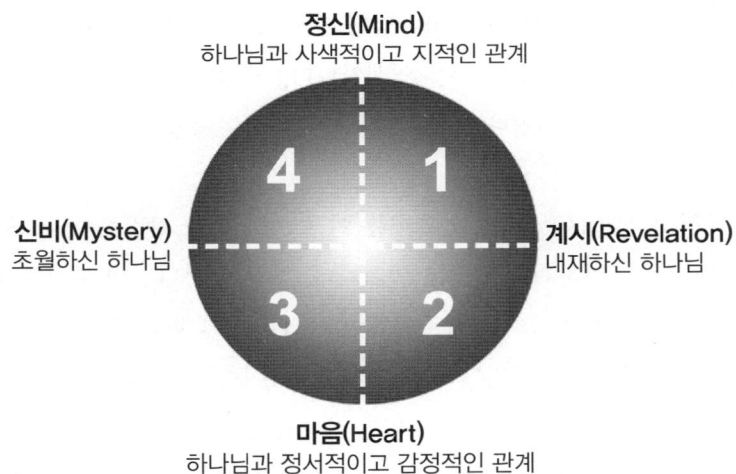

유형 1: 계시/정신. 이 유형의 영성은 성육신, 하나님의 사랑, 윤리적 이슈 등의 개념을 신학적으로 성찰합니다. 이 유형에 속하는 사람들은 성경 공부 모임 등 자기들의 신앙에 대한 이해를 깊이 있게 해주는 구체적인 방법을 좋아합니다. 이 유형의 은사는 기독교 신앙의 내용을 신학적으로 성찰하는 것입니다. 그러나 홈즈가 말한바 "이성주의", 혹은 영성 생활의 과도한 지식화라는 위험이 있습니다.

유형 2: 계시/마음. 이 유형에 속한 사람들은 감정적이고 카리스마적인 영성을 선호합니다. 이들은 하나님께 나아갈 때 이성적인 지성mind이 아니라 마음의 경험에 의존합니다. 이 유형의 은사는 신앙의 표현으

로 따뜻한 태도, 열광, 에너지 등을 포함합니다. 이 유형의 위험은 자기 경험에 가치를 둠으로써 신학적 성찰을 무의미한 것으로 생각하는 것입니다.

유형 3: 신비/마음. 코린 웨어는 이 유형의 영성이 가장 신비적이라고 말합니다. 이 유형에 속한 사람들은 하나님과 합일을 갈망합니다. 이 유형의 은사는 사람들에게 하나님께 전적으로 자신을 개방하라고 요구하는 영감적이고 희망을 주는 영성입니다. 이 유형의 영성의 위험은 지나치게 소극적이 되거나 현실로부터 도피하려는 것입니다.

유형 4: 신비/정신. 코린 웨어는 이 유형에 속한 사람들이 극소수이기 때문에 설명하기 어렵다고 말합니다. 이들은 하나님의 통치를 증언하려는 갈망에 있어서 이상주의적이고 과격한 경향을 나타냅니다. 이들은 사회를 변화시키려는 열망을 가지고 있습니다.[5] 이들은 기도와 신학과 행동이 하나라고 생각합니다. 지적인 공상가들이며, 그들의 은사는 자신들의 이상적인 비전과 그 비전을 성취하기 위한 전적인 헌신입니다. 그들이 빠지는 유혹은 지나치게 도덕적인 비전입니다. 이 유형에 속한 자들은 자기들과 같은 마음으로 지신들의 "주장"에 동조하지 않는 사람들을 축출합니다.

우리가 자신의 영적 유형을 확인하는 것은 자신을 특정 범주에 집어넣기 위한 것이 아닙니다. 웨어는 홈즈의 이론을 연구한 뒤에 다음과 같은 결론을 내렸습니다: "우리가 어떤 유형에 속해 있는지 알게 되면, (1) 현재의 은사를 이해하고 강화함으로써, (2) 반대편 사분면의 영성을 계발시킴으로써, (3) 자신에게 강점이 되는 영성의 형태가 사분면 중 어디에 있는지 이해함으로써"[6] 성장 기회를 가질 수 있습니다. 영적 여정을 정형화하거나 극단적으로 단순화하는 것을 피해야 합니다. 어떤 자

尺나 도식圖式으로도 하나님의 신비, 그리고 하나님의 주도권에 대한 인간의 반응의 신비를 바르게 설명할 수 없습니다. 예수 그리스도의 하나님은 우리의 능력으로 설명하거나 조종하거나 소유하거나 정의할 수 없는 분입니다. 역설적으로 말하자면, 그리스도 안에서 하나님의 타자성 Otherness이 피조물과 연합했습니다. 독일 신학자 칼 라너Karl Rahner는 이 사실을 다음과 같이 표현했습니다.

> 주님, 당신의 말씀을 나의 왜소함에 맞추셔야 합니다. 그리하면 그 말씀이 나의 작고 유한한 집 안에 들어올 수 있습니다.…주님의 말씀을 인간의 말로 만드셔야 합니다. 왜냐하면 그것만이 내가 이해할 수 있는 유일한 방법이기 때문입니다.…무한하신 하나님, 당신은 실제로 나에게 그런 말로 말씀하려 하셨습니다.…당신은 인간의 언어로 나에게 오셨습니다. 왜냐하면 무한하신 당신은 우리 주 예수 그리스도의 하나님이시기 때문입니다.7)

이 성육신의 신앙은 우리가 자신의 인간성을 이해하고 하나님이 우리에게 계시하려 하시는 다양한 방법을 찾게 해줍니다.

복음서에 묘사된 예수님을 볼 때, 우리는 주님이 삶의 다양한 시기에 각기 다른 방법으로 기도하셨음을 알 수 있습니다. 주님은 자기 뜻을 하나님의 뜻에 일치시키기 위해서 모든 것을 비우셨습니다. 주님은 모든 사물과 사람, 즉 아이들, 들의 백합화, 가난한 과부의 관대한 행위, 백부장의 믿음 등 안에서 하나님의 현존을 보셨습니다. 예수님은 성경을 잘 아셨고, 제자들을 가르치는 데 성경을 적극적으로 사용하셨습니다. 그러나 예수님은 나사로가 죽었을 때 우셨고, 예루살렘을 보며 눈물을 흘리셨습니다. 예수님은 제자들에게서 떨어져서 홀로 기도하셨고, 그들에게 기도하라고 권하셨습니다. 주님의 가장 큰 기쁨은 성부와 하나가 되는 것이었고, 우리가 하나가 되기를 원하셨습니다. "아버지께서 내 안에, 내가 아버지 안에 있는 것 같이 그들이 다 하나가 되어 우리 안에 있게 하사"(요 17:21).

> 성령의 숨결 속에서 호흡하라. 자유를 누려라. 단순해지도록 하라. 기도는 완벽하게 하나님과 자연스러운 하나님과 관계이며, 하나님이 먼저 나를 사랑하셨고, 나는 사랑의 하나님을 사랑하려는 자이다.
> ─ 케터린 훅 도허티

우리는 "주의 영이 계신 곳에는 자유가 있다"(고후 3:17)고 믿습니다. 예수님은 이러한 자유 안에서 사셨습니다. 복음서 기자들은 각기 독자적인 방법으로 예수님에 대해 표현하였으며, 예수님이 하나님의 다양한 측면들을 계시하시는 방법을 알게 해줍니다. 신약성경은 이처럼 하나님의 다양한 모습을 보여줌으로써 정의定義를 초월하시지만, 영적 동반자로서 우리와 함께 걷기로 하신 하나님의 신비 안에 들어가게 해줍니다.

부활하신 예수님이 우리에게 주신 은혜는 샬롬—평강, 조화調和, 통일, 하나님의 안에서 통합(요 20:19)—입니다. 통합unity은 획일성이 아니라 다양성 안에서 하나됨을 의미합니다. 삼위 안에 다양성이 있습니다. 예수님 안에 다양성이 있습니다. 복음서 기자들에게도 다양성이 있습니다. 오순절 때 다양한 방언이 있었지만, 성령의 은사는 이러한 다양성 안에서 일치를 이루었습니다. "몸은 한 지체만 아니요 여럿이니"(고전 12:14). 기도의 유형도 다양하고, 사람들이 자기 삶에서 하나님의 현존 앞에 서 있는 모습도 다양합니다. 우리는 자기 영성의 유형을 잘 이해함으로써 각자 다른 접근 방법을 이해하고 존중해야 합니다.

앞의 예에서 아내는 남편이 그런 기도 모임을 좋아하는 이유를 이해하지 못할 수 있습니다. 남편은 아내가 기도 모임의 훌륭한 경험을 누리지 못하는 이유를 이해하지 못하고 있습니다. 그들이 영적으로 성장해 가면서 서로의 차이점과 그리스도의 몸을 이루는 지체들에게 다양한 은사가 있음을 인정하게 될 것입니다.

매일의 과제

이번 주의 본문을 읽으십시오. 의문이 생기거나 깨달은 내용을 영성 일지에 기록하십시오. 다음의 인용문을 깊이 생각하면서 매일의 과제를 시작하십시오.

당신의 능력 이상으로 기도하려 하지 말고 능력만큼만 기도하라.[8]

과제 1-4를 다루면서 이번 주에 논의한 영성의 네 가지 유형을 경험하게 될 것입니다. 이 유형들의 특징을 각기 머리(계시/정신), 마음(계시/마음), 신비(신비/마음), 행동(신비/정신)이라고 묘사할 수 있습니다.

과제 1: "머리" 영성
요한복음 3장 16절을 읽으십시오. 이 구절의 의미를 생각하고, 이 구절이 당신에게 주는 의미를 한두 문장으로 표현하십시오. 그다음에 기도문을 쓰십시오. 당신의 생각을 쓰되, 하나님이 당신을 위해서 하신 일, 그리고 하나님이 주신 것이 당신에게 필요한 이유를 기록하십시오.

과제 2: "마음" 영성
요한복음 3장 16절을 읽으십시오. 당신이 사랑하는 사람의 이름과 사랑하기 어려운 사람의 이름을 기록하십시오. 이 구절을 그들 하나하나를 향한 하나님 사랑의 표현으로 여겨 그들의 이름을 붙여 천천히 읽으십시오. "하나님이 _____를 이처럼 사랑하사 독생자를 주셨으니, 이는 그를 믿는 자마다 멸망하지 않고 영생을 얻게 하려 하심이라." 당신의 이름을 넣어서 읽어보십시오. 잠시 멈춘 후 각 사람을 위해서, 그리고 그 사람을 사랑하기 위해 당신에게 필요한 것을 위해 기도하십시오. 그 사람을 향한 하나님의 사랑이 확신될 때 당신의 내면에 어떤 변화가 오는지 주목하십시오. 목록에 기록된 사람들에게 하나님의 사랑과 당신의 사랑을 어떻게 표현할 것인지 결정하십시오. 당신의 경험을 영성일지에 기록하십시오.

과제 3: "신비" 영성

요한복음 3장 16절을 읽으십시오. 하나님께 초점을 두는 방법으로서 기도하는 마음으로 이 구절을 반복하여 읽으십시오. 우리를 구원하기 위해서 자신을 주신 예수 그리스도의 사랑의 모습에 당신의 영혼을 개방하십시오. 세상을 향한 하나님의 무한하신 사랑, 우리 안에 있으며 우리를 통하여 흐르는 사랑의 흐름에 자신을 맡기십시오. 어떤 상황이나 사람의 얼굴이 떠오르면, 그들을 하나님의 무한한 사랑의 강에 데려가서 씻게 해주십시오. 마지막으로 하나님의 사랑에 자신을 개방하는 방법으로 요한복음 3장 16절의 한 부분을 일상생활에서 행동으로 옮기십시오. 당신의 경험을 영성일지에 기록하십시오.

과제 4: "행위" 영성

요한복음 3장 16절을 읽으십시오. 오늘은 본문에 묘사된 사랑을 이해하고 느끼고 관상하려 하지 마십시오. 오늘 하루가 하나님의 희생적인 사랑을 나타내는 살아있는 기도가 되게 하십시오. 가능하다면 집이나 직장 주변 또는 동네를 산책하십시오. 만나는 모든 사람과 사물을 "하나님이 세상을 이처럼 사랑하사…"라는 말로 축복하십시오. 하나님의 사랑이 필요한 곳은 어디입니까? 그 상황에서 예수님이 어떻게 행동하셨을지 생각해 보고, 하나님의 사랑을 행동으로 나타내는 방법을 생각해 보십시오. 당신의 경험을 영성일지에 기록하십시오.

과제 5

데살로니가전서 5장 16-19절을 읽으십시오. 기도하는 마음으로 사는 것의 의미를 잠시 묵상하십시오. 하나님의 면전에 서서 하나님의 사랑 안에 거하는 훈련을 하십시오. 당신에게 도움이 되며 가장 적절한 방법으로 하십시오. 마지막으로 다음의 질문에 대해서 생각하고, 그 내용을 영성일지에 기록하십시오: (1) 최근에 나는 하나님의 임재를 어떻게 경험했으며, 하나님 앞에 선 나의 모습은 어떠했는가? (2) 하나님과 관계를 맺고 기도하는 어떤 방법을 발견했는가? (3) 나의 기도에 도움이 되는 것은 무엇이며, 어떤 도움을 받았는가?

그룹 모임을 위해서 이번 주에 기록한 영성일지를 살펴보십시오.

제3부, 제5주

시편, 성경의 기도서

당신이 자주 느끼는 감정은 어떤 것입니까? 감사, 경탄, 기쁨, 싫증, 분노, 절망입니까? 증오나 분노의 감정 때문에 부끄러움을 느낀 적이 있습니까? 그런 감정을 느꼈을 때 어떻게 행동합니까? 그런 감정을 어떻게 표현하며, 당신의 신앙과 관련해서 어떻게 느낍니까?

우리가 느끼는 모든 감정이 시편에 표현되어 있습니다. 시편, 즉 150편에 달하는 이스라엘 민족의 기도서는 악기에 맞추어 노래하게 되어 있습니다. 시편은 기도하는 유대인들의 시요 음악으로서 히브리 영성에 깊이 뿌리를 내리고 있습니다.

이스라엘의 하나님은 피조 세계에 관심이 있습니다. 히브리 성경은 역사에 개입하시며 역사의 주인이신 하나님, 사람들과 교제하시며 사람들을 따라다니시는 하나님에 대해서 말합니다. 히브리인들의 하나님은 인간사에 깊이 관여하십니다. 하나님은 아브라함에게 나타나셨고, 그에게 언약을 주셨습니다(창 17:1-2). 하나님은 라헬의 기도를 들으시고 그녀의 태를 열어 주셨습니다(창 30:22). 하나님은 백성들의 외침을 들으셨으며 그들을 애굽에서 구해 주실 것이라고 모세에게 말씀하셨습니다(출 3:7-8). 이스라엘의 하나님은 뜻을 바꾸실 수도 있습니다. 하나님은 소돔과 고모라를 멸망시키겠다고 위협하시지만, 아브라함은 의인 열 명이 있으면 소돔을 구해달라고 설득합니다(창 18:22-23).

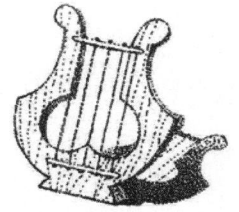

제3부 기도: 그리스도의 마음

이스라엘의 하나님은 백성들과의 친밀한 관계를 원하십니다. 이스라엘 백성이 우상을 숭배했음에도 불구하고 하나님은 그들을 타이르기 위해서 광야로 불러내셨습니다. 하나님은 광야에서 이스라엘이 애굽에서 나온 때를 기억하고 하나님께 돌아오기를 바라셨습니다. 호세아는 상징적인 비유를 사용하여 하나님은 이스라엘이 하나님을 남편이라 부를 때를 기다리실 것이며, 자신이 이스라엘을 영원히 아내로 삼으실 것을 선포합니다(호 2:14-20). 이스라엘의 하나님은 사람들과 언약적 사랑의 관계를 맺으려 하시는 은혜로우신 분입니다. 히브리 영성에서 하나님은 전능하신 창조주이고 심판자이시며, 전쟁을 돕는 자이며 질투하는 연인이십니다.

이러한 인격적인 관계의 맥락에서 시편이 출현했습니다. 하나님이 함께하셔서 보호하시고 사랑하시며 꾸짖으시고 인도하신다는 믿음 때문에, 유대인들은 자기들의 감정을 하나님께 가져갔습니다. 그들은 분노와 증오와 좌절을 느낄 때 기도했고 포로 생활의 고통, 원수 앞에서의 무력함, 깊은 두려움을 하나님께 말씀드렸습니다. 그들은 승리의 기쁨, 받은 은혜에 감사하는 마음을 가지고 하나님께 나아갔습니다. 시편에는 인간이 느끼는 모든 감정이 표현되어 있습니다.

이번 주에는 이 오래된 기도서를 새롭게 바라보며, 현대 기독교인들의 기도 생활에서 이것이 어떤 역할을 하는지 탐구할 것입니다.

시편

시편은 이스라엘 민족의 역사에서 600년이 넘는 기간에 걸쳐 기록되었습니다. 이 150편의 노래는 창조주 하나님을 찬양하며, 족장 시대부터 바벨론 포로 시대 이후까지 하나님의 백성이 어떻게 싸웠는지 묘사합니다. 가장 오래된 시편들은 원래 그것들이 작성된 공동체에서 기도로 사용되었는데, 후일 그 백성이 직면한 여러 가지 상황에 맞추어 사용

> 사람들은 해체와 회복의 경험에 의해 시편에서 발견되는 노래와 기도에 공감하게 된다. 압도됨, 거의 죽게 됨, 그리고 놀랍게 생명이 부여됨 등의 경험이 우리에게 찬송하고 기도할 능력을 부여해준다. 생명이 주어졌다.
> — 월터 브루그만

되었습니다. 시편은 보통 수금이나 하프 같은 현악기의 반주에 맞추어 불렸습니다. 시편은 서서히 수집되었는데, 그 소재의 다양성 때문에 처음에는 명칭이 없었습니다. 결국 시편은 기록되어 이스라엘 백성의 가장 중요한 기도서가 되었습니다. 최초의 히브리어 시편집이 완성된 것은 기원전 3세기였지만, 많은 시편은 그보다 훨씬 더 오래된 것들입니다. 그것은 기원전 3세기 중엽에 그리스어로 번역되었는데, 이 번역본은 신약 기자들이 많이 사용했습니다. 대부분의 현대 번역본은 히브리 원본에서 직접 번역한 것입니다. 초기 기독교 공동체들은 기도할 때 시편을 사용하면서 예수님의 삶과 죽음과 부활이라는 관점에서 재해석했습니다.

복음서에서 예수님은 시편을 자주 인용하십니다. 마태복음에서 예수님은 선지자의 말을 성취하기 위해서 비유로 말씀하십니다: "내가 입을 열어 비유로 말하고 창세부터 감추인 것들을 드러내리라"(마 13:35). 이것은 시편 78편 2절을 인용하신 것입니다. 같은 복음서에서 시편 6편 8절을 인용하시면서 "주여, 주여" 하면서 아버지의 뜻을 행하지 않는 종교적 위선자들에게 "불법을 행하는 자들아 내게서 떠나가라"(마 7:23)고 말씀하셨습니다. 마태복음, 마가복음, 누가복음에서는 시편 110편 1절을 인용하면서 다윗이 말한 주가 예수이심을 지적합니다(마 22:44; 26:64; 막 12:36; 14:62; 눅 20:42-43). 마태에 따르면 예수님이 십자가 위에서 마지막으로 하신 말씀은 시편 22편 1절을 인용한 것입니다: "나의 하나님, 어찌하여 나를 버리셨나이까"(마 27:46). 이 구절에서 우리는 옛날 이스라엘의 시편 기자가 경험한 자포자기의 심정을 다시 느낄 수 있습니다: "내 하나님이여, 내 하나님이며, 어찌 나를 버리셨나이까 어찌 나를 멀리하여 돕지 아니하시오며 내 신음 소리를 듣지 아니하시나이까 내 하나님이여, 내가 낮에도 부르짖고 밤에도 잠잠하지 아니하오나 응답하지 아니하시나이다"(시 22:1-2). 누가복음에도 예수님이 십자가 위에서 하신 말씀이 기록되어 있습니다: "아버지 내 영혼을 아버지 손에 부탁하나이

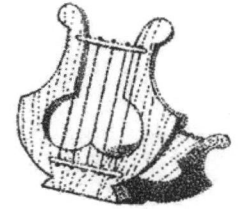

다"(눅 23:46). 이 말씀은 시편 31편 5절에 기록되어 있습니다.

예수님처럼, 오늘 우리도 시편 기자와 같은 심정을 느낄 때가 있습니다. 우리는 절망에서 복종으로, 하나님이 우리를 버리셨다는 느낌에서 하나님께 생명을 맡기는 데로 옮겨갑니다. 이 밖에도 복음서에는 시편을 인용한 부분이 많이 있는데, 이것은 초대 교회의 예배에서 시편이 중요한 위치를 차지하고 있었음을 말해줍니다. 시편을 통해서 우리의 삶이 풍요롭게 되며, 시편이 우리의 시와 노래가 되어야 합니다. 이 고대 찬송들은 우리로 하여금 자신의 가장 강력한 느낌과 삶의 경험을 기도로 옮길 수 있게 해줍니다.

시편의 분류

전통적으로 시편은 다섯 권으로 나누어지는데, 이것은 히브리 성경의 처음 다섯 권의 책인 오경을 모방한 듯합니다:

제1권: 1편-41편   기본적인 예배송
제2권: 42편-72편   국가와 관련된 노래, 구속과 구원을 강조함
제3권: 73편-89편   국가와 관련된 노래, 예배와 성소를 강조함
제4권: 90편-106편   광야와 방랑생활과 관련된 주제의 찬양
제5권: 107편-150편   찬양송

현대인들이 시편을 더 쉽게 이해하기 위해서 이 다섯 가지 구분을 토대로 세분화할 수 있습니다. 예를 들어 매년 특별한 절기에 예루살렘 성전으로 올라가면서 부른 순례의 시(120~134편); 개인적 탄원시(3~7; 12;13; 22; 25~28; 35; 38~40; 42~43; 51; 54~57); 국가적인 슬픔을 표현하는 공동체 탄원시(44; 60; 74; 79~80; 90; 123)가 있습니다. 또 개인적인 감사시와 공동 감사시, 찬양시와과 제왕시, 지혜시가 있습니다. 현대 학자들은 시편을

다른 방법으로 분류하면서, 그 제목도 각기 다르게 붙이고 있습니다. 그럼에도 불구하고 시편은 여전히 인간의 모든 감정과 경험을 탐구하며, 언약의 하나님 여호와를 인간의 삶의 중심에 두는 기도의 보물입니다.

오늘날 시편으로 기도하는 것의 어려움

현대인의 기도에서는 시편이 별로 중요한 역할을 하지 못하고 있습니다. 여기에서 시편에 접근할 때 직면하는 세 가지 어려운 점을 들어보겠습니다.

1. 감정을 그대로 표현하는 기도에 대한 저항
2. 예수님이 계시하신 하나님과 상반되는 것처럼 보이는 하나님의 이미지들
3. 복음의 메시지에 어긋나는 것처럼 보이는 거친 언어와 태도

> 시편에서 볼 수 있는 광범위한 표현— 분노와 슬픔, 뼈아픈 자기 성찰의 고백, 뜨거운 감사, 광적인 기쁨의 찬양— 을 통해서 우리는 자신의 삶 전체를 하나님 앞으로 가져갈 수 있다.
>
> — 캐들린 노리스

감정을 그대로 표현하는 기도에 대한 저항. 우리는 자제심을 칭찬하고 감정을 드러내는 것을 나쁘게 생각하는 문화에서 살고 있으므로 은연중에 너무 강하거나 부정적인 감정은 표현하지 말아야 한다고 생각합니다. 남자는 슬픔이나 비통함이나 두려움을 나타내지 말아야 하며, 여자는 분노나 증오심을 드러내지 말아야 한다고 합니다. 남자는 소리내어 울지 않아야 하고, 여자는 부드럽고 다정해야 합니다. 슬픔이나 두려움과 관련이 없는 사람이 보기에도 분노의 시편들은 심각한 문제를 제기합니다. 기도할 때 침착하고 평온해야 한다고 오해하고 있는 신자들 사이에 이러한 태도가 깊이 자리 잡고 있습니다. 그러나 몇 편의 시편을 보면, 십자가 위에서 예수님이 외치신 것처럼(마 27:46) 슬픔과 분노가 그대로 담겨 있습니다(시 35;109;137).

시편으로 기도하는 것은 자유롭게하고 치유해주는 경험이 될 수 있습

니다. 기도할 때 좌절, 공포, 기쁨, 분노 등을 표현하는 것은 방해가 되기보다는 자신이 가장 강하게 느끼고 있는 감정이 기도로 변화되는 순간이 될 수 있습니다. 우리가 가장 뼈저리게 느끼고 있는 감정을 사랑하는 하나님 앞이 아니고 어디서 표현할 수 있겠습니까!

예수님이 계시하신 하나님과 상반되는 것처럼 보이는 하나님의 이미지. 어떤 사람은 시편에서 소수의 사람만 사랑하시고 원수들은 모두 멸망하게 하시는 무서운 하나님을 자주 만난다고 불평하며, 이런 하나님은 자신의 계획에 반대하는 죄인들을 모조리 없애버리는 십자군과 같다고 말합니다. 이런 태도는 "악한 자를 대적하지 말라…너희 원수를 사랑하며 너희를 박해하는 자를 위하여 기도하라"(마 5:39, 44)는 예수님의 말씀과 상반되는 것처럼 보입니다. 예수님에 의해 계시된 하나님은 "그 해를 악인과 선인에게 비추게 하시며, 비를 의로운 자와 불의한 자에게 내려"(마 5:45) 주시는 분입니다. 시편의 복수하시는 하나님의 모습과 탕자의 비유(눅 15:11-32)에서 사랑 많으신 아버지의 모습을 어떻게 조화시킬 수 있겠습니까? 기독교의 하나님이 전쟁에서 한편이 이기도록 다른 편을 파멸시키신다는 모습을 어떻게 상상할 수 있습니까?

시편 기자의 기도를 이해하려면 시편이 기록된 역사적·신학적인 상황 안에 들어가야 합니다. "선민"이라는 개념은 히브리 영성에 없어서는 안 될 중요한 요소입니다. 모든 신神 중의 하나님, 창조의 하나님, 존재하는 모든 것들의 하나님이신 야훼는 특별히 아브라함과 이삭과 야곱의 하나님이십니다. 유대인들은 자신이 연약한 소수 민족이지만 하나님께서 자기들을 인도하시고 보호하신다고 믿었습니다. 시편들은 각기 오랜 기간에 걸쳐 기록되었기 때문에, 그것들은 이스라엘 민족의 투쟁을 묘사할 뿐만 아니라 하나님에 대한 다양한 이해를 표현하고 있습니다.

이러한 형태가 오늘날의 것과 다릅니까? 우리는 살아계신 하나님과 관계를 맺고 있는 기독교인으로서 삶을 통해서 여러 가지 방법으로 하나님을 인식합니다. 하나님은 어떤 사람에게는 정의로운 심판자이시며, 어떤 사람에게는 사랑과 인정이 넘치는 분이십니다. 하나님을 전지전능한 분, 우리에게서 멀리 계시는 분으로 느끼는 사람도 많습니다. 어떤 사람은 일상생활에서 자신의 손을 잡고 걸어가시는 분으로 생각하기도 합니다. 우리는 때때로 하나님을 친구나 동료로 느낍니다. 보호자, 방어자, 구원자로 생각하기도 합니다. 반면에 위기에 처해 있을 때 하나님이 우리와 함께하시지 않는 것처럼 느낄 때도 있습니다. 하나님이 어떤 분인가 하는 질문은 고대로부터 모든 인간의 탐구 대상이었습니다. 우리는 시편을 통해서 이스라엘 백성이 하나님을 어떻게 이해했는지 알 수 있을 뿐만 아니라 예수님과 초대 기독교인들처럼 우리도 인간적인 감정을 하나님 앞에 숨김없이 드러내놓을 수 있다는 사실을 알게 됩니다.

복음의 메시지에 어긋나는 거친 언어와 태도. 오늘날 기독교인들은 시편 137편을 읽으면서 혐오감이나 불쾌감을 자주 느낍니다. 무엇인가 내면을 향하여 "이것이 잘못되었다"라고 소리치는 듯합니다. 시편 기자가 기도한 것처럼 어린아이를 바위에 메어치는 자들(9절)을 어떻게 축복할 수 있겠습니까? 이런 구절을 어찌 하나님의 말씀이라고 할 수 있겠습니까?

시편에서는 비인간적인 경험 때문에 고통스러워하는 인간의 감정을 그대로 나타내는 경우가 많습니다. 이때 사람들은 고통 속에서 인간적인 복수를 자제하고 하나님의 정의를 요구합니다: "그들이 하는 일과 그 행위가 악한 대로 갚으시며…그들은 여호와께서 행하신 일과 손으로 지으신 것을 생각하지 아니하므로 여호와께서 그들을 파괴하고 건설하지 아니하시리로다"(시 28:4-5). 시편 기자는 하나님 보시기에 악하다고 생각되는 사람들을 심판해 달라고 기도합니다. 이 악은 종종 직접적인 불의나 하나님의 백성으로 택함을 받은 백성에 대한 공격으로 정의됩니

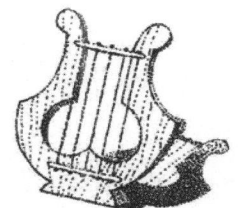

다. 시편 기자는 이스라엘을 향한 공격은 곧 하나님을 향한 공격이라고 생각했습니다. 이스라엘이 바벨론을 비롯한 여러 나라로부터 받은 쓰라린 고통과 증오와 아픔을 "저주시"에서 발견할 수 있습니다. 이 시편은 원수에게 저주가 임하기를 바라고 있습니다. 수 세기 동안 많은 기독교인은 시편에 나오는 "원수들"이란 우리를 하나님으로부터 떼어놓으려고 하며, 저항하는 우리를 공격하는 힘과 권력이라고 이해해 왔습니다. 우리는 시편으로 기도할 때 이러한 이해를 통해서 새로운 통찰을 얻을 수 있을 것입니다.

시편에서 안식처 찾기

시편은 현대 기독교인들로 하여금 기도 안에서 감정의 안식처를 얻게 해줍니다. 하나님은 우리가 침착하고 안정되어 있을 때만 기도할 것이라고 기대하시지 않습니다. 우리는 자기의 모습 그대로, 감정과 느낌을 그대로 가지고 하나님께 나아가며, 하나님께서 그것들을 어루만지시고 고치시며 확인하시게 합니다. 우리는 기도할 때 우리를 해치는 사람에 대한 분노를 나타냅니다. "내가 환난 중에 여호와께 부르짖었더니 내게 응답하셨도다 여호와여 거짓된 입술과 속이는 혀에서 내 생명을 건져 주소서"(시 120:1-2). 좌절의 순간에 "여호와여 내가 깊은 곳에서 주께 부르짖었나이다. 주여 내 소리를 들으시며…"(시 130:1-2)라고 외칩니다. 마음에서 감사가 솟구칠 때 "여호와께서 내 음성과 내 간구를 들으시므로 내가 그를 사랑하는도다"(시 116:1)라고 말합니다. 버림받음을 느낄 때나 하나님이 침묵하신다고 느낄 때, "나의 부르짖음에 주의 귀를 기울여 주소서. 무릇 나의 영혼에 재난이 가득하며…여호와여 어찌하여 나의 영혼을 버리시며, 어찌하여 주의 얼굴을 내게서 숨기시나이까"(시 88:2-3, 14)라고 기도합니다. 우리는 기도를 통해 감정을 하나님께 가져갈 때, 그 안에 하나님의 임재하심을 깨달으며, 그것을 통해서 하나님이 하시는

> 시편이 매력을 끄는 이유는 우리의 경험이나 감정을 있는 그대로 표현할 수 있도록 도와주기 때문이다. 시편은 주로 하나님을 향한 인간의 말이다. 시편은 기도하는 공동체, 즉 이스라엘의 삶에서 나온 것들로서 하나님과 관계에서 경험한 것들을 표현한 것이다.…시편은 그 자체가 삶이지만 단순한 삶이 아니라 하나님과 관계 속에서, 그리고 그분과의 대화 속에서 살아있는 삶이다.
> ― 래리 R. 칼라제이넨

말씀에 귀를 기울이게 됩니다. 이제 감정은 우리의 영적 여행의 동반자가 되므로 우리는 더 이상 그것들을 원수로 보지 않습니다. 우리는 기도로써 조성된 안전한 공간에서 감정들을 환영하고 수용한 후에 어린아이처럼 믿으면서 그것들을 사랑하는 하나님께 돌려드립니다.

매일의 과제

금주의 본문 내용을 읽으십시오. 영성일지에 당신의 의견과 질문을 기록하십시오. 과제를 시작하기 전에 다음의 인용문을 읽고 묵상하십시오.

> 예수님은 시편으로 기도하심으로써 자신이 누구이며, 자신에게 맡겨진 소명이 무엇인지 이해하셨습니다.…그리스도의 임재가 가득한 시편들은 우리로 하여금 예수님의 경험을 이해하고 현실적으로 받아들이게 합니다. 우리는 시편으로 기도할 때 의미 있는 세상에 들어가고 우리의 광야 생활이 밝고 분명해짐을 발견합니다. 그리고 예수님의 내면생활에서 계시된 것과 같이 우리의 마음으로부터 하나님의 마음으로 나아갑니다.[1]

다음의 과제를 통해서 시편을 가지고 솔직하게 기도하며, 그럼으로써 하나님과 함께하시는 예수님의 생명력 안에 더욱 깊이 들어가게 될 것입니다.

과제 1

시편 8편을 읽으십시오. 예수 그리스도와 함께 이 시편으로 기도하십시오. 각 절을 통해서 하나님 앞에 선 당신의 존재, 피조물의 위엄, 그리고 인간의 소명을 찬양하십시오. 이 시편으로 기도하시는 예수님에 대해 말한다고 생각되는 구절은 어디입니까? 당신과 가장 관련이 있는 구절은 무엇입니까? 특별한 의미를 갖는 구절을 외우십시오. 일과를 시작하면서 하나님을 찬양하는 방법으로 그 구절을 암송하십시오.

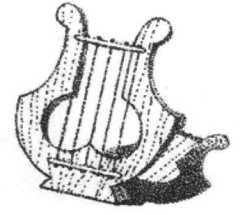

과제 2

시편 10편을 소리내어 읽으십시오. 이 시편 기자가 어떤 상황에 놓여 있는지 생각해 보십시오. 여기에서 "가련한 자"는 무력함을 느끼고 권세자에게 멸시를 받는 자를 의미합니다. 예수님이 이 시편으로 기도하셨다고 생각하고, 이 시편으로 기도해 보십시오. 예수님이 이 시편으로 기도하시면서 자신과 동일시하셨을 사람들이 누구인지 생각해 보십시오. 이 시편으로 기도하는 데 어려움이 있습니까? 이 시편으로 다시 기도하면서, 당신의 공동체 안에서 "가련한 자"가 누구인지 생각해 보십시오. 예수님의 마음으로 기도하십시오. 당신의 경험과 깨달은 점을 기록하십시오.

과제 3

시편 22편 1-11절을 읽고, 각각의 구절을 묵상하십시오. 1-5절을 읽으면서, 당신의 삶에서 하나님이 계시지 않다고 느꼈던 때를 생각해 보십시오(1-2절). 그럼에도 불구하고 하나님을 의지하고 싶은 마음을 찾아보십시오(3-5절). 이 두 가지 감정을 하나님께 표현하십시오. 침묵하면서 하나님의 말씀에 귀 기울이십시오.

예수님이 십자가 위에서 이 시편으로 기도하셨음을 기억하면서 1-11절을 묵상하십시오. 예수님을 묘사한 그림, 십자가, 또는 이콘 앞에 앉으십시오. 예수님이 느끼셨을 인간적인 감정이나 의문을 상상하십시오. 이 시편을 통해서 예수님과 그분의 인성에 얼마나 공감할 수 있습니까? 극단적인 고통과 외로움 속에서 신앙을 지키신 예수님의 경험에 대해서 시편은 무엇을 말하고 있습니까? 당신의 생각을 영성 일지에 기록하십시오.

과제 4

시편 46편을 읽으십시오. 예수님과 함께, 그리고 특히 고난의 때 믿음으로 살았던 성인들과 함께 이 시편으로 기도한다고 상상하십시오. 2-3절을 개인적인 의미로 읽으십시오. "우리는 두려워하지 아니하리로다"라고 기도할 때 당신의 믿음을 흔들리게 하는 것들을 생각해 보십시오. 당신의 느낌과 경험을 영성일지에 기록하십시오.

과제 5

현재 당신의 생활이나 하나님과 관계를 말해주는 시편이 있는지 찾아보십시오. 그 시편을 당신의 입장에서 다시 써보십시오. 이 시편을 쓴 사람이 어떤 상황에 처해 있었는지 상상해 보십시오. 성경의 시편과 당신이 쓴 시편을 읽으십시오. 이 시편을 시편 기자의 마음으로 다시 읽으십시오.

그룹 모임을 위해서 이번 주에 작성한 영성일지를 살펴보십시오.

제3부, 제6주

관상기도 탐구

　신약성경에서 가장 흥미로운 이야기는 마리아와 마르다의 이야기일 것입니다(눅 10:38-42). 누가복음은 마르다가 예수님을 초대한 일을 기록하고 있습니다. 마르다에게 마리아라는 동생이 있었는데, 마리아는 주님의 발 앞에 앉아 주님의 말씀을 경청하고 있었습니다. 한편 마르다는 집안일로 분주하고 힘들었습니다. 마르다는 예수님에게 불평하면서 마리아가 자기를 돕도록 말해 달라고 부탁했습니다. 그러나 예수님은 "마르다야, 마르다야, 네가 많은 일로 염려하고 근심하나 몇 가지만 하든지 혹은 한 가지만이라도 족하니라. 마리아는 이 좋은 편을 택하였으니 빼앗기지 아니하리라"고 대답하셨습니다.

　복음서에서 "이 좋은 편"이 무엇인지 설명하지 않으므로, 이 구절은 많은 설교와 해석의 주제가 되고 있습니다. 일반적인 해석으로 마르다는 "일을 좋아하는" 행동주의자이며, 마리아는 예수님의 말씀을 경청하는 관상의 모범으로 제시됩니다. 그리고 예수님이 행위보다 마음을, 봉사보다 기도를, 행동보다 관상을 칭찬하신다고 주장합니다. 기독교인이라면 누구나 이 양극 사이의 긴장을 잘 알고 있을 것입니다. 20세기의 기독교 역사에서, 여러 영성 학파는 관상과 행동이 기독교의 여정에 필요한 요소라고 주장하면서도 그중 어느 한쪽을 강조해 왔습니다. 이번 주에 우리는 관상, 관상기도, 그리고 오늘날 기독교인들의 삶에서 이것

들의 의미를 살펴보겠습니다.

관상

마르다와 마리아의 이야기에서 예수님이 말씀하신 "더 좋은 것"이 관상이라면, 예수님은 마르다가 일하는 것과 마리아가 앉아 있는 것이 대조된다고 말씀하신 것이 아닙니다. 마르다의 문제는 주방 일을 하거나 손님 접대를 잘하려는 욕심에 있는 것이 아니었습니다. 예수님은 동생에 대해 불평한 것을 언급하지 않으시고 마르다가 여러 가지 일로 고민하고 걱정하고 있음을 지적하셨습니다. 마르다가 핵심을 간과한 것은 그녀가 봉사하고 있었다는 것이 아니라 "더 좋은 것", 즉 그녀의 집에 예수님이 임재하심을 보지 못했기 때문입니다. 예수님이 마르다에게 음식 준비를 그만두라는 의미로 말씀하신 것이 아닙니다. 예수님에게 나아가기 위해서 마음의 눈과 귀를 열라는 의미의 말씀이었습니다. 예수님이 오셨을 때, 마리아는 예수님에게만 주의를 기울였습니다. 반대로 마르다는 여러 가지 일에 몰두해 있었으며, 그 때문에 예수님의 현존하심을 인식하지 못했습니다.

이런 맥락에서 관상을 하나님의 현존과 활동에 대한 의식이라고 정의할 수 있습니다. 그것은 하나님이 보시는 것처럼 실재를 보는 것을 의미합니다. 또한 만물 안에 계시는 하나님과 하나님 안에 있는 만물을 볼 수 있음을 의미합니다. 우리가 관상적인 방법으로 살아갈 때, 모든 피조물은 하나님의 현존을 나타내는 성체聖體, 즉 하나님을 만날 수 있는 이콘聖像이 됩니다. 대부분 우리는 이러한 경험을 했을 것입니다. 즉 석양에 바다를 보거나, 새소리나 아이들의 웃음소리를 들으면서 하나님의 신비를 느낄 때가 있었을 것입니다.

요한복음에서 증언하는 것처럼, 기독교인들은 관상의 소명이 있습니다. 요한복음은 예수님과 하나님의 일치(요 14~17장)를 강조합니다. 예수

> 우리가 내면에 있는 모든 것, 즉 하나님의 현존을 보고 알고 느끼고 경험하기를 바라는 욕망을 "벗어날" 때, 우리는 진실로 확신을 가지고 그 현존을 경험할 수 있다. 이 경험이 우리의 정신 생활 전체를 변화시킨다.
>
> — 토마스 머튼

님은 잡히시기 전에 자신이 아버지와 하나가 된 것처럼, 제자들이 하나님과 하나가 되기를 기도하셨습니다(요 17:22). 이 하나님과 일치—모든 사람을 위한 예수님의 기도—는 관상을 가장 깊이 있게 표현합니다. 그러므로 사람들은 관상적일 수 있는 역량을 갖고 있습니다. 그렇다면 많은 기독교인이 관상이 자신과 관계가 없고 소수에게만 해당되는 것으로 생각하는 이유는 무엇입니까?

이 질문에 대한 대답은 기독교인들이 관상기도를 어떻게 이해하느냐에 달려 있습니다.

관상기도

대부분의 사람은 관상contemplation, 묵상meditation, 신비주의mysticism를 비슷한 말로 사용합니다. 따라서 많은 사람이 관상기도의 의미를 정확히 모르고 있습니다. 더욱 혼란스럽게 만드는 것은 관상기도를 하려면 환상을 보고 신비한 현상들을 경험하는 기인奇人이 되어야 한다는 생각입니다. 만약 당신이 관상기도를 할 수 없다고 생각한다면, 그 기도에 대한 당신의 인식을 살펴보아야 합니다.

간단히 말해서, 관상기도란 "항상 계시는 하나님의 현존을 깨닫는 방법"입니다.[1] 그것은 추론과 언어와 이미지 등을 사용하는 묵상과는 다릅니다. 우리는 진정한 관상기도를 통해서 신비 안에 머물고, 아무도 알 수 없는 방법으로 사랑으로 이끄시는 하나님에게 사로잡힙니다. 기독교 역사에서 영적 지도자들은 관상기도를 "무지無知"와의 만남으로 생각했습니다. 이 기도는 사고思考보다는 직관과 인식이 중심이 되기 때문에 합일적인 기도입니다. 즉 우리는 관상기도를 통해서 하나님 안에 있는 우리 자신—진정한 자아—을 발견합니다.

관상을 방해하는 것 중 하나는 마음에 있는 깊은 갈망을 외적인 것으로 대체하려는 것입니다. 우리 문화는 자아의 실현이나 성취를 약속하

제3부 기도: 그리스도의 마음

면서 우리를 유혹하며, 우리가 해야 할 일은 멋진 자동차를 타고 유명 디자이너의 옷을 입는 것이라고 유혹합니다. 빚을 지지 않고 확실한 것에 투자한다면, 우리는 평화로울 것입니다. 우리가 시장경제라는 신에게 순종하면, 광고와 관습적인 지혜가 만족을 약속합니다. 우리 사회는 사람들이 자신의 중심에서 살아가기 어렵게 만듭니다. 그러나 외적인 것들은 영혼을 만족시킬 수 없습니다. 어거스틴이 말한 것처럼 영혼의 본래의 특성은 불안입니다. "당신이 직접 우리를 지으셨습니다. 우리 마음은 당신 안에서 쉼을 발견하기까지 불안합니다."[2]

관상을 방해하는 또 다른 문화적 가치는 모든 것을 자기 힘으로 하려 하는 "용감한" 사람들의 잘못된 개인주의입니다. 이러한 태도가 관상기도를 낯선 것으로 만듭니다. 관상기도는 우리 스스로가 할 수 없다는 것, 즉 우리가 아무리 노력해도 내주內住하시는 하나님의 현존을 경험할 수 없음을 깨닫는 것입니다. 우리가 하나님의 사랑받는 자라는 깨달음에 자신을 맡긴다면 이미 우리와 일치를 이루신 하나님이 우리 안에 계시다는 믿음을 가지고 기도합니다. 더욱이 우리는 하나님이 우리를 무한히 사랑하시며, 우리에게 세례와 믿음을 받을 자격이 없지만 공로 없이 주어지는 하나님의 사랑 때문에 그것을 받는다고 믿습니다. 우리는 관상기도를 하면서 우리 안에 계시는 성령을 통해 실재를 보고 듣습니다(롬 8:9; 고전 2:6-13).

16세기 스페인의 신비가인 아빌라의 테레사는 하나님을 향한 영혼의 여정이 진정한 자신의 정체성을 기억함으로써 시작된다고 말했습니다. 그녀는 "나는 영혼의 아름다움과 그 놀라운 역량에 비교될 수 있는 위대한 것을 본 적이 없다. 우리의 지성이 아무리 예리해도 하나님을 이해할 수 없듯이 영혼의 아름다움도 이해할 수 없다. 그러나 하나님이 자신의 모양과 형상으로 우리를 지으셨다고 말씀하신다"[3]라고 말했습니다. 이것이 우리의 진정한 정체성임에도 불구하고, 우리는 문화의 소리에 귀를 기울일 때마다 이 사실을 잊어버립니다. 그러나 우리는 기도를 통

> 내가 믿기로는, 우리가 자신의 영적 마음을 열어갈 수 있는 가장 기초적인 단계는 우리 자신과 세상을 하나님으로 충만하게 채워가려는 열망이다. 이 열망은 우리 안에 깊이 자리잡고 있는데, 그것은 하나님이 우리 안에 놀라운 사랑의 열망으로 가득 채우시고자 하시는 바로 그 모습이 그대로 반향된 결과이다.
> —틸든 에드워즈

해서 하나님의 자녀라는 정체성을 되찾을 수 있습니다.

테레사는 『전기』(Life, 11~22장)에서 하나님과 영혼의 사귐을 정원으로 비유했습니다. 우리는 영혼의 정원에 씨앗을 뿌리거나 잡초를 뽑을 필요가 없습니다. 하나님이 이미 그 일을 해 놓으셨기 때문입니다. 우리는 물을 주기만 하면 되는데, 이 물이 기도입니다. 테레사는 "식물이 잘 자라는 좋은 정원으로 가꾸기"[4] 위해 필요한 것은 하나님의 도우심뿐이라고 말합니다. 우리의 임무는 간단한 것처럼 보이지만 언제나 쉬운 것은 아닙니다. 생활 속의 여러 가지 염려, 즉 마르다의 "근심과 염려들"이 종종 하나님과 우리가 하나 되는 것을 방해하기 때문입니다.

제3부 넷째 주의 내용에서 하나님께 이야기하는 방법, 하나님의 이야기를 하는 방법, 즉 신비의 방법과 계시의 방법을 설명했습니다. 고대 용어로 신비의 방법은 '부정의 방법'apophatic이고, 계시의 방법은 '긍정의 방법'kataphatic이라고 합니다. 이번 주에는 관상기도를 보다 깊이 이해하기 위해서 전통적인 지혜를 다루겠습니다.

관상기도 방법

하나님을 아는 두 가지 방법이 우리가 관상기도를 이해하는 데 도움이 됩니다. '부정의 방법'apophatic과 '긍정의 방법'kataphatic은 그리스 용어로서 관상기도에 들어가는 두 가지 방법을 묘사합니다. 긍정의 방법은 생각과 이미지를 사용하는 방법으로서 계시의 방법이라고 합니다. 부정의 방법은 신비의 방법으로서 생각과 상징을 초월하고 사랑을 통해서 하나님의 신비로 들어가는 방법입니다.

로욜라의 이냐시오는 깊은 관상기도의 사람이었으며 긍정의 방법을 지지했습니다. 그는 자신의 저서 『영신수련』Spiritual Exercise에서 묵상을 직접 경험하려면 상상과 감정, 감각, 이성, 의지, 기억 등을 사용하라고 권합니다. 상상으로 우리 자신을 성경 본문 안에 놓고 본문 속의 장

소와 등장인물을 보고 듣고 냄새 맡고 맛보고 접촉하라고 말합니다. 이냐시오는 성경 이야기에 적극적으로 참여하기 위해서 상상력을 이용하라고 말합니다. 이렇게 이성에서 상상으로 전환하면, 그리스도를 더 인격적으로 깊이 있게 알아갈 수 있습니다. 그는 『영신수련』의 마지막 부분에서 그리스도와 하나가 되어 그분의 고난과 영광을 경험하는 방법을 설명합니다. 그는 복음서에 나타난 예수님의 생각과 느낌을 상상하는 데서 더 나아가 그분과 인격적으로 하나가 되는 관상기도를 설명합니다. 이냐시오의 영신수련의 장점은 전인全人—육체 및 영혼—을 근본적인 기독교의 진리에 잠기게 하는 것입니다. 그리스도의 삶에 근거한 경험적인 기도를 통해서, 이냐시오는 이미지와 상징으로써 하나님 사랑의 신비를 분명히 나타내는 방법을 보여줍니다.

부정의 방법은 사상, 생각, 상징으로는 하나님께 충분히 다가갈 수 없음을 강조합니다. 『무지의 구름』 *The Cloud of Unknowing*: 14세기 영국의 저자와 십자가의 요한(16세기, 스페인), 토마스 머튼(20세기, 미국) 등 몇몇 저술가들이 이 방법을 설명합니다. 『무지의 구름』은 부정의 기도의 특성을 분명하고 간결하게 설명한 책으로서 독자들에게 생각과 이미지를 초월한 "어두운 구름" 속에서 편안함을 느낄 수 있는 기도를 권합니다. 그는 이런 경험을 가능하게 해주는 기술이 없으며, 관상은 하나님이 주시는 은혜라고 말합니다. 그는 오늘날 센터링 기도(또는 向心祈禱; centering prayer)라고 불리는 방법을 제안합니다. 이 기도를 사용하는 사람은 의미 있는 단어(예수님, 하나님, 사랑 등)를 선택하고 그 단어의 배후에 있는 실체에 초점을 두기 위해서 분심하게 만드는 생각이나 이미지에서 벗어납니다. 다른 부정의 방법과 마찬가지로 센터링 프레어를 할 때 우리는 단어와 생각과 이미지를 초월하며, 내면에 하나님의 임재를 전적으로 깨닫게 되는 은사를 기다리면서 자기 존재의 중심에 들어갑니다.

이 두 가지 기도 방법은 아빌라의 테레사가 말한바 하나님과 영혼의 교제 안에서 성장할 수 있는 두 가지 방법을 제공합니다. 현실적인 여인이면서 재능 있는 관상기도자였던 테레사는 주로 계시의 방법을 제시하는 글을 썼지만, 그녀의 글에서는 두 가지 방법을 모두 발견할 수 있습니다. 사람마다 선호하는 방법이 다르겠지만, 기독교 전통에서 볼 때 관상이란 생각과 이미지를 초월해서 하나님의 현존을 인식하는 것입니다. 그러나 이런 체험은 우리의 노력이나 공덕의 결과가 아니라 하나님의 은혜에 대한 우리의 신실한 응답의 결과입니다. 긍정의 전통에서는 만물의 투명함을 통해서 그러한 깨달음이 임하며, 부정의 방법에서는 망각과 "무지"를 통해서 깨달음을 얻습니다. 두 가지 방법 모두 거짓 자아에서 벗어나 하나님 안에서 참 자아를 찾는 데 목적이 있습니다.

관상기도의 열매

관상은 사랑—하나님을 향한 우리의 사랑이 아니라 우리를 향한 하나님의 사랑—의 역사입니다. 기독교의 하나님은 모든 사람이 그 사랑에 동참하기를 원하시는 상관적인 하나님이십니다: "만일 우리가 서로 사랑하면 하나님이 우리 안에 거하시고 그의 사랑이 우리 안에 온전히 이루어지느니라"(요일 4:12). 예수님은 이 연합을 경험하셨고, 우리 모두가 이것을 경험하기를 원하셨습니다. 더 나아가 "그가 내 안에, 내가 그 안에 거하면 사람이 열매를 많이 맺나니"(요 15:5)라고 약속하셨습니다. 참된 관상은 '자아도취'가 아니라 사람들을 위한 '자기 비움'입니다. 아빌라의 테레사는 수녀들에게 다음과 같은 현명한 가르침을 주었습니다: "여러분은 [하나님과 합일]의 결과로 영혼이 자체를 벗어나며, 그것에 너무 몰입해서 다른 것에 전념할 수 없다고 생각할지도 모르겠습니다. 그러나 영혼은 하나님을 섬기는 것과 관련된 모든 일에 전보다 더 전념할 수 있습니다."[5] 기독교인들은 관상기도의 열매를 정직하게 살펴보아야 합니다. 다음의 목록이 도움이 될 것입니다.

참된 관상기도는 다음과 같은 결과를 낳습니다.

나의 비결은 매우 간단하다. 즉 기도하는 것이다. 기도를 통해서 나는 그리스도와 하나가 된다. 나는 그분에게 기도하는 것이 그분을 사랑하는 것임을 깨달았다. 세상의 빈민가에 살고 있는 가난한 사람들이 바로 고통 받는 그리스도이다. 하나님은 그들을 통해서 나에게 자신의 참 얼굴을 보여주신다. 나에게 있어서 기도는 하루 24시간 하나님의 뜻과 하나가 되는 것을 의미한다. 즉 그분을 위해서, 그분을 통해서, 그분과 함께 사는 것이다.

— 마더 테레사

제3부 기도: 그리스도의 마음

- 우리의 인간적인 존엄성을 부인하는 소리를 침묵시키는 내면에 계신 하나님을 경험함
- 우리 자신의 공로를 통하는 것이 아닌바 우리를 향한 하나님의 무한하신 사랑을 깨달음
- 겸손, 즉 진리 안에서 행하게 하는 자기 인식
- 동정과 사랑의 행위
- 평화
- 자유

> 영성 생활은 사람들의 숫자 만큼이나 다양한 방법으로 살아갈 수 있다. 새로운 것은 우리가 어떤 것으로부터 시작하든지 모두 하나님의 나라를 향해 나간다는 것이다. 또한 우리가 세상적인 욕망이나 충동으로부터 자유로와지고 절대적으로 필요한 것에만 초점을 맞추게 된다는 것이다.
>
> — 헨리 나우웬

우리 내면에 마르다와 마리아가 살고 있습니다. 우리는 예수님의 발 앞에 앉아서 염려와 근심을 내려놓고 오로지 예수님과 함께하기를 바랄 것입니다. 하지만 우리 안에 있는 마르다가 여러 가지 걱정으로 마음을 산만하게 만들 것입니다. 관상기도의 목적은 하나님 안에서 휴식하기 위해서, 그리고 우리를 변화시키는 하나님의 사랑을 더 잘 깨닫기 위해서 하나님이 계신 깊은 곳으로 들어가는 것입니다. 이런 은혜를 위해서 우리의 시간과 장소를 드릴 때 우리의 여러 가지 일들은 사랑의 행위가 되고, 우리의 고난은 구속적인 것이 됩니다. 우리는 하나님의 마음 안에 예수님과 함께 거하기를 원합니다. 우리는 "더 좋은 것"을 선택할 것인데, 누구도 그것을 우리에게서 **빼앗을** 수 없을 것입니다.

매일의 과제

이번 주의 본문을 읽고, 당신의 깨달음과 견해와 질문을 기록하십시오.

영성 생활이 성숙하면 일상생활과 기도에서 하나님을 더욱 의존하게 됩니다. 하나님을 더욱 의존하게 되면 우리의 말과 생각보다 하나님과 교제와 하나님의 현존을 강조하는 단순한 기도를 더 좋아하게 됩니다. 로렌스 수사는 "나는 헌신과 기도 외의 것들을 모두 버리고 항상 하나님의 거룩하신 현존에 초점을 두었다. 나는 단순히 하나님께 주의를 집중하고 응시함으로써 하나님의 현존 안에 거할 수 있었다"[6]라고 기록했습니다.

다음의 과제들을 통해서 전통적 형태의 관상기도— 단순히 믿음과 사랑으로써 시선을 하나님께 두는 기도—를 경험해 보십시오. 이 방법이 낯설겠지만, 하나님이 새로운 방법으로 우리에게 말씀하실 수 있다는 것을 기억하면서 과제에 임하십시오. 깊은 기도를 통해서 자신의 영적 여정이 어디에 와 있는지 평가할 있는 기회도 될 것입니다. 특히 과제 5는 소그룹 모임의 나눔의 시간을 위한 자료가 될 것입니다.

과제 1: 반복하는 기도

빌립보서 2장 12-13절을 읽으십시오. 바울은 영성 생활의 두 가지 영역, 즉 우리의 역할(12절)과 하나님의 역할(13절)을 설명합니다. 당신이 그리스도 안에서 변화되는 데 있어서 하나님의 역할과 당신 자신의 역할을 숙고하십시오. "우리 안에서 일하시는 하나님"의 적극적인 임재를 무엇으로 알 수 있습니까? "우리로 하여금 행하게 하시는" 하나님과 우리의 협력의 특징은 무엇입니까?

"너희 안에서 행하시는 이는 하나님이시니"라는 구절을 가지고 몇 분 동안 묵상하며 기도하십시오. 우리 안에서 행하시는 하나님의 임재를 분별하기 위해 주의를 기울이십시오. 그 결과를 영성일지에 기록하십시오.

과제 2: 예수기도

누가복음 18장 13절을 세리의 기도에 주목하면서 읽으십시오. 오래전부터 세리의 기도는 "예수기도"Jesus Prayer라는 관상기도의 기초가 되었습니다. 이 기도는 정교회에서 널리 사용되고 있습니다. 예수기도의 가장 일반적인 형태는 "주 예수 그리스도, 하나님의 아들이시여, 죄인인 저를 불쌍히 여기소서"입니다. 때로는 간략하게 "주 예수 그리스도시여, 저를 불쌍히 여기소서", 혹은 "주 예수여, 불쌍히 여기소서"라고 기도합니다.

잠시 예수기도를 하십시오. 이 기도를 조용히 반복하십시오. 당신에게 하나님의 은혜가 필요하다고 표현하면서 하나님께 집중하십시오. 정신이 산만해지면 다시 이 기도로 돌아오십시오. 당신에게 맞는 내적 리듬을 개발하십시오. 예를 들어 숨을 들이쉴 때 기도의 전반부("주 예수 그리스도, 하나님의 아들이시여")를 말하고, 내쉴 때 뒷부분("죄인인 나를 불쌍히 여기소서")을 말하십시오. 기도가 머리에서 입술로 옮겨가고 마음으로 내려갈 때까지 반복하십시오. 그 기도를 통해서 일상생활에서도 하나님을 향해 마음을 열 수 있게 되도록 하십시오.

과제 3 : 보이는 대상을 통해 기도함

고린도후서 3장 18절을 읽으십시오. 우리는 관상기도를 통해서 "수건을 벗은 얼굴"로 하나님의 "영광을 보게" 됩니다. 많은 기독교인이 눈에 보이는 대상에 초점을 두고 기도함으로써 영적인 것을 보게 됩니다. 서구 기독교인들은 마음의 눈을 그리스도에게 고정하기 위해서 십자가, 그리스도의 고상, 또는 예술 작품(스테인드글라스를 포함해서)을 이용합니다. 정교회에서는 일반적으로 이콘을 사용합니다. 이콘은 주로 그리스도와 성인들의 모습을 그린 것인데 영적 실재를 향해 나아가는 창의 역할을 합니다.

잠시 가시적인 대상을 이용함으로써 "눈으로 기도하는" 시간을 가지십시오. 하나님의 신비로 이끌어갈 수 있는 예술품이나 성상, 좋아하는 예수님 그림이나 십자가를 택하십시오. 마음으로 하나님을 만나고 싶다고 생각하십시오. 보고 있는 대상을 평가하거나 분석하려 하지 말고 보이는 대상을 응시하십시오. 우리의 눈을 통해서 하나님께 나아가고, 보이는 대상의 "눈"을 통해서 하나님이 우리를 보시도록 하십시오. 하나님께 대한 통찰을 구하지 말고, 하나님에 의해서 알려지고 보이는 것을 구하십시오. 정신이 산만해지면 다시 보이는 대상을 응시하십시오. 몇 분 동안 이런 형태의 기도를 향한 후에 당신의 이미지를 마음에 새기면서 눈을 감으십시오. 영성일지에 자기 경험을 기록하십시오. 사람들 안에서 하나님의 형상을 볼 수 있음을 기억하십시오.

과제 4 : 센터링 프레어

눈을 들어 하나님을 바라보게 하고 마음을 성령께 향하게 하는 특별한 단어는 무엇입니까? 센터링 프레어를 할 때는 하나님에게 초점을 두고 하나님의 임재의 은혜를 받아들일 수 있는 하나의 단어를 사용합니다. 토마스 키팅Thomas Keating, 바질 페닝톤Basil Pennington 등이 제시하는 현대의 센터링 프레어 형태는 14세기 고전인 『무지의 구름』 The Cloud of Unknowing의 가르침에 기초를 두고 있습니다.

매일의 과제 시간에 센터링 프레어를 실천해 보십시오. 하나님을 향한 당신의 열망이나 당신을 향한 하나님의 열망을 표현하는 거룩한

단어를 선택하십시오. 사랑, 하나님, 예수님, 빛, 평화, 사랑 등 간단한 단어가 좋습니다. 눈을 감고 편안한 자세로 앉으십시오. 긴장을 풀기 위해서 천천히 숨을 쉬십시오. 내면에 하나님의 임재와 활동을 원하고 동의한다는 표식으로 당신이 선택한 거룩한 단어로 조용히 기도하십시오. 어떤 생각이나 기억, 느낌, 또는 이미지가 떠오르면 그것에 저항하지 말고 거룩한 단어로 돌아오십시오. 약 10분 동안 하나님을 받아들이고 그 안에서 휴식을 취하십시오. 주기도문이나 다른 기도로 끝맺으십시오. 몇 분 동안 침묵하십시오. 이 경험을 일지에 기록하십시오.

과제 5: 성경적 관상

누가복음 10장 38-42절을 읽으십시오. 마리아와 마르다의 이야기는 신앙생활에서 하나님의 말씀을 경청하는 것이 우선임을 말해줍니다. 이 마지막 과제를 통해서 당신이 깊은 기도의 여정 중 어디에 있는지 점검해 보십시오.

한 번에 한 절씩 숙고하십시오.

"[예수께서] 한 마을에 들어가시매 마르다라 이름하는 한 여자가 자기 집으로 영접하더라."

예수님은 어떤 방식으로 당신의 깨달음과 삶 속에 들어오십니까? 당신은 일상생활에서 그리스도를 어떻게 맞아들입니까? 당신에게 가장 도움이 되는 방법은 무엇입니까?

"[마르다에게] 마리아라 하는 동생이 있어 주의 발치에 앉아 그의 말씀을 듣더니."

마리아가 부엌에 들어가지 않고 주님의 발치에 앉기로 결심하면서 극복해야 했던 장애물은 무엇입니까? 당신은 어떻게 자랐으며, 당신이 주님의 발치에 앉아서 말씀을 듣고 배우는 데 직면하는 어려움은 어떤 것들입니까?

"마르다는 준비하는 일이 많아 마음이 분주한지라."

기도 또는 일상생활에서 하나님을 만나는 것을 방해하는 것은 무엇입니까? 마르다가 그랬던 것처럼 예수님에게 어려운 점을 이야기하고, 당신이 필요로 하는 것을 말하십시오(40절). 그분의 대답은 무엇입니까?

"한 가지만이라도 족하니라."

기도와 사랑 안에서 성장하기 위해서 우리에게 족한 한 가지는 무엇입니까? 예수님은 무엇이라고 말씀하시겠습니까?

이제 주님의 말씀을 경청하십시오. 당신이 마리아와 함께 주님의 발치에 앉아 이 과정의 내용을 경청하고 있다고 상상해 보십시오. 주님의 얼굴을 바라보십시오. 예수님의 얼굴에서 무엇을 보았습니까? 예수님은 당신에게서 무엇을 보셨습니까? 주님은 당신에게 무엇이라고 말씀하십니까? 몇 분 동안 사랑으로 그리스도를 바라본 후 이 교제를 통해서 얻은 것을 영성일지에 기록하십시오.

그룹 모임을 위해서 한 주 동안 기록한 내용을 살펴보십시오.

제4부

하나님의 부르심에 응답:
그리스도의 사역

게릿 스코트 도슨

제4부, 제1주

하나님으로부터 쓰임 받음

"이제 나는 무엇을 해야 합니까?" 이 질문은 영성 생활의 여정에서 예수님을 따르라는 초대를 받아들인 후에 제기되는 질문입니다. 성경을 읽고 묵상하고 기도한 후에 우리 앞에 새날이 전개됩니다. 기독교인들이 하는 일은 무엇입니까?

제4부에서는 우리의 소명에 대해서, 즉 하나님이 이 세상에서 우리가 어떤 존재로 어떻게 살아가기를 원하시는지 살펴보겠습니다. 우리 각 사람은 개인적인 특성과 은사들로 특별하게 결합되어 있습니다. 하나님께서 우리 안에 두셨던 계획을 실천할 수 있을 때, 우리는 고차원의 에너지와 성취와 목적을 발견합니다. 이상적으로 우리가 기독교인으로서 할 일은 우리가 피조된 바대로 세상에서 하나님께 사랑의 봉사를 하며 살아가는 것입니다. 즉 우리에게 자신을 온전히 내어 주신 예수님의 사역에 참여하는 것입니다.

이 주제를 전개해가면서, 하나님께서 그리스도와 함께하는 우리의 사역에 사용하도록 주신 영적 은사의 의미를 탐구할 것입니다. 궁극적으로 나는 우리 모두가 하나님을 찬양하기 위해서 사람들과 조화를 이루기 위해 은사를 사용하는 교회 안에서 신선한 기분을 일으키는 역할을 발견하기를 소망합니다. 그것이 우리의 목표이지만, 그 목표에 이르기 위해 반드시 해야 할 일이 있습니다.

제4부 하나님의 부르심에 응답: 그리스도의 사역

우리 사회에서는 직업에 대해 질문하는 것이 자연스럽게 여겨집니다. 우리는 자아실현을 소중히 여기는 문화 안에서 살고 있습니다. 우리를 향한 하나님의 목적에 따라 사는 것이 만족에 이르는 확실한 길이라고 생각됩니다. 그러나 자신의 소명을 발견하고 받은 은사를 발휘하는 것이 신앙생활에서 가장 중요한 일은 아닙니다. 기독교인 대부분이 자신의 삶의 환경을 선택할 자유나 능력이 없어서 그러합니다. 초대교회의 구성원이었던 노예들과 여성들과 가난한 노동자들은 직업 선택권이 거의 없었습니다. 그러므로 삶의 모든 단계, 상태, 시기에 우리를 향한 하나님의 기본적인 부르심을 들을 수 있어야 합니다. 이 부르심은 매우 단순하지만, 엘리오트T. S. Eliot가 "네 개의 사중주"Four Quartets라는 시에 쓴 것처럼 이 부르심에 응답하려면 "모든 것"을 대가로 치러야 합니다. 더욱이 자신의 은사와 소명을 성공적으로 발견하는 것은 하나님의 근원적인 부르심을 받아들이는 것에 달려 있습니다.

성경에 기록된 많은 이야기는 사람들이 어떻게 특별한 섬김의 부름을 받았는지 묘사합니다. 각각의 경우에 강력한 멜로디를 싸고 있는 화음처럼 삶의 세부 내용들에 둘러싸여 있는 근본적인 소명이 있습니다. 각 사람은 자신의 삶을 하나님에게 전적으로 위탁하라는 부르심을 받고 있습니다. 이 외에 다른 길은 없습니다. 당신이 세상에서 해야 할 일을 생각하기 전에 시험이 선행됩니다: 당신 자신을 하나님께 바치기 위해서 모든 것을 버렸는가? 성경에서 만나는 사람들은 하나님의 들어쓰심으로의 소명을 받습니다. 하나님은 그들을 흔들어 속박에서 벗어나 그들의 주主만 의지하게 하십니다. 그런 후에 특별한 섬김의 이상과 그것을 행할 능력을 받을 수 있게 됩니다.

오즈월드 챔버스Oswald Chambers는 『주님은 나의 최고봉』My Utmost for His Highest에서 영성 생활의 특징인 은혜로운 불확실성에 대해 말합니다.

> 매순간 우리는 하나님께 무한정히 복종한다. 이 복종에는 하나님을 섬김에 있어서 가능한 방법과 단계가 포함된다. …우리가 해야 할 일은 오직 하나. 하나님이 우리를 보내시며 하나님의 뜻을 행하게 하실 때 순종하는 일뿐이다.
>
> — 장 피에르 드 코사드

제1주 하나님으로부터 쓰임 받음

하나님을 확신한다는 것은 우리 자신의 모든 방식이 불확실하다는 것, 하루 동안 무슨 일이 일어날지 알지 못한다는 것을 의미한다. 일반적으로 사람들은 슬피 탄식하면서 이런 말을 하는데, 그것은 마음을 졸이게 하는 기대의 표현이 되어야 한다. 우리는 다음 단계를 확신하지 못하지만, 하나님에 대해서는 확신한다. 우리가 모든 것을 하나님께 맡기고 가장 가까운 곳에 있는 의무를 행하면, 하나님이 우리의 삶을 항상 놀라운 것으로 채워 주신다.[1]

우리는 마음과 뜻과 혼을 다하여 주 하나님을 사랑하라는 부름을 받고 있습니다. 우리의 확신은 하나님 안에만 있습니다. 하나님에게 중요한 것은 영성 생활과 삶의 행위, 가정에서 보내는 시간과 오락 시간 등의 구분이 없습니다. 하나님은 모든 측면에서 첫째 되는 자리를 요구하십니다. 이러한 기본적인 헌신과 진리에서 소명에 대한 고찰이 시작됩니다.

이번 주에는 성경에 등장하는 몇 사람의 이야기를 다루면서 그들이 모든 것을 하나님께 바치라는 기본적인 소명에 어떻게 순종했는지 살펴보겠습니다. 때로 이 기본적인 소명에 우리의 소유를 포기하는 것이 포함됩니다. 때로는 우리의 현재 위치가 위험해지는 것도 감수하려는 태도가 요구됩니다. 때로는 과거와 동일한 생활을 하지만, 살아가는 이유가 전혀 다른 것일 수도 있습니다. 모든 경우에 우리의 기본적인 소명에는 하나님께 "예"라고 대답한 후에 임하는 "은혜로운 불확실성"을 받아들이는 것이 포함될 수 있습니다.

아브람과 사래

아브람과 사래의 이야기는 고집스러운 인류를 향한 하나님의 사랑이 새로운 국면으로 접어들었음을 말해줍니다. 이 두 사람은 세상에 복이 되기 위해서 세상으로부터 분리하라는 부름을 받은 사람들의 시조가 되

어야 했습니다. 처음에는 아브라함에게만 부르심이 임했습니다.

> 여호와께서 아브람에게 이르시되, 너는 너의 고향 친척과 아버지의 집을 떠나 내가 네게 보여줄 땅으로 가라. 내가 너로 큰 민족을 이루고 네게 복을 주어 네 이름을 창대하게 하리니 너는 복이 될지라…땅의 모든 족속이 너로 말미암아 복을 얻을 것이라 하신지라 이에 아브람이 여호와의 말씀을 따라갔고(창 12:1-4).

첫 번째 부르심은 아브람이 살던 정든 땅—그의 고향, 친척, 아버지의 집—을 떠나라는 것이었습니다. 그러나 모든 것을 포기하라는 요구를 받지는 않았습니다. 그래서 그는 아내 사래, 조카 롯, 그리고 하인들과 재산을 모두 가지고 떠났습니다. 하나님은 그를 부르시면서 큰 약속을 하셨습니다. 아브라함의 자손이 큰 민족으로 성장하고, 온 세상이 그를 통해서 복을 받게 된다는 것이었습니다. 그러나 이 약속이 이루어지려면 먼저 하나님이 보여주실 땅을 향해 출발해야 했습니다. 아브람은 75세 때 친척들과 이별하고, 맹목적으로 "하나님이 보여주실 곳"을 향해 떠나야 했습니다. 이제까지 친숙했던 모든 것을 버렸습니다. 그에게 있어서 확실한 것은 하나님 한 분뿐이었습니다.

에스더

유대 여인 에스더는 페르시아의 왕 아하수에로(B. C. 486-465)의 왕비가 되었습니다. 포로기 이후 백 년이 지났지만 많은 하나님의 백성들이 이방 나라 곳곳에 흩어져 살고 있었습니다. 페르시아 궁중에는 에스더의 신앙이나 전통에 대해서 아는 사람이 없었습니다. 왕비가 왕에게 도전하여 왕을 노하게 했기 때문에 에스더가 새 왕비로 발탁되었습니다. 에스더의 아름다운 용모와 공손함이 아하수에로를 사로잡았습니다.

한편 에스더의 사촌 모르드개에게 개인적인 원한을 갖고 있던 왕의 신하 한 사람은 그 땅에 있는 히브리인들을 완전히 없애라는 명령에 서명하라고 왕을 설득했습니다. 모르드개는 에스더에게 자기 민족을 위해서 왕에게 중재해 달라고 부탁하는 메시지를 전했습니다. 에스더는 궁중의 법도와 왕의 기질을 잘 알고 있었기에, 허락없이 왕에게 가면 죽임을 당한다는 말을 모르드개에게 전했습니다. 이에 대한 모르드개의 회답은 하나님의 부르심이었습니다.

> 너는 왕궁에 있으니 모든 유다인 중에 홀로 목숨을 건지리라 생각하지 말라 이 때에 네가 만일 잠잠하여 말이 없으면 유다인은 다른 데로 말미암아 놓임과 구원을 얻으려니와 너와 네 아버지 집은 멸망하리라 네가 왕후의 자리를 얻은 것이 이 때를 위함이 아닌지 누가 알겠느냐(에 4:13-14).

이 예언적인 말은 하나님의 부르심이 지닌 몇 가지 중요한 측면을 확인해줍니다. 첫째, 모르드개는 하나님의 백성이라는 에스더의 근본적인 정체성을 깨닫게 해주었습니다. 둘째, 이 소명이 얼마나 위험한 것인지 대담하게 말했습니다. 모르드개는 위험을 숨기지 않았습니다. 이 결정적인 때 에스더가 자기 목숨을 구하려고 입을 다문다면 목숨을 잃을 것이라고 말했습니다. 셋째, 모르드개는 에스더의 도움 없이도 하나님의 목적이 성취된다고 강력하게 주장합니다. 히브리인들에게 신실하신 하나님은 에스더가 아니라도 히브리 민족을 구원하실 새로운 방법을 갖고 계실 것이라고 말했습니다. 마지막으로 모르드개는 에스더의 신분 상승이 이 때를 위해 주어진 것으로 생각하라고 말했습니다. 왕비라는 에스더의 신분은 왕실의 법도를 지키려고 주어진 것이 아니라, 위험을 감수하고 하나님의 부르심에 응답하라고 주어진 것이었습니다.

에스더는 외모만 아름다운 것이 아니었습니다. 그녀는 비범한 능력과 용기를 가진 여성이었습니다. 그녀는 모르드개의 말에서 하나님의 부르심을 듣고, "당신은 가서 수산에 있는 유다인을 다 모으고 나를 위하여 금식하되 밤낮 삼 일을 먹지도 말고 마시지도 마소서 나도 나의 시녀와

더불어 이렇게 금식한 후에 규례를 어기고 왕에게 나아가리니 죽으면 죽으리이다"(에 4:16)라고 말했습니다. 에스더는 하나님의 백성들에게 자기를 위해 기도해 달라고 부탁했습니다. 그리고 자신만이 할 수 있는 일을 결행하기로 했습니다. 에스더의 용기는 하나님의 돌보심에 대한 완전한 위탁에서 비롯된 것입니다. "죽으면 죽으리이다." 그녀는 주저하지 않았으며, 부와 평안함뿐만 아니라 생명까지 버릴 각오를 했습니다. 결국 에스더는 성공했습니다. 왕이 에스더의 부탁을 들어주고 칙령을 발표하여 페르시아에 있는 유대인들의 지위가 상승했습니다.

하나님의 부르심에 대한 예수님의 응답

예수님의 사역의 특징은 하늘에 계신 아버지와 주위에 있는 사람들 모두에게 쓰임 받은 것입니다. 주님은 죄가 없는 분이었음에도 요한에게서 회개의 세례를 받고 공생애를 시작하셨습니다. 흥미롭게도 그 행동 뒤에 즉시 확증의 표시가 나타났습니다. 주님이 세례를 받고 물에서 나오자 성령이 비둘기의 모습으로 충만히 임하였고, 하늘에서 "이는 내 사랑하는 아들이요 내 기뻐하는 자라"(마 3:17)는 소리가 들렸습니다. 성부 아버지는 아들의 공생애가 시작될 때 아들의 지위와 그의 사역을 확증해 주셨습니다.

이 이야기는 하나님이 삼위라는 사실을 간단하면서도 깊이 있게 드러내 줍니다. 이것에 대해서 앞으로 몇 주 동안 살펴보겠습니다. 하늘에서 들려온 아버지 하나님의 음성은 예수님이 하나님의 사랑하는 아들임을 세상에 선포합니다. 영원 전부터 아버지와 아들은 하나라고 할 수 있을 정도로 친밀한 사랑의 관계이셨습니다. 예수님은 세상에서 우리와 함께 계시는 동안 끊임없이 아버지께 기도하시면서, 비록 인간이 되셨지만, 자신이 하나님과 교제 안에 있는 한 분이심을 드러내셨습니다. 예수님에게 임하신 성령도 아버지와 하나이시며, 삼위 하나님이십니다. 예

예수님은 보내심을 받았기 때문에 "먼 곳"까지 가셨다. 보내심을 받았다는 사실이 예수님의 의식에서 가장 우선되는 일이었다. 주님은 자신을 위해서는 어떤 것도 주장하지 않으셨다. 주님은 순종하는 종이셨다. 주님은 자기를 보내신 아버지 하나님에게 완전히 순종하는 말과 행동 외에 다른 말이나 행동을 하지 않으셨다.

— 더글라스 P. 맥닐, 더글라스 P. 모리스

수님이 "하늘에 계신 우리 아버지…"라고 기도하라고 가르쳐 주신 것은 인간이 하나님과 교제를 통해서 그분과 연합하라는 초청이었습니다.

주님은 공생애 3년 동안 끊임없이 기도하시면서 하나님의 부름에 응답하셨습니다. 마가는 "새벽 아직도 밝기 전 예수께서 일어나 나가 한적한 곳으로 가사 거기서 기도하신"(막 1:35) 것을 기록했습니다. 누가는 "이 때에 예수께서 기도하시러 산으로 가사 밤이 새도록 하나님께 기도"(눅 6:12)하셨다고 말합니다. 이러한 헌신이 "내가 하늘로서 내려온 것은 내 뜻을 행하려 함이 아니요 나를 보내신 이의 뜻을 행하려 함이니라"(요 6:38)는 말씀의 기초가 되었습니다.

예수님과 하나님의 친밀한 관계는 기도에서 흘러나와 그분의 사랑의 사역으로 흘러들어갔습니다. 주님의 치유 생활은 백부장의 하인이 병들어 죽어가고 있을 때 백부장에게 하신 말씀에 요약될 수 있습니다: "내가 가서 고쳐 주리라"(마 8:7). 사람들의 욕구 때문에 방해받고 치유와 용서와 사랑으로 그 욕구를 충족시켜 주려는 것이 주님의 뜻이었습니다. 주님은 소외된 자들을 환영하시면서 "나는 의인을 부르러 온 것이 아니요 죄인을 부르러 왔노라"(마 9:13)고 말씀하셨습니다.

아버지께 대한 주님의 순종이 갈등을 초래했습니다. 주님은 모세의 율법을 "폐하러 온 것이 아니요 완전하게 하려 함이라"(마 5:17)고 말씀하셨습니다. 그러나 안식일에 병자를 고치고 성전에서 돈궤를 엎은 것은 종교 지도자들의 체면을 손상시키는 일이었습니다. 그들은 예수님을 죽이려 했지만, 예수님은 사랑의 사역을 계속하셨습니다.

눈앞에 배반과 죽음이 기다리고 있었지만, 예수님의 자발적인 순종은 계속되었습니다. 주님이 자신의 죽음을 몇 번이나 예고하셨습니다. 겟세마네 동산에서 기도하실 때도 죽음이 다가왔음을 알고 계셨습니다. 참 인간이신 주님에게는 죽음의 고통을 피하고 싶은 마음이 있었습니다. 그러나 전적인 쓰임을 받아 우리와 함께 계신 주님은 하나님께 복종하셨습니다. 주님은 "내 아버지여, 만일 할 만하시거든 이 잔을 내게서

지나가게 하옵소서. 그러나 나의 원대로 마시옵고 아버지의 원대로 하옵소서"(마 26:39)라고 기도하셨습니다. 이 순종의 모습은 십자가 위에서 자신의 생명을 드리는 것에서 절정을 이루었습니다.

제자들을 향한 예수님의 부르심

예수님은 제자들에게 자기와 친밀한 관계를 갖기 위해서 자기와 같은 순종의 삶을 살라고 하셨습니다. 복음서는 예수님이 들어 쓰시기 위해 제자들을 차례로 부르시는 모습을 기록합니다. 주님은 시몬 베드로와 안드레에게 "나를 따라오너라. 내가 너희로 사람을 낚는 어부가 되게 하리라"(막 1:17)고 말씀하셨습니다. 그들은 즉시 그물을 버려두고 예수님을 따라갔습니다. 곧이어 예수님은 야고보와 요한도 부르셨습니다. 그들은 그물뿐만 아니라 배 안에 있는 아버지까지 버려두고 예수님을 따라갔습니다. 예수님은 세리였던 레위에게 "나를 따르라"고 말씀하셨고, 레위는 세관에 있는 돈을 버려두고 예수님을 따라갔습니다(막 2:14). 아브라함처럼 주님의 제자들도 알지 못하는 곳으로 가라는 부름을 받았습니다. 그들이 알고 있었던 것은 예수라는 인물뿐이었고, 그들의 유일한 확신은 예수님이었습니다. 이와 같은 예수님과의 결속은 쓰임 받음을 통해 된 것으로서 가족 간의 유대보다 더 강했습니다. "나의 어머니와 나의 동생들을 보라 누구든지 하늘에 계신 내 아버지의 뜻대로 하는 자가 내 형제요 자매요 어머니이니라 하시더라"(마 12:49–50).

부자 청년이 예수님에게 와서 영생에 관해서 물었습니다. 마가는 이 물음에 대한 예수님의 대답을 기록하는데, 이때 예수님은 청년의 재산을 보지 않으셨습니다.

"예수께서 그를 보시고 사랑하사 이르시되 네게 아직도 한 가지 부족한 것이 있으니 가서 네게 있는 것을 다 팔아 가난한 자들에게 주라 그리하면 하늘에서 보화가 네게 있으리라 그리고 와서 나를 따르라 하시니 그 사람은 재물이 많은 고로 이 말씀을 인하여 슬픈 기색을 띠고 근심하며 가니라"(막 10:21-22).

주님이 요구하신 것이 이 청년을 당황하게 했습니다. 예수님은 모르드개가 에스더에게 했던 말을 상기하게 해주는 말로 제자들에게 이 사실을 분명히 알려 주셨습니다: "누구든지 나를 따라 오려거든 자기를 부인하고 자기 십자가를 지고 나를 따를 것이니라. 누구든지 자기 목숨을 구원하고자 하면 잃을 것이요 누구든지 나와 복음을 위하여 자기 목숨을 잃으면 구원하리라"(막 8:34-35).

제자들은 예수님의 부르심에 순종함으로써 예수님의 사역에 동참하기 시작합니다. 우리는 모든 것을 남김 없이 잃을 것입니다. 이런 부름과 응답의 핵심은 "네 마음을 다하고, 목숨을 다하고, 뜻을 다하고, 힘을 다하여 주 너의 하나님을 사랑하라"(막 8:12-30)는 큰 계명입니다.

루디아

예수님의 이러한 요구 때문에 풀이 죽은 사람은 루디아의 이야기에서 위로를 발견할 수 있을 것입니다. 루디아는 그리스도의 부르심을 듣고 순종했지만, 집을 떠나거나 직업을 바꾸지 않았습니다.

> "두아디라 시에 있는 자색 옷감 장사로서 하나님을 섬기는 루디아라 하는 한 여자가 말을 듣고 있을 때, 주께서 그 마음을 열어 바울의 말을 따르게 하신지라. 그와 그 집이 다 세례를 받고 우리에게 청하여 이르되, '만일 나를 주 믿는 자로 알거든 내 집에 들어와 유하라' 하고 강권하여 머물게 하니라"(행 16:14-15).

루디아는 세례를 받으면서 자신을 완전히 하나님께 드렸지만, 장사를

제4부 하나님의 부르심에 응답: 그리스도의 사역

계속했습니다. 루디아는 자기의 재산으로 두아디라의 교회를 섬기려 했습니다. 사도행전 16장을 보면 감옥에서 나온 바울과 실라는 루디아의 초대를 받았는데 그곳에서 형제자매들이 사랑의 교제를 나누고 있는 모습을 볼 수 있었습니다(행 16:40). 루디아에게 있어서 모든 것이 변화했지만 외적인 환경은 전혀 변하지 않았습니다. 루디아는 직업을 그대로 유지하면서도 자신의 소명을 충실하게 감당했습니다.

하나님의 부르심에 순종하는 것이 자기의 집과 친숙한 모든 것을 버리는 것을 의미할 수도 있습니다. 모아놓은 재산과 안정된 생활, 우리의 복이나 목숨까지 위험에 놓일 수 있습니다. 그러나 삶의 우선순위가 바뀌었을 뿐 삶의 모습은 변하지 않는 경우도 있습니다. 어떤 경우든 하나님을 섬기는 특별한 소명은 하나님의 전적인 들어쓰심에 대한 우리의 응답에서 나옵니다.

> 당신은 그리스도를 위해서 위험한 삶을 갈망한다. 당신은 날마다 "자기 생명을 구하고자 하는 사람은 잃을 것이다"라는 예수님의 말씀이 무슨 의미인지 질문할 것이다. 언젠가는 이 말씀의 진정한 의미를 깨닫게 될 것이다. 그렇다면 이 깨달음은 어떻게 얻을 수 있을 것인가? 찾으라, 그러면 발견할 것이다.
> — 떼제 공동체의 로제 수사

매일의 과제

금주의 과제를 시작하기 전에 본문 내용을 읽으십시오. 영성일지를 옆에 두고, 당신의 생각과 질문, 기도, 그리고 떠오르는 이미지 등을 기록하십시오.

과제를 실천함으로써 당신의 삶에서 부르심이나 소명을 깊이 생각할 기회를 얻을 것입니다.

과제 1

이번 주에는 몇몇 성경의 인물을 만나보았습니다(아브람과 사래, 에스더, 예수님, 예수님의 제자들, 루디아). 그리고 그들이 모든 것을 하나님께 맡기라는 기본적인 부르심에 어떻게 순종했는지도 살펴보았습니다. 그들의 이야기 중에서 당신의 이야기와 비슷한 것은 무엇이며, 어떤 점에서 비슷합니까? 당신이 선택한 인물들과 관련된 말씀을 묵상하십시오. 그 말씀과 당신의 경험 및 하나님이 주신 기회와 연관되는 점을 정리하십시오. 당신의 마음을 열어주시고 이 여정의 다음 단계를 향해 나아갈 수 있는 용기를 달라고 기도하십시오.

과제 2

누가복음 10장 25-37절을 보십시오. 이 이야기는 하나님이 우리에게 원하시는 삶과 사랑에 대해서 말합니다. 내가 물려받고자 하는 삶은 어떤 것입니까? "이것을 행하라 그러면 살리라"는 구절로 몇 분 동안 기도하십시오. 특별히 나에게 주시는 주님의 부르심은 무엇입니까?

과제 3

이사야 6장 1-13절을 읽으십시오. 이사야는 성전에서 예배 도중에 하나님의 임재와 부르심을 경험했습니다. 이사야처럼 해 보십시오: 하나님의 부르심을 받았을 때의 느낌과 응답을 영성일지에 기록하십시오. 당신에게 있어서 "하나님의 부르심"이 무엇을 의미하는지 기록하십시오.

과제 4

마가복음 10장 17-22절을 읽으십시오. 예수님이 부자에게 하신 말씀을 당신에게 하시는 말씀이라고 생각하고 깊이 묵상하십시오. 당신의 삶의 영역 중에서 외적인 기준으로 볼 때 선한 것처럼 보이지만 하나님의 부르심을 듣지 못하게 하고 하나님이 주시는 은혜를 받지 못하게 하는 것은 무엇입니까? 기도하면서 당신의 업적과 성공을 포함해서 자신의 삶 전체를 하나님께 맡기기로 결심하십시오. 예수님이 당신을 잘 알고 계실 뿐만 아니라 사랑하고 계시다는 사실을 확신하면서 휴식을 취하십시오. 깨달은 점을 기록하십시오.

과제 5

시편 103편을 읽으십시오. 이 시편에 표현된 하나님의 본성을 묵상하십시오. 그리고 당신의 말로 하나님의 거룩한 이름을 송축하십시오. 당신의 영혼을 감동시키는 구절은 무엇이며, 하나님의 부르심이나 소명과 관련해서 가장 오래 여운으로 남는 구절은 무엇입니까? 특별히 당신의 주의를 끄는 시편 구절이 있으면, 그 구절로 기도하고 하나님의 거룩한 이름을 송축하십시오. 하나님의 임재의 복을 받아 누리고, 그 안에서 휴식하십시오.

제4부, 제2주

전적으로 의지하는 삶

지난주에 다룬 내용이 당신에게 패배감을 주거나 하나님의 부르심에 대한 불안을 일으켰을 것입니다. 우리는 하나님을 위해서 모든 것을 걸고 모험을 감행한 사람들의 이야기를 살펴보았습니다. 아브람, 에스더, 예수님, 그리고 제자들이 우리와 매우 다르다고 느꼈을 것입니다. 나는 자신이 하나님께 무익한 존재라는 느낌을 자주 받습니다. 나 자신을 하나님께 드린다고 말하지만, 곧 내가 원하는 방식으로 행하곤 합니다. 몇 시간도 하나님의 부르심에 복종하는 삶을 살지 못합니다. 하나님께 완전히 쓰임 받는 것이 절대 불가능한 것으로 보입니다. 그리스도와 함께 일하려고 힘쓰는 것은 많은 죄 더미 위에 또 하나의 무거운 돌을 올려놓는 것과 같습니다. 하나님께서 이러한 실패 의식을 예견하셨어도 상관이 없지 않습니까? 그것은 우리가 예수님의 삶과 사역에 즐겁게 참여하기 시작하는 계기가 됩니다.

지난주에 예수님이 부자 청년에게 전적 헌신을 요구하셨을 때 그 사람이 "재물이 많은 고로 이 말씀을 인하여 슬픈 기색을 띠고 근심하며 갔다"(막 10:22)는 것을 살펴보았습니다. 계속해서 예수님은 "하나님의 나라에 들어가는 것이 심히 어렵도다"라고 말씀하셨습니다. 이와 같은 예수님의 말씀에 제자들은 매우 놀랐습니다. 성공한 부자들이 하나님의 은혜를 받은 것이 아니라면, 누가 하나님의 은혜를 받은 사람입니까?

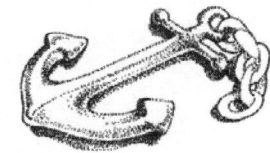

그래서 그들은 "누가 구원을 얻을 수 있는가?"라고 물었습니다.

예수님은 "사람으로는 할 수 없으되 하나님으로는 그렇지 아니하니 하나님으로서는 다 하실 수 있느니라"고 말씀하셨습니다. 예수님은 우리의 힘으로는 하나님께 적극적으로 쓰임을 받거나 유지할 수 없음을 알고 계셨습니다. 하나님 나라에 들어가기 위해서 부단히 예수님과 협력하여 일하는 것은 인간이 할 수 없는 일입니다. 하나님은 우리가 자력으로 할 수 있는 것보다 더 큰 일을 하라고 부르십니다.

지금 우리는 영성 생활과 관련해서 역설적인 진리 앞에 서 있습니다. 우리 자신을 하나님께 드리려 할 때, 우리의 능력으로 행한 것이 아무것도 없음을 깨닫습니다. 우리가 자신의 주장과 야망 등 모든 것을 포기하는 초인적인 임무를 성취해야 한다고 느낄 때, 하나님만 신뢰할 수 있다는 사실을 깨닫습니다. 우리로 하여금 소원을 품게 하시고 믿음을 주시며 봉사의 능력을 주시는 분은 하나님이십니다. 우리가 자신을 하나님께 맡기는 것은 중요한 일이지만 가장 초보적인 단계에 불과합니다. 이 단계도 하나님이 힘주시고 격려해 주시지 않으면 할 수 없습니다.

지난주에는 예수님이 모든 것을 하나님께 맡기셨음을 살펴보았습니다. 예수님은 하나님과 교제하고 기도하는 삶을 통해서 지혜로 가르치시고 능력으로 병을 고쳐주실 수 있었습니다. 예수님은 사람들에게 예수님 자신처럼 하나님께 맡기는 생활을 하라고 말씀하셨습니다. 우리는 예수님을 닮으라는 부름을 받았지만, 예수님을 닮을 수 없다는 것을 압니다. 예수님은 "사람으로서는 할 수 없다"라고 말씀하십니다. 예수님은 인간이시지만, 인간 이상의 분이십니다. 주님은 임마누엘, 우리와 함께하시는 하나님, 육신으로 오신 하나님이십니다. 그래서 완전한 인간이신 동시에 완전한 하나님이십니다. 다시 말해서 "하나님의 본체의 형상"(히 1:3)이십니다. 하나님에게는 모든 것이 가능합니다. 인자라는 호칭과 하나님의 아들이라는 호칭을 지니신 예수님만이 근본적으로 모든 것을 하나님께 맡기며 살 수 있는 능력을 주실 수 있습니다.

> 나는 철저하게 자신의 능력을 의존하고 있다. 마치 나의 지식이 완벽하고 나의 힘만으로 충분한 것처럼 행동하고 있다. 나는 하나님이 나의 힘이요, 나의 능력의 근원이시며, 그분이 없이는 아무것도 할 수 없다는 사실을 잊고 있다.…내게 필요한 것이 무엇이든지 그 필요를 충족시켜줄 수 있는 힘은 오직 하나님 안에 있다.
>
> — 하워드 더만

그리스도의 사역에 참여한다는 것은 우리가 그리스도를 위해서 일하는 것이 아니라 그리스도께서 우리 안에서, 우리를 통해서 일하시도록 주님을 초청하는 것입니다. 우리 스스로가 예수님이 되려고 하는 것이 아니라, 주님이 인간이신 동시에 하나님으로서 우리 안에 사시도록 영접하는 것입니다. 사도 바울처럼 "이제는 내가 사는 것이 아니요 오직 내 안에 그리스도께서 사시는 것이라"(갈 2:20)고 고백할 수 있는 영적 수준까지 이르러야 합니다.

따라서 '내가' 세상에서 해야 할 일, '나의' 사명 등과 같이 '내'가 주격이 되어서는 안 됩니다. 예수 그리스도가 주격이 되는 삶이어야 한다는 것을 명심해야 합니다. 이 일에 있어서 주제는 나의 영적 여정, 즉 내가 하나님을 찾는 것이 아니라 그 반대가 되어야 합니다. 하나님이 나를 찾는 것이며, 하나님이 먼저 모든 피조의 세상을 찾으시는 것입니다. 하나님의 아들이 우리를 찾기 위해 하늘로부터 내려오셨습니다. 이것이 중요합니다. 우리는 어떤 일을 할 것인지 결정하기 위해서 예수님이 누구이신지를 먼저 고려해야 합니다.

지혜로운 사람은 이 진리에서 벗어나지 않을 것입니다. 그리스도의 이름으로 놀라운 일을 행했어도 "내가 아니라 그리스도가 하셨다", "내가 하나님을 위해서 행한 것이 아니라, 하나님이 나를 위하여/나를 통하여 하셨다"라는 사실에 기초를 두지 않으면 실패로 끝납니다. 그러나 이 사실을 인정할 때, 보잘것없는 사람이 하찮은 일을 했어도, 그 일이 하나님 나라에 큰 일이 됩니다.

포도나무와 가지

예수님은 요한복음 15장에서 하나님의 일에 참여하는 이 관계를 포도나무라는 강력한 상징으로 설명하셨습니다. 굵고 긴 포도나무는 땅바닥을 따라서 자라거나, 나무나 기둥을 타고 뻗어나갑니다. 포도나무 줄기에서 작은 가지들이 자라나고, 가지에는 포도송이가 열립니다. 포도나무가 자라면 많은 가지에서 많은 열매를 맺습니다.

옛날부터 포도나무는 하나님의 백성인 이스라엘을 상징하는 나무였습니다. 성경 주석가인 레이 섬머스Ray Summers는 예루살렘 성전 입구 돌에 큰 포도나무가 새겨져 있었다고 언급합니다.[1] 그 줄기는 사람 키보다 크고, 가지들은 훨씬 더 높이 뻗어 있고, 금으로 만든 나뭇잎과 금박을 입힌 포도송이들로 장식되어 있다고 합니다. 게다가 이스라엘이 로마에 항거하던 짧은 기간에 국가의 상징으로 포도나무를 새긴 동전을 만들었다고 합니다. 이처럼 포도나무는 백성들이 하나님을 위해서 열매를 맺을 수 있다는 희망의 상징이었습니다.

그러나 실제로 포도나무는 실패의 상징이 되었습니다. 히브리 선지자들은 종종 심판의 예언을 할 때 포도나무를 비유로 들면서(사 5:1-10) 이스라엘이 하나님이 원하시는 좋은 열매를 맺지 않고 먹을 수 없는 들포도를 맺는다고 예언했습니다. 하나님의 백성은 스스로의 노력으로는 이 세상에서 맡은 임무를 성취할 수 없었습니다.

예수님은 그 상징을 전혀 새로운 방법으로 사용하셨습니다. 섬머스는 요한복음 15장의 말씀이 예수님이 십자가에 달리시기 전날 밤에 성전 근처에서 하신 말씀이라고 주장합니다. 성전 입구에 새겨진 포도나무 조각을 비추는 유월절의 달빛 아래서 예수님은 "나는 포도나무요 너희는 가지"(요 15:5)라고 말씀하셨습니다. 이 말씀은 매우 중요합니다. 예수님이 이스라엘의 위치에 서신 것입니다. 주님은 하나님의 백성을 대신해서 순종과 예배와 신실함의 열매를 맺는 나무가 되셨습니다. 결과적으로 예수님은 "나는 성전 입구에 새겨진 포도나무이다. 나는 하나님을 위해 열매 맺는 나무가 되기 위해서, 그 열매의 근원이 되기 위해서 왔다. 이제 너희들은 포도나무의 가지들이다. 나에게서 줄기가 자라며 열매를 맺게 된다. 그렇게 나에게 붙어 있기만 하면 된다"라고 말씀하신 것입니다.

예수님의 비유는 매우 분명합니다. 가지는 포도나무에서 떨어지면 살 수 없지만 나무에 붙어 있으면 저절로 풍성한 열매를 맺습니다. 가지는 줄기에 붙어 있으면 열매를 맺습니다. 우리도 그렇게 되어야 합니다.

포도나무에 붙어 있지 않은 가지에 임할 결과를 예측할 수 있습니다: "내 안에 거하라. 나도 너희 안에 거하리라. 가지가 포도나무에 붙어 있지 아니하면 스스로 열매를 맺을 수 없음 같이 너희도 내 안에 있지 아니하면 그러하리라…그가 내 안에, 내가 그 안에 거하면 그 사람이 열매를 많이 맺나니 나를 떠나서는 너희가 아무것도 할 수 없음이라"(요 15:4-5). 포도나무에서 떨어진 가지는 내던져질 것입니다. 그리스도에게서 벗어나면, 우리는 아무것도 할 수 없습니다.

의존하는 삶

세상에서 하나님의 부르심을 성취하기 위해서 우리의 삶으로 행할 것을 찾으려 할 때 우리는 스스로의 힘으로 아무것도 하지 말라는 부르심을 받았음을 발견합니다. 우리에게 필요한 것은 포도나무이신 예수 그리스도를 의지하는 것입니다. 주님은 우리가 할 수 없는 일을 홀로 행하셨습니다. 그분은 완전한 인간으로서 하나님께 응답하셨습니다.

우리에게 불가능한 것을 할 수 있을 것이라고 기대되지 않기 때문에 이러한 사실의 발견이 큰 안도감을 줍니다. 우리는 버려지거나 실패하도록 방치되지 않을 것입니다. 예수 그리스도는 우리를 대신해서 순종의 삶을 사셨습니다. 주님이 우리 안에서 우리가 살아야 할 삶을 성취하실 것입니다.

한편 이러한 발견은 교만의 종식과 하나님으로부터의 독립을 의미하기 때문에 일종의 죽음, 무서운 재앙을 가져옵니다. 자기중심의 시대에 그리스도는 우리에게 의지하는 삶과 철저한 의존의 삶을 살라고 하십니다. 그 비밀은 예수님과 연결된 삶 안에 있습니다. 그분에게 우리의 뜻

을 맡김으로써 우리는 온전한 생명을 얻습니다. 우리가 지음 받은 목적에 합당한 존재가 되며, 측량할 수 없는 성취를 발견합니다. 우리 자신과 세상을 위해서 선한 것을 바라고 선택하는 능력이 회복됩니다. 그럼으로써 우리는 고립되어 사는 존재가 아니라 하나님 및 이웃과 교제를 나누기 위한 존재임을 발견합니다.

그래서 삶의 초점이 자신에게서 예수 그리스도에게로 옮겨갑니다. 우리는 그분의 신실하심을 응시합니다. 주님은 우리의 죄된 육신을 입으시고, 우리의 내면으로부터 인간성을 치유하셨습니다. 주님은 시험을 당하셨지만 순종하셨습니다. 예수님은 "아빠 아버지"이신 하나님과 끊임없이 교제하며 사셨습니다. 주님은 상처 입은 사람을 포용하시고, 교만한 사람에게 도전하셨습니다. 주님은 십자가에서 죽기까지 신실하신 분이었습니다. 이제 우리는 우리 자신과 자신의 무능함에 집중하지 않고 우리에게 보여주신 예수님의 순종의 삶에 집중합니다.

전적으로 의지하는 삶이란 장 칼뱅이 말한바 "놀라운 교환"wonderful exchange에 의지한다는 뜻입니다. 예수님은 우리와 같은 죄인들을 만지셨지만 더러워지지 않으셨고, 오히려 그들을 깨끗하게 해 주셨습니다. 주님은 병자들을 만지셨지만 감염되지 않고 그들을 치유해 주셨습니다. 주님은 버림받은 자들을 영접하시고 그들의 죄를 용서하고 보호해 주셨습니다. 더욱이 주님은 그들이 잃어버렸던 인간성을 회복해 주셨습니다. 주님은 죽기까지 세상을 포용하셨습니다. 그리고 죽음, 존재의 파괴가 아닌 죽음을 이기고 세상을 위해서 영원한 생명으로 부활하셨습니다.

겟세마네 동산에서 고민하면서 우리를 위해 기도하셨던 분은 지금도 하나님 우편에서 우리를 위해 기도하십니다. 인간으로서 주님은 우리를 위해 예배하시고, 우리를 대신해서 순종하십니다. 주님이 포도나무가 되셨으므로, 우리는 가지가 될 수 있습니다. 우리 안에 있는 주님의 생명이 열매를 맺습니다. 우리가 할 수 있는 일은 줄기에 붙어 있는 것뿐

입니다. 주님은 우리를 통해서 일하십니다.

레슬리 뉴비긴Lesslie Newbigin은 『빛이 오셨다』*The Light Has Come*라는 제목의 요한복음 주석에서 "이 열매는 제자들이 만든 것이 아니다. 그것은 포도나무의 열매이다. 그 열매는 세상 한가운데 있는 제자들의 삶 안에 다시 열린 예수님의 생명이다.…그 열매는…곧 사랑과 순종이다"[2]라고 감동적으로 표현했습니다.

우리가 포도나무에 붙어있으면 예수님의 사랑과 순종이 우리의 것이 됩니다. 우리의 삶의 열매는 우리를 통해 나타난 예수님의 인성입니다. 우리는 그에게 붙어 있기만 하면 됩니다. 뉴비긴은 계속해서 다음과 같이 말합니다.

> 우리는 예수 안에 "거해야" 하는데, 이것은 계속 새로워지는 의지의 행위를 의미한다. 예수님의 행위에 의해 모든 사람을 위해서 단번에 이루어졌던 것이 나의 생각과 결정과 행위의 기초와 시발점과 배경이 되어야 한다는 것이 계속 새로워지는 결심이다.…그러나 "우리에게 요구되는 충성은 근본적으로 예수님을 위한 것이 아니라 그리스도에게서 오는 것, 어떤 지위를 잡으려는 것이 아니라 잡힌 바 되는 것이다"(Bultmann).[3]

우리는 예수님의 돌보심 안에, 주님의 완전한 인성과 순종을 포함하여 우리를 회복시키고 용서하시는 곳에 머물기로 동의합니다. 그리고 예수님을 기초로 살아가며 예수님에게 잡힌 바 되는 데 동의합니다. 우리 안에서 주님의 삶을 재현하시도록 주님을 초청합니다.

우리가 세상에서 하나님을 위해 해야 할 일이 무엇입니까? 그것은 우리가 포도나무에 붙어 있는 것에서 시작됩니다. 우리는 살아가면서 순간순간 "예수님, 내 안에 주님의 생명을 창조하십시오. 나는 주님이 보내시는 곳으로 가겠습니다. 이웃을 섬기는 삶을 살겠습니다―내가 주님에게 쓸모 있어서가 아니라, 주님이 나를 포도나무에 접붙여 주셨기

> 하나님은 우리에게 사랑과 봉사를 요구하시며, 또 우리가 하나님을 사랑하고 봉사할 수 있도록 능력이 되어 주신다. 하나님의 은혜를 온전히 받아들일 때 우리는 하나님의 부르심에 온전히 응답할 수 있다. 이것이 성인들의 삶의 비결이다.
>
> ― 에블린 언더힐

때문입니다. 나를 통해서 주님의 열매를 맺으십시오"라고 말합니다. 포도나무에 의지하여 살 때 근본적인 헌신이 가능합니다.

주님과 주님께 대한 전적인 의존에 초점을 두십시오. 토마스 토렌스 Thomas F. Torrance 교수는 다음과 같이 썼습니다.

> 우리의 믿음이 약해졌을 때 우리를 구해 주시고 붙잡아주시는 분은 믿음의 대상이신 그리스도이시다. 우리가 믿는 그리스도는 우리의 적은 믿음을 초월하시는 분이시며, 그래서 성도들은…그리스도에 대한 부족한 이해 안에서가 아니라 은혜의 선물 안에서 안전을 발견한다.…이것은 우리의 믿음의 힘에 의해서가 아니라 그리스도의 신실하심에 의해서 온다.[4]

이러한 의존은 우리의 일반적인 생각과 반대됩니다. 우리는 항상 하나님을 위해 더 많은 일을 해야 한다고 생각합니다. 하나님의 일을 할 때 자신의 뜻을 따르지 않으면 더 많은 열매를 맺을 수 없을 것처럼 보입니다. 마치 세상이 죽어가고 있는데 옆에 앉아서 노래만 부르고 있는 느낌일 것입니다. 그러나 우리 안에 생명을 주시는 예수님을 초청하며 자신을 맡기면서 포도나무에 붙어 있을 때 우리의 삶은 상상할 수 없이 풍성한 열매를 맺을 것입니다.

예수님은 우리에게 적극적인 헌신을 요구하시지만, 우리는 그렇게 하지 못합니다. 예수님이 자기를 가장 사랑하느냐고 물으시면, 자아로 가득한 우리는 시선을 돌립니다. 예수님이 우리에게 버리라고 요구하시면 우리는 부끄러워서 도망칩니다. 이는 우리가 소유하고 있는 것들이 많기 때문입니다. 우리는 예수님이 요구하시는 대로 하지 못합니다.

그러나 예수님은 그렇게 하셨습니다. 주님은 인간으로서 하나님을 위해 모든 것을 포기하셨습니다. 주님은 마음과 혼과 뜻과 몸을 다해서 하나님을 사랑하셨습니다. 주님은 새 포도나무를 심으셨습니다. 그리고 "나는 너를 위하여 이렇게 하였다. 너를 위해서 이렇게 하고 있다. 그것

> 우리는 자신의 삶과 세상을 풍성하게 하기 위해서 하나님의 에너지가 우리를 통해 흐르도록 하지 않고, 스스로 삶을 조종하려고 애쓴다. 우리는 행동하고 성취하려는 욕구로 가득 차 있으므로 하나님이 주도하시는 능력을 받을 여지가 없다. 만약 우리가 빈손으로 살아간다면, 즉 가난한 마음으로 살아간다면, 풍성한 삶을 사는 데 필요한 모든 자원을 얻을 수 있을 것이다. 예수님은 직접 일하시기보다 우리를 통해서, 우리의 수용과 영접을 통해서 역사하신다.
>
> — 토머스 호킨

에 동의하느냐? 네가 할 수 없는 일을 내가 네 안에서 하게 하겠느냐? 나의 믿음이 너의 삶이 되게 하겠느냐? 내가 너를 붙들도록 하겠느냐? 내가 네 안에 생명이 되도록 하겠느냐?"라고 물으십니다.

제4부 하나님의 부르심에 응답: 그리스도의 사역

매일의 과제

이번 주의 본문을 읽으십시오. 영성일지를 옆에 두고, 당신의 생각이나 질문, 기도, 그리고 마음에 떠오르는 것을 기록하십시오.

매일의 과제 시간에 그리스도를 의지하여 살면서 하나님의 부르심에 응답하는 것의 의미 및 그에 따른 약속을 탐구하십시오. 예를 들어 하나님의 부르심에 응답하려 했을 때 어떻게 당신의 한계를 경험했으며, 어떻게 그리스도에게 의존하려는 생각을 하게 되었습니까? 앞에서 읽었던 다음의 방법과 약속을 기억하십시오:

> 그리스도의 사역에 참여한다는 것은 우리가 그리스도를 위해서 일하는 것을 의미하는 것이 아니라 그리스도가 우리 안에서 우리를 통해서 일하실 수 있도록 그분을 초청하는 것이다.…바울이 갈라디아서에서 말한 것처럼 "이제는 내가 사는 것이 아니요, 오직 내 안에 그리스도께서 사시는 것이라"(2:20)고 고백할 수 있는 영적 상태로 나아가는 것이다.

과제 1

요한복음 15장 1-5절을 읽으십시오. 그리스도를 의존하는 것이 당신에게 지니는 의미를 나타내도록 포도나무와 가지를 그리십시오. 어떻게 해야 그 그림을 당신이 추구하는 삶 또는 그리스도께서 당신 안에서 살려 하시는 삶으로 해석할 수 있겠습니까? (그림을 일지에 그리지 말고 다른 종이에 그리십시오. 그룹 모임에 그 그림을 가져가십시오. 모이는 곳의 중앙에 그림을 전시해도 됩니다. 그림이 아름답거나 예술적일 필요는 없습니다. 포도나무와 가지를 간단하게 표현하면 됩니다).

현재 당신의 삶의 대부분을 채우고 있는 주된 활동들을 생각하십시오. 이 활동이 주님과 관계가 있는 것인지 없는 것인지 생각해 보십시오. 남은 시간 그리스도 안에 머물면서, 하나님의 사랑이 당신 안에서 당신을 통해 흐르도록 자신을 개방하십시오.

과제 2

사도행전 9장 10-19절을 읽으십시오. 아나니아가 본 환상과 사울에 관한 명령을 통해서, 때로 주님은 우리가 이해하거나 알 수 없는 일을 행하게 하신다는 사실을 깨닫게 됩니다. 흔히 이런 일을 무시하거나 하찮게 여깁니다. 마음에서 일어나는 조바심이나 꿈, 혹은 집요한 생각 때문에 누구를 만나거나 어떤 일에 관여한 경험이 있습니까? 이런 내적인 자극에 주의를 기울이는 것과 그리스도와의 관계 안에 머무는 것 사이에 어떤 관계가 있다고 생각하십니까? 당신의 생각을 영성일지에 기록하십시오.

과제 3

로마서 7장 14-25절을 읽으십시오. 바울의 심적 갈등, 율법대로 살지 못하는 무능함으로 인한 깊은 좌절에 대해서 묵상하십시오. 당신의 삶에서 바울과 같은 심적 갈등이 없었는지 살펴보고 글로 적어보십시오. 이런 갈등 때문에 그리스도를 얼마나 더 의지하게 되었습니까? 이 내면의 연약한 곳에서 문제를 해결하기 위해 자신을 의지하기보다 그리스도를 의지한다는 것은 무슨 의미입니까? 기도를 통해서 자신의 연약함을 그리스도에게 말씀드리십시오. 당신의 깨달음과 경험을 기록하십시오.

과제 4

고린도후서 12장 1-10절을 읽으십시오. 바울의 "육체의 가시"가 그의 연약함을 나타내지만 정확하게 그것이 무엇인지는 알 수 없습니다. 중요한 것은 바울이 이 가시를 어떻게 해석했는가에 있습니다. 그는

이 가시 때문에 자랑하고 싶은 마음을 없앨 수 있었고, 그래서 하나님이 자신을 통해서 일하실 수 있었다고 말합니다.

바울의 생생한 의존에 대해서 묵상하십시오. 특히 "내 은혜가 네게 족하도다 이는 내 능력이 약한 데서 온전하여짐이라"는 구절을 묵상하십시오. 당신이 소명을 성취하는 데 있어서 하나님을 더욱 의지하게 만드는 것이 있습니까? 즉 당신에게 떠나지 않는 "육체의 가시"가 있습니까? 당신이 싸우는 장場은 무엇입니까? 당신의 연약함은 무엇입니까? 하나님은 당신이 이 가시를 새로운 관점에서 바라보기를 원하고 계실지도 모릅니다. 이 연약함이 하나님 앞에 유용한 것이 되게 해 달라고 기도하십시오. 어떤 일이 일어나는지 주목하십시오.

과제 5

고린도후서 1장 3-7절을 읽으십시오. 이 구절은 부르심에 응답할 힘을 얻기 위해서 하나님을 의지하는 또 다른 방법을 생각하게 해줍니다. 바울은 우리가 사람들을 위로할 수 있게 하도록 하나님이 고통 가운데서 우리에게 위로를 주신다고 말합니다. 과거의 상처나 아픔 때문에 비슷한 상황에 처한 사람에게 동정심을 가질 수 있다는 사실을 생각하십시오. 고난 중에 하나님이 주신 위로와 부르심과 관련하여 어떤 상황에서 어떻게 경험했습니까?(3절). 하나님은 당신의 고통을 다른 사람들을 위해서 어떻게 사용하라고 하십니까? 기도하면서 치유하시고 구원하시는 하나님에게 당신의 상처를 가져가십시오.

그룹 모임에 대비해서 한 주간의 영성일지를 살펴보십시오.

제4부, 제3주

포도 열매 맺기

이제까지 우리가 반대되는 두 가지 상반되는 것 사이를 오락가락한 것처럼 느낍니까? 제기된 질문은 "나는 하나님을 위해서 무엇을 해야 합니까?"였습니다. 이 질문에 대한 대답들이 모순적인 듯합니다. 즉 하나님을 위해서 모든 것을 하고, 또 아무것도 하지 말라는 것입니다. 하나님은 우리 존재의 모든 것을 원하십니다. 그러나 동시에 우리는 스스로는 아무것도 할 수 없다는 것을 깨닫습니다. 마틴 루터는 "예수 그리스도를 떠나서는 아무리 노력해도 무익할 것이다"라고 말했습니다.

그렇다면 우리가 해야 할 일은 무엇입니까? 이 질문에 대해 조금이라도 잘못된 대답은 우리를 끔찍한 실패의 길로 몰아넣을 수 있습니다. 우리가 계속 유용한 사람이 되기 위해서 지나치게 노력한다면 기독교적 완벽주의자가 될 수 있고, 거듭되는 실패로 말미암아 자신을 증오하게 될 것입니다. 우리는 시작할 때 하나님이 요구하시는 수준에 이르려고 노력하면서 더 많이 행하려고 노력하지만 결국 이루지 못할 것입니다. 우리가 인색하고 율법주의적이며 죄의식에 사로잡힌 기독교인이 될 수도 있습니다. 반면에 하나님이 모든 것을 해 주신다고 믿기 때문에 은혜에 치우쳐 게을러질 수도 있습니다. 우리는 하나님이 우리를 통해서 일하실 때까지 수동적으로 기다릴 뿐이지 기도하지 않고 봉사나 훈련도 하지 않으며 소망이 없는 삶을 삽니다.

> 하나님의 어떤 비전이 우리의 비전인지 어떻게 발견하는가? 우리의 강렬한 비평이나 깊은 슬픔을 자아내거나 우리에게 힘을 주어 새로운 가능성에 도전하게 해주는 것을 깊이 생각할 때…우리 것으로 삼아 행해야 할 하나님의 비전의 측면들을 희미하게 보기 시작할 때 이에 대한 대한 통찰이 주어진다.
> — 재클린 맥마킨

이 두 극단 사이의 균형을 지난주에 살펴본 포도나무와 가지의 비유에서 찾아볼 수 있습니다. 우리는 나무나 포도나무를 보면서 가지가 줄기에 어떻게 붙어있는지 생각하지 않습니다. 가지가 줄기에 달려 있지만 줄기 역시 가지에 연결되어 있습니다. 나무줄기와 가지는 불가분의 관계로서 무엇이 우선인지 알 수 없습니다. 포도나무 가지는 줄기로부터 물과 영양을 공급받지만, 동시에 포도나무는 가지를 통해서 자랍니다. 그리고 가지는 열매를 맺습니다.

줄기와 연결되지 않은 가지는 살 수 없습니다. 가지는 나무로부터 떨어지거나 독립하려 하지 않습니다. 또 포도나무의 계획에 저항하거나 포도나무의 자연적인 성장을 방해하지 않습니다. 포도나무에 붙어 있는 가지는 스스로 노력하지 않아도 포도 열매를 맺습니다.

이 비유를 그리스도와 우리의 관계로 해석해 볼 때, 우리가 그리스도 안에 거하도록 부름을 받았음을 쉽게 알 수 있습니다. 우리는 예수 그리스도로부터 떨어져 살려 하지 않으며, 주님이 주신 위치에 있겠다고 동의합니다. 주님은 우리가 포도나무이신 주님 안에 거하는 가지라고 선포하십니다. 우리가 이런 위치를 차지한 것은 예수님이 행하신 사역 때문입니다.

우리가 맺는 열매는 우리를 통해서 나타난 주님의 생명입니다. 우리는 세상에서 해야 할 일을 고찰할 때면 예수님이 누구시며 무엇을 행하셨는지, 그리고 지금 세상에서 무엇을 행하고 계시는지를 생각하게 됩니다.

사랑의 열매

레즐리 뉴비긴Nesslie Newbigin은 예수님이 매일 일정을 짜거나 치밀하게 계획을 세우며 살지 않으셨음에 주목합니다. 예수님은 방해받는 삶을 사셨습니다. 일상생활에서 예기치 않게 발생하는 일들을 사랑의 기회로 삼으셨습니다. 예수님은 어떤 사람이 와서 무엇을 요구해도 사랑으로써 하나님께 대한 주님의 사랑을 나타내셨습니다. 예수님은 죄가 없음에도 불구하고 십자가에서 죽기까지 세상을 사랑하라는 하나님의 요구에 순종하셨습니다.

> 예수님은 자신의 계획을 가지고 있지 않았다. 주님은 자신을 위한 직업도 없었다.…로마 제국의 작은 속국 내에서의 개인적이며 공적인 야망과 두려움과 질투 속에서 영위되는 일상생활의 모든 사건과 우발적인 일과 방해 거리 안에서 주어진 하나님의 뜻에 주님은 사랑의 순종으로 응답하셨다.[1]

예수님의 삶은 우리에게 삶의 모범을 제공해줍니다. 포도나무가 가지를 붙잡고 있듯이 우리가 그의 은혜 안에 잡힌 바 됨으로써 그의 크신 사랑 안에 머물 때, 우리를 통하여 그러한 사랑이 재생산됩니다. 예수님은 제자들에게 "아버지께서 나를 사랑하신 것같이 나도 너희를 사랑하였으니 나의 사랑 안에 거하라 내가 아버지의 계명을 지켜 그의 사랑 안에 거하는 것 같이 너희도 내 계명을 지키면 내 사랑 안에 거하리라…내가 너희를 사랑한 것 같이 너희도 서로 사랑하라"(요 15:9-10, 12)고 말씀하셨습니다. 그리스도 안에서 동반자가 된다는 것은 예수님의 방식으로 사랑한다는 의미입니다. 뉴비긴은 계속해서 다음과 같이 말합니다.

> 제자는…스스로 어떤 성품이나 직업을 만들려고 노력하지 않는다. 그는 자신이 원하는 열매를 맺기 위해 가지치기, 물 주고 거름 주는 것, 햇볕이나 비, 더위와 추위 등이 얼마나 필요한지 아시는 지혜로운 정원사에게 맡길 것이다. 제자는 하나님이 정해주신 시간과 공간 안에서 예기치 않게 일어나는 일상사를 통해 드러나는 아버지의 뜻에 순간순간 순종하신 예수님을 따름으로써 "순종"을 배울 것이다.[2]

우리 삶을 평가하는 척도尺度는 우리 스스로가 만든 직업이나 명성이

> 하나님과 우리를 잇는 것은 사랑이다. 이 사랑에는 우리를 향한 하나님의 사랑이 있고, 하나님과 이웃을 향한 우리의 사랑도 있다. 하나님 사랑과 이웃한 사랑은 분리될 수 없다. 이웃에 무관심하면서 하나님을 사랑한다고 말할 수 없다.
> ― 로버타 반디

나 지위에 있지 않습니다. 물론 이런 것들이 따라올 수도 있습니다. 진정한 삶의 척도는 어떤 때는 우리를 스타가 되게 하고 어떤 때는 무참하게 만드는 삶 가운데서 우리가 나타내는 사랑과 순종입니다. 우리는 일상생활과 직장에서 하나님을 공경합니다. 그러나 중요한 것은 우리가 행하는 것이 아니라 행하는 방식입니다. 나의 유산은 "사랑의 수고" 입니까? 방해 거리를 하나님의 부르심으로 여길 수 있습니까? 진정한 나의 삶은 일이나 지위나 성공이 아니라 나의 주위에 있는 것들을 향한 사랑으로 표현되는 예수 그리스도 안에 있는 삶으로 이해할 수 있습니까?

이제까지 살펴본 내용을 사도 바울은 "사랑으로써 역사하는 믿음"(갈 5:6)이라고 요약합니다. 우리의 삶에서 중요한 것은 예수 그리스도께 "예"라고 말할 수 있는 믿음, 그리고 그 믿음을 사람들에게 사랑으로 표현하는 방법입니다. 우리가 힘든 일을 하든지, 전신마비로 병원 침대에 누워 있든지, 그것이 기독교의 소명의 본질입니다. 사람들과 함께 있든지 사람들과 헤어져 홀로 있든지 하나님의 부르심은 동일합니다. 그것은 사랑으로써 표현되는 믿음입니다. 믿음은 예수 그리스도 안에서 은혜를 받는 위치를 취합니다. 사랑이란 은혜가 다른 사람들을 향하게 합니다.

성령의 역할

우리에게 요구되는 것은 매우 간단합니다. 그러나 적극적인 헌신, 전적인 의존, 열매 맺는 사랑 등의 균형을 유지하기 어렵습니다. 우리는 하나님께서 예수 그리스도 안에서 우리를 통해서 행하려 하시는 것을 방해하고 있습니다. 죄의 실체는 사랑으로 나아가려는 마음의 갈망을 과거의 원한이나 현재의 정욕이나 장래에 대한 불안으로 좌절시킵니다. 그리스도 안에 거하는 것이 가지가 나무에 붙어 있는 것처럼 쉬운 일일 수 있지만, 우리의 삶은 그것이 쉬운 일이 아님을 보여 줍니다.

제3주 포도 열매 맺기

이 점에 있어서 우리는 성령을 기억해야 합니다. 주님은 십자가에 달리시기 전에 제자들에게 성령을 보내어 그들 안에, 그들 가운데 거하게 해주시겠다고 약속하셨습니다. 성령이 주님의 말씀을 기억하게 하고 주님의 삶과 죽음과 부활의 의미를 가르칠 것입니다. 주님은 자신의 것—신실하심과 사랑과 순종과 용서—을 취하여 우리에게 주시는 것이 성령의 일이라고 말씀하셨습니다(요 16:14-15). 그러므로 우리 안에 이루어지는 성령의 임재는 우리로 하여금 예수 그리스도 안에 거함으로써 풍성한 열매를 맺게 해주는 열쇠입니다.

바울은 "우리에게 주신 성령으로 말미암아 하나님의 사랑이 우리 마음에 부은 바 되었다"(롬 5:5)고 말합니다. 우리는 성령으로 말미암아 그리스도 안에서 하나님의 자녀가 되었습니다. 그러므로 우리가 기도하며 하나님께 부르짖을 때 "성령이 친히 우리 영과 더불어 우리가 하나님의 자녀인 것을 증언"(롬 8:16)해주십니다. 성령은 우리 안에 계시는 하나님이시며, 우리가 그리스도와 깊은 관계를 맺게 해주십니다. 여기에 우리의 믿음과 행위의 근원이 있습니다. 바울은 "우리가 성령으로 믿음을 따라 의의 소망을 기다린다"(갈 5:5)라고 말하는데, 이것은 예수님이 우리를 위해서 이루신 일입니다.

성령은 우리가 옛사람과 싸워서 이기며 어려운 환경에서 성장하는 힘의 원천이십니다. 바울은 자기의 편지를 읽는 사람들이 "성령으로 말미암아 그 속사람이 능력으로 강건하게"(엡 3:16) 되기를 기도합니다. 이런 강건한 힘은 우리가 죄를 부인하고 하나님을 위하여 살게 합니다. 성령으로 말미암아 우리는 악한 자아의 "행실을 죽이고"(롬 8:13) 하나님을 위하여 살게 합니다.

앤드류 머레이Andrew Murray는 우리를 그리스도와 연결해주시는 성령의 역할에 대해서 이렇게 말합니다: "온전함은 예수 안에 있다. 즉 은혜로 말미암아 은혜를 받는 은혜와 진리의 온전함이다. 성령은 전달자이시며, 그의 특별한 사명은 예수님과 예수님 안에 있는 모든 것을 우리의

> 포도나무와 가지가 연합되어 있을 때 성장이 멈추지 않듯이, 우리가 그리스도 안에서 거할 때 하나님의 생명이 우리를 더욱 완전하고 충만하게 점령하실 것이다.
> — 앤드류 머레이

것으로 만들어 개인적으로 사용하고 복을 체험할 수 있게 하는 것이다. 그는 예수 그리스도 안에 있는 생명의 영이시다."[3]

성령은 예수 그리스도와 그분의 은혜를 우리를 통해서 우리에게 전해 주시는 분입니다. 그리스도 안에 거하는 것은 우리 안에 계시는 성령의 사역입니다. 생명을 주시는 성령 하나님의 창조 능력으로 말미암아 우리를 통해 열매가 자라납니다.

미약하지만 우리의 역할이 중요합니다. 우리는 성령이 우리 안에서 역사하도록 간구해야 하며, 우리가 예수 그리스도라는 포도나무에 붙어 있는 가지임을 신중하고 의식적으로 인정해야 합니다. 매 순간 이것을 인정하는 개방성이 필요합니다. 머레이는 계속해서 "포도나무의 수액이 가득한 가지에 더 많은 수액이 흘러 포도알이 그는 것처럼, 성도들도 성령의 충만한 임재로 기뻐하지만, 더욱더 성령의 임재를 갈망한다"[4]라고 말합니다.

우리는 항상 "나는 할 수 없지만, 하나님은 하실 수 있습니다. 하나님의 은혜로 내가 예수 그리스도와 연결되어 있습니다. 나는 하나님이 하시는 일에 동의합니다. 내가 동의하는 것도 하나님의 은혜임을 알고 있습니다. 그럼에도 불구하고 하나님은 나를 통해 이 일을 하시기를 원하십니다. 그래서 성령의 능력으로, 즉 하나님이 내 안에 거하게 하신 성령의 능력으로 일상생활에서 사랑의 열매가 자랍니다"라고 기도할 것입니다.

성경에 포도 열매를 맺게 하는 전적 헌신의 행위를 묘사하는 몇 가지 예가 있습니다. 전형적인 것은 마리아가 천사 가브리엘에게서 하나님의 아들을 낳을 것이라는 말을 듣고 "주의 여종이오니 말씀대로 내게 이루어지이다"(눅 1:38)라고 응답한 것입니다. 가브리엘은 마리아에게 하나님이 행하실 일을 알려 주었습니다. 마리아는 다른 계획을 세우거나 하나님의 능력을 요구하지 않고 동의합니다. 마리아는 하나님의 종으로서의 헌신적인 사랑의 관계에 기초를 두고서 하나님이 뜻이 이루어지기를 바

랄 뿐이었습니다. 하나님이 우리를 통해서 우리 안에서 행하시는 일에 동의하는 것이 열매를 풍성히 맺는 가지가 되는 길입니다. 우리 자신의 힘으로 열매를 맺으려고 애쓸 필요가 없습니다. 하나님께서 우리를 통해서 열매를 자라게 하시도록 영접하면 됩니다.

열매와 은사

기독교인은 삶의 단계나 상태와는 상관없이 열매를 맺어야 합니다. 요한복음 15장에서 예수님은 이 열매가 사랑과 순종이라고 정의하셨습니다. 바울은 이것을 확대하여 "오직 성령의 열매는 사랑과 희락과 화평과 오래 참음과 자비와 양선과 충성과 온유와 절제니 이 같은 것을 금지할 법이 없느니라"(갈 5:22-23)라고 말합니다. 이런 태도와 행위가 하나님께 순종하고 성령을 의존하는 삶의 특징입니다. 우리 스스로 이런 열매를 맺을 수 없지만, 우리를 통해서 그런 사랑이 자라게 해달라고 하나님께 요청할 수 있습니다. 그리고 이러한 성품들을 나타내는 일에 집중할 수 있습니다.

성경에서는 이 과정을 또 다른 표현으로 성령의 옷을 입는다고 말합니다(골 3:12-17). 이것은 기독교적 가치관으로 우리의 진정한 본성을 덮는다는 뜻이 아닙니다. 그리스도 안에 있는 우리의 정체성을 기초로 하여 자신의 처지에 맞는 옷을 입어야 한다는 뜻입니다. 우리는 예수 그리스도라는 포도나무에 붙어 있는 가지이므로, 자신의 삶의 위치에 적절한 열매를 맺어야 합니다. 우리는 자신에게 주어진 역할을 알고 싶어 합니다. 다시 말해서 우리의 힘으로 하려 하지 말고, 예수님이 우리 안에서 행하려 하신다고 말씀하신 것에 따라 생각하고 정신을 집중하고 행동해야 합니다.

이 필수적인 기초 위에서 하나님이 우리를 통해서 행하려 하시는 일이 무엇인지 고려하기 시작합니다. 이제 포도원에서 우리의 지위를 특

> 우리 자신을 그리스도라는 포도나무에 접목시키지 않으면 사랑하라는 명령에 순종할 수 없다. "내가 그 안에 거하면 사람이 열매를 많이 맺나니 나를 떠나서는 너희가 아무 것도 할 수 없음이라"(요 15:5). 그러므로 우리는 포도나무에 붙어 있어서 성장하느냐, 아니면 떨어져 말라 죽으냐, 둘 중 하나를 선택해야 한다.
>
> — 로빈 마스

별하게 만드는 섬김의 은사를 하나님께서 주시는 방법에 대해 생각할 수 있습니다. 모든 기독교인에게 섬김의 은사가 주어졌기 때문에, 세상의 모든 그리스도의 교회가 성령의 일치 안에서 다양한 사역을 감당할 수 있습니다. 성령의 은사보다 성령의 열매가 우선입니다. 그러나 성령의 은사는 전적인 의존과 지속적인 순종을 더해줍니다. 다음 장에서는 영적 은사의 본질, 그리고 우리가 그리스도의 사역에 참여함에 있어서 영적 은사의 위치를 살펴볼 것입니다.

매일의 과제

과제를 시작하기 전에 금주의 본문을 읽으십시오. 영성일지를 준비하고 당신의 생각과 질문과 기도, 그리고 깨달은 점들을 기록하십시오.

금주의 과제는 얼마나 많은 일을 하느냐 하는 관점에서가 아니라, 예수 그리스도의 영으로 말미암아 어떤 사람이 되느냐 하는 관점에서 하나님의 부르심에 응답함으로써 맺는 풍성한 열매를 탐구하겠습니다. 지금까지 영성형성 훈련에 참여하면서 당신이 어떤 열매를 맺고 있는지 평가해 볼 수도 있습니다. 예수님이 요한복음 15장에서 말씀하신 포도나무와 가지의 비유를 그림으로 그려보십시오. 당신의 내면에 새 생명의 싹이 자라고 있는지 생각해 보십시오. 어떤 포도 열매가 당신 안에서 당신을 통하여 자라고 있습니까?

과제 1

로마서 1장 7절을 읽으십시오. 당신이 "하나님의 사랑하심을 받고 성도로 부르심을 받은" 사람이라는 말씀의 의미를 묵상하십시오. 이 말씀의 의미에 적합하다고 생각되는 3-5명의 이름을 쓰십시오. 성경에 등장하는 인물은 제외하십시오. 이 사람들의 이름을 적게 된 동기나 이유가 되는 인격적인 특성과 거룩한 점을 이름 아래 적으십시오. 각 사람을 위하여 "(각 사람의 이름을 부르며) 하나님의 사랑하심을 받고 성도로 부르심을 받은 우리에게 하나님 우리 아버지와 주 예수 그리스도로부터 은혜와 평강이 있기를 원합니다"라고 기도하십시오.

과제 2

갈라디아서 5장 13-26절을 읽으십시오. 본문에 열거된 성령의 열매에 대해 묵상하고, 공동체 안에서 당신의 삶의 열매의 증거를 생각해 보

십시오. 어떤 증거가 나타납니까? 사람들이 보는 당신의 성령의 열매는 무엇입니까?

성령의 열매를 맺지 못했다고 생각되는 삶의 영역을 정리해 보십시오. 당신 안에 계시는 성령의 인도하심을 따른다는 것은 어떤 의미입니까? 잠시 이러한 도전과 관련하여 성령께 도움을 청하며 기도하십시오. 떠오르는 생각이 있으면 간단하게 영성일지에 기록하십시오.

과제 3

빌립보서 3장 2-11절을 읽으십시오. 사도 바울은 그리스도 안에서 삶의 열매를 맺기 위해 종교적 관습에 집착하거나 도덕적인 규범을 따르려는 빌립보 교인에게 강력하게 경고합니다. 당신의 삶에서 스스로의 노력으로 선한 삶을 살려는 것과 그리스도 안에 거함으로써 열매 맺는 것을 어떻게 구별할 수 있습니까?

원을 그리십시오. 원의 둘레에 당신이 자랑스럽게 생각하는 업적을 포함해서 선한 삶을 살기 위한 노력과 신앙적인 헌신을 기록하십시오. 원 안에는 당신이 그리스도 안에서 맺으려 하는 충만한 삶의 열매들을 기록하십시오. 원 안의 것과 둘레에 있는 것의 관계를 깊이 생각하십시오. 기도하면서 그리스도를 믿는 믿음을 주시는 선하신 하나님께 마음을 여십시오.

과제 4

사도행전 2장 42-47절을 읽으십시오. 초대 교회의 풍성한 열매와 그 공동체의 기본이 된 관습들의 관계를 깊이 생각하십시오. 묘사된 열매와 뿌리의 목록을 작성하거나 그림을 그려보십시오.

이제 당신의 교회에 주목하십시오. 당신이 교회에서 경험한 열매는 무엇입니까? 교회 주변의 공동체가 보고 경험하는 열매는 무엇입니까? 그러한 열매를 맺게 만든 교회의 기본적인 관습은 무엇입니까?

당신의 영적 뿌리의 상태를 보여 달라고 하나님께 간구하십시오. 이에 대한 반응을 영성일지에 기록하십시오.

과제 5

로마서 8장 18-28절을 읽으십시오. 당신이 속한 공동체에서 피조물이 "허무한 데 굴복"하고, "썩어짐의 종노릇"에서 벗어나 자유롭게 되기를 갈망하는 부분은 어디입니까? 그곳에 회복과 부흥이 있도록 기도하고, 그곳에 새롭게 하시는 성령의 능력이 임하도록 자신을 드리십시오. 당신의 생각과 경험을 영성일지에 기록하십시오.

제4부, 제4주

성령의 은사

이제까지 하나님이 세상에서 우리가 어떤 행동을 하기를 바라시는지를 살펴보았습니다. 하나님은 우리의 완전한 헌신을 요구하시며, 우리는 예수 그리스도의 은혜를 떠나서는 아무것도 할 수 없다는 사실을 압니다. 우리는 자력으로는 하나님의 사랑을 믿지 못하고, 자신의 삶을 하나님께 헌신할 수 없습니다. 그러나 성령의 능력에 의하면 하나님을 위해 살 수 있습니다. 우리는 포도나무에 붙어 있는 가지처럼 그리스도 안에 거함으로써, 하나님께서 우리를 통하여 열매를 맺는 것에 동의합니다. 사랑과 희락과 화평, 인내, 자비, 양선 등의 열매는 우리를 통해서 재현된 예수 그리스도의 생명입니다.

성령의 열매는 분명하고 빠르고 강하게 자랄 수 있고, 무디고 느리고 연약하게 자라기도 합니다. 놀랍게도 하나님은 우리가 어떤 환경에 있든지, 즉 깨지거나 흠집이 있어도 상관하지 않고 우리를 통하여 역사하십니다. 귀족이나 노예, 감독관이나 노동자, 건강한 사람이나 약한 사람들 모두가 나름대로 소명이 있습니다. 각 사람은 자신의 삶 속에서 그리스도의 사역에 동의하라는 부름을 받았습니다. 즉 동일한 성령에 의해서 예수님의 사랑을 사람들에게 나타내라는 부름을 받았습니다.

우리의 공통된 은혜와 임무가 분명하므로, 우리는 하나님의 창조 사역 안에 나타난 다양성을 찬양합니다. 기독교인에게는 영적 은사가 주

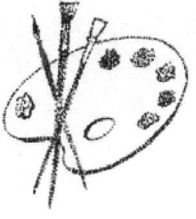

어졌습니다. 간단히 정의하자면 영적 은사는 교회가 세상에서 그리스도의 사역을 감당하게 하려고 그리스도께서 성령을 통해 주시는 특별한 능력입니다.

은사의 종류는 매우 다양합니다. 학자들은 은사를 대략 19가지에서 많게는 31가지 열거합니다. 어떤 사람은 하나님의 은사가 무한히 다양하다고 주장합니다. 우리에게는 한 가지 이상의 영적 은사가 있는데, 이 은사는 하나님이 주신 인격과 성품을 보완해줍니다. 우리는 받은 은사를 사용하고 표현해야 합니다. 은사를 사용할 때 기쁨으로 행동할 수 있으며, 마치 항상 원했던 일을 쉽게 행하고 있는 듯이 느낍니다.

지금부터 두 주 동안 당신은 당신의 그룹 회원들이 자기들의 특별한 은사를 분별하는 일을 돕고 그들은 당신이 자신의 은사를 분별하는 일을 돕는 기회를 얻게 될 것입니다. 그리스도를 섬김에 있어서 어떻게 이러한 은사들을 계발하고 사용할 것인지는 앞으로도 계속 분별해야 할 문제입니다. 다음의 글은 성령의 은사에 관한 기본적인 성경 본문을 고찰하는 데 도움이 될 것입니다.

성령: 모든 은사를 주시는 분

바울은 "형제들아, 신령한 것에 대하여 나는 너희가 알지 못하기를 원하지 아니하노라"(고전 12:1)고 말합니다. 영적 은사가 교회에서 혼란을 일으킬 수 있으며, 이 은사를 건전하게 사용하려면 은사에 대한 바른 지식이 필요하다는 사실을 알게 될 것입니다. 바울은 먼저 그들의 상황에서 영적 은사에 대해서 설명합니다. 그는 성도들에게 성령이 근본적으로 중요하다는 점을 상기시킵니다: "성령으로 아니하고는 누구든지 예수를 주시라 할 수 없느니라"(고전 12:3). 바울은 하나님에 대한 가장 기본적인 고백도 성령을 통해서만 가능하다고 말합니다. 여기에서 성령에 대해 다시 생각해 보겠습니다.

> 젊은 기독교인들이여, 성령이 여러분 안에 계시다는 진리를 이해하고, 그 진리로 충만해지는 시간을 가지십시오.…기도하십시오. 한 순간이라도 성령의 내주하심이 없이 살아갈 수 있다고 생각하지 마십시오. 성령이 함께 하시고 역사하실 것이라는 믿음으로 마음을 가득 채우십시오. 왜냐하면 그런 믿음을 통해서 성령이 오셔서 역사하시기 때문입니다.
>
> — 앤드류 머레이

제4주 성령의 은사

스위스의 종교 개혁자 장 칼뱅은 우리에게 성령의 사역이 필요하다고 설득력 있게 설명합니다.

> 첫째, 그리스도께서 우리의 밖에 계시고 우리가 그분에게서 떨어져 있는 한, 그분이 인류를 구원하기 위해서 고통당하고 행하신 모든 일들은 우리에게 쓸모도 없고 무익하다.…그러나 우리는 믿음으로 이것을 얻었다….
> 그러나 믿음은 성령이 하시는 주된 일이다. 성령이 주시지 않았다면 불신자로 머물 수밖에 없는 사람들이 믿음으로써 그리스도를 영접하는 것은 초자연적인 은사이다….
> [그리스도]는 성령을 통해서만 자신을 우리와 연합하신다. 동일한 성령의 은혜와 능력에 의해서 우리는 그의 지체가 된다.…요약하자면 성령은 그리스도께서 우리를 자신에게 연합시키시는 끈이시다.[1]

성령 하나님은 우리가 예수님이 누구이신지 보고 믿을 수 있도록 우리 안에 믿음을 창조하십니다. 그다음에 예수 그리스도의 사랑과 순종을 우리와 연결해주십니다. 성령의 끈, 또는 영적 접착제가 우리를 그리스도와 결합해줍니다. 우리 스스로 노력할 때 예수님의 사랑은 우리 밖에 있습니다. 성령의 연합시키고 결합하고 직조하는 사역을 통해서만 예수님이 우리 안에 거하실 수 있습니다.

이 사역은 하나님의 능력이지만, 우리같이 연약한 피조물에 강압적으로 이루어지지 않습니다. 거룩하신 성령은 겸손히 우리의 협동을 구하시고 제멋대로 하는 우리를 참으시면서 부드럽게 역사하십니다. 토머스 토렌스Thomas Torrance 교수는 "무한히 온유하실 수 있는 분이 전능하신 하나님뿐이라면, 성령의 특징은 전능하신 하나님 아버지의 온유하심이라고 규정할 수 있을 것이다"[2]라고 말했습니다. 성령은 강압하시기보다 간청하시고, 소리치기보다 속삭이십니다. 토렌스 교수는 키릴Cyril의 고전을 인용합니다: "그는 부드럽게 오신다. 향기로써 그의 오심을 안다.

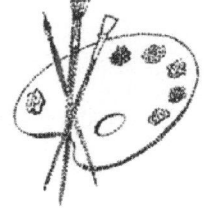

263

제4부 하나님의 부르심에 응답: 그리스도의 사역

> 당신 안에서 역사하시는 성령을 경외하라. 매일 [성령을] 믿고 순종하고 의지하게 해 달라고 간구하라. 그러면 [성령께서] 예수님 안에 있는 모든 것을 주실 것이며, 또한 그것들을 깨닫게 해 주실 것이다. [성령은] 예수님을 당신에게 있어서 가장 영광스러운 분으로 만들어 주실 것이다.
>
> — 앤드류 머레이

그의 짐은 매우 가볍다. 빛의 광선은 그의 오심으로써 빛난다. 그는 구원하고 치유하며 가르치고 훈계하고 강건하게 하고 권고하며 이성을 계몽하기 위해 오시므로, 그는 참된 보호자의 사랑을 가지고 오신다."[3]

빛이 보이지 않게 고요히 세상에 내려와 모든 생명을 살리듯이, 성령은 우리에게 임하여 우리의 내면을 조용히 비추십니다. 성령은 겸손하게 예수 그리스도를 비추면서 그에게 영광을 돌리시며 그분을 의지하는 일에만 집중하게 하십니다.

성령은 믿음의 은사를 주시는 한편, 우리를 점점 더 예수님을 닮게 해 주십니다. 칼빈은 "성령은 은밀하게 물을 뿌려줌으로써 우리로 하여금 의의 싹을 내고 열매를 맺게 하신다.…이는 성령이 능력의 감화로 우리 안에 거룩한 생명을 불어넣어 주시기 때문에 우리가 더 이상 혼자 행동하지 않고 성령의 행동과 자극의 지배를 받기 때문이다"[4]라고 말했습니다.

성령은 부드럽지만 능력 있게 역사하십니다. "그분은 우리 마음에서 악하고 무절제한 욕망을 계속 증발시키고 불태우는 하나님 사랑의 불을 피우신다." 요약해서 칼빈은 "우리 안에 있는 모든 선한 것은 [성령의] 은혜의 열매이다"[5]라고 말했습니다. 믿음과 열매 외에 은사를 우리에게 주시는 분은 교회 안에서 역사하시는 전능하신 성령이십니다.

바울은 이를 근거로 해서 모든 신자로 하여금 비슷한 기본 신앙을 갖게 하시는 성령이시지만 주시는 은사는 각기 다르다고 했습니다. 우리 각 사람에게 성령이 나타나십니다(고전 12:7). 다시 말해서 예수 그리스도의 영이 다양한 모습으로 성도들에게 나타납니다. 각각의 성도에게 각양의 은사가 주어집니다. 우리는 하나님이 사랑하시는 자녀들이므로, 하나님은 기꺼이 우리에게 은사를 주십니다. 또 하나님의 창조성이 무한하므로 정확하게 똑같은 사람은 하나도 없습니다. 하나님은 다양성을 기뻐하십니다.

예수 그리스도 안에 있는 하나님의 은혜는 교회 위에 큰 파도처럼 임합니다. 이 비유를 확대 해석해서는 안 됩니다. 하나님 은혜의 물결이 모든 것을 휩쓸어 똑같게 만들지 않으며, 각자의 개성을 더욱 빛나게 해 줍니다. 교회 안에서 쓸모없는 사람이 없고, 없는 편이 좋을 사람도 없습니다. 교회는 모두가 동참하여 각각의 은사가 조화를 이룰 때 가장 좋습니다.

각 사람은 빛을 발하도록 지음 받았습니다. 당신에게 특별한 은사가 있습니다. 당신이 감당할 몫이 있는데, 그것은 누구도 대신할 수 없습니다. 당신은 그리스도 안에서 하나님 사랑의 이야기에 다른 의미를 추가합니다. 당신은 은혜라는 화판畵板에 다른 색을 더합니다. 당신의 은사가 없으면 색이 생생하지 못합니다. 사도 바울은 모든 은사는 "같은 한 성령이 행하사 그의 뜻대로 각 사람에게 나누어 주시는 것이니라"(고전 12:11)라고 말합니다.

은사가 개인적으로 주어지지만, 개인적으로 누리기 위해 주어지는 것이 아닙니다. 바울은 "각 사람에게 성령을 나타내심은 유익하게 하려 하심이라"(고전 12:7)고 말합니다. 여기에서 우리는 포도나무와 가지의 비유에서 그리스도 몸의 비유로 옮겨 갑니다: "몸은 하나인데 많은 지체가 있고 몸의 지체가 많으나 한 몸임과 같이 그리스도도 그러하니라…다 한 성령으로 세례를 받아 한 몸이 되었고…너희는 그리스도의 몸이요 지체의 각 부분이라"(고전 12:12-13, 27). 바울은 몸의 지체들이 제 기능을 발휘하려면 서로 연결되어 있어야 한다고 말합니다. 다음 주에는 여러 교회에 나타나고 있는 그리스도의 다양한 지체의 모습, 그리고 몸처럼 각자가 독특한 외모와 성격과 특성이 있다는 것을 살펴보겠습니다. 지금은 성령의 은사가 전체의 유익을 위해서 주어진다는 것만 알기를 바랍니다.

고린도전서 12장은 기적 행함, 영 분별, 각종 방언, 방언 통역, 병 고치는 은사 등 성령의 은사를 열거합니다. 여기에 믿음, 지혜, 도움의 형태, 지도력 등의 은사가 포함됩니다. 성령이 능력으로 우리에게 오시고,

그리스도의 백성의 공동체가 많은 놀라운 광경 보기를 기대한다는 것을 알게 됩니다. 그러나 이 확실한 은사들은 지혜롭고 분별하는 정신과 균형을 이루어야 합니다.

한 몸 되게 하는 은사

사도 바울은 에베소서 4장 1-16절에서 예수 그리스도가 한 몸인 것처럼 우리도 하나라고 강조합니다. 그 문맥에서 다시 은사가 논의됩니다. 바울은 예수님을 따르는 것이 가장 기초적인 소명임을 일깨워 주며, "부르심을 받은 일에 합당하게 행하라"(1절)고 권합니다. 우리의 소명의 공통된 표현은 성령의 열매이며, 여기에서는 "모든 겸손과 온유로 하고, 오래 참음으로 사랑 가운데서 서로 용납하고 평안의 매는 줄로 성령이 하나 되게 하신 것을 힘써 지키는 것"(2-3절)이라고 묘사됩니다.

바울은 "주도 한 분이시요, 믿음도 하나요 세례도 하나요 하나님도 한 분이시니"(5-6절)라고 우리의 공동의 기초를 설명합니다. 이 공통된 중심에서 하나님의 다양성이 나옵니다: "우리 각 사람에게 그리스도의 선물의 분량대로 은혜를 주셨나니"(7절). 우리 가운데 거하셨던 예수님은 하늘로 올라가 하나님 우편에 앉으셔서 제자들에게 성령을 부어 주셨습니다. 성령은 은사로 오십니다: "그가 어떤 사람은 사도로, 어떤 사람은 선지자로, 어떤 사람은 복음 전하는 자로, 어떤 사람은 목사와 교사로 삼으셨으니, 이는 성도를 온전하게 하여 봉사의 일을 하게 하며, 그리스도의 몸을 세우려 하심이라"(11-13절).

에베소서에 열거된 은사들은 지도자를 위한 것입니다. 은사를 받은 지도자는 교회의 사역을 위해서 성도들을 가르칩니다. 지도자가 몸을 세움으로써 한 몸인 우리는 점점 더 그리스도를 닮아갑니다. 그리스도의 사역에 참여한다는 것은 주님을 닮아간다는 의미이며, 그 형성과정은 영적 은사를 실천함으로써 이루어집니다. 사도들은 부활하신 예수의

> 성령의 은사는 하나님의 강력하고 의미 있는 현존을 인간의 살과 피 속에 전달하는 수단이다. 하나님과 친밀함이 부활하신 그리스도의 적극적인 현존을 조명해주었다. 하나님의 나라에 풍성하고 효과적으로 헌신하면서 사는 새로운 삶의 방식을 받아들이고 순응하게 만드는 것은 성령의 내적인 역사이다.
> — 찰스 브라이언트

증인들이었으며 평생 예수님의 말씀과 사역을 증언함으로써 교회의 기초를 세웠습니다. 선지자들은 교회에게 그 기초 위에 서서 세상에서 나와 하나님께 헌신하는 백성이 되라고 촉구했습니다. 복음 전도자들은 교회가 복음의 말씀을 듣고 세상으로 다시 나가도록 인도할 수 있습니다. 교사들은 일상생활을 성경의 진리와 이야기들과 연결하고, 목사들은 생명의 중요성을 강조함으로써 몸의 지체들을 양육합니다. 지도자들은 한 몸을 이룬 성도들을 가르칩니다. 이때 사용되는 은사들은 그리스도의 사역을 표현하므로 몸을 건강하고 튼튼하게 만듭니다.

섬김의 은사를 받은 한 몸

로마서 12장 1-8절은 고린도전서처럼 은사들을 분명히 언급하거나 에베소서에서 강한 리더십의 은사를 언급한 것같이 다양하게 설명하지는 않지만, 그것들보다 중요하지 않은 것이 아닙니다. 바울은 은사에 대해 말하기 전에 먼저 정황을 제시합니다. 여기에서 그는 철저한 헌신을 권합니다. 그의 호소는 하나님을 기쁘게 하려는 개인적인 노력이 아니라 그리스도 안에서 하나님이 주시는 자비에 기초를 둡니다. 이 사실을 깨달을 때 우리의 몸을 "산 제물"로 드릴 수 있습니다. 산 제물은 지속적이며, 그 결과는 "마음을 새롭게 함으로 변화를 받는" 것입니다. 이것은 하나님이 만드시지만, 우리가 날마다 동의하고 선택함으로써 이루어지는 유기적인 변화입니다.

여기서 바울은 우리 각 사람이 중요하며 상호 관계가 있다는 것을 표현하기 위해서 몸이라는 이미지를 사용합니다. "우리가 한 몸에 많은 지체를 가졌으나 모든 지체가 같은 기능을 가진 것이 아니니, 이와 같이 우리 많은 사람이 그리스도 안에서 한 몸이 되어 서로 지체가 되었느니라"(4-5절). 신자들은 유기적으로 연결되어 교제하지만, 각 사람은 서로 섬기는 은사를 받았습니다: "우리에게 주신 은혜대로 받은 은사가 각

각 다르니"(6절). 바울은 신자들에게 자기가 받은 특별한 은사에 따라 사랑으로 행동하고, 하나님이 우리를 지으실 때 의도하신 존재가 아닌 다른 존재가 되려 하지 말고 자신의 존재 및 소유를 사용하라고 권합니다: "우리에게 주신 은혜대로 받은 은사가 각각 다르니, 혹 예언이면 믿음의 분수대로, 혹 섬기는 일이면 섬기는 일로, 혹 가르치는 자면 가르치는 일로, 혹 위로하는 자면 위로하는 일로, 구제하는 자는 성실함으로, 다스리는 자는 부지런함으로, 긍휼을 베푸는 자는 즐거움으로 할 것이니라"(6-8절).

이 구절은 전도서 9장 10절의 "네 손이 일을 얻는 대로 힘을 다하여 할지어다"와 같은 내용을 나타냅니다. 우리는 섬기는 일에 은사를 사용함으로써 그 은사에 불을 붙이라는 부름을 받았습니다. 받은 은사를 사용하면 할수록 은사는 더욱 커집니다. 반대로 은사를 사용하지 않고 숨기면 영적으로 퇴보합니다.

그렇다면 당신의 은사는 무엇이며, 지난 몇 달 동안 그리스도 안에서 당신과 함께 여행해온 동반자들의 은사는 무엇입니까? 당신 및 영적 동반자들이 은사를 사용하고 있는 곳은 어디입니까? 금주의 과제와 그룹 모임을 통해서 당신만의 독특한 영적 은사가 무엇인지, 그리고 동반자들의 영적 은사가 무엇인지 발견하게 될 것입니다.

> 우리가 사람들의 유익을 위해서 은사를 사용할 때…그 은사가 발달한다. 우리는 전체 공동체를 더 풍요롭게 만들기 위해 받은 은사를 사용해야 한다.
> — 존 치티스터

매일의 과제

금주의 내용을 읽으십시오. 영성일지나 노트를 옆에 두고, 당신의 생각이나 깨달은 점을 기록하십시오.

매일의 과제를 실천할 때 소그룹의 회원 각자에게 어떤 은사가 있는지 찾아보십시오. 묵상할 성경 구절을 정해줄 수도 있지만, 대부분 그룹 모임을 준비하는 시간이 될 것입니다. 매일 1~3명을 택해서 그들을 위해 기도하고 그들이 지닌 은사를 기록하십시오. 한 번에 한 사람에게 초점을 두십시오. 하나님이 그 사람에게 어떤 은사를 주셨는지 깨닫게 해달라고 기도하고, 그 사람의 은사를 축하하십시오.

• 첫째, 모임을 시작한 이후 모임의 구성원으로서 각 사람이 특별히 기여하고 있는 부분을 생각하십시오.
• 둘째, 이제까지의 모임에서 그 사람이 즐거웠던 일이나 더 좋은 세상에 대한 이상, 상처나 연약함 속에 숨어 있는 사랑의 잠재력 등에 대해 한 말을 생각하십시오.
• 셋째, 당신이 느낀 점이나 확신을 영성일지에 기록하십시오.

각 사람에 관한 생각이 굳혀지면, 금주의 과제 뒤에 있는 「영적 은사 목록」을 읽고 그 중에 해당되는 것을 찾아보십시오. 은사를 창조적으로 폭넓게 해석하십시오. 목록에 지나치게 얽매일 필요는 없지만, 가능한 한 목록에서 벗어나지 마십시오.

마지막으로 각 사람의 카드를 만들고 그 사람의 은사를 기록하십시오. 카드에 기록할 내용은 다음과 같습니다.

1. **눈에 보이는 은사**: 기록된 각각의 은사 옆이나 밑에 그 사람의

은사를 감지한 장소나 상황을 간단히 기록하십시오.

2. **잠재된 은사**: 각 사람에게 잠재되어 있는 은사를 기록하고, 그 은사를 느낀 장소나 상황을 간단히 기록하십시오.

주의할 점: 모임에 참석하기 전에 회원들 모두에 대한 카드를 작성했는지 회원명부와 대조하십시오. 지도자가 이 과정을 한 번으로 끝낼 것인지, 다음 모임에도 계속할 것인지 결정할 것입니다.

과제 1

에베소서 4장 7-13절을 읽으십시오. "온전한 사람을 이루어 그리스도의 장성한 분량이 충만한 데까지 이르도록" 함께 성장하고 싶은 소망에 대해 묵상하십시오. 이번 주에 그리스도의 사역을 위한 서로의 은사를 확인하는 작업에 비추어서 그것을 묵상하십시오. 「은사 카드」 작성 지침에 따라 회원 각 사람의 카드를 기록하는 과정을 시작하십시오.

그들에게 있어서 그리스도의 장성한 분량이 충만한 데까지 이르도록 성장한다는 것이 무엇을 의미하는지 살펴보십시오. 그들이 하나님이 은사를 사용함으로써 온전하게 성장할 수 있도록 기도하십시오. 그들 각자가 자신의 은사를 분명하게 볼 수 있도록 사랑으로 간구할 수 있는 능력을 달라고 기도하십시오.

과제 2

고린도전서 12장 1-17절을 읽으십시오. 그리스도 안에 있는 우리의 관계의 신비 및 그리스도의 완전한 사역을 이루기 위해 서로 의지하는 것에 대해 묵상하십시오. 앞에서 제시한 지침에 따라 회원 각 사람의 은사 카드를 작성하십시오.

나머지 시간에는 당신 자신의 은사를 묵상하십시오. 사람의 몸을 그리십시오. 이 그림이 당신의 회중 안에 있는 그리스도의 몸이라면, 당신은 어느 지체에 속하며 당신의 은사는 무엇입니까?

과제 3

마태복음 25장 14-30절을 읽으십시오. 이 세상에 하나님의 나라를 확장하기 위해서 각 사람에게 은사를 주셨다는 말씀을 묵상하십시오. 각 사람이 받은 은사를 숨기거나 묻어두지 않고, 그 은사를 발견하여 잘 사용할 수 있게 해달라고 기도하십시오. 앞에서 제시한 지침에 따라 회원 각 사람의 은사 카드를 작성하십시오.

　나머지 시간은 예수님이 달란트 비유에서 말씀하신 두 종류의 사람에 대해 묵상하십시오. 이 비유에 비추어볼 때 당신의 모습은 어떠합니까?

과제 4

로마서 12장 1-8절을 읽으십시오. "오직 하나님께서 각 사람에게 나누어 주신 믿음의 분량대로 지혜롭게 생각하라"는 바울의 충고에 대해 묵상하십시오. 정해진 지침에 따라 각 회원의 은사 카드를 작성하십시오.

　나머지 시간은 다른 사람의 은사를 인정하지 못하거나 자신의 은사를 무가치한 것으로 여기는 태도에 대해 생각하십시오. 이런 태도를 하나님께 정직하게 말씀드리십시오. 당신이 사람들의 인정을 받고 싶어 하듯이, 당신도 사람들을 인정할 수 있게 해달라고 기도하십시오.

과제 5

디모데후서 1장 2-7절을 읽으십시오. 서로의 은사를 깨닫고 확인하는 데 있어서 당신이 발휘하는 확실한 역할에 대해 생각하십시오. 각 사람의 은사 카드를 작성하십시오.

제4부 하나님의 부르심에 응답: 그리스도의 사역

나머지 시간은 당신이 "하나님의 은사"를 깨닫고 확인하도록 도와준 사람이 누구인지 생각하십시오. 그 사람이 당신을 어떻게 도왔습니까? 당신도 소그룹 회원들에게 그런 신실한 친구가 될 수 있게 하는 은혜를 구하십시오.

영적 은사 목록

다음의 목록은 댄 딕Dan R. Dick이 정리한 것입니다.

다음의 은사들은 로마서 12장 6-8절; 고린도전서 12장 4-11절; 27-31절; 에베소서 4장 11-12절에서 바울이 열거한 영적 은사들을 토대로 한 것이다.

다스림administration: 인간 자원과 물질 자원을 그리스도의 사역을 위해서 조직하는 은사이다. 여기에는 일을 계획하고, 사람들과 함께 일하고, 책임을 맡기고, 성장 과정을 관찰하고, 절차의 효율성을 평가하는 능력 등이 포함된다. 지도자들은 작은 일에도 주의를 기울이며, 효과적으로 의사소통하고, 주목받는 자리에 서기도 하지만 보이지 않는 곳에서 일할 때도 즐겁게 한다.

사도직apostleship: 예수 그리스도의 복음을 문화가 다른 이방에 전하는 은사이다. 이 선교의 열정이 우리를 감동하여 복음을 전하기 위해서 낯선 미지의 땅으로 가게 한다. 사도들은 외국어를 배우고 다른 문화권을 방문하거나 기독교의 메시지를 듣지 못한 사람들이 있는 곳에 갈 수 있다.…오늘날에는 선교지로 가기 위해서 대양을 건널 필요가 없으며, 의사소통을 위해서 반드시 "다른 나라 말을 할" 필요도 없다. 우리의 선교지가 뒤뜰만큼 가깝기 때문이다.

긍휼compassion: 이 은사는 궁핍한 사람들을 향한 특별한 공감으로서 우리로 하여금 행동하게 해준다. 긍휼이란 단순한 관심 이상으로서 복음의 진리를 삶의 다른 실체들과 연결하기 위해서 다른 사람의 고

통에 동참하는 것이다. 긍휼은 우리로 하여금 자신의 편안함을 넘어서 하나님의 자녀들에게 실제적이고 현실적인 도움을 제공하게 한다. 이때 우리는 섬기는 대상의 가치, 또는 그가 나타내는 반응에 상관하지 않는다.

분별discernment: 이 은사는 진리와 잘못된 가르침을 식별하며 우리를 향한 하나님의 부르심을 알기 위해서 영적 직관을 의지하는 능력이다. 분별을 통해서 중요한 것에 초점을 맞출 수 있으며, 하나님께 신실하게 순종하는 데 방해가 되는 것에서 벗어나게 된다. 분별은 경청해야 할 사람과 피해야 할 사람을 아는 데에도 도움이 된다.

복음 전파evangelism: 이것은 복음을 들어보지 못한 사람들과 그리스도를 믿기로 결심하지 못한 사람들에게 예수 그리스도의 복음을 전하는 능력이다. 이 은사는 일대일의 상황이나 그룹 모임의 상황에서 분명히 나타난다. 즉 사람들과의 친밀한 관계에서 나타나기도 하고, 개인적인 신앙이나 하나님을 향한 신앙의 부름을 함께 나누기를 원하는 사람들과의 관계에서 나타나기도 한다.

권고exhortation: 이것은 특별히 격려하는 은사이다. 권고하는 자는 구름 속에 묻혀있는 은을 발견할 수 있고, 동료들에게 진실되고 고무적인 소망을 줄 수 있고, 사람들의 장점을 발견하도록 칭찬하는 사람이다. 또 권고하는 자는 신앙공동체로 하여금 그 공동체의 좋은 점을 느끼게 해주고, 미래에 대한 소망을 갖게 해준다. 권고하는 자는 외모로 판단하지 않으며, 자신이 참되고 옳으며 선하다고 알고 있는 것을 고수한다.

믿음faith: 믿음의 은사는 단순한 신앙을 넘어서서, 개인이나 그룹이 어떤 도전에 직면했을 때 그리스도 안에 있는 정체성을 굳게 붙들 수 있게 해주는 은사이다. 믿음은 신자들로 하여금 자신을 불구로 만들 수도 있는 어려움이나 난관을 초월할 수 있게 해준다. 믿음의 특징은 하나님에 대한 확고한 신뢰이다. 믿음의 은사는 시험을 받아 흔들릴 수 있는 사람을 감화해준다.

구제giving: 이것은 신자들이 하나님께 규칙적으로 나타내는 감사의 응답을 초월하여 그리스도 몸의 사역을 지원하기 위해서 금전이라는 자원을 사용하는 능력이다. 구제는 하나님의 영광과 존귀를 위해서 돈을 사용하는 능력이다. 구제하는 사람은 돈을 사용하는 가장 좋은 방법을 분별할 수 있고, 금전적 지원을 호소하는 일의 정당성과 실제성을 이해할 수 있고, 교회의 재정적인 문제를 다루는 가장 충실한 방법을 지도한다.

병 고침healing: 이것은 하나님의 치유 능력을 하나님의 백성에게 전하는 은사이다. 치유하는 자는 육체적인 치유뿐만 아니라 정신적이고 영적인 것과 심리적인 것까지 치유하는 은사를 베푼다. 치유자들은 기도를 많이 하는 사람이다. 그들은 치유가 하나님의 손에 달려 있다는 사실, 치유가 부정적인 증세를 제거하는 것 이상의 일임을 강조한다. 능력 있는 치유자는 가슴 아픈 고통을 나타내기도 한다.

도움helping: 이것은 그리스도의 사역을 위한 준비를 갖추는 은사이다. 돕는 자는 사람들이 교회의 선교와 목회를 끌어갈 수 있도록 지원해준다. 이 "무명의 영웅들"은 보이지 않는 곳에서 일하며, 다른 사람들이 귀찮게 여기는 세심한 것에도 주의를 기울인다. 돕는 자는 사람들의 칭찬이나 관심에 상관하지 않고 언제나 신실하게 자신의 직분에 충성한다. 돕는 자는 교회 사역의 골격을 제공한다.

방언 해석interpretation of Tongues: 이 은사는 두 가지 상이한 의미로 이해될 수 있다: (1) 기독교의 메시지를 듣지 못한 사람들과 의사소통하기 위해서 정식으로 공부하지 않고서도 외국어를 해석할 수 있는 능력, 또는 (2) 깊은 영적 차원에서 하나님과 교제하는 은밀한 기도 언어인 방언의 은사를 해석하는 능력이다. 두 가지 의미 모두 본질적으로 공동체와 관련이 있다. 첫째는 세상으로 복음을 확장하는 것이고, 두 번째는 신자들의 교제 안에서 믿음을 강화하는 것이다.

지식knowledge: 이것은 성경과 인간의 상황을 충실하게 연구함으로써 진리를 아는 은사이다. 지식은 그리스도의 몸을 이루고 세상을 변화시키는 데 필요한 정보를 제공한다. 이 은사를 받은 사람은 성경을 읽고 연구하는 것, 토론, 그리고 기도 등을 통해서 교제를 증진시킨다.

지도leadership: 교회의 목회와 선교를 성취하기 위해서 사람들의 은사와 재능을 결집하고 조합하는 은사이다. 지도자는 신앙공동체가 하나님이 주신 봉사의 이상을 향해 나아가게 하고, 사람들로 하여금 자신의 은사를 최고도로 사용할 수 있게 해준다. 지도자는 협력 작용을 일으킴으로써 믿음의 공동체가 각각의 구성원들이 홀로 성취하는 것보다 더 많은 것을 성취할 수 있게 한다.

기적 행함miracle working: 이것은 교회로 하여금 세상에서 하나님의 기적적인 역사를 인정하는 영적 차원에서 작용하게 해준다. 기적을 행하는 사람들은 하나님의 능력을 불러와 세상의 표준으로는 불가능한 것처럼 보이는 일들을 성취한다. 기적을 행하는 자들은 하나님의 능력을 구한다. 그들은 평범한 세상으로 하여금 특별한 교제의 본질을 상기하게 해주며, 그럼으로써 하나님께 대한 믿음과 신뢰를 증가시킨다. 그들은 사람들의 삶에서 하나님이 역사하시기를 기도하는데, 자신의 기도가 응답되었을 때 놀라지 않는다.

예언prophecy: 하나님의 말씀을 분명하고 충실하게 말하는 은사이다. 예언자는 하나님께서 자기를 통해서 사람들이 들어야 할 메시지를 전하시는 것을 허락한다. 예언자는 받은 영적 능력 때문에 반드시 말해야 할 것을 말한다. 그는 미래를 예언하지는 않지만 현실에 관한 하나님의 관점을 계시함으로써 하나님의 미래를 선포한다.

섬김servanthood: 영적으로나 물질적으로 궁핍한 사람들을 섬기는 은사이다. 섬기는 종은 스스로를 그리스도의 몸 안에 있는 궁핍한 자들을 돕고 위로하는 자라고 생각한다. 그는 자신의 욕구보다 다른 사람들의 욕구에 초점을 둔다. 섬김은 믿음을 행동으로 옮기는 것이며, 사람들을 예수님처럼 대하는 것이다. 섬김의 은사는 기독교의 사랑을 세상으로 확장하는 은사이다.

목양shepherding: 이것은 사람들을 인도하는 은사이다. 목사는 신자들을 믿음 안에서 양육하고, 초신자들의 지도자 역할을 감당한다. 목사는 특별한 영적 성숙을 보여주며, 사람들의 영적 성장과 발달을 촉진하기 위해서 자신의 경험과 지식을 함께 나눈다. 목사는 개인을 돌볼 수도 있고 사람들의 영적 여정에 동행할 수도 있다. 많은 목사가 다양한 신자들에게 영적 지도와 안내를 제공한다.

가르침teaching: 사람들에게 영적 진리와 성경적 진리를 전해 주는 은사이다. 이것은 단순히 주일학교에서 가르치는 것이 아니다. 교사는 다양한 방법으로 예수 그리스도의 진리를 증언하고 사람들이 기독교 신앙의 복잡한 실체를 이해할 수 있도록 도와준다. 교사는 계시자이

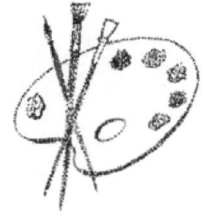

다. 그는 의심과 무지의 어둠 속에 이해의 빛을 비춰준다. 그는 사람들이 새로운 진리에 눈 뜰 수 있게 해주고, 과거의 사람이 아닌 미래의 사람이 될 수 있도록 도전한다.

방언tongues: 이 은사에 대해서는 두 가지 해석이 가능하다: (1) 외국어를 배우지 않고서도 사람들에게 외국어로 복음을 전할 수 있는 능력(행 2:4을 보라), 또는 (2) 방언 해석의 능력을 가진 사람만 이해할 수 있는 은밀한 기도의 언어로 하나님과 이야기할 수 있는 능력. 외국어를 말하는 은사는 세상에 복음을 전파하는 데 유익하고, 은밀한 기도의 말을 할 수 있는 은사는 신앙의 공동체 안에 신실함을 세워나갈 기회를 제공한다.

지혜wisdom: 삶의 경험을 영적 진리로 표현하며, 성경의 진리를 일상생활에 적용하는 은사이다. 지혜로운 사람은 이성을 초월하는 지식과 균형을 제공한다. 지혜는 하나님이 주신 상식을 교회를 향한 하나님의 계획을 이해하는 데 적용한다. 그리고 믿음의 공동체를 도와 교회의 중요한 사역에 초점을 두게 하며, 미숙한 신자들이 하나님의 복 받은 자들과 함께 깊이 있는 진리를 나누게 해준다.

From *Revolutionizing Christian Stewardship for the 21st Century: Lessons from Copernicus* by Dan R.Dick (Nashville, Tenn.: Discipleship Resources, 1997), 97-101.

제4부, 제5주

세상을 위해 주어진 그리스도의 몸

　성령은 모든 신자에게 섬김의 은사를 부어 주셨습니다. 우리는 그 은사를 교회 안에서 사용할 때 놀라운 성취감과 에너지를 발견합니다. 그 은사는 우리를 이끌어 그리스도 몸의 지체들과 함께 공동체 안에 더욱 깊이 들어가게 합니다. 주님의 몸은 성장하게 되어 있습니다. 우리는 특별한 은사를 가진 새 지체들을 환영합니다. 살아있는 몸은 안정된 상태와 모습을 유지하는 동시에 항상 변화하며 끊임없이 스스로를 재충전합니다. 따라서 교회는 항상 예수 그리스도에게 중심을 두지만, 그럼에도 불구하고 정적靜的이 아니고 역동적이며, 교제에 있어서 폐쇄적이지 않고 개방적입니다. 교회는 영적 은사를 건전하게 사용할 때 그리스도의 몸으로서의 기본 형태를 유지하면서도 새로운 방법으로 성장하고 적응합니다.

　우리의 영적 은사가 반드시 우리의 재능이나 교육이나 직업과 연결되는 것은 아닙니다. 그리스도의 몸 안에서 우리의 위치는 세상에서의 위치와 크게 다를 수 있습니다. 따라서 우리는 교회 안에서 새로운 신분을 갖기도 합니다. 세상의 지도자들이 교회에서 수혜자나 겸손히 섬기는 자가 될 수 있고, 세상에서는 기백이 없던 사람이 존경받는 지도자가 될 수도 있습니다. 대기업 최고 경영자가 그리스도의 몸 된 교회에서 영아부의 기어 다니는 어린아이들을 돌볼 수도 있습니다. 한 주일 동안 아이

들과 말씨름하던 가정주부가 그리스도의 몸 된 교회 안에서는 지혜로운 장로의 사역을 감당할 수 있습니다. 우리는 세상보다는 예수 그리스도의 교회 안에서 참된 생활을 할 수 있으며, 더 깊은 소속감과 목적의식을 갖습니다.

파송과 모임

교회는 개방성을 갖고 있어서 지체들을 세상으로 파송합니다. 우리는 어디에서 무슨 일을 하든지 선교사역에 종사합니다. 우리는 교회 안에서만 아니라 교회를 통해서 세상에 대해 은사를 발휘합니다. 우리는 한 주일 동안 육체적으로는 다른 지체들과 떨어져 있지만 영적으로는 항상 연결되어 있습니다. 몸의 생명이 계속 우리에게 영향을 끼칩니다. 우리는 각기 다양한 상황에서 어디에 있든지 교회의 사명을 발휘합니다. 우리는 분열과 고독만 알고 있는 세상에 그리스도의 몸 안에 있는 생명의 맛을 전해 줍니다. 우리는 혼돈에 일관성을, 탐욕에 관대함을, 버림받은 사람들에게 긍휼을 가져다줍니다.

세상은 영적 갈급함을 충족시켜주는 열매와 같은 그리스도의 종들과 함께합니다. 우리 중에 희망에 굶주린 사람들은 우리의 시간과 관심을 갈구할 것입니다. 이것이 우리가 사는 목적입니다. 우리의 열매, 즉 우리를 통해서 재현되는 예수 그리스도의 생명은 굶주린 세상을 먹이기 위한 것입니다. 우리는 일상생활을 통해서 주고 또 줍니다. 예수님이 예언하신 대로 우리는 자신이 이용되고 있음을 알게 될 것입니다. 만일 하나님의 도움이 없다면 주말이 되면 우리는 지쳐버릴 것입니다. 공동체와 예배와 공부를 통해서 영을 재충전하기 위해서는 몸의 교제로 복귀해야 합니다. 그리고 기도와 성경 묵상과 영적 교제를 통해 새롭게 되려면 날마다 하나님을 의지해야 합니다.

> 예수님은 제자들을 불러 모으셨을 때 그들이 내향적인 태도를 취하게 하지 않으셨다. 주님은 그들을 세상에 보내어 굶고 있는 영과 몸의 상처를 치유하게 하셨다.…주님은 하나님의 임재 안에 영원히 거할 공동체에 대해 말씀하셨는데, 그것은 굶주린 사람을 먹이고 나그네를 영접하고 벌거벗은 사람에게 옷을 입히고 병든 사람을 돌보며 감옥에 갇힌 사람을 방문하는 사람들의 공동체이다.
>
> — 스테픈 도우티

특별한 선교

하나의 교회나 개인이 이 갈망하는 세상이 요구하는 것들을 모두 충족시킬 수는 없습니다. 하나님은 한 사람에게 모든 임무를 맡기신 것이 아닙니다. 그리스도 몸의 지체들은 보편 교회 안에서 각기 다른 기능을 갖습니다. 개인들과 마찬가지로 기독교 공동체들도 각기 다른 인격을 지니며 섬김에서의 우선순위도 다릅니다. 어떤 교회는 주로 복음을 전하는 사역에 소명을 느끼며, 어떤 교회는 구체적인 봉사 사역의 초점을 둡니다. 하나님은 어떤 공동체에게는 세계 선교의 사역을, 또 어떤 공동체에게는 국내 선교의 사역을 주십니다. 어떤 교회는 가난한 사람들을 돌보는 일에, 또 어떤 교회는 예배를 드리는 일에 사역의 초점을 둡니다. 따라서 각각의 신자들은 자신의 은사와 소명 의식에 알맞은 교회를 선택합니다.

구스타프 넬슨Gustav Nelson은 우리의 소명에 충실하면서 상황에 부합될 수 있는 21세기 교회의 모범을 연구하면서 다음과 같이 썼습니다.

> 교회의 선교는…각 지체들의 삶과 활동의 총체이다. 한 사람이 교회에 합류할 때 회중의 선교가 증가하고, 한 사람이 교회를 떠날 때 회중의 선교는 감소한다. 회중의 선교는 각 지체가 한 주일 동안 일상—가정, 직장, 자원봉사—에서 행하는 것의 총합이라고 정의할 수 있다.…단순하고 힘찬 교회 구조는 교회의 지체들로 하여금 세상에서 자유롭게 살게 한다. 활동적인 지체들은 교회 건물 안에서 많은 시간을 보내지 않을 것이다. 그들은 세상 속에 거해야 한다.[1]

교회의 선교는 각 지체들의 삶과 활동의 총체입니다. 우리는 함께 모여서 자신이 누구인지 기억합니다. 우리는 우리의 주요 구속자이신 예수님을 중심으로 모여 예배하고 기도합니다. 그리고 세상으로 파송되었다가 다시 모입니다. 어디에 가서 무엇을 하든지, 우리는 교회뿐만 아니

> 바울은 우리가 발휘하는 은사가 실제로 작용한다고 말한다. 왜냐하면 하나님이 그 은사를 운용하시기 때문이다(빌 2:13을 보라). 이 영적 에너지나 하나님의 은혜 때문에 우리가 은사를 충실하게 사용할 때 기적이 일어난다. 그것은 인간의 능력을 초월한다. 그것이 목적을 가지고 거리낌없이 흐르는 하나님의 에너지가 되기 때문에 측량할 수 없이 다양한 결과를 낳는다.
> — 찰스 V. 브라이언

라 세상의 양육을 위해 성령의 열매가 우리를 통해서 성장할 수 있도록 예수 그리스도를 의지하며 살기로 동의하고 근본적으로 하나님께 모든 것을 맡긴 사람들입니다. 우리는 그리스도의 지체들을 돕기 위해서 우리에게 주어진 영적인 은사들이 세상의 삶 속으로 흘러 들어간다는 것을 알게 됩니다. 교회마다 성격이 다르고 강조하는 면이 다르지만, 모든 교회는 모이고 파송하는 리듬을 가진 공동체가 되라는 부름을 받았습니다. 우리는 모두 선교사역에 종사하고 있습니다.

예를 들어 개를 좋아하는 여인은 자신의 열정이 의미 있는 사역일 수 있음을 발견합니다. 그녀는 오랜 시간 노력해서 개가 에이즈 환자의 동반자가 되고 심장병을 앓는 사람들의 보호자가 되고 요양원을 지키는 역할을 하도록 훈련합니다. 교사, 상담자, 변호사들도 그리스도의 사랑을 베푸는 일, 즉 힘든 삶을 살아온 사람들의 복잡하고 슬픈 이야기를 인내하며 들어주는 것 등의 사역을 합니다. 그들이 할애한 시간과 돌봄이 바로 교회의 선교사역입니다.

성실하고 노련하게 직업에 종사하는 사람들은 그리스도의 사역에 직접 참여하는 것은 아니지만, 그들이 행하는 일은 다른 사역 못지않게 중요합니다. 회계사의 정확한 계산은 그 정확성과 꼼꼼함을 통해서 하나님을 찬양합니다. 더 나아가서 그들은 세상에서 하나님의 정의를 지키는 일에 참여합니다. 공장에서 설계대로 목재를 정확하게 자르는 것은 하나님의 기쁨을 반향하며 하나님의 백성이 탁월하고 활기차게 교역하고 있다는 교회의 증언에 동참합니다.

우리는 세상에서 노인을 위해 식료품을 자동차에 실어주거나, 감사의 편지를 쓰거나, 집을 청소하거나, 식물학을 공부하거나, 침대에서 밤새 기도하거나, 버스를 운전하거나, 혹은 편지를 배달할 수 있습니다. 이 모든 일이 성령의 능력 안에서 선교사역이 될 수 있습니다. 우리가 하는 일이 어떻게 하나님의 진리와 아름다움과 선함과 사랑에 참여하게 되는지 상상할 수 있습니다. 그래서 힘든 일이라도 어떤 태도로 그 일을 하느냐에 따라서 봉사와 찬양의 기회가 될 수 있습니다. (비록 큰 소리로 부르는 것은 아니지만) 예수님의 이름으로 행한 모든 것은 몸의 생명의 한 부분이 될 수 있습니다. 규칙적으로 모이는 것은 우리가 다양한 상황에서 어떻게 선교할 것인지 생각하는 데 도움이 됩니다.

은사와 공동체

공동체 생활은 그리스도 안에서 우리의 삶을 성장하게 해주며, 또 우리의 삶을 선교의 관점에서 보게 해줍니다. 베드로전서에는 하나님 백성들의 공동생활과 은사의 발휘에 대한 가르침이 있습니다:

> 무엇보다도 뜨겁게 서로 사랑할지니 사랑은 허다한 죄를 덮느니라. 서로 대접하기를 원망 없이 하고, 각각 은사를 받은 대로 하나님의 여러 가지 은혜를 맡은 선한 청지기같이 서로 봉사하라. 만일 누가 말하려면 하나님의 말씀을 하는 것같이 하고, 누가 봉사하려면 하나님이 공급하시는 힘으로 하는 것같이 하라. 이는 범사에 예수 그리스도로 말미암아 하나님이 영광을 받으시게 하려 함이니, 그에게 영광과 권능이 세세에 무궁하도록 있느니라. 아멘(벧전 4:8-11).

이 말씀은 은사와 관련된 몇 가지 개념을 강조합니다.

1. **은사는 사랑에 비추어 고려되어야 한다.** 사랑이 우리의 교제의 특징을 결정한다. 몸 된 교회를 향한 예수 그리스도의 사랑이 우리 존재와 행동을 뒷받침한다. 우리의 삶의 척도는 우리에게 알려진 하나님의 사랑이 우리의 삶을 통해서 다른 사람에게 흘러가게 하는 방법이다. 이 구절에서 환대(대접하기)는 하나님 백성들의 공동생활에 필요한 사랑의 특별한 표현이다. 이 영적 은사는 기독교 특징의 하나이다. 우리는 포도나무의 가지처럼 서로에게 속해 있다는 것을 인정하며, 그렇기 때문에 자신이 소유한 것을 자유로이 나눌 수 있다.

제4부 하나님의 부르심에 응답: 그리스도의 사역

2. 은혜와 은사를 받은 우리는 서로 섬기는 임무를 지닌 청지기이다. "청지기"로 번역되는 그리스어 *oikonomoi*는 우리의 공동생활을 훌륭히 예증한다. 이 단어의 어원은 "집"이라는 뜻이다. 청지기는 주인을 위해서 집안일을 맡아 관리하는 하인이다. 옛날에도 지금처럼 가정을 유지하려면 물건들과 봉사가 지속적으로 필요했다. 가족 수에 맞게 식량이 확보되어야 했고, 규칙적인 유지 보수가 필요했다. 때가 되면 땅은 노동의 열매를 맺었다. 선한 청지기는 가정의 경제를 능률적으로 이끌어 갔기 때문에 사람들의 욕구를 충족시키고 풍성한 수확을 거둘 수 있었다.

에베소서에서 그리스도의 백성과 권속이 비교된다: "이제부터 너희가 외인도 아니요 나그네도 아니요 오직 성도들과 동일한 시민이요 하나님의 (가정의) 권속이라"(엡 2:19; 괄호 안은 강조를 위해 삽입한 것임). 한 가정의 청지기가 된다는 것은 하나님이 주신 은혜와 은사를 깨닫고, 그것들을 가족들을 위해서 사용한다는 뜻이다. 우리는 하나님이 주신 자원을 축소해서는 안 된다. 우리는 성령을 통해서 그리스도 안에 있는 은혜를 무제한으로 공급받을 수 있다. 물론 우리같이 연약한 청지기들에게는 고려해야 할 한계가 있다. 그러나 많은 사람이 은혜를 전할 수 있는 능력이 자신이 알고 있는 것보다 더 크다는 것을 알고 있다. 성령은 우리의 영적 은사들의 표현을 통해서 하나님의 사랑을 쏟아 부으시려고 청지기들의 초대를 기다리신다.

우리는 선한 청지기로서 자신의 자원을 정직하게 평가한다. 하나님 사랑의 무한한 힘에 의존하면서도 우리는 자신의 은사와 한계를 안다. 우리는 그런 자세로 완전한 집인 교회의 유익을 추구하며, 우리가 어떤 곳에서 어떤 방법으로 공헌할 수 있는지 살펴볼 것이다. 하나님 사랑의 관대함으로 서로를 돌봄으로써 모든 집이 번영할 것이다. 그리하여 궁핍한 세상이 우리의 풍성한 수확을 나누어 가질 것이다.

> 우리가 사람들에게서 고립되어 있지 않을 때, 그리고 신앙의 공동체를 지나치는 말로 칭찬하지 않을 때 우리는 은혜 안에서 성장할 것이다. 우리가 성도들과 죄인들도 함께 모여있는 곳, 영적 친구들과 낯선 사람들이 함께 모여있는 곳, 다시 말해서 보편적인 기독교 공동체 안에 규칙적으로 성실하게 참여할 때 우리는 은혜 안에서 성장할 것이다.
> — 토머스 호킨스

3. 은사는 서로의 유익을 위해 사용하도록 주어진다. 우리는 자신의 은사를 고립된 상태에서 사용할 수 없다. 은사는 숨겨두라고 주어진 것이 아니며 부수적으로 사용하라고 주어진 것도 아니다. 교회는 하나의 교제, 즉 유기적으로 연결된 몸이다. 교회는 민간 단체가 아니고 정당도 아니고 자선 단체도 아니다. 우리는 세상에서 함께 모여 그리스도의 몸을 이루라는 부름을 받았다.

은혜로 말미암아 포도나무이신 그리스도 예수를 항상 전적으로 의지해야 한다는 사실을 깨달을 때, 우리의 삶 전체가 그 진리를 중심으로 움직이게 된다. 예수님이 삶 전체의 구성 원리가 되신다. 찬송가의 가사처럼 주님이 "우리 마음의 중심"이 되신다. 따라서 그리스도의 몸으로 함께 모이는 것은 우리가 선택할 수 있는 것이 아니다. 예배는 절대적으로 중요하며, 하나님이 우리에게 요구하시는 첫 번째 행위이다. 그리스도 예수 안에서 형제자매를 위해 기도하는 것은 우리 자신의 몸을 돌보는 것만큼 중요한 일이다. 성경을 연구하고 기도하기 위해 모이는 것도 육체의 건강을 위해서 음식을 먹고 운동을 하는 것만큼 중요하다. 그리스도의 이름으로 세상에 봉사하는 것은 선택사항이 아니라 필수사항이다. 우리에게는 이런 활동을 해야 할 책임이 있다.

과거에는 한 지방에 하나의 회중이 있었다. 즉 한 마을에 신자들의 집단이 하나였다. 오늘날 우리는 그리스도 몸의 어느 부분에 참여할 것인지를 선택할 수 있지만 몸 자체의 일부가 될 것인지는 선택할 수 없다. 신자들이 몸에 유기적으로 연결되어 있다는 원리는 불변한다. 우리가 출석하는 교회에서 자신에게 주시는 하나님의 음성을 듣지 못한다면, 교회가 우리 삶에 교제의 유대관계를 제공해주지 못한다면 우리는 타성과 습관을 극복하고 자신이 부름 받은 곳으로 가야 한다. 우리는 부름 받은 교회에서, 그 공동체가 얼마나 필요한지를 깨닫고 공동체 생활에 헌신한다.

우리는 서로 연결되어 있는 사람들에 의해서 서로 섬긴다. 그런 일

> 우리가 "교회"를 표현할 때 은사를 일깨우고 은사를 낳게 하는 공동체라고 말한다.…그러나 각 지체들이 자신의 은사를 공동체를 위해 사용할 때 비로소 그 공동체가 갖는 잠재력이 개발된다.
>
> — 엘리자벳 오코너

> 결과는 하나님께 속한 것이기 때문에 우리는 결과에 대해 걱정할 필요가 없다. 우리의 소명은 자신의 영적 능력을 발견하고 그 능력이 주어진 목적대로 사용하는 것이다. 하나님의 구원 계획 안에서 성령의 은사를 감사하는 마음으로 받아들여 적절하게 사용하는 것만큼 순종적인 제자의 모습은 없다.
>
> — 찰스 V. 브라이언트

은 일주일 내내 여러 곳에서 발생한다. 우리는 가정에서, 직장에서, 극장에서, 그리고 봉사하면서 자신의 은사를 발휘한다. 우리는 전화기와 냉온수기 주변, 그리고 거리에서 서로 연결된다. 그러나 그리스도의 몸은 자신의 정체성을 알고 서로 섬기며 함께 예배드리고 계획을 세우고 살아가기 위해서 적어도 한 주일에 한 번은 모여야 한다.

4. 하나님은 우리가 성령을 굳게 의지하면서 은사를 사용하라고 하신다. 은사는 마음대로 사용하도록 주어진 것이다. 베드로는 하나님이 주신 복된 말씀을 전할 때 열정과 확신과 기쁨을 가지고 전해야 한다고 말했다. 그것은 우리 자신이 위대하다고 생각해서가 아니라, 우리가 말을 통해서 사람들을 사랑으로 섬길 때 하나님이 우리를 통해서 말씀하신다는 사실을 믿기 때문이다. 우리는 하나님의 은혜를 확신하면서 격려의 말을 하고, 하나님이 자신을 알리신다는 것을 신뢰하면서 열정적으로 가르칠 수 있다. 또 하나님이 우리를 위한 계획을 가지고 계시다는 확신을 가지고 담대하게 헌신과 행동을 촉구할 수 있다. 그리고 하나님이 듣고 응답해 주신다는 믿음을 가지고 기도할 수 있다. 또 자기 양을 품에 안고 가시는 목자처럼 부드럽게 속삭이는 자비의 말을 할 수 있다.

 베드로는 섬기는 은사를 받은 사람은 하나님이 주시는 힘으로 섬겨야 한다고 말한다. 우리는 하나님의 보좌를 청소하는 듯한 태도로 교회 안에 떨어진 연필이나 주보를 주울 것이다. 사람에게 음식을 대접할 때 마치 주님이신 그리스도를 대접하는 것처럼 행동할 것이다. 문서를 복사할 때 많은 사람을 위해서 많은 떡과 물고기를 준비하고 있다고 생각할 것이다. 우리는 집 안을 청소하거나 상처 난 곳을 씻거나 사람들을 방문하거나 수표에 서명하거나 다른 사람의 이야기를 들어주거나 어떤 사람을 의사에게 데려다 줄 때 예수님에게 하듯이 할 수 있다. 왜냐하면 실제로 이러한 행동의 수혜자는 예수님이시기 때문이다. 이런 일을 행할 때 예수님의 힘을 의지한다.

5. 은사의 궁극적인 목적은 교회가 예수 그리스도를 통해서 만물 안에서 하나님을 영화롭게 하면서 세상에 하나님의 사랑을 전하기 위해서 서로를 섬기는 데 있다. 은사는 교회가 하나님이 사랑하시는 세상에 대한 증인이 되기 위해서 서로 연결하는 데 사용하라고 주어진다. 사랑으로 사용되는 영적 은사가 하나님을 영화롭게 한다.

  은사를 받는 목적은 개인적인 자기실현을 위한 것만은 아니다. 우리의 영적 여정이 더 완전해지기 위해서 은사를 받는 것도 아니다. 우리가 그리스도를 따르라는 소명을 분별함으로써 교회의 경험으로부터 더 많은 것을 얻는 것이 아니다. 우리가 서로 섬김으로써 하나님을 섬기며 세상에 예수 그리스도가 알려지고 영화롭게 되기 위해서, 우리에게 은사가 주어진다. 그때 부산물로서 우리가 갈망했던 모든 것이 우리의 것이 될 것이다. 그리스도를 섬기는 데 전념할 때만 그렇게 될 것이다.

  우리가 세상에서 하나님을 위해 행하는 것과 기독교인으로서 살아가는 방식은 예수 그리스도와 더불어 시작되고 예수 그리스도와 더불어 마친다. 그분은 자기 자신에게로, 우리가 자력으로는 유지할 수 없는 근본적인 헌신으로 우리를 부르신다. 그러나 예수님은 우리를 대신하여 일하시면서 용서뿐만 아니라 순종을 주신다. 우리가 그분 사랑의 현존에 동의할 때 주님은 우리를 통하여 자기의 삶을 재현하신다. 예수님은 성령을 우리에게 보내주시는데, 성령은 섬김의 은사를 가지고 우리에게 오신다. 점점 더 심오한 공동체가 형성됨에 따라서 우리는 이러한 은사를 사용하여 그리스도의 몸으로서 성장한다. 그때 우리는 "그가 사랑하시는 자 안에서 우리에게 거저 주시는바 그의 은혜의 영광을 찬송"(엡 1:6)하기 위해서 살게 된다.

제4부 하나님의 부르심에 응답: 그리스도의 사역

매일의 과제

제5주의 본문을 읽으십시오. 영성일지에 깨우친 것, 견해, 그리고 질문들을 기록하십시오.

　이 주간에는 당신과 당신의 교회를 향한 하나님의 부르심에 귀를 기울이십시오. 또 당신이 소그룹의 동료들이나 하나님에게서 받은 지도와 은사, 깨달음을 살펴보십시오. 지금까지 4주일 동안 적어둔 기록을 다시 살펴보아도 좋습니다. 당신이 그리스도 몸의 지체로서 하나님에게서 받았다고 생각하는 영적 은사와 소명을 설명해 보십시오. 그리스도의 선교는 교회의 활동을 통해서뿐만 아니라 세상에서 당신이 행한 모든 일을 통해서 일어난다는 점을 기억하십시오. 당신의 교회를 향한 주님의 부르심에 귀 기울이면서 소그룹의 회원 하나하나를 위해서 기도하십시오.

과제 1

고린도전서 1장 26-31절을 읽으십시오. "너희를 부르심을 보라"는 바울의 격려의 말을 기억하면서, 지난 모임에서 당신이 받았다고 확신한 은사에 대해서 깊이 생각하십시오. 모임에서 거론된 은사들의 목록을 작성하십시오. 당신이 이미 알고 있었던 은사, 당신을 놀라게 한 은사, 그리고 당신에게 가장 도전적이었던 은사를 묵상하십시오. 이러한 은사들에 비추어 당신의 소명을 고찰해 보십시오.

과제 2

마가복음 11장 15-19절을 읽으십시오. 성전에서의 예수님의 모습을 묵상하십시오. 오늘 당신의 교회에 계신 예수님의 모습을 그려보십시오. 예수님은 무엇을 보고 듣고 느끼고 인정하고 질문하실까요? 예수님이 삶과 사역의 표현으로 인정하시는 것은 무엇이며, 인정하시지 않는 것은 무엇일까요? 당신의 교회에 대한 주님의 비전과 "만민이 기도하는 집"이라는 말씀의 의미에 대한 예수님과의 대화를 기록하십시오. 기도를 통해 음성을 들으면서, 그것을 위해서 당신의 은사를 어떻게 사용할 수 있는지 생각하십시오.

과제 3
사도행전 13장 1-3절을 읽으십시오. "내가 불러 시키는 일을 위하여 바나바와 사울을 따로 세우라"고 말씀하시면서 안디옥 교회를 인도하신 성령은 종종 우리에게 공동 사역으로 부름받은 사람들과 연합하라고 하십니다. 당신은 (당신의 그룹이나 교회 안에서) 누구와 함께 일해야 한다고 생각합니까? 하나의 필요에 응답하도록 성령께서 당신을 누구에게 인도하십니까? 인도하시는 성령께 마음을 열고 당신의 소명에 대해서 기도하십시오.

과제 4
마태복음 9장 9-13절을 읽으십시오. 세리 마태와 예수님의 관계를 묵상하고, 마태가 예수님을 자신의 동료들에게 모시고 간 것을 묵상하십시오. 당신의 친구들이나 동료들에게 초점을 두십시오. 예수님은 당신의 관계에 어떻게 참여하기를 원하십니까? 기도하면서 당신이 매일 만나는 사람들을 생각하십시오. 예수님이 고요히 당신에게 원하시는 행동과 말이 무엇일지 예상해 보십시오.

과제 5
마태복음 25장 31-46절을 읽으십시오. "지극히 작은 자"를 그리스도로 보고, 그에게 응답하는 교회의 소명에 대해서 묵상하십시오. 이웃을 예수님으로 보는 데 방해가 되는 것은 무엇입니까? 이웃을 예수 그

리스도로 보는 데 도움이 되는 훈련은 무엇입니까? 그들을 예수님으로 보고 예수님처럼 대하는 데 있어서 당신과 교회에 도움이 되는 것은 무엇입니까? 볼 수 있는 눈과 응답할 수 있는 마음을 달라고 기도하십시오.

그룹 모임을 위해서 영성일지를 살펴보십시오.

제5부

영적 지도 탐구:
그리스도의 영

웬디 M. 라이트

제5부, 제1주

나의 삶에 대한 하나님의 뜻을 어떻게 알 수 있는가?

제4부에서 삶에서 하나님의 부르심을 듣고 응답하는 것의 의미를 살펴보았습니다. 신실하게 살려 할 때 하나님을 의지하고 우리의 은사를 인식하는 것이 중요하다는 것도 살펴보았습니다. 그러나 자신의 소명이나 부르심을 분명하게 안다고 해서 그리스도를 따르기가 쉬워지는 것은 아닙니다. 우리는 그리스도의 제자로서 살아가는 동안 날마다 여러 가지 결정과 기회와 도전에 직면합니다.

내가 대학원에서 공부할 때 어느 여성 단체로부터 "지혜로운 여성들"이라는 주제로 피정을 인도해 달라는 요청을 받았습니다. 아직 젊고 경험이 미숙하여 오만했던 나는 지도자로서 내가 가진 학식을 기독교 전통의 역사적인 영적 지혜에 대해서 전혀 모르는 여성들에게 나누어 주려 했습니다. 그러나 그 피정에서 만난 한 여성은 내가 그들의 선생이 아니라 그들이 나의 선생임을 일깨워 주었습니다. 그녀는 "지난 몇 년 동안 어디를 가든지 '나의 삶을 향한 하나님의 뜻을 어떻게 알 수 있는가?' 라는 질문을 갖고 씨름했지만, 아직 명확한 답을 해준 사람이 없습니다. 그래서 이 문제를 놓고 선생님과 이야기해 보고 싶습니다"라고 말했습니다. 나는 흥미를 느꼈습니다. 왜냐하면 이 질문은 기독교 영성사에서 중요한 문제일 뿐만 아니라 오늘날 많은 사람이 공통으로 갖

> 소명이 우리의 응답과 순종을 요구하지만 우리에게 지도가 주어지지 않을 것이다.…우리에게는 벽돌이 주어져 있다. 우리는 지성과 창조력과 감성과 사랑의 임무를 위해 그것들을 사용하여 무엇을 행할 수 있는지 살펴보아야 한다.
> — 파넘, 질, 맥린, 와드,

는 어려운 문제이기 때문이었습니다. 하나님은 나에게 무엇을 원하시는가? 기독교인으로서 나는 어떠한 삶을 살아야 하는가? 내가 여러 가지 결정을 할 때 내게 주시는 하나님의 말씀은 무엇인가? 나는 하나님께서 나를 위해 계획하신 길을 선택했는가? 간단히 말하자면, 하나님의 뜻을 어떻게 알 수 있는가?

그 여성은 나에게 가까이 다가와 웃으면서 "만일 당신이 앞으로 5년, 10년, 혹은 20년을 위한 하나님의 뜻이 당신 앞에 분명하게 제시되는 것을 볼 수 있다고 생각한다면, 그것은 결코 하나님의 뜻이 아닐 것입니다. 그러나 불확실한 미래를 향해 망설이면서 내딛는 발걸음이지만 그 걸음이 하나님에 의해서 인도되고 있음을 느낀다면, 그것이 바로 하나님의 뜻일 겁니다"라고 말했습니다.

예상하지 못한 곳에서 그녀에게서 들은 심오한 지혜의 말은 몇 년 동안 나에게서 떠나지 않았습니다. 인격적으로 진지하게 기독교인의 삶을 산다는 것은 결코 쉬운 일이 아닙니다. 그것은 단순히 규칙을 따르거나 마땅히 해야 할 일을 행하는 것이 아닙니다. 그것은 때로 분명하지 않은 일입니다. 그것은 어린아이 같은 우리의 믿음을 변화시키고 자라게 합니다. 삶은 우리가 계획했던 것보다 훨씬 더 복잡해집니다. 우리는 상상할 수 없었던 곤경에 빠지기도 합니다. 그리고 살아있는 복음의 말씀이 우리를 인도해 주지만, 그 말씀을 항상 분명하게 일상생활에 적용할 수 있는 것이 아님을 알 수 있습니다. 어떻게 "하나님의 길을 걸어갈 수 있을까요?"

> 하나님의 뜻을 찾으려 노력하는 사람은 사랑 안에서 자신을 열망하는 하나님의 뜻을 열망하게 된다.
> ─ 대니 T. 모리스, 찰스 M. 올센

하나님의 뜻 분별하기

우리가 버려야 할 통상적인 생각은 "하나님의 뜻"은 하나님이 전산화해 놓으신 마스터플랜처럼 확고하여 변경할 수 없다는 것입니다. 만일 그렇다면 우리는 하나님의 프로그램을 "다운" 받는 방법을 알고 기계적으로 시방서를 따르면 될 것입니다. 그러나 하나님의 뜻은 "우리의 삶에 대한 하나님의 갈망", 또는 "사랑Love이 우리를 인도하는 방향"이라고 이해하는 편이 더 좋을 것입니다. 이러한 하나님의 갈망은 매우 개인적이지만 단순히 사적인 것이 아닙니다. 하나님의 사랑은 우리 모두를 끌어당기고 있습니다. 우리는 개인적으로만 아니라 공동체적으로 그 사랑에 응답합니다. 우리의 응답은 가정, 직장, 믿음의 공동체, 그리고 더욱 큰 공동체에서 나타납니다. 하나님의 뜻에 대한 응답이란 하나님께서 이 세상에 대해 뜻하시는 사랑의 실체 안으로 우리를 보다 깊이 들어가도록 격려하시고 생명을 주시고 인도하시면서 우리 안에서 활동하시는 살아 계신 하나님의 영에 "예"라고 대답하는 것이라고 이해하는 것이 더 도움이 될 것입니다.

성령의 이끄심에 분명히 응답할 수 있다고 생각하는 것은 지나치게 순진한 생각입니다. 초대교회 시절부터 기독교인들은 하나님께 신실하게 응답하는 능력이 다양한 방법으로 손상되었음을 알고 있었습니다. 우리가 자신에게 몰두하거나 두려움을 느끼거나, 혹은 다른 음성에 압도되어 우리를 향한 하나님의 부르심을 듣지 못할 때가 있습니다. 우리의 정신과 마음은 자기 내면이나 주위에서 들려오는 혼란스럽고 방해가 되는 소리로 가득 차 있습니다.

우리의 사춘기를 돌이켜 보면, 이런 복잡한 현실을 분명하게 볼 수 있을 것입니다. 십대 청소년 시절에는 "나는 누구인가?", "내가 해야 할 일이 무엇인가?"라는 것이 가장 심각한 질문이었을 것입니다. 이런 질문에 대해서 우리의 문화가 말하는 것과 교회가 말하는 것이 달랐습니다. 우리의 부모가 이끄는 방향과 또래 집단이 이끄는 방향이 달랐습니다. 우리 안에 미숙한 자아와 이제 막 성장하기 시작한 성인 자아가 함께 어우러져서 더욱 혼란스럽게 했습니다. 이처럼 사춘기의 정체성과 관련된 갈등을 겪으면서, 우리는 자신의 정체성 의식이 계속 발달한다는 사실을 발견했습니다. 하나님은 삶을 통해서 우리의 가장 근본적인

정체성을 잊게도 하시고, 다시 배우게도 하십니다.

    기독교의 영적 전통은 상충되는 음성들로부터 하나님 영의 음성을 가려내는 과정을 "분별"의 기술art이라고 말합니다. 기독교 전통과 경험은 영적 분별이 진정한 영적 도전임을 확인해줍니다.

    이런 이유로 영적 분별은 교회 안에서 홀로 행하는 것이 아닙니다. 공동체 안에서 성경과 전통, 그리고 신자들의 지도를 받을 때 자동으로 하나님의 영에게 응답하는 일이 가장 훌륭하게 이루어집니다. 그것들은 모두 은혜의 수단입니다. 영적 분별에는 특별한 주의가 필요합니다. 우리는 영적 분별에 있어서 서로를 지도해야 합니다. 영적 분별을 지도하는 데에는 여러 가지 형태가 있으며, 이에 대해서는 앞으로 몇 주 동안 살펴볼 것입니다. 예를 들어 분별은 전통적인 영적 지도의 형태로서 두 사람 사이에서 실천될 수 있습니다. 여기에서 지도란 문자적인 의미가 아닙니다. 영적 지도란 두 사람이 서로 이해하기 위하여 듣고, 성령의 인도하심(지도)에 응답하는 것입니다. 영적 분별은 믿음을 나누는 모임이나 언약 그룹Covenant Group과 같은 의도적인 작은 공동체에서 실천되기도 합니다. 그것은 퀘이커파의 Clearness Committee처럼 작은 모임으로 개인이나 부부가 중요한 관심사나 결정에 대한 분별력을 갖도록 도와주는 모임입니다. 가끔 분별의 원칙이나 과정이 제시됩니다. 16세기에 로욜라의 이냐시오가 『영신수련』에서 영적 분별을 시도했는데, 그것은 참석자들이 마음과 정신과 뜻을 그리스도의 영에게 맞추도록 고안된 조직적인 기도 프로그램입니다.

    역사적으로 교회는 성령의 인도하심을 따르기 위해 노력해 왔는데, 이 일에 있어서 기독교인들이 서로 도울 수 있다고 확신해 왔습니다. 우리 모두에게 성령의 인도하심이 필요합니다. 따라서 공동체에서 성령의 인도하심을 깨달을 수 있는 다양한 방법을 연구하는 것이 도움이 될 것입니다. 그러나 이런 방법을 하나하나 살펴보기 전에 먼저 영적 지도와 다른 형태와 차이를 알아보아야 합니다.

> 하나님의 뜻을 분별하기 위해서 우리가 갖고 있지 않은 은사가 필요할 때가 있다. 그래서 우리는 서로의 통찰력과 의지, 그리고 기도를 필요로 한다.
> ― 제네트 베이크.

영적 지도에 대한 이해

첫째, 영적 지도spiritual guidance는 문제를 해결하기 위한 것이 아니며, 질문에 명확한 답을 주기 위한 것도 아닙니다. 영적 지도는 감사하면서 품위 있게 살면서 삶의 풍성하고 아름답고 고통스러운 상황 안에 들어가 하나님을 발견하는 것, 침체된 상황에서 생명을 주시는 하나님의 초대를 감지하는 것, 우리 삶의 신비를 드러내는 삶에 들어가는 것 등과 관련됩니다. 따라서 영적 지도는 상담이나 심리치료와 관계가 있지만, 그것이 전부는 아닙니다. 또 영적 지도는 신학적인 가르침이나 충고를 주는 것도 아닙니다. 이웃 간에 이루어지는 것처럼 다정하게 동정심을 갖고 상대방의 말을 들어주는 것도 아닙니다. 성령의 인도하심을 추구할 때 우리는 개인이나 공동체의 삶 안에 역사하시는 역동적이고 생생한 하나님 영의 임재에 초점을 둡니다. 영적 지도를 할 때 특별한 상황에 일반적인 원리를 적용할 수 없습니다. 그것은 구체적인 상황에서 종종 놀라운 하나님 영의 활동에 주목할 것을 요구합니다.

당신이 개인적으로나 그룹의 구성원으로서 영적 지도를 구한다면 그 이유는 무엇입니까? 앞에서 언급한 여인처럼 "나의 삶을 향한 하나님의 뜻을 어떻게 알 수 있을까?"라는 문제에 직면해 있기 때문일 것입니다. 당신의 삶이 많은 것으로 가득 차 있지만 여전히 허무감을 느끼고 있는데, 그 허무를 채울 수 있는 분이 하나님뿐이기 때문일 것입니다. 혹은 언제나 의지할 수 있다고 생각했던 하나님이 죽음이나 이별이나 질병의 한가운데서 "사라지셨다"라고 느끼기 때문일지도 모릅니다. 아니면 새로운 관점으로 세상을 보면서 섬기는 일에 헌신하려는 열망을 느꼈기 때문일 수도 있습니다. 또는 한 주일에 한 번 교회에서 성경 공부하는 것으로는 기도에 대한 갈망이나 하나님과 더 친밀해지고 싶은 갈망을 채울 수 없다고 느꼈기 때문일 것입니다.

영적 지도는 하나님의 인도하심에 응답하면서 사는 삶 전체와 관련

제5부 영적 지도: 그리스도의 영

> 영적 지도는 하나님이 개인적으로 주시는 말씀에 주목하고 응답하며 하나님과 더욱 친밀하게 살며 그 관계의 결과를 실천할 수 있도록 도와주는 것이라고 정의된다.
> — 윌리엄 배리, 윌리엄 코놀리

될 뿐만 아니라 내면의 경건한 세계와도 관련됩니다. 그러나 영적 지도는 믿음의 공동체가 제공하는 다양한 형태의 지도를 대신할 수 없습니다. 알코올 중독자들을 위한 「12단계 치유 프로그램」이나 그와 비슷한 프로그램도 매우 중요합니다. 부부간의 문제, 우울증, 직업 문제, 또는 교회에서 가르치는 것에 대한 의문 등은 훈련된 상담자나 치유상담자나 기독교 교육자들이 잘 지도할 수 있습니다. 그러므로 영적 지도가 알코올 중독, 인간관계 문제, 직장 문제, 혹은 신학적인 질문 등으로 고민하는 사람들을 도와줄 수 있지만, 그 문제를 해결해줄 것이라고 기대해서는 안 됩니다. 영적 지도는 삶 속에 성령이 어떻게 임재하시고 인도하시는지 발견하도록 도와주는 역할을 할 뿐입니다.

경청하는 방법

사람들이 하나님의 뜻을 알도록 돕기 위해 영적 지도를 할 때는 신앙고백을 도울 때와는 다른 방법이 필요합니다. 하나님의 영에 집중하기 위해서는 기도하는 마음으로 듣기, 즉 진심으로 수용하는 태도가 필요합니다. 우리는 성령께 집중하는 기술을 실천함으로써 관상적 경청에 들어갈 수 있습니다. 이 경청은 일반적으로 서로의 말을 경청하는 것과는 매우 다릅니다. 우리는 일반적으로 자신과 관련된 것, 즉 자기 입장에서 듣습니다. 사교 모임에서도 상대방의 말을 듣고 있는 것 같지만 실제로는 어떻게 해야 인상적인 말로 대답할 것인지, 또는 대화를 어떻게 이어갈지 생각하는 경우가 많습니다. 또 우리는 자신이 받아들일 수 있는 표준에 따라서 사람들이나 사건들을 분류하려는 경향이 있어서, 주로 판단하기 위해서 상대방의 말을 듣습니다. 우리는 교실에서처럼 정보를 얻기 위해서 경청하기도 합니다. 상대방의 주장을 논리적으로 반박하기 위해서 상대방의 말을 주의 깊게 들을 때도 있습니다. 상대방의 불안을 제거해주고 공감하거나 그의 문제 해결을 돕기 위해서 경청하기도 합니다.

그러나 영적 지도에서의 경청은 서로의 말을 경청하는 일반적인 방법들과 다릅니다. 그것은 침묵에 뿌리를 둔 거룩한 경청입니다. 그것은 성령으로 채워지기 위해 비움을 구하며, 겸손이 가득합니다. 그러한 경청은 성령께서 우리 가운데서 활동하시며 우리를 통해서 역사하신다고 가정하고 그분을 위한 공간을 마련합니다. 그것은 수용하고 인내하며 지켜보며 기다리는 것입니다. 그러나 행동이 요구될 때는 행동을 두려워하지 않습니다. 경청은 융통성이 있고 친절하고 다정합니다. 그것은 인생의 아름다움과 고통을 모두 수용합니다. 그것은 모든 사람이 하나님의 형상과 모양으로 창조되었음을 인정하며, 삶을 기쁘고 관대하게 살아가는 신비로 여깁니다. 이러한 경청은 어떤 의미에서는 은사라고 할 수 있지만, 일반적으로 여러 해 동안 우리의 삶 안에 계시는 성령께 기도하는 마음으로 집중하고 다른 사람들도 동일한 방법으로 우리의 말을 경청하는 동안에 배양됩니다.

영적 지도는 사람과 하나님의 관계 및 그 관계가 요구하는 반응에 초점을 둡니다. 우리는 전인적인 사람이며 내적인 삶과 외적인 삶을 분리할 수 없어서 영적 지도에서의 대화에는 다양한 주제—가족의 뿌리, 인종적인 뿌리나 문화적인 뿌리, 배우자나 자녀들과의 문제, 직장의 의미, 우리가 취하는 도덕적 입장, 재능의 활용 방법, 시간의 활용 방법, 기도의 내용과 방법, 영성 훈련이나 경건 훈련 등—가 포함됩니다. 삶의 모든 측면이 고려됩니다. 그러나 영적 지도에서는 삶의 모든 면이 분별된 성령의 역사와 관련하여 고려됩니다. "하나님은 이 문제와 어떻게 관계하시는가?" 여기에 영적 지도의 근본적인 문제가 놓여 있습니다. 개방적이고 분별하는 태도로 주목할 때, 우리의 삶의 모든 측면이 하나님과 관계가 있음이 분명해집니다.

다음의 인용문은 영적 지도 관계에서 일어나는 일을 이해하는 데 도움을 줍니다.

제5부 영적 지도: 그리스도의 영

> 침묵은 자신의 고통스런 삶을 분석해 보고, 좀더 넓은 안목을 가질 수 있는 공간을 만들어준다.…침묵과 고독의 시간이 없으면, 우리는 하나님의 음성에 귀를 기울이고 순종할 수 없다.
> — 토머스 W. 호킨스,

영적 지도란 기독교인이 다른 기독교인으로 하여금 "범사에 그리스도에게까지 자랄"(엡 4:15) 수 있도록 돕는 것이다. 영적 지도자는 우리의 하나님 경험을 알고 명명할 수 있도록 도움을 주는 사람이다.

1. **영적 지도자는 우리의 말을 경청한다.** 우리가 신앙에 관한 이야기를 들어줄 사람을 필요로 할 때, 영적 지도자는 우리의 말이 응답되는 공간을 제공한다. 우리가 자기 생각이나 경험, 의문, 혹은 해결하지 못한 문제가 무엇인지 정확하게 알지 못할 때가 있다. 우리의 말을 신중하게 들어주는 사람 앞에서 표현할 기회를 얻지 못하면 그것이 무엇인지 알지 못한다. 영적 지도자는 우리로 하여금 마음의 변화에 집중하게 할 수 있게 해주며, 그럼으로써 우리는 하나님이 그것을 통해서 어떻게 말씀하시는지를 분명히 의식할 수 있다.

2. **영적 지도자는 상황을 인지하도록 도와준다.** 우리에게 있어서 하나님의 임재와 성령의 방법은 자명하지 않다. 그것은 난해하고 눈에 뜨이지 않으며, 종종 평범한 사건들과 상호작용 안에 감추어져 있다. 일상생활에서 하나님의 은혜를 보려면 훈련이 필요하다. 영적 지도자는 우리가 은혜의 표시에 주목하고 일상적인 만남과 경험 속에서 하나님의 "세미한 음성"을 듣도록 도울 수 있다. 영적 지도자는 우리의 마음의 활동에 주목하도록 도와주며, 그 결과 우리는 마음을 통해서 하나님이 어떻게 말씀하시는지 의식할 수 있게 된다.

3. **영적 지도자는 우리가 한층 자유롭게 하나님께 응답할 수 있도록 도와준다.** 우리는 일상생활에서 하나님의 임재와 보호와 인도와 예비하심과 도전을 깨닫기 시작하면서, 선택해야 하는 상황에 직면한다. 어떻게 응답할 것인가? 선택이 언제나 쉬운 것은 아니다. 하나님의 임재와 예비하심은 우리에게 위안이 되며, 감사와 찬양을 드리게 한

다. 그러나 하나님은 우리를 변화시키시려고 암울한 상황에 직면하게 하시기도 한다. 옛 습관들과 존재 방식을 버리기는 어렵지만, 하나님은 이러한 만남을 통해서 우리로 하여금 삶의 목적과 소명에 대한 새로운 이해를 갖게 하신다. 영적 지도자는 우리가 한층 더 자유롭게 사랑으로 순종하면서 하나님께 응답하도록 격려해준다.

4. 영적 지도자는 영적 성장을 위한 실질적인 영성훈련을 제시한다. 실질적인 영성훈련이 없이는 우리의 삶에서 하나님의 활동을 의식하거나 응답하기 어렵다. 우리는 하나님의 임재와 조화를 이루게 해주는 기도 방법에 대해 지도받을 수 있다. 우리가 자기를 성찰할 때 영적 독서와 영성 일지 기록 방법을 조언해주거나 참된 겸손의 본질을 깨닫게 해주는 사람이 필요할 것이다. 우리가 노력을 계속하도록 돕기 위해서는 금식 경험이 있는 사람이 필요할 수도 있다. 영적 지도자는 우리에게 알맞다고 여겨지는 여러 가지 훈련을 제안해줄 수 있으며 훈련의 형태를 바꾸어야 하는지, 언제 바꾸어야 하는지 분별하는 일에 도움을 줄 수 있다. 또 우리 스스로가 택한 영적 훈련을 계속하도록 도와줄 수 있다.

5. 영적 지도자는 우리를 사랑하며 우리를 위해서 기도한다. 이것이 믿음의 동반자가 행하는 가장 중요한 역할일 것이다. 지도받는 사람을 향한 영적 지도자의 사랑은 그리스도의 사랑에 의해 전달된다. 그것은 아가페 사랑이다. 그 사랑은 만나는 시간뿐만 아니라 헤어져 있는 시간에도 신실한 기도로 표현된다. 그것이 효력을 발휘한다면, 은혜에 의해서 지도자가 지닌 많은 결점이 덮어질 것이다. 그렇지 않다면, 아무리 탁월한 방법을 구사해도 실패할 것이다.[1]

매일의 과제

마가렛 겐터 Margaret Guenther는 다음과 같이 썼습니다:

> 영적 지도자는 무엇을 가르치는가? 가장 간단하고 심오하게 말한다면, 영적 지도자는 분별을 배우는 자인 동시에 가르치는 자이다. 무슨 일이 일어나고 있는가? 이 사람의 삶 안에 하나님은 어디에 계시는가? 이야기는 무엇인가? 이 사람의 이야기는 기독교의 이야기와 어디에서 부합되는가?[2]

이 주간의 매일의 과제를 통해서 서로의 삶 안에서 하나님의 임재하심을 듣는 은사를 탐구하겠습니다. 다음의 과제들을 깊이 생각하고, 기도하는 가운데 하나님과 교제하십시오.

과제 1

사무엘상 3장 1-18절을 읽으면서 사무엘의 영적 지도자인 엘리의 역할에 주목하십시오. 엘리는 사무엘에게 어떻게 반응했으며, 사무엘이 하나님의 부르심을 알 수 있도록 돕기 위해서 어떻게 했습니까? 만일 사무엘이 당신에게 계속 질문한다면, 당신은 어떤 반응을 했습니까? 당신의 삶에서 당신의 말을 인내하며 경청해준 사람, 당신이 경험을 통해 하나님의 목소리를 들을 수 있도록 도와준 사람, 즉 당신의 "엘리"는 누구입니까?

위에서 언급했던바 영적 지도의 다섯 가지 요점을 다시 읽으십시오. 사무엘의 이야기, 또는 당신 자신의 관계에서 이 다섯 가지 항목 중 적용된다고 생각되는 부분을 생각해 보십시오.

제1주 나의 삶에 대한 하나님의 뜻을 어떻게 알 수 있는가?

과제 2

사도행전 8장 26-40절을 읽으십시오. 에디오피아의 내시와 빌립의 이야기는 복음을 전하고 신앙을 나누는 행위와 영적 지도의 관계가 중요하다는 것을 말해줍니다. 본문에 묘사된 영적 지도의 특징들을 열거하십시오. 당신은 그러한 특징들을 지닌 관계를 경험한 적이 있습니까? 그러한 경험을 선한 것으로, 또는 어려운 것으로 만든 것은 무엇입니까?

과제 3

사도행전 8장 26-40절을 다시 읽으십시오. 온전함을 추구하는 자신의 형편을 빌립에게 털어놓는 내시의 이야기를 당신의 입장에서 일인칭의 이야기로 만드십시오. 내시가 처한 상황에 대해 그 이야기가 제공하는 단서들에 주목하십시오: 내시는 어디로 가고 있고, 어디에서 왔으며, 찾고자 한 것을 찾았습니까?(신 23:1 참조). 내시의 입장이 되어 보십시오. 그는 왜 창조적인 생명력을 잃었다고 느꼈습니까? 무엇이 그를 이사야서의 말씀에 이끌리게 했습니까? 최근의 삶에서 내시의 상황과 동일하다고 여길 수 있는 상황이 있는지 생각해 보십시오.

과제 4

사도행전 8장 26-40절을 또다시 읽으십시오. 당신이 빌립이라고 생각하고, 내시와 함께 여행하는 빌립의 이야기를 당신의 입장에서 일인칭으로 써보십시오. 내시와의 관계가 어떻게 펼쳐질지 묘사해 보십시오. 이 관계에서 내시를 지도하면서 당신 자신이 어떻게 성령의 지도를 받는지 연구해 보십시오.

　당신이 곧 만나게 될 사람을 생각해 보십시오. 하나님 앞에 그 사람을 놓고 기도하고, 그를 만나면 성령이 인도하시는 대로 따라가십시오. 나중에 당신의 경험과 깨달은 점을 기록하십시오.

과제 5

삶 속에서 하나님의 활동을 분별할 때 특별히 도움이 되는 영성 훈련은 "자기 성찰"입니다. 자기 성찰은 자신의 일상생활을 체계적이고 규칙적으로 되돌아보는 것으로서 자신의 신실함을 평가하고(양심의 성찰), 하나님의 임재를 확인하게(의식의 성찰) 됩니다. 이 책 제 5부의 마지막 과제에서 다양한 형태의 자기 성찰을 하게 될 것입니다. 기본적으로 자기 성찰은 매일 하는 것이지만, 여기에서는 주간 훈련으로 실천하겠습니다.

다음의 성찰은 벤 켐벨 존슨Ben Campbell Johnson의 "기도 생활을 평범한 사건들과 일상생활의 결정들과 통합하는 과정"에서 발췌하여 응용한 것입니다. 메모할 수 있도록 영성일지를 준비하십시오.

한 주간의 일들을 정리하라. 한 주일 동안 당신에게 일어난 중요한 사건들, 즉 기도, 특별한 대화, 만남, 식사, 일, 계획했던 일이나 우연한 사건을 10-12가지를 정리하여 목록을 만들라.

한 주간을 되돌아보라. 목록에 기록된 각 항목을 깊이 생각하라. 당신의 내면에 어떤 일이 있어났으며, 무엇을 느꼈으며, 어떻게 반응했는지 회상하라. 이것이 당신의 일상생활의 실제 모습이다.

한 주간에 대해서 감사하라. 한 주간에 일어난 각각의 일, 당신의 삶, 그리고 한 주간의 삶에 개입된 사람들의 삶에 대해서 하나님께 감사하라. 예상했든지 예상하지 못했든지 한 주간을 풍요롭게 해준 은사에 대해서 감사하라.

죄를 고백하라. 하나님과 이웃과 피조물과 당신 자신과 관련하여 생각이나 말과 행동으로 잘못한 것들을 인정하라. 성령의 자극이나 경고를 무시했다고 느낀 때를 기록하라.

사건들의 의미를 찾아라. 각각의 사건의 배후에 감추어져 있는 의미를 생각하라. 스스로에게 다음과 같은 질문을 하라: 한 주일 동안 일어난 사건들, 은사들, 도전의 주제는 무엇인가? 예수님은 어디에서 이와 비슷한 경험을 하셨으며, 그때 어떻게 반응하셨는가? 하나님은 나에게 무엇이라고 말씀하시는가? 어떤 교훈을 하시려는 것인가? 나에게 어떤 행동을 요구하시는가? 생각나는 것을 모두 기록하라.[3]

그룹 모임을 위해서 한 주간 동안 기록한 영성일지를 살펴보십시오.

제5부, 제2주

영적 동반자

이상적으로 말하면 교회 전체가 영적 분별의 공동체가 되어야 합니다. 어떤 의미에서 교회는 하나님의 뜻을 분별하고 행하는 공동체가 되어야 합니다. 안타깝게도 이런 식으로 교회를 경험하는 사람들은 극소수입니다. 교회 활동은 전도, 교회 성장, 모금 활동, 가르치고 학습하는 모임, 어린이와 청년을 위한 프로그램, 또는 가정과 개인을 위한 위기 개입에 초점을 두고 있습니다. 이것들은 중요하고 필요한 기능입니다. 그러나 많은 사람은 영적 굶주림을 충족시키지 못한 채 교실이나 친교실이나 성전을 떠날 것입니다. 그러한 굶주림을 채워주는 영적 지도 안에서 충분히 검증된 본보기들과 믿음직한 경험의 풍성한 유산을 찾을 수 있을 것입니다.

누가복음(24:13-35)의 이야기는 영적 지도에 관한 중요한 것을 나타내줍니다. 예수님이 십자가 처형을 당하신 후에 낙심한 두 제자가 엠마오를 향해 걸어가고 있었습니다. 그들은 낯선 사람을 만났고, 그 사람과 함께 지난 며칠 동안 일어난 끔찍한 사건에 관해서 이야기했습니다. 날이 저물었을 때 제자들은 그 사람을 초청하여 같이 음식을 먹으면서, 그가 예수님이라는 것을 깨달았습니다. 예수님이 떠나신 후에 제자들은 흥분하여 "길에서 우리에게 말씀하실 때 우리 속에서 마음이 뜨겁지 아니하더냐?"라고 말했습니다.

제5부 영적 지도: 그리스도의 영

이 복음서가 기록되고 나서 6세기 후에 대 그레고리Gregory the Great는 이 구절을 언급하면서 우리가 엠마오 도상에서와 같은 방법으로 하나님을 경험할 수 있다고 말했습니다. 하나님은 마음의 뜨거움으로써 알게 되며, 하나님의 사랑에 참여함으로써 알게 되며, 우리 사이에 존재하심으로써 알게 됩니다. 우리는 서로 함께 여행하면서 마음에 있는 질문에 관해 이야기하고 동반자 관계와 하나님의 임재를 발견할 때 하나님을 알게 됩니다.

기독교인의 영성 생활은 친밀하고 개인적이지만, 진정한 영성 생활은 고립되거나 사적인 것이 되어서는 안 됩니다. 영성 생활은 사람들과 함께하는 것입니다. 초대교회 시절부터 기독교인들은 영적 분별을 적어도 두 명 이상이 함께 할 때 제대로 행할 수 있다고 여겼습니다. 영적 교제가 실천되어온 여러 가지 방법을 살펴보겠습니다.

일대일의 영적 지도

일대일 영적 지도의 가장 표준적인 형태는 4세기부터 6세기까지의 이집트와 팔레스타인과 시리아 사막에서 찾아볼 수 있습니다. 교회는 많은 그리스도의 증인들이 순교하는 박해의 시기를 통과했습니다. 이제 다른 형태의 순교가 그리스도 안에서 새 삶을 증언하게 되었습니다. 많은 사람은 육체적인 죽음을 의미하는 "붉은 순교"가 아니라, 수덕생활(ascetic life: 일반적으로는 금욕이라고 하지만, 넓은 의미에서 기독교인으로서 고통이 따르는 신앙생활을 실천한다는 의미로 수덕생활이라고 함: 역자 주)을 의미하는 "하얀 순교"를 받아들였습니다. 이 수덕적 순교자들은 기도와 자기 훈련과 고행을 통해서 "거짓 자아"(일반적인 문화에서 나타나는 교만하고 탐욕스럽고 자기중심적 자아)에 대해 죽고 그리스도 안에서 참된 자아(자비하고 겸손하며 타인 중심의 순수한 자아)로 다시 태어났습니다. 이러한 근본적인 변화는 인간의 마음을 추하게 변형시키는 "악마"와의 실질적인

> 회심이란 하나님이 우리의 눈에서 비늘을 제거하시어 우리를 향한 하나님의 무한한 사랑을 더 많이 받아들일 수 있게 하는 과정이며, 이 과정은 일생 동안 이루어진다. 평생 지속되는 이 철회와 복귀의 지속적인 과정에서 빛에 저항하고 싶은 욕망을 극복하는 데 도움을 줄 수 있는 동료가 필요하다.
> — 윌리엄 배리, 윌리엄 코놀리

싸움으로 이해되었습니다.

이 새로운 삶을 추구하는 사람들은 변화의 풀무불을 통과하여 다시 태어난 영적 지도자를 찾아 사막으로 들어갔습니다. 이집트의 성 안토니Anthony와 같은 카리스마적인 인물은 전설적인 사람이었습니다. 그들은 분별의 은사 때문에 권위를 인정받았습니다. 그들에게는 사람들의 마음을 들여다보고 그들을 사로잡고 있는 마귀를 분별하는 은사가 있었습니다. 그들은 자신이 힘들게 얻은 경험을 통하여, 사람들이 하나님의 변화시키시는 은혜를 향해서 마음을 열도록 지도해줄 수 있었습니다. 사막에서의 독거獨居와 침묵을 통해서 하나님의 말씀, 즉 성령의 세미한 음성을 들을 수 있는 능력을 기를 수 있었습니다.[1]

피지도자와 영적 스승(압바와 암마; 4세기 사막의 남자 지도자를 abba, 여자 지도자를 amma라고 함: 역자 주)의 관계는 강한 신뢰와 순종과 친밀한 영적 교제의 관계였습니다. 피지도자는 영적 지도자 앞에서 마음을 열고 자신의 생각이나 마음의 변화를 털어놓으며, 영적 지도자는 그 사람에게 무엇이 필요한지 분별합니다. 이런 전통에서 영적 스승들이 제자들에게 들려준 『금언』에 대하여 살펴보겠습니다. 다음은 『사막 교부들의 금언』에서 발췌한 글입니다:

> 한 형제가 스승에게 "내가 무슨 선한 일을 하면서 살아가야 합니까? 라고 물었다. 스승은 이렇게 대답하였다: "무엇이 선한 것인지는 하나님만이 아십니다. 하지만 나는 어떤 사람이 대수도원장 안토니의 친구 니스테로스 대수도원장에게 '내가 행해야 할 선한 일이 무엇입니까?' 라고 묻는 것을 보았습니다. 그 스승은 '선한 일은 항상 같지 않습니다. 성경은 아브라함은 손님들을 환대했고 하나님께서 그와 함께하셨다고 했습니다. 엘리야는 독거하면서 기도하는 것을 좋아했으며 하나님은 그와 함께하셨습니다. 다윗은 겸손했으며 하나님이 그와 함께하셨습니다. 그러므로 당신의 영혼이 하나님을 따라서 추구하고 싶은 것을 행하십시오. 그러면 당신의 마음을 안전하게 지켜나갈 수 있을 것입니다' 라고 말했습니다."[2]

> 우리에게는 그리스도 안에서 온전하고 거룩하며 충만하라는 소명이 있다. 완전하라(빌 3:15)는 말은 영적 성숙함(Rsv와 NEB)과 영적으로 성인이 됨(J. B. Phillips)이라는 여러가지 뜻으로 번역될 수 있다. 그것은 영적으로 성숙해가는 과정으로서 영성 생활의 목적이기도 하다.
> — 케네스 리치

제5부 영적 지도: 그리스도의 영

> 싱클레티카Syncletica는 다음과 같이 말했다: 화내지 않는 것이 좋습니다. 그러나 화를 낼 수밖에 없었다면, 그것이 그날 하루에 영향을 미치지 않게 해야 합니다. 해가 질 때까지 화난 상태로 있지 마십시오. 그렇게 하지 않으면, 남은 삶이 그것의 영향을 받을 것입니다. 당신을 해친 사람을 미워하되, 그 사람을 미워하지 말고 그 사람 속에 있는 사탄을 미워하십시오. 질병을 미워하되, 아픈 사람은 미워하지 마십시오.[3]

이렇게 사막에서 시작된 초기의 영적 지도는 수 세기 동안 몇 가지 변화를 거치면서 전해져 왔습니다. 은사와 활동의 결과와 거룩한 삶 때문에 인정받은 거룩한 그리스도인 남녀들 주위에 제자들이 모여들었습니다. 중세 시대의 교회에서는 많은 거룩한 여성들—그중 다수는 환상을 보거나 예언을 했습니다—이 공동체에서 영적 지도자의 역할을 했습니다. 14세기 영국에서 줄리안Julian은 노리지Norwich의 한적한 수실에서 살면서 창문을 통해 사람들의 영적 문제에 대해서 조언해주었습니다. 같은 시대에 이탈리아 사람 시에나의 카타리나Catherine은 영적 제자들로부터 "어머니"Mother라 불렸습니다. 하나님의 영을 분별함에 있어서 신뢰할 수 있는 지도자라는 평판 때문에, 사람들은 교황을 비롯한 공직자들을 질책하는 그녀의 편지에 주의를 기울였습니다.

이 일대일의 영적 지도는 역사적으로 상이한 형태들을 취해왔는데, 어떤 것은 교회 내의 제도적인 역할과 연결되어 있었습니다. 중세 시대에 일대일의 영적 지도는 인정된 기도 방법과 공식적인 영성 생활의 원리들을 조언하는 성직자의 기능이 되었습니다.

오늘날 일대일의 영적 지도는 초기의 모습에 가깝게 복귀했습니다. 그 예를 예수님과 제자들의 관계, 그리고 서로 돌보는 초대교회의 공동체에서 분명히 볼 수 있습니다. 영적 분별은 교회의 유익을 위해서 주어지는 것으로서 남자와 여자, 평신도나 성직자 모두에게 주어지는 은사입니다. 분별의 초점은 하나님과 관계 성장에 있으며, 영적 지도자는 이러한 관계의 성장과 발달을 돕습니다. 개인의 하나님 체험이 그 출발점

으로서 항상 존중되어야 합니다. 현대 영적 지도자들은 자신을 "해답을 주는 사람"이나 "잘못을 교정하는 사람"으로 생각하지 않습니다. 영적 지도자는 사람들에게 무엇을 해야 할지 가르쳐주는 그루(gru; 힌두교의 영적 지도자를 일컬음: 역자 주)나 뛰어난 교사가 아닙니다. 그들은 의존 관계를 조장하거나, 지도받으려는 사람들의 삶이 매우 중요하다고 가정하지 않습니다. 영적 지도자는 찾아오는 사람들과 하나님을 섬기는 자입니다.[4] 영적 지도자는 하나님의 임재와 목적에 비추어 삶을 바라볼 수 있는 안전하고 확실한 장소를 제공합니다. 영적 지도 관계는 전적으로 피지도자와 하나님의 관계에 초점을 두기 때문에, 지도자는 피지도자가 자신의 삶의 갈등과 놀라운 일과 도전 안에서 발생하고 있는 것을 열거할 수 있게 해줍니다. 지도를 구하는 사람은 삶의 표면에 드러난 사건 밑을 깊이 파고 들어감으로써 하나님의 음성을 듣고 응답하는 영적 전통으로부터 깨달은 것들을 성경과 연결할 수 있습니다.

하워드 라이스Howard Rice는 일대일 영적 지도의 특성을 다음과 같이 묘사합니다:

일대일의 관계에서 영적 지도자의 책임은 다음과 같다:
1. 피지도자가 자기 자신과 자신의 영성 생활에 대해서 말하는 것을 경청한다.
2. 삶에서 하나님의 임재를 깨닫고 응답하려는 피지도자의 갈망을 장려한다.
3. 영적으로 성장하며 성령의 임재에 자신을 개방할 수 있게 해줄 영성 훈련을 제시해준다.
4. 피지도자가 하나님의 용서하시는 사랑의 관점에서 자신의 삶을 정직하게 성찰할 수 있도록 도전을 준다.
5. 피지도자를 위해서 함께 기도한다.[5]

제5부 영적 지도: 그리스도의 영

영적 우정

> 우리의 말을 경청해 주는 사람—하나님이 주시는 은혜와 약간의 변화에도 주목할 수 있는 사람—이 있다면 우리의 삶은 더욱 풍성해질 것이다. 하나님의 세미한 음성에 귀 기울이는 것은 위리가 서로에게 줄 수 있는 가장 귀한 은사 중의 하나이다.
>
> — 래리 피콕

일대일의 영적 지도의 변형이 영적 우정입니다. 영적 지도와 영적 우정은 동일한 것이 아닙니다. 영적 지도자와 피지도자의 관계에는 불균형이 있습니다. 영적 지도는 지도자의 삶이 아니라 지도를 받는 사람과 하나님의 관계, 그의 삶과 기도에 초점을 둡니다. 이따금 피지도자에게 도움이 된다면, 영적 지도자는 자기 경험을 이야기할 때도 있습니다.

반면에 영적 우정은 호혜적이고 대등한 관계입니다. 두 친구 사이의 나눔은 서로 자기를 개방을 하는 쌍방향의 관계입니다. 친구들은 자기들을 대등한 사람들로 봅니다. 한 사람이 더 많은 경험이 있거나 더 권위적이라고 보지 않습니다. 상호 의존적인 건전한 관계입니다.

교회사에서도 영적 우정의 관계를 찾아볼 수 있습니다. 켈트 교회에서는 영혼의 여정을 같이 할 지혜로운 동반자인 영혼의 친구anmchara; 또는 soul friend라는 전통을 존중했습니다. 아름다운 신앙생활이 우정을 통해서 유지될 수 있다고 믿었다는 것을 교회사에서 발견할 수 있습니다. 프랑소아 드 살Francis de Sales은 신실하게 살아가고자 하는 사람에게 영적 친구가 절실하게 필요하다고 말했습니다. 그는 세상에서 경건하게 살려면 가능한 모든 돌봄과 지원이 필요하다고 생각했습니다. 경건한 삶에 헌신하며, 그러한 삶 속에서 서로의 성장을 보살피는 것이 영적 우정의 핵심이며, 그 근원에는 하나님을 향한 공동의 갈망이 놓여 있습니다.[6]

오늘날 영적 친교의 형태는 매우 다양합니다. 우리에게는 믿음으로 후원해 주는 친구가 있고, 단기간이나 장기간의 영적 여행을 함께 할 특별한 친구도 있습니다. 사람들이 가지각색이듯이 우정도 가지각색입니다. 우정은 자연스럽게 생겨나기도 하지만, 의도적으로 만들어진 관계에서는 서로에게 자기를 드러내는 일이 규칙적으로 이루어져서 결실을 믿게 해주는 경청, 격려, 권면이 이루어집니다.[7]

영적 지도 공동체

　기독교인들은 일대일의 영적 지도 관계에서 성령의 활동을 분별해 왔습니다. 그러나 그들은 성령 안에서 성장을 촉진하기 위해서 의도적으로 공동체를 형성하기도 했습니다. 교구나 회중은 그런 의도로 만들어진 공동체입니다. 최근의 역사에서 회중 생활 안에 영적 분별이 사라졌음을 알 수 있습니다. 그런데 오늘날 점차 개교회의 목사를 개인의 영적 지도자일 뿐만 아니라 공동체 전체의 영적 지도자로 인식하고 있습니다.[8] 또 교회 내의 조직들을 다스림에 있어서 분별의 기술을 발휘하는 데 큰 관심과 흥미를 보이고 있습니다.[9]

　기독교인들은 영적 격려를 제공하기 위해 의도적인 소그룹들을 만들고 있습니다. 수도원 운동은 영성형성의 그릇을 만들어내는 유서 깊은 시도입니다. "거짓 자아"를 "참 자아"로 변화시키려는 사막의 이상理想이 수도 생활로 제도화되었습니다. 수도원의 생활 규칙은 수도사들을 성령에 의해 변화된 삶으로 인도하는 살아있는 말이 되었습니다. 이 규칙은 공동체 생활을 관리하는 구조를 제공했을 뿐만 아니라 수도원이 장려하고자 하는 영적으로 소중한 것들을 구체화했습니다. 예를 들면 성 베네딕트 규칙은 침묵, 기도, 연구, 견인, 환대 등을 수도사들의 일상생활에 통합하도록 했습니다.[10]

　영적 지도는 수도원의 담을 넘어 세상으로 들어왔습니다. 그래서 상호 영적 지도를 하려는 또 다른 노력이 생겨났습니다. 중세 절정기에 평신도들이 번성했습니다. "세상에서" 일하고 가정을 꾸리며 사는 사람들로 구성된 "제3회"(독신 남자수도회를 제1회, 독신 여자수도회를 제2회라고 하며, 세상에서 가정을 갖고 직장생활을 하면서 수도 정신으로 평상적인 삶을 사는 사람들의 모임을 제3회 혹은 "재속(在俗)3회"라고 함: 역자 주)를 형성해서, 프란치스코나 도미니코회 등 수도원을 후원했습니다. "제3회"는 일상 규칙들을 자신에게 맞게 수정해서 지켰으며, 규칙적으로 영적 스승을 만나 지도를 받았습니다.

때때로 평신도 모임, 혹은 평신도들과 성직자들이 함께하는 혼합 그룹들이 영적 양육을 목적으로 만들어졌습니다. 이런 운동 중 하나가 13세기에 번성한 베긴회Beguins입니다. 여성들로 구성된 베긴회 회원들은 각자의 가정에 살면서, 때로는 한 집에 모여 살았습니다. 그들은 함께 기도와 선행을 하며 그리스도인의 삶 안에서 함께 성장했습니다. 그 후 수 세기가 지나고 유럽 대륙에서 신경건주의Modern Devotion라는 영성 운동이 일어났습니다. 이 운동에서 공동생활 형제 자매단과 같은 집단들이 생겨났습니다. 이 평신도들은 소그룹을 이루어 함께 살면서 옷감 짜는 일 등에 종사했습니다. 그들은 평범한 회중의 일부였지만 영성 생활에 대해서는 대부분의 신자보다 진지하게 살았습니다. 그들은 신앙의 소책자들을 저술하여 유포하고, 함께 모여 성경을 읽고, 초청한 사람들과 함께 성경을 연구했습니다. 그리고 규칙적으로 자신의 행동을 복음의 관점에서 성찰했습니다.

이것들과 동일한 영적 지도의 기본 요소들을 개신교에서 찾아볼 수 있습니다. 칼빈은 개인적인 돌봄과 서신 왕래, 비공식적인 상호 지원 등을 통해서 공동체 안에서 영적으로 성장하라고 권면했습니다. 칼빈의 영적 후계자들인 청교도들은 영적 경험의 공개적인 나눔에 열중했고, 영혼 안에서 이루어지는 하나님의 사역에 관한 이야기를 나눌 수 있는 동료들을 선택할 것을 권고했습니다. 청교도들은 영성일지를 이용해서 자기성찰을 하고, 편지로 서로 권면하고 영적 여행 이야기를 나누었습니다.

초기 감리교 운동에서도 영적 지도를 장려하려는 의도적이고 체계적인 노력을 볼 수 있습니다. 존 웨슬리는 서로 돕는 공동체 안에서 기독교인들의 거룩함이 가장 효과적으로 성장할 수 있다고 믿었습니다. 그는 공동체 안에서 필요하다고 생각되는 모든 부분에 대해서 체계적인 영적 지도 방법을 고안했습니다. 연회(聯會: united society)는 모든 사람에

게 개방되며, 기도와 상호 권면과 청지기의 책임을 위해 매주 모였습니다. 속회class는 가정에서 평신도의 지도하에 모이는 작은 단위의 모임으로서, 의도적으로 영성 훈련을 실천하는 데 비중을 두었습니다. 이보다 더 작은 모임은 동성끼리 모이는 반band입니다. 이외에도 진지하게 거룩함을 추구하라는 소명을 받았다고 생각하는 사람들로 구성된 특별한 사명을 띤 모임이 있었습니다.[11]

급진적인 종교개혁을 주장한 교회들은 대부분 그룹 영적 지도를 강조했습니다. 모라비아 교도들은 서로 훈계하기 위해서 소그룹으로 모였습니다. 퀘이커 교도들은 본질적으로 집단적 분별의 실천이라고 할 수 있는 예배 형식(침묵 모임)을 개발했습니다. 그 목표는 침묵 속에서 공동체의 길을 조명해주는 내면의 빛에 귀를 기울이는 것이었습니다. 퀘이커 교도들은 공동의 영적 지도를 실천하는 또 다른 방법을 고안했습니다. 예를 들면 경청자 혹은 질문자들로 선정된 사람들로 구성되는 클리어니스 회Clearness Committee는 중요한 결정의 순간에 하나님의 뜻을 분별할 수 있도록 도와줍니다.

오늘날 대부분의 영적 지도는 직접적인 만남을 통해서 이루어집니다. 그러나 편지, 전화, 인터넷 메일 등도 하나님 안에서 성장하고 싶은 갈망을 교환하는 기회를 제공할 수 있습니다. 이것들의 공통된 목표는 영적 성장, 살아계신 하나님의 영을 분별함, 하나님과 참된 관계를 발전시키는 것입니다.

문화의 영향

흥미로운 사실은 이렇게 다양한 영적 지도의 방법들이 대체로 서구의 사상과 문화적 관습에 뿌리를 두고 있다는 사실입니다. 오늘날 알려진 대부분의 영적 지혜는 서양 기독교에서 나온 것이고, 지금도 여전히 교회는 서양 기독교와 관련되어 있습니다. 그 지혜는 넓은 것이지만, 비교

> 영적 분별을 하는데 있어서 기독교 공동체의 도움은 매우 중요하다. 기독교 공동체의 일원이면서 기독교의 신앙과 가치를 특정한 상황 속에서 적용시킬 수 있는 영적 친구가 있다면, 그 사람이 공동체를 대신해서 자신의 영적 분별을 도와줄 수 있다. 그리고 몇 명이 함께 모여서 도움을 필요로 하는 사람에게 초점을 맞추어 그의 영적 분별을 도와줄 수도 있다. 이렇게 영적 친구들의 도움 없이 자기 혼자서 바른 영적 분별을 할 수 있는 사람은 아무도 없다.
>
> — 대니 모리스, 찰스 올센

문화적cross-cultural인 관점에서 고찰해 볼 필요가 있습니다. 영적 지도 방법에 미친 문화의 영향을 살펴보는 것은 비교적 새로운 시도이지만 중요합니다. 이미 성차별과 관련된 문제가 주목받아왔습니다. 현재 여성들이 일반적으로 남성들과 공유할 수 없는 독특한 관점에서 영적 지도를 하고 있다고 인정됩니다. 그리고 권력과 폭력과 분노 등의 문제가 여성들이 하나님과 관계하는 방식을 변화시킨다고 인정됩니다.[12]

그러나 문화적인 문제는 여전히 새로운 것입니다. 문화적 차이는 하나님 이미지와 종교적 경험에 영향을 미칩니다. 이것은 영성형성의 실천에 깊이 영향을 끼칠 수 있습니다. 예를 들면 유럽인을 조상으로 둔 미국인들은 하나님과 세상에 대한 개인적 관계를 강조합니다. 반면에 북미 문화권 밖의 사람들은 공동체와 대가족을 강조하며, 따라서 세상과 하나님도 다른 방법으로 경험합니다. 중남미 지역의 신앙의 나눔과 영성형성은 그 지역의 정치적·경제적 억압 상태를 반영합니다. 따라서 하나님의 말씀은 개인적인 구원이나 위로를 위한 것일 뿐만 아니라 가난한 사람들의 사회적·영적 해방, 그리고 모든 계층 사람들의 구속을 위한 것으로 간주합니다.

문화적으로 결정되는 의사전달 형식도 영성형성에 영향을 줍니다. 예를 들어 미국 흑인들의 종교적 관습은 감정 표현의 풍부함과 강한 공동체적 유대감이 특징입니다. 침묵, 독거, 성찰을 강조하는 일대일의 서구의 영적 지도 방식이 다른 환경에서 형성되어온 심오한 종교적 경험을 가진 신자에게 도움을 주지 못할 수도 있습니다. 권위에 대한 복종을 강조하는 아시아 문화권의 사람들에게는 목사나 교사 등 권위를 가진 인물과의 관계에서 영적 친교의 평등한 방식이 유효하지 못할 것입니다. 영적 지도를 할 때 이런 문제들이 고려되어야 하며, 사람들을 하나의 틀에 넣어 정형화하기보다는 각 사람의 독특한 경험을 존중하는 방법을 사용해야 할 것입니다.[13]

제2주 영적 동반자

매일의 과제

더글라스 스티어Douglas Steere는 1950년 하버드 대학에 퀘이커 교도들이 모였을 때의 거룩한 순간을 기록했습니다. 유명한 유대교 학자요 랍비인 마틴 부버Martin Buber가 초빙되었습니다. 그는 퀘이커 교도들의 침묵을 깨고 일어서서 다음과 같이 말했습니다. "장벽을 초월해서 다른 사람을 만나는 것은 위대한 일이지만, 그것이 우리가 남을 위하여 할 수 있는 최선의 일은 아닙니다. 그보다 더 위대한 일이 있습니다. 그것은…자기 내면에 있는 가장 깊은 것을 확인하는 일입니다." 그는 이렇게 말하고 나서 무뚝뚝한 표정으로 제자리에 앉았습니다. 말이 더 필요 없었습니다.[14]

이번 주 매일의 과제를 통해서 성경에 등장하는 신실한 친구들과 지도자들이 서로의 내면에 있는 것을 어떻게 확인하였는지 살펴볼 것입니다. 우리는 어떻게 이런 경험을 합니까?

과제 1
사무엘상 18장 1-4; 23장 15-18절을 읽으십시오. 다윗과 요나단의 이야기는 진정한 우정과 그로 인한 기쁨을 보여 줍니다. 여기에서 볼 수 있는 영적 우정의 특징을 말해 보십시오. 그런 후에 당신의 삶에 그러한 특징을 지닌 우정이 있는지 이야기해 보십시오. 지금 하나님 안에서 힘을 얻을 수 있도록 도와주는 친구가 있습니까? 어떻게 도와주고 있습니까? 그런 친구를 주신 하나님께 감사하십시오.

과제 2
사무엘하 11장 26절부터 12:13절까지 읽으십시오. 나단이 다윗을 만나서 진실을 이야기하는 장면은 영적 지도가 지닌 예언적인 차원을 증명해줍니다. 최근에 친지나 친구에게 반드시 말해주어야 하는 진실을 말해주었습니까, 아니면 그의 일에 개입하지 않으려고 했습니까? 나단과 다윗의 관계에서, 그리고 사랑으로 진실을 말하는 그의 태도에서 영적 지도의 모습을 찾아보십시오. 기도를 통해서 당신의 상황을 하나님께 말씀드리십시오. 당신이 말하고 경청하고 배우며 자기 삶 속에 숨겨진 죄를 성찰하고 고백하게 하려고 사랑의 주님이 보내시는 것에 귀를 기울이십시오.

과제 3

요한복음 4장 1-26절을 읽으십시오. 예수님과 사마리아 여인의 이야기는 예수님이 하나님의 "진리" 안에 있는 사람들의 문화적인 정체성을 꿰뚫어 보실 수 있음을 보여 줍니다. 예수님은 그 여인이 "하나님의 은혜"(10절)를 더 깊이 인식할 수 있도록 이끌어 주십니다. 예수님이 언제, 어떻게 그 여인으로 하여금 예수님과 그녀 자신과 하나님을 보는 관습적인 방법이나 표면적인 방법을 초월하게 하시는지 살펴보십시오. 어느 지점에서 그 여인을 신학적인 영역에서 개인적인 영역으로 이끌어가셨는지, 그녀가 예수님에게 어떻게 응답했는지 주목해 보십시오.

이 구절을 읽으면서 깨달은 영적 지도나 영적 우정의 특징은 무엇입니까? 당신 안에 있는 하나님의 은사를 깨닫는 시간을 가지십시오. 그리고 당신에게 필요한 생명수를 마시게 해달라고 기도하십시오.

과제 4

요한복음 4장 1-42절을 읽으십시오. 예수님과 사마리아 여인의 이야기는 영적 지도가 개인에게 미치는 영향뿐만 아니라 공동체에 미치는 영향도 보여 줍니다. 여자가 한낮에 우물에 왔다는 사실에서 그 여자가 마을에서 외면당하고 있었음을 짐작할 수 있습니다. 마을 여자들은 대부분 뜨거운 한낮에 물을 길으러 오는 것이 아니라, 아침 일찍이나 저녁 늦게 우물에 옵니다. 그 여인의 결혼 경력이나 현재 상황으로 볼 때 그 여자는 동족들로부터 따돌림을 당하고 있었던 것 같습니다. 이것은 유대인들이 사마리아인들을 받아들이지 않은 것과 비슷합니다.

그녀가 공동체로부터 외면당하고 고립되어 있던 상황에서 볼 때, 예수님이 영적 지도자로서 사마리아 여인에게 하신 행동은 어떤 영향을 미쳤습니까? 예수님의 영적 지도가 공동체와 그녀의 관계에 어떤 영향을 미쳤습니까? 사마리아 공동체와 유대 공동체의 관계에 잠재적으로 어떤 영향을 미쳤습니까? 당신의 견해를 기록하십시오.

과제 5

지난주에 제공한 일상생활 성찰의 예를 사용하거나 주기도문을 통해서 자신의 생활을 성찰하십시오. 기도하면서 그 과정을 시작하십시오. 진리와 은혜 안에서 당신의 삶을 기억할 수 있도록 도와달라고 기도하십시오. 영성일지에 당신의 생각을 기록하십시오.

"하늘에 계신 우리 아버지여, 이름이 거룩히 여김을 받으시오며"—이 주간 당신의 삶에서 하나님의 임재에 주목해 왔습니까? 언제, 어디에서, 어떻게 특별히 하나님을 의식했습니까?

"나라이 임하시오며, 뜻이 하늘에서 이루어진 것 같이 땅에서도 이루어지이다"—당신은 어떤 방법으로 하나님의 뜻을 구했습니까? 하나님은 보편적인 선이 당신의 태도와 행동을 지배하기를 원하시는데, 당신은 하나님이 그렇게 하시는 것을 허락했습니까?

"오늘 우리에게 일용할 양식을 주시옵고"—이 주간 영적으로나 육신적으로 당신을 지탱해준 양식은 무엇이며, 하나님께 감사드릴 것은 무엇입니까? 남은 양식을 가지고 무엇을 했습니까? 양식을 함께 나누지 않은 사람은 누구이며, 함께 나눈 사람은 누구입니까?

"우리가 우리에게 죄 지은 자를 사하여 준 것같이 우리 죄를 사하여 주시옵고"—당신에게 해를 끼치거나 마음을 상하게 한 사람을 용서했습니까? 평화를 회복하기 위해서 남은 단계는 무엇입니까? 당신이 해를 입힌 사람은 누구이며, 당신이 고쳐야 할 행동은 무엇입니까? 어떤 단계가 남아 있습니까?

"우리를 시험에 들게 하지 마옵시며, 다만 악에서 구하옵소서"—이 주간 당신은 어디에서 신앙(인내, 사랑, 소망)의 시험을 받았습니까? 그 시험에서 어떻게 실패했습니까? 어떤 방법으로 구원받았습니까? 당신의 한계에 대해서 무엇을 배웠으며, 당신이 필요로 하는 힘을 어디에서 찾았습니까?

"나라와 권세와 영광이 아버지께 영원히 있사옵나이다"—하나님이 주신 복에 감사하십시오. 지난주간에 받은 복을 열거하고, 그것들을 하나님 앞에 드리십시오. 기도를 통해서 하나님을 찬양하고, 그리스도와 동행하는 일에 다시 헌신하십시오.

그룹 모임을 위해 한 주일 동안 기록한 영성일지를 살펴보십시오.

제5부, 제3주

소그룹 영적 지도

14세기 이탈리아 시에나의 카타리나 Catherine of Siena는 『대화』The Dialogue라는 책을 저술했습니다. 그 내용은 하나님과 "영혼"의 대화입니다. 이 책에서 카타리나는 교회를 큰 포도원으로 비유합니다. 이 포도원 안에서 각 사람이 자기의 포도밭을 소유하는데, 밭들을 구분해주는 울타리나 경계선이 없습니다. 좋은 일이든지 나쁜 일이든지, 한 사람의 포도밭에서 일어나는 일은 포도원 전체에 영향을 미칩니다.

시에나의 카타리나는 요한복음 15장의 포도나무와 가지의 비유를 발전시켰습니다. 그러나 이 비유를 개인주의적인 관점에서 이해하지 않았습니다. 우리는 그리스도(포도나무)라는 공통의 뿌리에 의해 성장할 뿐만 아니라 서로 연결되어 있으며 서로의 성장을 돕습니다. 포도원(교회) 전체의 수확은 우리 모두가 공유할 수 있습니다. 우리는 포도원의 수혜자일 뿐만 아니라 보조 정원사입니다. 잡초를 제거하고, 가지를 치고, 거름을 주고, 나무를 심는 등 모든 행위가 자신만을 위한 것이 아니라 모두를 위한 것입니다. 성경은 이 점을 강조하기 위해서 교회를 여러 지체를 가진 한 몸으로 비유합니다(고전 12; 엡 4). 하나님 안에서 성장하는 것은 우리 모두의 일입니다.

깊은 의미에서 우리가 개인으로서 어떤 영적 계발을 하든 궁극적으로 우리의 가족과 공동체, 그리고 온 세상에 영향을 미칩니다. 영적 계

제5부 영적 지도: 그리스도의 영

발은 자연스럽고 필연적인 결과입니다. 기독교 공동체 안에서 행해지는 몇 가지 영성 훈련만 보아도 영적 양육이 개인적인 것이 아니라 모두가 참여하는 것임을 분명하게 알 수 있습니다. 특히 소그룹에서 실천할 수 있는 영적 지도 방법들이 있습니다. 소그룹은 몇 가지 형태로 분류할 수 있습니다: (1) 상호 책임 그룹, (2) 성경 중심 그룹, (3) 기도 중심 그룹, (4) 행동-반성 그룹, (5) 그룹 영적 지도.

이 소그룹 유형들은 각기 특징을 갖고 있지만, 우리로 하여금 성령의 인도하심에 자신을 더욱 관대하게 개방하도록 돕는다는 공통된 목적이 있습니다. 이 그룹들은 정보를 수집하고 연구하는 시간을 갖지만, 주목적이 지식 습득에 있는 것은 아닙니다. 그 목적은 우리를 창조될 때 지녔던 하나님의 형상으로 변화시키고 만들어가고 형성해 가는 것입니다. 우리는 신속한 정보 획득을 소중히 여기는 정보화 시대에 살고 있어서, 영성 생활이 그러한 길을 따르지 않는다는 것을 기억하지 못할 때가 있습니다. 우리는 하나님의 임재나 은총을 얻기 위해서 새로운 기도 방법을 배우는 것이 아닙니다. 우리는 기도의 사람이 되어갑니다. 우리는 기도 방법에 관한 책을 사지 않으며, "성공적인 영적 사람이 되기 위한 다섯 가지 비결", 혹은 "영적으로 성숙하기 위한 열 가지 확실한 방법" 등이 있어도 그것을 그대로 따르지 않습니다. 영성형성은 우리가 헌신하고 순종하며 자신을 개방하는 사랑의 관계와 흡사합니다. 이런 관계를 통해서 도전을 받고, 가르침을 받고, 은혜를 받으며, 조건 없는 사랑을 받습니다. 그럼으로써 변화됩니다.

열매가 풍성한 포도원인 교회의 신비는 우리처럼 사랑의 포옹을 갈망하며 그것에게 자신을 개방하려는 사람들이 많다는 것입니다. 이것은 혼자서는 할 수 없는 일입니다.

> 작은 기도, 신앙, 그리고 그룹들의 가장 이상적인 모습은 성령의 방법이나 개인적인 후원, 그리고 다른 사람들의 견해를 받아들일 수 있고, 고통과 염려, 감사를 함께 나눌 수 있으며, 중보기도와 신앙 안에서 하나님께 순종할 기회를 만들어 주는 것이다.
>
> — 틸든 E. 에드워즈

상호 책임 그룹

기독교인들이 모여서 하나님께 마음을 여는 방법의 하나가 상호 책임, 혹은 언약 그룹을 통한 것입니다. 이 그룹의 구성원들은 개인적으로 특별한 영성 훈련을 실천하기로 합니다. 그런 다음에 서로 책임을 지고 격려하기 위해서 만납니다.

하나의 대중적인 형태가 언약적 제자도 그룹입니다. 이것은 웨슬리파 학자인 데이빗 로우스 왓슨David Lowes Watson이 감리교의 역사 자료에서 복원한 것입니다.[1] 왓슨은 초기 감리교의 그룹 운동을 기초로 해서 속회class의 핵심을 현대인들에게 맞게 제시합니다. 근본 개념은 기독교인들이 상호 간의 후원과 격려를 통해서 쉽게 하나님께 나아간다는 것입니다. 소그룹의 구성원들(최대 7명)은 함께 영적 여행을 하기로 동의합니다. 그들은 기독교적 삶에 대한 웨슬리의 견해를 받아들이며, 긍휼, 정의, 헌신, 예배 등의 행위가 그러한 삶에 필요하다고 봅니다. 회원들은 그런 행위들을 실천하는 특별한 방법을 생각합니다. 예를 들어 외출하지 못하는 사람을 방문하는 것은 긍휼의 행위이고, 매일 성경을 읽는 것은 경건의 행위입니다. 양심수를 보호하고 지원하는 것은 정의로운 행위이며, 주일 예배에 참석하는 것은 예배 행위입니다. 회원들은 언약을 문서로 작성합니다. 그리고 정기적으로 모여 언약을 실천한 방법을 서로 이야기합니다. 회원들은 서로 격려하고 후원하며 조언해줍니다. 이 모임의 전제는 이러한 기독교적 훈련을 실천함으로써 영성이 형성되며, 사랑과 경건의 행동을 실천함으로써 개인적으로 뿐만 아니라 함께 성장할 수 있다는 것입니다.

엠마오 그룹과 꾸르실로Cursillo 전통에 속한 여러 형태의 모임들이 이 유형에 속합니다. 2명 내지 6명으로 이루어지는 이 작은 제자 그룹은 매주 한 시간 정도 모임을 갖습니다. 한 주 동안 생활하면서 느낀 그리스도의 임재와 부르심에 대해 생각하고, 그때 어떻게 응답했는지 회상합

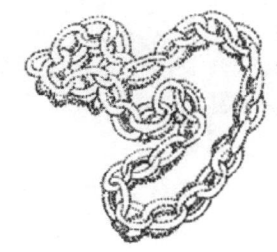

니다. 그런 후에 기도(개인기도와 공동기도), 연구(성경 연구와 영적 독서), 봉사(교회 및 공동체 봉사)의 분야에서 영성 훈련을 어떻게 하는지 이야기를 나눕니다. 마지막으로 다음번 모일 때까지 한 주일 동안 그리스도와 어떻게 함께 할 것인지 서로의 계획을 말한 후 서로를 위해 기도함으로써 마칩니다. 이 모임의 목적은 하나님의 은혜 안에서 온전히 살고 생명을 주시는 예수 그리스도 안에서 성장하려는 상호 간의 약속이 지켜지도록 도와주고 지원하려는 데 있습니다.

이런 상호 책임 공동체의 또 다른 형태는 제임스 브라이언 스미스 James Bryan Smith가 개발하고 리처드 포스터 Richard Foster가 설립한 레노바레 Renovaré 모임입니다.[2] 이 모임은 에큐메니칼 소그룹 과정으로서 관상, 거룩, 카리스마, 사회정의, 복음 전도 등 다섯 가지 전통과 관련됩니다. 먼저 2명에서 7명이 이 다섯 가지 요소를 탐구하기 위해서 만납니다. 그들은 (1) 하나님과 친밀한 삶, (2) 순결과 덕행의 삶, (3) 성령을 통한 권능의 삶, (4) 정의와 긍휼의 삶, (5) 말씀에 근거한 삶을 발견하는 것의 의미를 생각합니다. 모임이 구성되면, 회원들은 다섯 가지 전통과 관련해서 사는 방법에 대해 계속 만나 이야기합니다. 그리하여 회원들은 자신의 신앙 여정을 함께 나눕니다.

이외에도 다른 기능을 가진 여러 형태의 언약 그룹들이 있습니다. 특별한 시기에만 구성되어 신앙 이야기를 함께 나누는 모임으로만 존재할 수도 있습니다. 이런 소그룹들은 서로 마음을 열고 이해하고 격려하며 상대방의 비밀을 지켜 주기로 언약합니다. 문서화된 언약을 통해서 서로의 영적 형성에 헌신한다는 것이 이 그룹들의 특징입니다.

> 소그룹에서 그리스도의 빛이 더욱 분명하게 나타날 수 있다. 소그룹 안에서 함께 말씀을 나눌 때, 다른 사람의 영혼을 향해 창을 열고, 경외심과 경이로움 가운데 함께 앉아 있는 거룩한 신비가 있다. 그래서 그룹은 영성 생활이 성장할 수 있는 무대가 된다.
>
> — 래리 피콕

성경 중심 그룹

둘째 형태의 소그룹은 성경에 초점을 둡니다. 많은 교회가 성경 공부

모임을 지원하고 있으며, 성경 공부 모임은 신앙공동체의 삶에서 중요한 위치를 차지합니다. 종종 그러한 모임에서 강조하는 것이 성경 공부 차원을 넘지 못하는 때도 있습니다. 그런 모임의 주목적은 성경을 체계적으로 읽고 배우는 것입니다. 그러나 성경에 초점을 둔 영성형성 그룹은 말씀에 대한 생각을 나누는 데 초점을 둡니다. 성경 묵상은 참석자들의 삶에서 이루어지는 성령의 인도하심을 드러내는 것으로 이해됩니다.[3]

이런 그룹에서는 고전적인 거룩한 독서 lectio divina나 묵상적 독서를 실천합니다. 우리는 매일의 과제를 통해서 이 방법을 실천할 기회를 경험했습니다. 천천히 생각하면서 성경을 읽는 것의 목적은 우리의 전 존재를 말씀으로 채우기 위한 것입니다. 처음에는 본문이 기록된 상황에서의 의미를 생각하면서 내용을 파악하여 읽습니다. 그다음에는 본문—본문의 한 단어 혹은 말씀으로부터 오는 이미지—이 우리에게 작용하게 합니다. 그것이 우리 안에 자리를 잡으면, 우리는 그것에 대하여 하나님과 대화하고, 그것을 마음속으로 깊이 생각하고, 그것이 우리의 삶에 말을 걸어오는 것을 느낍니다. 이처럼 기도하는 마음으로 말씀을 깊이 생각하면 하나님 안에서 깊이 안식하게 됩니다. 즉 많이 생각하거나 말하지 않고서도 말씀의 깊음을 관상적으로 포용하게 됩니다. 영적 독서를 실천하는 모임은 개개인의 말씀 묵상에 초점을 둘 수도 있고, 그 모임의 삶에 초점을 맞추면서 구성원들이 함께 성경을 묵상할 수도 있습니다.

기도 중심 그룹

영성형성 그룹의 세 번째 유형은 기도에 초점을 둡니다. 이 그룹들은 강조되는 기도의 유형에 따라 다양해집니다. 가장 흔한 것은 중보기도를 강조하는 그룹이며, "울타리 없는 포도원"의 비유가 단순히 교훈이나 격려 차원의 비유가 아님을 의식합니다. 우리는 깊은 차원에서 사람

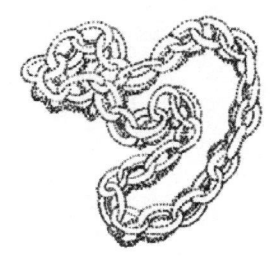

들의 삶에 참여합니다. 서로를 위해 드리는 우리의 기도는 세상에 유포되는 의도들을 형성하고 지휘합니다. 우리는 서로 연결된 영적 존재들입니다. 어떤 기도 모임은 특히 서로의 치유 및 세상의 치유를 위하여 기도합니다.

오늘날 유행하는 것으로 토마스 키팅Thomas Keating을 비롯하여 여러 사람이 개발한 센터링 프레어(centering prayer; 또는 가톨릭 전통에서는 향심기도라고 한다; 역자 주) 모임이 있습니다.[4] 앞에서 살펴보았듯이, 센터링 프레어는 관상기도의 한 형태로서 14세기에 익명의 영국인이 저술한 『무지의 구름』에서 영감을 얻은 것입니다. 센터링 프레어는 하루에 두 번 20분 동안 거룩한 실재를 깊이 느끼게 하는 간단한 단어나 문장으로 하나님께 드리는 기도입니다. 먼저 여러 가지 생각이나 염려에서 벗어나야 합니다. 침묵 중에 갈망하는 "사랑의 화살"인 단어나 구절을 거룩한 삶을 향해 드립니다. 이 기도를 통해서 마음을 비우게 되며, 하나님의 영원한 사랑을 받아들일 수 있습니다. 많은 사람이 독거 상태에서 이 기도를 실천하지만, 센터링 프레어 그룹은 이런 형태의 기도 실천을 위한 가르침과 지원 공동체를 제공합니다.

> 영성은 하나의 공동체 기업이라고 할 수 있다. 그것은 사람들이 사막의 위험과 고독을 지나가는 통로가 되며, 그때 예수 그리스도을 따르는 길이 개척된다. 이런 영적 체험은 하나님의 우물이며, 우리는 이 우물 물을 마시게 된다.
> — 구스타보 구티에레스

행동–반성 그룹

영성형성 그룹의 네 번째 형태는 행동–반성 그룹입니다. 이 그룹들은 현대 기독교에서 발달해온 사회정의의 전통에 의해 고취된 것으로서 가난하고 학대받는 사람들을 위한 행동과 삶을 변화시키는 묵상과 연결하려 합니다. 이러한 그룹의 전형적인 예를 라틴 아메리카의 기초 공동체에서 찾아볼 수 있습니다. 20세기 중반에 남미에서 억압받고 가난한 시민들이 소그룹을 이루어 성경에 대한 고대의 예언적인 이상—"과부와 고아들", "가난한 자", "잊힌 자들", "작은 자들"을 향한 하나님의 사랑 및 그들을 위한 하나님의 탄원—을 다시 주장하기 시작했습니다. 이 기초 공동체들은 자기들이 직면한 절박한 상황에서 성경을 읽고, 그 속에서 하나님의 구원의 말씀을 들으려 했습니다. 그리고 그 말씀에 따라 행동했습니다. 점차 발달한 이 그룹의 과정은 행동의 원(삶에서의 체험)—반성(성경에 근거한 반성)—새로운 행동으로 이루어집니다. 이 과정이 특권층에서 이루어질 때, 행동-반성의 그룹은 가난한 사람들을 위해서 봉사하고 정의를 실천하는 데 초점을 둡니다. 평화 운동; 인권 운동; 기아, 인종차별, 주택의 부족 등을 완화하기 위한 행동에 관여하는 신자들은 활동의 기초를 성경과 사회 윤리와 기도에 근거한 묵상적 나눔 공동체 안에 둡니다.

그룹 영적 지도

영성형성 그룹의 마지막 형태는 그룹 영적 지도입니다. 이 소그룹은 개인적인 분별력을 가지고 회원들을 돕는 데 초점을 둡니다. 그룹 지도는 몇 가지 방법으로 실천할 수 있습니다. 첫째, 회원들이 참석한 가운데 영적 지도자가 차례로 회원들을 지도해주는 것입니다. 이때 회원들은 지난번 모임 이후의 자신의 기도 생활과 삶의 체험을 이야기하고, 그것을 통해 자신의 삶 속에서의 성령의 움직임을 깨닫고 찬양하고 응답합니다. 둘째 방법은 특정 상황에서 다른 회원이 영적으로 어떤 지도를 받았는지 살펴보고 그것을 동일한 상황에 처한 회원에게 적용하는 것입니다. 세 번째 방법은 구성원들 전체가 서로의 영적 지도자가 되는 것입니다.

영적 지도를 위한 살렘 협회Shalem Institute for Spiritual Guidance는 세 번째 형태를 약간 변형시켜 특별한 소그룹을 만들었습니다.[5] 이 그룹은 해야 할 임무를 바르게 판단합니다. 회원들은 모임에 충실하게 참석하고, 자신과 하나님의 관계에 대해 회원들과 토론하고, 기본 과정에 헌신합니다. 이 과정은 침묵, 서로의 말을 경청하는 기술, 그리고 관상 중에

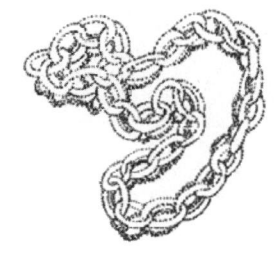

> 그룹 영적를 통해서 사람들은 자기의 내면에서 그룹에 속한 사람들을 위해 일하시는 성령께 귀를 기울이는 방법을 배운다. 그들은 휴식 장소에서 함께 침묵하면서 서로의 경험을 나눌 때 그 기도의 장소에서 드러나는 것에 응답하려고 노력한다. 그리하여 각 사람이 이용할 수 있는 공동의 지혜가 생겨난다.
> — 로스 매리 도허티

성령의 임재에 주목함 등에 기초를 둡니다. 회원들은 모임의 진행을 원활하게 하는 역할을 합니다. 즉 일정대로 모임을 진행하며, 회원들이 관상적인 방식에서 벗어나 서로를 "치유" 또는 "수정" 하려고 하거나 산만해질 때 주의를 줍니다. 얼마 동안 침묵한 후 한 회원이 약 10분에서 15분 동안 한 주간 하나님과 함께한 자신의 여정을 특히 기도 생활과 관련하여 발표합니다. 이때 발표자가 회원들의 반응을 얻기를 원한다면, 다시 함께 침묵한 후에 원하는 사람이 대답합니다. 회원들 한 사람 한 사람에 대해 이 과정이 되풀이됩니다. 그 후에 참석하지 못한 회원을 위해서 기도하고, 함께 한 시간에 대해서 의견을 나눕니다. 이때 제기되는 질문들은 일반적으로 다음과 같습니다: 하나님이 오늘 이곳에서 어떻게 활동하셨는가? 오늘의 과정이 어떻게 진행되었는가? 이 모임에서 무엇을 얻었는가? 이 친밀한 사랑의 모임을 통해서 회원들은 하나님 안에서 성장하게 되고, 사람들을 동정하고 이해하는 마음도 커집니다.

접붙임을 받은 많은 가지가 포도나무이신 그리스도로부터 영양분을 빨아들이는 포도원이 교회입니다. 그 포도원을 가꾸는 것은 결코 혼자만의 일이 아닙니다. 우리는 자신의 포도밭을 경작하고 새로 형성되는 일에 적극적으로 참여하면서 서로의 포도밭에서 가지를 치고 물을 주고 잡초를 뽑고 거름을 줍니다.

매일의 과제

토머스 호킨스Thomas Hawkins는 "우리의 자아는 선물로 주어졌다. 그것은 하나님이 우리 안에 깊이 묻어 두셨기 때문에 우리가 개인적으로 파내야 하는 선물이 아니다. 그것은 하나님의 선행 은총의 수단을 통해서 주어진다: 친구들과 가족들과 공동체와의 틀어지거나 붕괴된 관계…우리의 영적 여정에는 동반자가 필요하다"[6]라고 말합니다.

이 주간에는 매일의 과제에 제시된 성경 구절들을 통해서 "나의 이름으로 두세 명이 모인 곳"에 나타나는 그리스도의 임재의 능력을 살펴보겠습니다.

과제 1

마가복음 6장 30-32절을 읽으십시오. 이 본문은 제자들과 함께하신 예수님의 삶의 내적/외적 리듬을 어렴풋이 알게 해줍니다. 선교를 위해 파송되었다가 돌아온 제자들은 자기들의 활동에 대해 보고한 뒤에 조용한 곳에서 휴식하면서 다시 선교 활동을 위해 준비합니다.

당신의 삶은 그리스도 안에 있는 삶의 형성적 리듬을 얼마나 반영하고 있습니까? 당신이 목적 있고 생명을 주는 태도로 그리스도를 본받아 살아가는 데 도움을 주는 관계나 그룹이 있습니까?

과제 2

마태복음 18장 15-20절을 읽으십시오. 이 말씀은 성도들이 서로 도와 불화를 없애고 그리스도의 평안 안에 살도록 하기 위한 본보기를 제시합니다. 이 말씀을 통해서 당신이 갖게 된 느낌, 즉 끌리거나 도전을 받은 부분, 혹은 힘들다고 느낀 부분에 주목하십시오. 왜 그런 느낌을 받았는지 살펴보십시오(17절을 읽을 때, 예수님은 이방인과 세

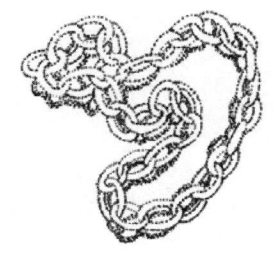

리까지도 특별한 사랑으로 대하셨음을 기억하십시오).

당신의 교회에 속한 신자들에게 주목하십시오. 고통을 견뎌내고 죄를 용서하며, 상처를 치유하고, 공동체 안에서 조화의 은혜를 찬양하기 위해서 서로 어떻게 돕고 있습니까? 당신의 공동체 안에서 그리스도의 화해 능력이 필요하다고 생각되는 부분은 어디입니까? 성령의 인도하심에 마음을 열고 그 상황을 마음에 품고 기도하십시오.

과제 3

요한복음 11장 1-44절을 읽으십시오. 나사로의 이야기는 죽은 자에게 생명을 주시는 하나님 부활의 능력을 보여 줍니다. 이 이야기는 제자들의 협력을 요구하는 세 가지 요구에서 절정에 이릅니다: "돌을 옮겨 놓으라," "풀어 놓아라," "다니게 하라." 38-44절을 다시 읽고, 무거운 짐을 지고 있는 영적 친구의 족쇄를 풀고 새로운 삶을 향해 나아갈 수 있도록 자유를 주시는 그리스도의 능력이 어떻게 임할 수 있는지 묵상하십시오. 그리고 당신의 견해를 기록하십시오.

"돌을 치우고, 풀어주고, 다니게 하는" 것처럼, 서로 헌신하는 훈련에는 어떤 것이 있습니까? 당신은 어떤 부분에서 이러한 헌신을 간절히 바랍니까?

과제 4

사도행전 11장 25-30절; 13장 1-3절을 읽으십시오. 이 말씀 외에도 사도행전에 기록된 비슷한 사건을 통해서 바울과 바나바, 그리고 동료 사역자들의 관계를 짐작할 수 있습니다. 이는 단순히 서로 도와주는 관계가 아니었습니다. 그들은 상대방을 통해서 역사하시는 성령의 사역을 헌신적으로 지원해주었습니다. 그들의 만남이나 관계에서 중심이 되는 것은 기도하는 마음으로 성령의 인도하심에 귀를 기울이는 것이었습니다.

성령 안에서 자신의 삶을 돌아보십시오. 당신은 누구와 함께 성령의 인도하심에 귀를 기울이고 있습니까? 자신의 교회 생활을 되돌아보십시오. 교회의 공동체 생활과 그 선교를 이끌어 가시는 성령님의 인도하심에 귀 기울이는 데 어떤 방법이 있습니까?
성령의 인도를 더 의지할 수 있는 능력과 가능성과 관련하여 당신의 내면에서 이루어지는 성령의 움직임에 주목하고, 그것을 기록하십시오.

과제 5: 매일 성찰

지난 두 주 동안 제공된 매일 성찰의 모델 중 하나를 선택하여 사용하십시오. 아니면 다음에서 설명하는 방법을 사용하십시오. 이 방법은 예수님이 정규적으로 제자들을 만나서 그들의 보고를 듣고 함께 휴식을 취하신 모습에 근거한 것입니다(막 6:30-32와 위의 과제 1 참고). 그 내용을 일지에 간단히 메모하십시오.

모임. 주말에 당신이 기독교인 친구들과 함께 예수님 앞에 모였다고 상상하십시오. 하나님의 현존 앞에서 마음을 가다듬으십시오. 한 주간 동안 당신의 삶에서 일어난 사건들과 만난 사람들을 기억하고 열거하십시오. 간단하게 감사기도를 쓰십시오.

보고. 당신이 예수님의 제자라고 생각하고서 예수님에게 한 주 동안의 이야기를 하십시오. 중요했던 시기와 저조했던 시기는 언제입니까? 하나님의 부르심에 응답하는 데 성공한 곳은 어디이며, 실패한 곳은 어디입니까? 어디에서 시험을 당하고 구원을 받았습니까? 하나님의 임재와 자극(또는 發心; prompting)을 어디에서 체험했습니까? 당신의 행동, 태도, 체험에 주목하십시오. 그것으로써 깊이 묵상하고 깨달은 점을 생각하십시오.

휴식. 조용히 예수님과 함께 기도하십시오. 예수님을 통해서 당신의 실패를 만회하고 상처를 치유하며, 앞으로 나아갈 수 있는 용기를 얻으십시오. 당신의 삶에 확신을 주고, 한 주 동안 다시 당신을 선교지로 보내려 하시는 예수님에게 귀를 기울이십시오. 당신이 보고 들은 것을 기록하십시오: 자신이 "보냄"을 받았다는 사실을 어떻게 이해하고 있는지 기록하십시오.

그룹 모임을 위해서 한 주간 기록한 영성일지를 살펴보십시오.

제5부, 제4주

우리의 삶을 그리스도 안에 있는 동반자 관계로 보기

우리는 함께 예배드리고 봉사하는 일은 공적이요, 영성은 근본적으로 개인적이고 내면적인 문제라는 선입견을 가지고 있습니다. 이것은 사실과 상반되는 생각입니다. 개인이 생명력 있는 하나님과 관계를 추구하는 과정 전체를 영성이라고 정의할 수 있습니다. 이 과정은 근본적으로 가기 성찰적introspective인 차원입니다. 우리의 삶을 뒷받침해주는 의미를 향한 깊은 갈망에 주목하고 마음의 소원을 경청하면서 우리 자신과 하나님의 관계를 정직하게 보아야 합니다. 하나님의 자극(發心: 우리가 잊고 있는 바를 깨닫도록 마음에 자극을 주시는 하나님의 役事, 역자 주)을 감지했으면, 반드시 응답해야 합니다. 우리는 넓은 세상에서, 공동체 안에서, 일터에서, 그리고 가정에서 영성 생활을 동경하는 삶을 살라는 부르심, 즉 행동하라는 부름을 받았습니다. 영성 생활은 부르심과 응답의 삶입니다. 그것은 우리를 완전히 개입시키는 것으로서 고립된 내적 영역에 포함될 수 없습니다. 물론 영성은 매우 개인적인 것이며, 우리로 하여금 하나님이 말씀하시는 통로가 되는 깊은 독거와 침묵을 이해하게 해주지만, "단순히 나만을 위한 것"이 아니라는 의미에서 영성은 사적인 것이 될 수 없습니다.

제5부 영적 지도: 그리스도의 영

그러므로 교회에서 협동하는 삶을 영적 지도와 분별이 이루어질 수 있으며 이루어지는 환경으로 보는 것이 지혜로운 일일 것입니다. 이 연구의 배후에는 교회는 은혜와 영적 지도의 공동체이며 회중의 주된 임무는 사람들로 하여금 기독교 생활을 시작하고 그 안에서 성숙하도록 돕는 것이라는 확신이 놓여 있습니다. 이러한 관점에서 교회의 역할을 생각하며, 당신의 회중이 하나님을 위하고 그리스도 안에서 충만한 삶을 추구하는 사람들에게 제대로 응답하는 방법을 알기 위해서 당신은 목사나 전문 교역자가 될 필요는 없습니다. 우리 각 사람은—당회원이든지, 성가대원이든지, 주일학교 교사이든지, 성경 공부 참가자이든지, 청년회 소속이든지, 혹은 예배만 참석하는 신자이든지—그리스도께 충실한 삶을 사는 데 있어서 교회의 도움과 인도를 기대합니다. 그러나 우리는 받기만 하는 것이 아닙니다. 우리는 그리스도 안에서 삶을 나누고 형성하기 위해 선택한 방식에 의해서 교회가 사람들의 영적 갈급함에 응답하는 데 참여합니다. 우리는 자신의 삶을 그리스도 안에서 동반자 관계로 여기라는 부름을 받고 있습니다.[1]

영적 지도로서의 예배

사람들이 교회에 가는 것과 관련하여 먼저 생각하는 것은 주일 예배입니다. 우리는 매주 만나서 어떤 일을 합니까? 우리가 기대하고 상상하는 것은 무엇이고, 받는 것은 무엇입니까? 주일 예배는 공중 예배 중 가장 중요합니다. 우리는 예배worship라는 단어가 지닌 깊은 의미를 거의 망각하고 있는 듯합니다. 우리는 자기 삶 중심에 있는 놀랍고 심오한 신비를 인정하기 위해서 모입니다. 우리는 기쁨, 두려움, 상처, 꿈 등을 가지고 모입니다. 예배드릴 때 우리 가운데 하나님이 임재하신다는 사실을 인정합니다.

기독교 전통은 하나님의 신비를 어렴풋이 알고 감지하게 하는 많은

> 예배는 하나님의 용납 위에 세워지며, 하나님의 현존에 대한 우리를 개방하는 형식으로 나아간다. 예배 시작 시간에 연주되는 음악으로부터 예배 중 침묵 시간까지, 예배의 모든 기능은 창조적인 공간으로서, 회중들이 이러한 모든 것이 하나님을 위한 공간을 만드는 의미로 경험하게 될 것이다.
> — 하워드 라이스

이야기와 개념과 상징을 제공해 왔습니다. 우리는 폭넓고 아름다운 예배를 드릴 수 있게 해주는 언어, 행위, 의식, 관습 등을 가지고 있습니다. 그것들은 하나님께서 친밀하고 변화시키는 방법으로 우리의 삶으로 들어오시는 다리 역할을 합니다. 우리는 선포되는 하나님의 말씀을 듣습니다. 하나님 말씀의 선포는 단순히 성경과 기독교인들의 윤리 규범에 대한 정보를 제공하는 것이 아닙니다. 우리가 말씀을 듣고 변화되고, 우리의 가장 깊은 삶의 근원이 될 것이며, 그 안에서 "살아 생동하고 우리의 존재를 가질 것"입니다. 시편 기자가 말한 것처럼, 우리는 목마른 사슴이 시냇물을 찾듯이 말씀을 찾아야 합니다. 말씀을 들을 때 우리의 정신과 마음이 그런 목마름을 느껴야 합니다. 말씀은 여러 가지 측면을 가지고 있으며 무한히 깊은 삶의 근원입니다. 말씀은 한 가지 의미로만 해석될 수 없으며, 노련한 전문가들만이 풀 수 있는 암호도 아닙니다. 전파되고 경청되고 종합된 말씀은 우리를 변화시킵니다.

우리가 함께 드리는 예배는 영적으로 생명을 주는 말씀에 집중하게 할 뿐만 아니라 기도하게 합니다. 기도는 기계적으로 말을 내뱉는 것이 아니라, 사랑으로 타오르는 마음의 외침, 생명수를 찾는 갈급한 영혼의 외침입니다. 하나님을 향한 갈망이 우리를 예배하게 합니다. 따라서 우리의 공동의 숨결, 즉 우리의 열망의 발로가 기도입니다. 우리는 호흡을 같게 해주는 찬송을 함께 부르면서 기도합니다. 우리는 예수님이 가르쳐주신 말, 끝없는 공명을 일으키는 비밀을 말하면서 기도합니다. 우리가 함께 침묵 속에서 기다리고, 함께 심장을 뛰는 사람들을 지켜볼 때 우리는 기도합니다. 우리가 평화의 입맞춤으로 서로를 맞이할 때, 말로 표현할 수 없는 음악의 카펫이 우리를 경배로 이끌 때, 우리는 기도합니다.

우리의 예배는 몸짓과 의식, 즉 우리가 갈망하는 신비 속으로 초대하는 시각적이고 음성적인 상징들로 이루어집니다. 세례식에서 물에 잠기는 것은 탄생의 원초적인 에너지, 즉 새 생명의 탄생을 재현하고 상기하

는 것입니다. 성찬의 빵과 잔을 나누는 것은 생명을 유지해주는 의식 안에 들어가는 것입니다. 우리는 서로 같은 갈망을 가지고 있으며, 성령이 주시는 거룩한 영양분을 먹고 사는 공동체가 됩니다.

성례전은 단순히 관습이나 전통으로 행하는 의식이 아닙니다. 성례전 또한 강한 상징이며, 우리는 이 상징을 통해서 내가 누구인지—하나님의 자녀이며, 하나님 생명의 근원으로부터 양육을 받는 존재—를 더 완전하고 의미 있게 경험합니다. 이러한 상징의 능력 안에 들어가는 법을 배운다면, 예배는 의무적인 행위 이상의 것이 될 수 있습니다. 우리의 예배는 영적 지도의 중요한 원천이 될 수 있으며, 하나님의 말씀과 우리의 말이 새 생명을 주는 것을 허락합니다.

영적 지도로서의 교육과 행정

교회의 지체들이 영적으로 중요한 방식으로 함께하는 삶을 탐구하는 데 있어서 기본적인 것이 예배이지만, 그 외에도 많은 방법이 있습니다. 예를 들어 교회는 예배와 말씀 선포, 장년부와 주일학교, 성경 공부, 청년회, 윤리적 가르침과 도덕적 가르침 등을 통해서 교육합니다. 영적으로 살아있는 교육은 변화를 목적으로 해야 합니다. 교회를 단순히 정해진 해답들의 원천이나 나누어 주어야 할 정보의 창고로 생각해서는 안 됩니다. 교회는 풍부하고 폭넓은 전통을 전해주는 운반자이며, 그 중심에 복음이 있습니다. 교회는 복음에 기초한 전통을 전해오고 있습니다. 그러나 전통이 살아있으려면 공동체의 구성원들이 개인적이고 창조적으로 그것들을 사용해야 합니다.

성경 공부를 예로 들어 봅시다. 많은 교회에서 성경 공부는 목회자의 영역이 되었는데, 그것은 목회자의 성경 지식 때문일 것입니다. 그러나 이미 살펴본 것처럼, 말씀이 우리의 삶에 뿌리를 내리려면 사실이나 정보 이상의 것이 되어야 합니다. 영적으로 양육해 주는 성경 공부에는 역사적-비평적인 가르침이 포함될 뿐만 아니라 기도와 묵상 과정의 효과적인 결합도 필요합니다. 사람들은 성경을 읽을 때 모든 기능—생각, 감정, 감각, 직관—을 사용합니다. 이런 기능을 통해서 성경 본문이 그들에게 들어오며, 그들의 삶의 이야기와 결합되고, 기도가 되며, 신비 안에 더욱 깊이 들어가게 만드는 질문이 됩니다. 참교육은 학습자에게서 창조력과 사고력과 지혜를 "끌어내는 것"입니다. 이런 식으로 성경 공부는 교회의 영적 지도의 중요한 측면이 될 수 있습니다.

교회는 행정적인 기능을 통해서 영적 지도를 할 수 있습니다. 최근까지 대부분 교회에서는 행정을 영적 지도로 생각하기보다 하나의 사무로 생각했습니다. 당회나 협의회는 일반적으로 어떤 일을 처리하거나 문제를 해결하려는 의도로 모입니다. 그러나 교회의 모임이 영적 분별을 가능하게 하는 방식으로 일하기 위한 계기가 될 수 있음을 교회가 깨닫는다면, 그것은 참으로 좋은 일일 것입니다! 현재 일부 교회 지도자들은 당회나 운영위원회란 구성원들이 서로의 말, 하나님의 말씀, 그리고 그들 가운데서 활동하시는 하나님 성령의 말을 듣기 위해서 큰 예배 공동체 안에 형성한 작은 모임이라고 이해합니다. 장로교의 찰스 올슨Chales M. Olsen, 미국 감리교의 데니 모리스Danny E. Morris 등 많은 사람이 "경건한 일"worshipful work과 공동의 분별에 관심을 보이고 있습니다.[2]

영적으로 살아있는 모임이 되려면 기도로 시작하고 기도로 끝내는 것만으로는 부족합니다. 예를 들어 침묵 시간도 적절하게 포함해야 합니다. 이 점에 있어서 퀘이커 전통에서 좋은 모범을 볼 수 있습니다. 그들은 침묵 예배의 연장으로서 사무적인 모임을 갖습니다. 모임을 시작할 때 회원들은 자기들의 삶에서 의미 있는 문제들을 잠시 함께 나누는 시간을 갖습니다. 이 나눔을 통해서 처음부터 개인적인 일정을 포기하고 사랑으로 돌보는 공동체를 형성합니다. 그 밖에 기도, 찬양, 성경 봉독, 하나님이 그 모임을 인도하시는 방향 묵상, 혹은 교회의 영적 활력에 대한 공개 토론 등이 포함됩니다. 당회, 교역자회, 제직회 등 여러 모임이 공동의 영적 분별의 기회를 제공할 수 있다는 생각은 현재로서는 매우 반문화적입니다. 그렇게 되기 위해서는 진정한 이해, 자진하는 마음, 관련된 사람들의 준비가 필요합니다. 그러나 회중의 생활 방식을 변화시키기 위해서 품는 약속이 필요합니다.

영적 지도로서의 구제와 봉사

마지막으로 구제와 봉사도 교회 내의 영적 지도의 측면으로 볼 수 있습니다. 활동과 관상은 상반되는 것처럼 보이지만 적대적인 관계가 아닙니다. 오늘날 평화와 사회정의에 헌신하고 있는 사람들은 자기들의 활동을 유지하는 데 필요한 영적 자원에 대해 깊이 생각하고 있습니다. 그들은 폭력적인 구조에 맞서는 것만으로는 부족하며 비폭력적인 마음을 길러야 한다는 것을 깨닫고 있습니다. 교회 지도자들과 구성원들은 세상이 필요로 하는 것을 충족시켜 주는 것을 단순한 자선 행위—불쌍한 사람에게 돈이나 시간이나 기술을 제공하는 것—로 생각해서는 안 됩니다. 그런 구제도 일종의 영성형성 훈련입니다. 세상의 폭력이나 고통과의 접촉, 즉 가난하고 억압받고 잊힌 사람들과의 접촉은 우리가 변화할 기회, 우리 자신의 제한된 관점보다 훨씬 넓은 렌즈를 통해서 하나님의 세상을 볼 수 있는 기회입니다. 자선 활동(주린 자를 먹이고, 집 없는 사람에게 집을 주고, 목마른 사람에게 마실 물을 주고, 벌거벗은 자에게 옷을 주고, 병든 사람을 돌보고, 갇힌 자를 방문하는 것)을 통해서 하나님이 하시는 말씀에 자신을 개방함으로써 우리는 깊이 변화될 수 있습니다. 그러한 사역은 우리에게 도전이 되고 우리를 변화시킬 것입니다. 가끔 "가난한 사람들"이 우리에게 가장 중요한 영적 스승과 지도자가 되는 것을 발견합니다. 우리는 구제와 봉사를 통해서 자신을 열고 영적 지도를 받을 수 있습니다.

어느 직장 여성이 라르슈L'Arche라는 공동농장에서 한 달 동안 생활했

> 그리스도 이름으로 두세 사람이 모이는 곳에 그리스도께서도 함께 하신다. 일을 수행하는 중, 우리는 눈을 열어 벽돌과 시멘트, 그리고 달러 표시와 새로 인쇄된 의제를 통하여 일하시는 성령을 볼 수 있다.
> — 래리 피콕

습니다. 라르슈 공동농장은 정신박약자와 정상인들이 함께 모여 생활하는 곳입니다. 이 여성은 사람들을 돕겠다는 생각, 불쌍한 사람들을 위해서 자기의 은사를 사용함으로써 기독교인의 의무를 행하겠다는 생각을 가지고 그곳에 갔습니다. 그러나 그녀가 실제로 경험한 것은 정반대의 상황이었습니다. 도시에서 자란 그녀는 농장에서는 자신이 전혀 쓸모없는 사람이라는 사실을 깨달았습니다. 그녀는 자신이 섬기겠다고 생각했던 사람들로부터 도움을 받고 가르침을 받았습니다. 이 여성은 자신이 사람들을 의존할 수밖에 없다는 사실을 받아들이기 시작하면서 오랫동안 자신의 궁핍함을 감추기 위해서 터득해온 교묘한 방법들을 의식하게 되었습니다. 사태의 좋은 면만 보는 것이 그중 하나였습니다. 항상 정답을 제시하는 것도 하나의 방법이었습니다. 항상 유능한 사람처럼 행동하는 것도 그중 하나였습니다. 이제 그녀는 형세가 역전되는 것을 보게 되었습니다. 자신이 도우려고 했던 사람들이 오히려 자신을 돕고 있었습니다. 그들은 그녀에게 하나님의 사랑과 각 사람의 삶의 존엄성을 가르쳐 주는 영적 스승이었습니다.

> 영성은 우리의 존재 뿐만 아니라 우리의 행위도 포함되어야 한다. 즉 기도뿐만 아니라…자비의 행위도 포함되어야 한다. 우리의 모든 영적 에너지를 내면으로만 집중하는 것은 궁핍한 자 안에 계시는 그리스도를 만나지 못한다.
> — 하워드 라이스

  교회를 진정한 영적 지도의 공동체라고 보는 개념의 배후에는 우리가 종착점에 "도착한" 사람이 아니라 그곳을 향해 가고 있는 사람이라는 생각이 놓여 있습니다. 우리는 하나님의 뜻을 분별해야 하는 사람, 개인적인 변화와 공동의 변화를 향해 여행하는 순례자입니다. 교역자든지 평신도든지 모두 이러한 관점에서 교회의 역할과 의미를 생각할 수 있습니다. 우리의 공동생활의 모든 측면은 잠재적으로 영적인 길, 서로 지도하고 지도받으며 하나님을 향해 나아가는 길입니다.

제5부 영적 지도: 그리스도의 영

매일의 과제

대니 모리스와 찰스 올슨은 "신약시대 교회의 신자들은 하나님이 신자들 개개인과 공동체를 인도해 주실 것이라고 믿었다. 그들은 성령의 인도하심을 항상 기대했다"라고 말했습니다.[3)]

금주의 매일의 과제를 통해서 초대교회에서의 분별을 탐구하며, 그리스도 안에서 어떤 일을 함께 결정할 때 이 독특한 방법을 사용하는 것이 무엇을 의미하는지 살펴볼 것입니다.

과제 1

출애굽기 18장 1-27절을 읽으십시오. 이드로는 모세에게 사역과 영적 분별을 위한 중요한 원리에 기초를 두고서 신앙공동체의 행정을 조직하는 방법에 대해서 충고합니다: "네가 혼자 할 수 없으리라." 이드로가 제시한 방법의 핵심을 요약해 보십시오. 교회 안에서 이드로가 제시한 원칙을 어디에서 찾아볼 수 있습니까? 당신의 공동체에서, 그리고 당신 자신의 소명을 수행하는 데 이드로의 충고가 필요하다고 생각되는 부분은 어디입니까?

과제 2

사도행전 1장 12-26절을 읽으십시오. 이것은 열한 명의 사도들이 다락방에 모여서 유다를 대신할 사람을 찾는 이야기입니다. 이 이야기를 통해서 공동체에서 하나님의 뜻을 분별하는 데 핵심이 되는 사항을 찾아볼 수 있습니다. 그들은 마음을 어떻게 준비했으며, 언제 두뇌를 이용했으며, 어느 곳에서 하나님을 의존했습니까? 결국 그들은 어떻게 하나님의 뜻을 찾았습니까?

당신이 발견한 것에 비추어 개인이나 그룹이 하나님의 뜻을 분별할 때 필요하다고 여기는 것들을 묘사하십시오. 그것에 대한 당신의 심각한 질문이나 염려를 기록하십시오. 깨달은 것을 당신이 지닌 삶의 문제나 어려운 점에 적용해 보십시오.

과제 3

사도행전 15장 1-29절을 읽으십시오. 이 이야기는 기독교가 발전하는 데 있어서 중요한 문제들에 대한 하나님의 뜻을 찾고 토론하는 예루살렘 교회의 모습을 보여 줍니다: 이방인 개종자들은 모세의 율법에 따라 할례를 받아야 했습니까? 당시의 분위기를 말해주는 구절이나 단어에 초점을 두고서 이 이야기를 다시 읽으십시오. 깨달은 점을 기록하십시오.

이 이야기를 다시 읽되, 교회가 어떻게 "적지 아니한 변론"을 넘어서서 "성령과 우리에게 요긴한 것"으로 결론을 맺게 되었는지, 그 태도와 행동, 그리고 은혜가 가득한 순간에 초점을 두고 천천히 읽으십시오. 깨달은 것을 기록하십시오. 사람들과 함께 하나님의 뜻을 분별하는 방식에 대한 당신의 견해에 이 깨달음이 어떤 도움을 줍니까?

당신이 속한 교회나 공동체의 어려운 문제를 생각해 보십시오. 그 문제에 개입된 사람들을 사랑하고 위해서 기도하십시오.

과제 4

사도행전 15장 1-29절을 다시 읽으십시오. 그런 후에 금주의 본문 마지막 부분에 실린 "함께 하나님의 뜻을 분별하는 몇 가지 원칙"을 살펴보십시오. 예루살렘 교회에서 이 원칙들이 어떻게 작용하고 있는지 주목해 보십시오. 특히 승자와 패자를 구분하지 않는 데 필요한 "가지치기"가 어떤 것인지 찾아보십시오.

어제 당신이 확인한 어려운 문제들을 다시 생각해 보십시오. 논쟁과 분열에서 벗어나 성령의 하나됨을 따라서 하나님의 뜻에 순종하기

위해 버려야 할 것은 무엇이며, 취해야 할 것은 무엇입니까? 관련된 사람들을 위해서 사랑으로 기도하는 것을 잊지 마십시오.

과제 5: 매일 성찰

매일 자신의 삶을 되돌아보는 것은 우리의 생각과 느낌과 경험 속에 하나님이 어떻게 임재하셨고 우리가 어떻게 응답했는지 성찰해보기 위한 것입니다. 그것은 우리의 일상생활에 하나님이 어떻게 임재하셨고 어떻게 부르셨는지 깨닫게 합니다. 그것은 어떤 형태로든지 영적 준비를 실천하기 위한 훌륭한 방법입니다. 다음의 내용을 하나님과 대화하는 것처럼 읽으십시오. 깨달은 것을 영성일지에 기록하십시오.

나를 창조하시고 구원해주신 하나님, 주님을 전적으로 의지합니다. 모든 것이 주님이 주신 선물입니다. 오늘 받은 선물에 대해서 감사와 찬양을 드립니다. 주님이 나의 삶을 어떻게 인도하고 어떻게 만들어 가시는지 깨닫게 해주시고, 그 길을 방해하는 것이 무엇인지 깨닫게 해주십시오.

다음의 사항들을 깊이 묵상할 때 내 눈을 열어주시고, 나와 함께 하여 주십시오:

- 오늘 일어난 사건들 안의 하나님의 임재:
  _____

- 오늘 경험한 느낌 안의 하나님의 임재:
  _____

- 나를 향한 하나님의 부르심:
  _____

· 하나님을 향한 나의 응답:
_____

하나님, 주님의 용서의 사랑과 치유를 간구합니다. 제가 오늘 치유받기를 원하는 특별한 사건은 다음과 같습니다:
_____

내가 가장 필요로 하는 특별한 은혜나 은사는 다음과 같습니다:
_____

주님의 돌보심에 나 자신을 맡기고, 나의 삶을 주님의 강하고 신실한 손 안에 두겠습니다. 아멘.[4]

그룹 모임을 위해서 한 주 동안 기록한 영성일지를 살펴보십시오.

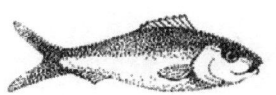

함께 하나님의 뜻을 분별하는 몇 가지 원칙

준비하기: 하나님께서 당신과 함께하시며, 모든 일—그리스도께서 우리 안에서 우리를 통하여 나타내려 하시는 삶과 사역에 영향을 미치는 모든 일—에 있어서 인도해 주실 것을 믿고 기대하십시오. 끊임없이 기도로써 성령의 인도하심을 준비하십시오.

틀 잡기: 검토되어야 할 주제와 탐구되어야 할 문제에 초점을 두십시오.

기초 놓기: 당신의 고찰이 충실해야 할 지도원리나 기준을 정의하십시오.

가지치기: 하나님에게 자신을 여는 데 방해가 되는 동기, 주제, 선입견 등을 내려놓으십시오. 하나님의 뜻 외의 것에 무관심하십시오.

뿌리 내리기: 그 문제를 조명해주는 성경 본문, 영적 유산의 지혜, 하나님과 동행함으로써 온 경험 등을 생각하십시오.

경청하기: 우리가 듣고 가르침을 받아야 할 음성을 찾으십시오. 각각의 음성 안에 있는 하나님의 진리를 경청하십시오.

탐구하기: 지도 원리 안에서 선택할 수 있는 모든 방법을 고려하십시오.

개선하기: 우리가 좋아하지 않는 것들을 수정하기보다는 각각의 선택 사항을 가장 훌륭한 것으로 만들기 위해서 노력하십시오.

가늠하기: 그룹으로서 하나의 제안을 받아들이려는 마음을 깊이 생각하면서 한 번에 하나씩 가장 훌륭하면서도 가능한 선택 사항을 하나님께 드리십시오.

마감하기: 참석자들에게 제안된 방법들을 수용할 수 있는 기준을 말하게 하십시오. 만약 망설인다면, 그 안에 있을 수 있는 지혜를 언급하고 기록하십시오.

휴식: 마음으로 기도의 영 안에서 휴식하십시오. 확신이나 근심, 평화나 불안, 위로와 슬픔 등의 감정에 주목하십시오.

Adapted from Danny E. Morris and Charles M. Olsen, *Discerning God's Will Together* (Nashville, Tenn.: Upper Room Books, 1997), 66-67.

제5부, 제5주

영적 지도의 필요성 식별하기

나이가 들면서 점점 확실해지는 진리가 있습니다(다른 진리들은 점점 희미해집니다). 그것은 하나님은 우리가 있는 곳에서만 우리를 발견하실 수 있다는 것입니다. 이것을 노빈 베스트Norvene Vest는 다음과 같이 표현합니다.

> 내가 어떤 상황에 처해 있든지, 그리스도는 내가 있는 곳에서 나를 만나 주실 것이다. 나의 삶이 혼란스럽고 당황스럽고 지루하고 무질서해도, 하나님은 지금 내 삶 속에 개입하고 계시다. 내가 하나님을 많이 섬기고 사랑한다고 생각하든지 적게 섬기고 사랑한다고 생각하거나 나의 생각이 많거나 적든지 하나님은 우리의 관계를 깊이 있게 하실 준비를 갖추고 기다리신다.[1]

다시 말해서 진정한 영성 생활은 우리가 마음을 비우거나 어떤 영성 훈련을 터득하거나 시간적 여유를 갖거나 새 직업을 찾거나 자녀를 양육한 후 등 분명히 정해지지 않은 미래에 구축되는 것이 아닙니다. 하나님은 우리가 "마땅히 있어야 하는" 곳에서 우리에게 다가오실 수 없습니다. 하나님은 지금 우리가 있는 곳에서 우리에게 다가오실 수 있습니다. 이는 우리는 성취한 것 때문이 아니라 존재한다는 사실 때문에 하나님에게 받아들여지고 사랑받기 때문입니다. 그러므로 우리에게 영적 지

> 하나님은 우리의 영성 생활이 모양을 갖추 때까지 기다리셨다가 우리에게 다가와서 우리와 관계를 맺으시려는 분이 아니다. 이런 사실 때문에 우리는 자유와 위안을 얻을 수 있다. 우리가 균형과 집중력을 키우기 위해서 노력하지만, 하나님과 우리의 관계는 이 노력의 성공에 달려 있지 않다. 하나님의 사랑은 어떤 일에도 개의치 않으며, 흔들리지 안고 확고부동하다.
> ― 킴블리 두남, 라이스만

도가 필요하다는 판단의 근거는 우리가 누구인가—우리의 갈망, 장점, 단점, 특별한 생활 환경 등에 대한 지식—에 있습니다.

지금 여기에서 교제하면서 우리가 필요로 하는 것은 무엇입니까? 나는 20대 후반에 다양한 방식의 영적 지도를 통해서 영적으로 크게 성장했습니다. 그 시기에 많은 일이 있었지만, 대략 내용은 이러합니다: 나는 치열한 격변과 개인적인 실패를 거친 후 주립대학에서 종교학 대학원 과정을 밟았습니다. 그곳에서 학생 지도에 있어서 탁월한 방식을 사용하시는 훌륭한 교수를 만났습니다. 그분은 상대방 마음의 열망을 감지할 수 있는 분으로서, 몇 년 동안 나의 친구가 되어 주셨습니다. 그 시절 나는 아직 교회에 출석하지 않았지만, 하나님을 향한 갈망은 매우 컸습니다. 루터교인이었던 교수님은 나를 프란치스코 수도회의 사제에게 소개해 주셨는데, 그 사제는 오랫동안 내 말을 들어 주었습니다. 나는 점차 가톨릭 공동체에 매력을 느꼈고, 그곳에서 예배와 의식, 역사, 신학, 영성훈련 등의 심층구조를 발견했습니다. 그것은 나에게 개인적인 여정을 지속할 수 있게 해주는 영적 안식처를 제공해주었습니다. 영성 탐구에 관심을 가지고 계셨던 교수님은 나에게 시토회 수녀원을 소개해 주셨습니다. 내가 그곳에 머무는 동안 그들의 깊이 있는 기도는 나의 영성에 강한 영향을 주었습니다. 나는 그들을 통해서, 그리고 나를 지도해 준 사제, 교회, 교수를 통해 영적 여정에서 소중한 사람들과 그룹들을 만났습니다.

영적 지도의 동심원

20대 후반의 몇 년은 다사다난했지만 내게 매우 중요한 시기였습니다. 내가 그 시절을 회상하는 이유는 그 기억이 다미엔 이자벨Damien Isabell이 "영적 지도의 동심원"이라고 말한 것의 좋은 예가 되기 때문입니다.[2]

　가장 바깥쪽의 원은 "교회의 일반적인 영적 지도"를 말합니다. 이것은 교회가 신자들의 관심을 하나님께 집중시키는 데 사용하는 예배, 음악, 성례전, 가르침 등 전체적인 구조입니다. 나는 기독교 신자가 되면서 이 일반적인 영적 지도를 받을 수 있었습니다. 둘째 원은 제도적인 영적 지도 또는 "그룹 영적 지도"입니다. 이 그룹은 구성원들이 믿음 안에서 성장하며 교회의 일반적인 영적 지도를 이용할 수 있게 해줍니다. 나의 경우에 시토회의 수녀원이 그러한 역할을 했습니다. 이보다 결속력이 덜한 그룹의 예로 조직적인 피정, 꾸르실로 운동Cursillo, 엠마오 운동Emmaus, 후원 그룹, 성경에 기초한 그룹, 언약 그룹 등이 있습니다. 영적 지도의 세 번째 동심원은 "일대일"의 지도입니다. 내 인생의 중요한 시기에 프란치스코회 사제는 의도적으로 내 말을 듣고 지도해주었습니다. 가장 안쪽의 원은 "숨겨진 지도자들" Hidden Directors입니다. 이자벨은 아드리안 판 캄Adrian van Kaam의 말을 인용해서, "우리 자신을 찾기 위해서는 사람들이 삶 속에서 어떻게 대답하고 반응했는지 살펴보아야 한다. 이는 그런 모습들이 우리의 행동에도 나타나기 때문이다"라고

말했습니다. 영적 지도자는 관계가 먼 영웅이나 가까운 친구 등 여러 모습으로 우리에게 다가올 수 있으며, 지도하는 기간이 짧을 수도 있고 길 수도 있습니다. 내 경우에 후일 나의 친구가 된 대학원 교수는 "숨겨진 인도자"의 범주에 속할 것입니다. 그분은 내가 장차 훌륭한 자아를 가진 사람으로 성장할 것이라고 믿었으며, 그 믿음 때문에 나는 생명 되시는 성령을 향해 마음의 문을 열 수 있었던 것입니다.

나의 이야기가 모든 사람에게 적용될 수 있는 것은 아닙니다. 그러나 하나님과 우리의 관계를 친밀하게 하기 위해서 교회가 우리를 양육하는 방법은 매우 다양하지만 중복되는 부분이 있음을 보여 줍니다. 특정 시기에 우리는 다음과 같은 점을 평가해야 합니다: 이 순간 하나님은 나를 어디로 이끌어 가시는가? 내 마음속의 가장 깊은 갈망은 무엇인가? 그 갈망은 어떻게 채워질 수 있는가? 나에게 실행 가능하고 현실적이며 적당한 것은 무엇이며, 나에게 주어진 특별한 은사와 한계들, 그리고 지금 내가 처해 있는 환경은 무엇인가?

우리에게 가장 필요한 것은 교회의 일반적인 영적 지도일 것입니다. 우리는 하나님께 집중하게 해주는 교회 공동체에 뿌리를 두어야 합니다. 영적 공동체를 찾는 데 있어서 위험한 것은 이런 영적 지도를 해줄 수 있는 완벽한 신앙공동체를 찾아서 떠돌아다니는 것입니다. 작은 교회든지 큰 교회든지, 심지어 자신의 정서에 맞지 않고 갈등이 일어날 경우에도 한 교파나 교회 안에 머물면 사랑과 신실함 안에서 성장할 수 있습니다. 우리에게는 교회의 절기, 말씀과 성찬, 모임의 공동체 등 교회가 줄 수 있는 심오한 지혜가 필요합니다. 우리가 고립되어 있을 때 개인적인 영적 여정의 폭은 우리의 능력의 한계에 비례합니다. 과거에나 현재 우리는 함께 어우러질 때 하나님 안에서 무한한 가능성을 향해 나아갈 수 있습니다.

우리가 이미 회중 안에 뿌리를 내리고 있다면, 더 집중적인 영적 양육이 필요합니다. 그때 우리는 그리스도와의 관계를 심화하기 위해서 동심원 안쪽의 세 개의 원 중 하나를 의지할 수 있습니다. 동심원 안쪽의 세 개의 원이 엄격하게 구별되는 것은 아니지만, 여기에서는 구별해서 생각하는 것이 도움이 될 것입니다.

우선 숨겨진 지도자의 역할부터 살펴보겠습니다. 때때로 우리가 하나님께 가까이 가기 위해서는 우리의 말을 들어주는 사람, 공동 기도, 또는 다른 사람의 신실한 지원이 필요합니다. 기독교 공동체 안에는 자기의 신앙을 우리와 함께 나눌 수 있는 경험과 지혜의 은사를 받은 사람들이 있습니다. 그들이 반드시 성직자는 아닙니다. 중요한 시기에 우리의 삶에 개입하거나 길을 안내해준 사람이 목사나 교육자나 교역자일 수 있겠지만, 여기에서 지위는 중요하지 않습니다. 종종 회중 중에서 다양한 삶의 도전을 통해서 원숙해진 나이 든 사람이 우리와 함께 걸어갈 수 있습니다. 그는 우리의 말을 들어주고, 위로해주며, 격려해주고, 기도해줄 수 있습니다. 또한 하나님은 주일학교 교사나 친구, 또는 공동체 내의 친숙하지 못한 사람을 통해서 우리를 지도해주실 수도 있습니다. 이런 사람은 전혀 예기치 못한 방법으로 우리에게 영향을 미치는데, 그 사실을 몇 년 후에 깨닫는 경우도 있습니다. 이것이 기독교 공동체의 은사이며, 우리 가운데 임재하시는 성령의 은혜입니다.

영적 우정의 형태 중에는 "숨겨진" 영적 지도에 속하는 것이 있습니다. 특별한 사람이 우리에게 생명을 주는 사람으로 등장할 수도 있습니다. 일반적으로 이런 일은 예기치 못하게 사교 모임이나 비행기 안에서 발생할 수도 있습니다. 그것은 놀라운 은혜의 경험입니다. 영적 우정은 꽤 유동적인 것으로서 일상적인 일이나 사회적 접촉 등의 상황에서 성령의 열매를 서로 나누는 특징을 지닐 수 있습니다. 이런 관계가 의도적인 만남의 관계로 발전하여 정기적으로 각각의 친구에게 같은 시간을 할애해서 관심을 기울이고 신앙을 함께 나누는 만남이 될 수 있습니다. 그런 사람은 기도의 동반자가 될 수 있습니다.

자신에게 영적 우정이 필요한지 분별하려 할 때 몇 가지를 고려해야

> 교회 역사 속에서 모든 사람에게 그들 자신만의 영적 지도자가 필요하다고 생각했던 때가 없었다.… 평범한 기독교인의 삶 속에 좋은 구역이 있었고, 신앙을 함께 나누는 좋은 그룹들이 많았다. 즉 기독교인의 삶 속에 그렇게 많은 조명(illumination)이 있었던 것이다.
>
> ― 캐롤린 그라톤

합니다. 일반적으로 비공식적인 영적 우정은 다양하고 풍부하지만, 결코 다른 사람의 감독을 받지 않습니다. 그런 우정이 의미 있는 것일 수 있습니다. 그러나 때로는 동료의 말이 부적절한 충고나 험담이 될 수도 있습니다. 어떤 사람은 자신에게 영적 은사가 있다고 여기면서 재판관 노릇을 합니다. 나는 은사를 받았다는 여성이 다른 사람의 삶에서 사탄이 활동하는 것을 보았다고 경고하는 것을 본 적이 있습니다. 그녀 때문에 많은 사람이 놀라고 혼란스러워했습니다. 영적 우정이라는 미명하에 심각한 종속 상태를 감출 수 있고, 교묘하게 조종할 수도 있습니다. 심지어 건전한 우정도 욕망 때문에 주목적을 망각할 수도 있습니다. 또 엘리트 의식―"우리가 이 교회 안에서 유일하게 거룩한 사람이다"―을 가질 수도 있고 당파를 만들 수도 있습니다. 그러나 우리가 큰 신앙공동체에 뿌리내리고 있으면, 이런 가능성을 방어할 수 있습니다. 영적 지도의 관계에서 교회와의 관계를 단절하거나 자기중심적 판단을 정당하다고 고집하는 태도, 엘리트 의식, 편협함, 지나친 종속 관계 등 비뚤어진 열매를 만들어 내는 일이 있어서는 안 됩니다.

새로운 형태의 영적 지도 탐색

만일 우리가 더 의도적이고 공식적인 영적 지도를 원한다면 소그룹이나 개인적인 지도자를 구하려 할 것입니다. 우리가 자신에게 물어야 할 질문은 자신의 기질과 문화적 유산에 관한 것입니다. 과거에 일대일의 상황에서 생명이 주어지는 것을 발견했습니까, 아니면 그룹에서였습니까? 일반적으로 외향적인 사람은 그룹 안에서 활발하게 활동하지만, 내향적인 사람들은 일대일의 관계를 선호합니다. 자신의 성격을 고려하지 않은 채 영적 공동체를 찾거나, 개인적인 만남에서 가장 잘 다룰 수 있는 문제들을 깊이 파고들어 갈 기회를 찾고 있습니까? 우리의 인종적·문화적 유산으로 볼 때, 우리는 일대일의 관계보다 그룹의 상황에 더 적

합할지 모릅니다. 그러나 일대일의 관계와 그룹이라는 상황이 항상 서로 배타적인 것은 아닙니다. 개인적인 영적 지도를 추구하면서 동시에 언약 그룹의 격려를 받을 수 있을 것입니다.

만약 우리가 영적 지도자를 찾으려 한다면, 몇 가지 문제점을 살펴보아야 합니다. 첫째, 앞에서 언급했던 바와 같이 자신이 진실로 영적 지도—하나님의 뜻을 분별하는 데 있어서 도움—를 찾고 있는지 분명히 해야 합니다. 만일 특별한 삶의 문제 해결을 원한다면, 목회자와의 상담이나 치유 및 지원 그룹을 찾는 것이 좋을 것입니다. 둘째, 오늘날 세상에서 영적 지도가 독특한 사역으로 드러나고 있습니다. 목사나 사제가 모두 훌륭한 영적 지도자가 되는 것은 아니며, 영적 지도자라고 해서 모두 목사나 사제일 필요도 없습니다. 교회의 지도자나 신뢰하는 친구로부터 영적 지도자를 추천받으십시오. 피정의 집, 세미나, 그리고 교구나 교회의 영성형성 담당 부서에서도 특정 지역의 영적 지도자들에 대해 조언해줄 수 있습니다. 영적 안내자나 영적 지도자는 어떤 사람을 책임질 수 있으며, 그 사역을 수행할 권위를 갖습니다. 그는 인정받은 프로그램을 통해서 훈련받은 사람이거나 기도원의 직원이거나 종교 공동체의 회원일 수도 있습니다.

국제 영적 지도자 협회(Spiritual Directors International: 영적 지도 사역을 훈련하고 관리하는 에큐메니칼 조직)에서 펴낸 윤리 지침에 따르면, 영적 지도자가 되려는 사람은 감독자와 함께 사역하거나 동료 집단의 자문을 받거나 상호 책임을 지는 조직망과 연대하여야 합니다.[3] 지도자라고 해서 모든 사람을 지도할 수 있는 것은 아닙니다. 우리는 가능성 있는 지도자를 방문하여 자신이 기대하는 것과 과정에 대해 질문하면서 그가 자신에게 알맞은 지도자인지 분별할 수 있습니다. 지도를 받는 사람에 따라 영적 지도 방법이 달라져야 합니다. 이미 언급한 바와 같이 영적 지도자를 선택할 때 인종, 문화, 교파, 성별을 참작하십시오. 영적 지도자는 피지도자의 양심과 영적 여정을 존중해야 합니다. 영적 지도 과정에서 서로 친

> 각각의 영혼은 모두 독특하다. 그래서 현재의 특별한 삶과 특별한 상황을 고려하지 않고서도 적용될 수 있는 지혜란 있을 수 없다.
>
> — 유진 피터슨

해지기도 하고 취약성이 나타나기도 하지만, 영적 지도의 목표는 종속 관계가 아닙니다. 영적 지도자가 해야 할 일을 말해주어도, 그것이 성령의 자유함으로 이어지는 것은 아닙니다. 당신이 거주하는 곳에서 일대일의 영적 지도가 가능할 수도 있고, 그렇지 못할 수도 있습니다. 영적 지도를 받기 위해서 정기적으로 여행할 것인지, 거주하는 곳 가까이에서 자주 그룹 모임에 참석하는 것이 더 효과적인지를 결정해야 할 수도 있습니다. 마지막으로 영적 지도 관계에는 호혜성이라는 문제가 있습니다. 당신은 다른 사람과 함께 당신의 문제에 초점을 맞추기를 원합니까, 아니면 동료들이 서로 지도해주는 방식을 원합니까?

만약 그룹 지도를 원한다면, 먼저 교회 안에 어떤 그룹이 있는지 확인하십시오. 그리고 그중 어떤 그룹이 영적 갈급함을 채워줄 수 있을지 생각하십시오. 제5부 셋째 주는 여러 형태의 그룹을 살펴보았습니다: 상호 책임 그룹, 성경 중심 그룹, 기도 중심 그룹, 행동–반성 그룹, 그룹 영적 지도. 당신에게 지원 공동체가 필요할 수도 있으며, 이러한 그룹 모델은 당신을 성장하게 할 것입니다. 당신이 거주하는 지역에 마음에 드는 그룹이 없으면 직접 그런 그룹을 만들어도 좋습니다.

다음 단계

당신은 "정말로 무엇이 나를 끌어당기는가?"라고 질문할 것입니다. 때로 우리의 심오한 욕구가 예기치 않은 방법으로 드러납니다. "숨겨진 지도자"가 나타나고: 친구가 힌트를 주며; 어떤 프로그램에 관심을 갖게 되며; 당신의 삶에 부족한 것을 의식할 때 고통스러운 갈망이 일어납니다. 어떤 것이든 다음 단계에 이르는 길을 가르쳐줄 것입니다.

그룹 구성에 필수적인 몇 가지 요소가 있습니다. 먼저 소그룹(3-10명)으로 규칙적으로 만나야 합니다. 많은 사람의 경우에 레노바레Renovaré 소그룹 영성형성 훈련 같은 체계적인 프로그램이 그룹 형성과 결집에 도움이 될 것입니다. 영성형성은 단순히 경험이나 학습의 대상이 아닙니다. 그것은 자신과 다른 사람을 발견하는 과정이며, 변화와 도전의 과정이며, 자기초월의 과정입니다. 그것은 말씀, 그리고 신앙공동체의 변화시키는 영적 지혜라는 상황 안에서 일어납니다. 그래서 기독교 전통의 참고 문헌들을 언급해야 할 필요가 있습니다. 그룹 영적 지도는 특히 그리스도 안에서 공유하는 삶을 강조합니다.

당신에게 영적 지도가 필요한지 분별하기 위해서는 현재 생활의 세부 내용을 살펴보아야 합니다. 기도에 대해 더 배우고 싶은 독신 남자는 정규적으로 10일 기도 피정에 참석하는 것이 도움이 될 것입니다. 매주 수요일에 모이는 "아기 신앙 나눔의 아침"이라는 모임은 젊은 어머니들에게 기쁨이 될 것입니다. 시골 농장에서 살고 있는 과부들은 함께 교제하며 사회적 동반자 의식을 주는 신앙 나눔의 모임을 통해서 진정한 양육을 받을 수 있지만, 바쁜 목사들은 간헐적이지만 규칙적으로 영적 지도자를 만나는 정기적 독거 피정을 즐길 수 있습니다.

깊고 고요한 깨달음에 집중함으로써 현재의 영적 교제의 필요성을 분별할 수 있습니다. 그 깨달음 안에 하나님이 우리 안에서 살아 활동하시며, 우리 자신과 하나님과 이웃을 더 사랑하고 포용할 수 있도록 속삭이고 자극하고, 암시를 주고, 끊임없이 괴롭힌다는 지식이 있습니다. "두세 사람이 내 이름으로 모인 곳에는 나도 그들 중에 있느니라"(마 18:20).

제5부 영적 지도: 그리스도의 영

매일의 과제

> 우리가 자신의 마음 한 가운데에서 성령의 발소리를 들었을 때, 그리고 이 발소리에 자신의 발걸음을 맞추려고 노력할 때, 우리는 세상을 치유하는데 있어서 하나님뿐만 아니라 다른 사람들과도 한편이 되어 있는 자신을 발견할 수 있다.
> — 프랭크 로저스

히브리서 기자는 "하나님의 은혜에 이르지 못하는 자가 없도록 하라"(12:15)고 말합니다. 수잔 존슨Susanne Johnson은 이 구절과 비슷한 의미의 성경 구절을 설명하면서 "본질적으로 교회는 영적 돌봄과 지도의 생태학이다. 그것은 기독교 영성형성을 위한 결정적인 환경이다"라고 말합니다.[5] 금주의 매일의 과제는 교회에 대한 당신의 비전 및 은혜와 영적 지도의 공동체로서 교회가 어떤 모습이어야 하는지 살펴볼 것입니다.

과제 1

마태복음 5장 1-12절을 읽으십시오. 클래런스 조던Clarence Jordan은 팔복이 온유한 사람, 자비한 사람, 마음이 깨끗한 사람 등 각기 다른 사람들에게 선포된 것이 아니라고 주장했습니다. 그것은 한 계층의 사람들, 즉 하늘나라에 들어가고 있으며 사람들 사이에서 평화를 조성하는 거룩한 모습을 지닌 하나님의 자녀로서 자라는 "마음이 가난한 사람들"이 경험하는 단계들입니다.

하나님의 복 속에서 성장하는 단계인 팔복을 묵상하십시오. 당신은 어느 단계에 있는지 확인해 보십시오. 다음 단계로 나가기 위해서 버려야 할 것은 무엇이며, 취해야 할 것은 무엇입니까? 당신에게 필요한 교제나 영적 지도는 무엇입니까? 이 문제들에 관해서 하나님이 말씀하시는 것을 경청하십시오.

과제 2

골로새서 1장 24절부터 2장 7절까지 읽으십시오. 이 말씀에서 바울은 자신의 행동에 동기를 부여하는 개인적인 열정과 목회의 목표를 "각 사람을 그리스도 안에서 완전한 자로 세우려 함"이라고 말합니다. 당신과 당신의 교회는 무엇을 위해 "힘을 다하여 수고"하고 있습니까?

그리스도 안에서 완전하다는 것의 의미를 나타내는 상징이나 구절에 주목하십시오. 그것을 당신의 입장에서 다시 써보십시오. 바울이 말하는 "너희"가 개인을 가리키는지 신앙공동체인지, 혹은 둘 모두를 가리키는지 생각해 보십시오. 그런 구분에 의해서 어떤 차이가 생기는지 살펴보십시오.

과제 3

히브리서 1장 11-6:2절을 읽으십시오. 본문에서 선생이 돼야 했음에도 아직 젖을 먹는 단계에 있는 미숙한 사람들을 유아로 비유하고 있습니다. "젖"과 "단단한 음식"은 각기 어떤 종류의 영적 음식으로 이루어집니까? 당신이 먹는 음식은 어떤 것입니까?

당신의 교회를 영적 영양센터라고 가정하십시오. 교회에서 "장성한"(14절) 자가 되기를 원하는 사람들을 위해 균형 있는 영적 식단을 짜보십시오. 주식은 무엇입니까? 교회에서 그런 음식을 제공하려면 어떻게 해야 할지 생각해 보십시오. 당신의 생각과 느낌을 기록하십시오.

과제 4

빌립보서 1장 1-11절을 읽으십시오. 바울은 빌립보 교회에 대한 소망과 갈망을 표현하면서 편지를 시작합니다. 빌립보 사람들을 위한 바울의 이상과 기도에 대해 묵상하십시오.

예수 그리스도의 심장으로 당신의 가족들과 믿음의 공동체를 사모하는 당신의 마음을 표현하는 문장으로 바울의 기도(9-11절)를 의역하거나 당신의 기도문을 써보십시오. 당신의 기도를 전부, 혹은 일부 암기하십시오. 당신의 가정과 교회에서 계속 기도하는 것이 무엇을 의미하는지 생각해 보십시오.

과제 5

지난주에 제시했던 매일의 과제를 이용하거나, 다음의 훈련을 이용하십시오. 다음은 메조리 톰슨의 『영성형성 훈련의 이론과 실천』에서 인용한 것으로서 틸든 에드워즈Tilden H. Edwards가 제시한 몇 가지 훈련 방법을 각색한 것입니다. 메모할 수 있도록 일지를 준비하십시오.

마음을 편안하게 하고 시작하십시오. 하나님의 임재를 상기하고, 하루 동안 하나님의 임재에 주목하기를 갈망하십시오. 그날의 은혜가 당신의 의식 속에 나타나게 해달라고 간단히 기도할 수 있습니다.

무엇을 찾으려고 노력할 필요가 없습니다. 그날 들려올 것에 귀를 기울이면서 고요히 마음을 여십시오. 마음에 무엇이 떠오르면, 그 안에 개입된 은혜의 본질에 주목하십시오. 하나님이 어떻게 임재하셨습니까? 하나님의 은혜를 느끼고 감사하십시오.

그 순간 당신이 하나님께, 혹은 다른 사람에게 어떤 존재였는지 주목하십시오. 만약 당신이 은혜를 깨닫지 못했거나 은혜에 응답하지 못했음을 알게 된다면, "주님, 저를 불쌍히 여기소서"와 같은 간단한 기도를 드릴 수 있습니다. 다른 시간에는 다르게 응답하려는 갈망을 가지십시오. 그날의 은혜를 의식하거나 그 은혜에 응답했음을 안다면, 단순히 "미소로써 하나님께 감사를 표하십시오."

그날의 또 다른 일을 성찰하고, 앞의 과정을 반복하십시오. "그래서 그날의 하나님의 감추어진 임재, 그리고 그 임재에 참여하거나 그 임재를 상실하거나 저항하는 자신을 알게 됩니다."

이러한 성찰 과정을 마친 후에 당신에게 중요하다고 여겨지는 반응을 기록하십시오. 당신은 놀라운 것을 보았습니까? 당신이 사람들을 대하는 방식을 발견했습니까? 오늘 특별한 은혜와 감사의 느낌을

받았습니까?⁶⁾

그룹 모임을 위해서 한 주 동안 기록한 영성일지를 살펴보십시오.

폐회 피정

준비

지금까지 매주 소그룹 모임을 위해 준비 시간을 가졌던 것처럼 마지막 폐회 피정을 위한 준비 시간을 가져야 합니다. 여기에는 매일의 과제를 행할 때만큼 많은 시간이 필요하지는 않지만, 2-4개의 과제를 행할 때 소요되는 만큼의 시간이 필요합니다. 그동안 기록한 영성일지를 살펴보는 특별한 시간을 가질 수도 있습니다. 다음의 지시 사항에 대해 창조적인 반응을 준비하는 시간을 떼어 놓을 수도 있습니다.

1. 개인 탐구와 그룹 탐구를 실천해온 28주를 돌이켜 보십시오. 영성일지를 처음부터 읽으십시오.

2. 고요한 시간을 갖고 성령께 자신을 개방하십시오. 지금까지의 과정에서 얻은 경험의 본질을 표현해주거나 당신의 여정에서 특별히 중요했던 순간을 표현해주는 이미지나 시나 노래나 시편을 표면화하십시오.

3. 당신이 선택한 방법(그림, 조각, 칠 등)으로 창조적으로 당신의 이미지를 나타내십시오; 이야기, 시, 시편, 또는 노래를 쓰십시오; 가지고 있는 자료 안에서 비슷한 이미지, 이야기, 시편, 혹은 노래를 찾으십시오.

피정일

제1부: 축하

9:00　모임, 친교, 아침 식사
9:30　아침 찬양
10:00　"우리의 이야기하기"

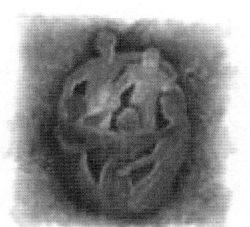

11:00 휴식
11:20 이야기하기 과정에 대한 묵상
11:45 식사 기도와 점심 식사

제2부: 통합

1:15 정오 기도
1:30 요한복음 21:1-19 묵상
2:00 개인 묵상 및 영성일지 기록
2:30 세 사람씩 조를 편성하여 나눔의 시간
3:00 휴식

제3부: 전망

3:30 우리의 미래 전망에 대한 충분한 나눔의 시간
5:00 휴식, 산책, 레크리에이션
5:45 저녁 식사

제4부: 다음 세대

7:00 빵을 나눔
7:30 간증
8:00 휴식
8:15 폐회 예배
9:15 폐회

그룹 모임을 위한 자료
정보 습득을 위한 독서 및 영성형성적 독서

정보습득을 위한 독서는 가르치고 배우는 데 필요한 요소이다. 그러나 독서는 특별한 지도와 특별한 통찰 경청, 당신의 하나님과 관계를 경청하는 것과도 관계가 있다. 중요한 것은 마음과 정신의 태도이다.

정보 습득적 독서	영성 형성적 독서
1. 가능한 한 신속하게 많은 것을 다루는 독서이다.	1. 독서의 양보다 질에 관심을 둔다. 책을 통독하는 것이 아니라 본문 안에서 하나님을 만나는 독서이다.
2. 본문의 표면을 신속하게 훑으려 하는 직선적인 방식이다.	2. 한 구절의 심층적이며 다층적인 의미에 초점을 둔다.
3. 독서자가 본문을 통제하고 지배하려 한다.	3. 본문이 독서자를 지배하는 것을 허락하는 것이다.
4. 독서자가 본문을 자신의 통찰과 목적에 따라 지배하고 조종하려 한다. 즉 독서자가 주체이고 말씀이 객체이다.	4. 말씀Word이 우리 말word을 지배해 주기를 기다린다. 즉 독서자는 말씀에 의해 형성되기를 기다린다.
5. 분석적이고 비평적이고 판단적인 접근 방법을 사용한다.	5. 말씀에 대해 겸손하고 초연하고 수용적이고 사랑이 충만한 접근 방법을 요구한다.
6. 문제 해결을 추구하는 정신 구조이다.	6. 신비이신 하나님의 음성을 받아들이기 위해 성경을 읽는다. 독서자는 그 신비 앞에 서서 그 신비가 우리에게 말하는 것을 허락한다.

로버트 멀홀랜드가 지은 『영성형성을 위한 거룩한 독서』(Shaped by the Word: The Power of Scripture in Spiritual Formation)에서 인용함.

그룹 영적 독서 과정

준비
잠시 하나님 현존에 잠긴다. 편안한 자세로 눈을 감고 앉아서 숨을 고르게 쉼으로써 자신에게 집중한다.

1. 말씀을 듣는다(자신에게 전해져 오는 말씀).
첫 단계 영적 독서(2회). 관심을 끄는 단어나 구절을 듣는다. 일 분 동안 침묵하면서 이 말씀을 속으로 반복한다. 지도자가 신호를 하면 그 단어나 구절을 큰 소리로 말한다.

2. "이 말씀이 나의 삶에 어떻게 와닿는가?"라고 묻는다.
둘째 단계 영적 독서. 이 말씀이 오늘 당신의 삶에 어떻게 다가오는지 살핀다. 2분 동안 침묵하면서 가능성이나 감각적인 인상에 대해 생각한다. 지도자가 신호하면 한 두 문장을 말한다. "나는…을 듣습니다", "나는…을 알겠습니다", "나는…을 느낍니다"라는 등의 문장이 될 것이다.

3. "여기에 나를 초청하는 것이 있는가?"라고 묻는다.
세 번째 단계 영적 독서. 앞으로 며칠 안에 일어날 일이 이 말씀과 어떤 관련이 있을지 생각하며 듣는다. 몇 분 동안 침묵한다. 지도자가 신호하면, 초청 받은 느낌을 한 단어나 간단한 문장으로 표현한다. (말하지 않아도 좋다).

4. 기도(말씀에 응답하는 힘을 얻도록 서로 기도한다.)
소리 내거나 침묵하면서 당신의 오른편에 있는 사람이 초대에 바르게 응답할 수 있도록 도와주시기를 기도한다.

원한다면, 회원들이 이 단계를 마친 후 느낀 것들을 나누는 시간을 가질 수 있다.

Norvene Vest, *Gathered in the Word: Praying the Scripture in Small Groups*(Nashville, Tenn.: Upper Room Books, 1996), 27 인용.

호흡기도 훈련

호흡기도는 하나님 임재 훈련을 실천하는 고전적인 기도 방법입니다. 이 기도는 깨닫는 태도와 하나님께 대한 헌신의 자세를 기르는 방법입니다.

호흡기도도 청원기도처럼 기독교 전통에서 사용되고 있는 것이나 성경 말씀, 또는 찬송가 가사에서 취한 구절을 사용할 수 있습니다. 그 구절을 입으로 반복하여 외우면서 마음으로 가져가서 호흡에 맞추어 외웁니다.

호흡기도는 우리에게 임재하시는 하나님과 함께 하려는 행위입니다. 하나님께 온전히 집중하는 특별한 시간에 호흡기도를 하십시오.

호흡에 맞추어 기도를 계속함으로써 그 기도가 마음의 습관이 되게 하십시오.

몇 분 동안 호흡기도 방법을 실천하십시오. 그것을 영성일지에 기록하십시오.

영성 생활에 관한 책들을 저술한 론 델베인Ron DelBene은 호흡기도문을 쓰고 개인적으로 사용해 왔습니다. 다음은 그의 책 『생명의 숨결』 *The Breath of Life: A Workbook*에서 인용 요약한 것입니다.

제1단계

편안한 자세로 앉으십시오. 눈을 감고 하나님이 당신을 사랑하시며, 당신이 지금 하나님의 사랑하시는 현존 안에 머물고 있다고 생각하십시오. "주님은 나의 목자시니"(시 23:1), 또는 "너희는 가만히 있어 내가 하나님 됨을 알지어다"(시 46:10) 등 당신을 기도하는 마음의 틀 안으로 안내하는 성경 말씀을 생각하십시오.

제2단계
눈을 감은 채 하나님이 당신의 이름을 부르고 계시다고 상상하십시오. 하나님이 당신에게 질문하시는 음성을 들으십시오: "네가 무엇을 바라느냐?"

제3단계
마음에서 나오는 것으로 하나님께 대답하십시오. 평화, 사랑, 용서처럼 한 단어로 대답할 수도 있습니다. 그것을 제2단계와 연결해서 한 문장으로 만들면 "나는 당신의 용서를 느끼기를 원합니다", 혹은 "나는 당신의 사랑을 알기를 원합니다" 등이 될 수 있습니다.

기도는 개인적이기 때문에, 현재의 관심사로부터 기도가 나옵니다.… "네가 무엇을 원하느냐?"라는 하나님의 질문에 대한 응답이 당신의 기도의 중심이 됩니다.

제4단계
당신이 좋아하는 하나님의 이름이나 이미지를 선택하십시오. 일반적으로 하나님, 예수, 창조주, 선생님, 빛, 창조자, 성령, 목자 등이 포함됩니다.

제5단계
"네가 무엇을 원하느냐?"라는 하나님의 질문에 대한 대답과 당신이 선택한 하나님의 이름을 연결하면, 그것이 당신의 기도가 됩니다. 예를 들면 다음과 같습니다.

내가 원하는 것	내가 부르는 하나님의 이름	가능한 기도
평화	하나님	오 하나님 나로 하여금 평화를 알게 해주십시오.
사랑	예수	예수님, 당신의 사랑을 느끼게 해주십시오.
쉼	목자	나의 목자시여, 당신 안에 쉼을 얻게 해주십시오.
보호	영원한 빛	영원한 빛이시여 당신의 길로 인도해주십시오.

많은 생각이 떠오를 때는 어떻게 해야 할까요? 여러 가지 가능한 것을 기록한 후에, 기도에 집중할 수 있을 때까지 그 생각들을 제거해 나가거나 통합하십시오. 당신이 많은 것을 원할 수도 있지만, 당신의 행복을 위한 기본적으로 한두 가지만 선택할 수 있습니다. 따라서 스스로에게 "내가 원하는 것 중에서 나로 하여금 가장 완전하게 느끼게 해줄 수 있는 것은 무엇인가?를 물어야 합니다. 당신이 완전하다고 느낄 때 당신의 삶의 여러 부분에 평온함이 흘러 들어갈 것입니다.

당신의 심오한 갈망의 핵심에 도달하면 그것을 표현할 수 있는 단어들을 찾으십시오. 그리고 그 단어를 가지고 마음의 생각을 표현할 수 있는 여섯 음절 내지 여덟 음절로 이루어진 기도문을 만드십시오. 여섯 음절에서 여덟 음절로 이루어진 기도문은 자연스러운 리듬을 이룹니다. 그보다 길거나 짧으면 반복하여 외우기에 불편합니다. 하나님의 이름을 앞부분에 두고 다른 것들을 문장 후미에 두면 운율을 맞추기가 좋습니다.

Ron DelBene, *The Breath of Life: A Workbook* (Nashville, Tenn.: The Upper Room, 1996), 12-13.

제자도의 일반 규칙

세상에서 예수 그리스도를 증언하며,
성령의 인도하심 아래
긍휼과 정의와 예배와 헌신의 행위를 통하여
그리스도의 가르침을 따르기 위한 규칙

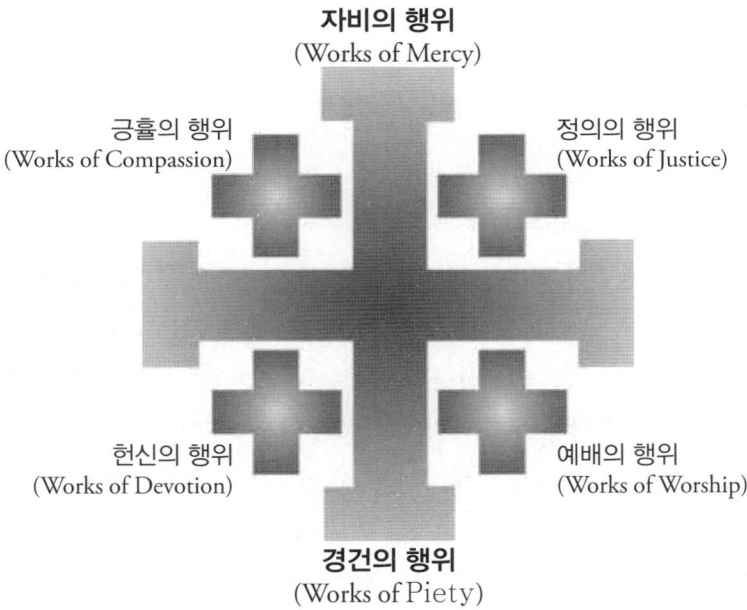

제자도의 일반 규칙

"이 일반 규칙은 신실한 제자들에게 세상에서 사는 단순하고 간단한 방법을 제공하기 위한 것이다. 이를 위하여…형식과 능력이 필요하다. 하나님 은혜의 능력이 없다면, 우리의 제자도는 형식적인 것에 불과하게 된다. 하나님의 법이라는 형식이 없으면, 우리의 제자도는 방종한 것이 된다. 따라서 이 일반 규칙은 성령(능력)의 인도 아래 예수님의 가르침(모형)을 따르게 한다."

예수 그리스도의 증인

"예수 그리스도를 증언하는 것은 신자들의 제자도에 있어서 특권인 동시에 의무이다."

예수의 가르침을 따름

"다음 명령은 긍휼, 정의, 예배, 헌신 등의 행위를 통하여 예수님의 가르침을 따르라는 것이다.…그러므로 신실한 제자들이라면 제자도의 일반 규칙이 지니는 이 네 차원 안에서 예수님의 가르침을 따르기 위해 노력해야 할 뿐만 아니라 그러한 행동에 대해 책임질 준비가 되어 있어야 한다."

성령의 인도하심 아래서

"이 제자도에 속한 의무를 행하고 나면, 일반 규칙은 우리를 성령에게 순종하는 의무로 인도합니다.…그리스도의 제자들은 그리스도의 이름으로 모일 때 사랑 안에서 서로 돌보는 데 그치는 것이 아니라 다른 일도 발생할 것입니다. 하나님의 성령이 임재하셔서 모임 안에서 모임을 통하여 역사하심으로써, 하늘에서 이루어진 것같이 땅에서도 이루어질 하나님의 나라를 준비하는 일에 봉사할 수 있는 능력을 주실 것입니다.…성령의 경고와 자극을 확인함으로써 신실한 제자들의 분별력이 예리해집니다. 그 이상의 일을 하며 서로 모든 것을 나누는 것은 영성 생활에 있어서 획기적인 발달을 의미합니다. 이는 그럼으로써 그들의 분별과 학습이 크게 증가하기 때문입니다."

David Lowes, *Covenant Discipleship: Christian Formation through Mutual Accountability* (Nashville, Tenn.: Discipleship Resources, 1991), p 298-99 참고.

언약 제자도 그룹을 위한 언약서 견본

나는 예수 그리스도께서 나를 위해 죽으신 것과 하나님께서 나를 예수 그리스도의 제자로 부르신다는 것을 알기 때문에, 하나님의 사랑, 용서, 인도하심, 그리고 능력을 알기 위해서 다음과 같은 훈련을 실천하기를 원합니다. 하나님의 뜻을 나의 뜻으로 삼고 그 뜻에 순종하기를 원합니다. 나는 하나님 나라의 열매를 맺기 위해서 이 언약의 도움을 받아 그리스도 안에 머물기를 원합니다.

예배—규칙적으로 예배드리겠습니다.
- 주일 예배에 참석하겠습니다.
- 적어도 한 달에 한 번 성찬식에 참석하겠습니다.

헌신—날마다 묵상하고 기도하는 시간을 갖겠습니다.
- 이 모임의 회원 모두를 기억하면서 기도하겠습니다.
- 매일 성경과 경건 서적을 읽겠습니다.
- 침묵하여 묵상하는 시간을 갖겠습니다.
- 일상생활의 모든 분야에서 하나님의 임재와 자극과 경고에 주목하겠습니다.

정의—세상에서 하나님의 공의와 화해를 실현하기 위해 노력하겠습니다.
- 인간의 존엄성을 옹호하겠습니다.
- 어느 곳에서든지 불의를 막기 위해서 말하고 행동하겠습니다.
- 나의 개인생활과 공동체의 삶에서 세상의 자원을 관리하는 청지

기 역할을 하겠습니다.

긍휼—모든 사람에게 사랑을 실천하겠습니다.
- 나 자신과 가족과 친구와 동료들을 사랑하겠습니다.
- 내가 만나는 낯선 사람들과 원수들을 사랑하겠습니다.

소명과 재약속—나에게 허락된 시간과 물자를 선하게 사용하기 위해서 기도하는 마음으로 계획을 세우겠습니다.
- 다음 한 주일 동안 하나님의 부르심에 응답하겠습니다.
- 직장과 가정과 친구들과 레크리에이션에 시간을 균형 있게 사용하겠습니다.

하나님의 은혜가 내 안에서 역사하시면서 이 언약을 지킬 힘을 주실 것을 믿고 위와 같이 언약합니다. 내가 노력하다가 실패할 때 하나님께서 은혜로 나를 용서해 주시고 힘주실 것을 믿습니다.

　　　　년　월　일　　　　　＿＿＿＿＿＿＿＿＿
　　　　　　　　　　　　　　서명 ＿＿＿＿＿＿＿＿

웨슬리 전통의 언약 기도

나는 이제 나의 것이 아니라 주님의 것입니다.
나를 주님 뜻대로 하시며, 주님이 뜻하시는 자로 세우소서.
나로 행동하게 하시며, 고통하게 하옵소서.
주님에 의해 쓰이거나, 주님을 위해 남겨둔 자가 되게 하옵소서.
주님을 위해 높아지거나, 주님에 의해서 낮아지게 하옵소서.
나를 채워주시며, 또한 나를 비워지게 하옵소서.
내가 모든 것을 가지게 하시며, 또한 내가 아무것도 가지지 못하게 하옵소서.
나는 진심으로 거리낌 없이
모든 것을 주님의 기쁨과 뜻에 맡깁니다.
복되신 영광의 하나님,
성부와 성자와 성령이시여
주님은 나의 것이며, 나는 주님의 것입니다.
내가 땅에서 맺은 언약이
하늘에서 확증되기를 기도합니다. 아멘.

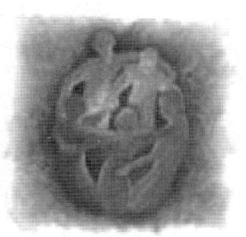

From The United Methodist Hymnal (Nashville, Tenn.: The United Methodist Publishing House, 1989), p. 607.

회중: 영적 돌봄과 지도의 생태 환경

동심원들은 "교회, 특히 회중이 어떻게 영적 돌봄의 풍부한 생태 환경"이 되는지 나타내고 있다.

"교회는 본질상 영적 돌봄과 안내의 생태 환경이다. 그것은 기독교인의 영성형성을 위한 결정적인 환경이다. 교회는 그 존재와 행동 안에 사람들을 붙잡아 두면서 직접적으로만 아니라 암시적으로도 영적 지도와 돌봄을 제공한다."

"우리가 모일 때 영적 지도를 위한 중심이 되는 환경은 예배이다. 우리는 공동 기도와 개인기도, 주고받음, 이름을 지어줌, 가르침, 씻어줌, 기름부음, 축복 등을 통해서 기독교인들을 입교시키고 형성하며 지도한다. 이 활동들은 교회가 우리에게, 우리를 위해, 우리와 함께하는 몸짓으로서 우리의 영성형성에 필요한 것들이다."

"회중 안에서 영적 지도와 돌봄은 하나의 새로운 프로그램으로서 간헐적으로 제시되는 것이 아니라, 회중 안에서 발생하는 모든 일 안에서 지속적으로 이루어져야 한다. 영적 돌봄과 지도의 많은 요소는 목사들과 기독교 교육자들이 주도하고 의식화할 수 있는데, 그들은 영성에 대한 침묵을 깨는 데 책임을 진다."

"너희는 하나님의 은혜에 이르지 못하는 자가 없도록 하고 (히 12:15). 사역과 증언의 의무는 성직자들만 아니라 신자들 전체에게 주어진 것이다. 우리는 삶의 기본적인 환경이 하나님의 무한하신 사랑과 구원하시는 은혜임을 온 세상에 증언해야 한다."

"모든 기독교인은 자신의 소명을 성취하기 위해서 성령의 임재(요일 5:7-10) 안에서 영적 지도를 받는다. 우리의 임무는 하나님을 위해서 서로의 권리를 침해하거나 지배하는 것이 아니라, 서로 은혜의 움직임과 성령의 자극에 주의를 집중하도록 돕는 것이다."

"그러므로 영성형성과 지도의 궁극적인 상황은 은혜의 환경이다. 창조주 하나님은 우리에 의해서 개입되는 것이 아니라, 창조하시고 변화시키며 인도하시는 현존으로서 이미 현존해 계시다."

Susanne Johnson, *Christian Spiritual Formation in the Church and Classroom* (Nashville, Tenn.: Abingdon Press, 1989), 121-24, 135.

참고 문헌

제1부

1. Ron DelBene 著 *Hunger of the Heart: A Workbook*: 영적 여행 탐구를 위한 6주간의 소그룹 영성 훈련 워크북. 이 워크북에는 기도 훈련이 포함되어 있다. 저자는 소그룹을 위하여 그리스도 안에서 삶의 형태를 이해하도록 돕는다. 이 과정에서 비디오 "Finding God"을 이용한다.

2. Maxie Dunnam 著 *Workbook on Becoming Alive in Christ*: 그룹 토론을 포함한 일일 묵상 자료. 크리스천의 삶을 형성하는 능력으로서 내주(內住)하시는 그리스도를 주제로 한 책이다. 7주간 소그룹을 위한 이 책은 크리스천의 삶과 그리스도 안에서 성숙하게 된다는 의미를 더욱 깊이 이해하게 해준다. 저자는 영성형성에는 내주하시는 그리스도를 알고, 그리스도에 대한 자각을 높이며, 그리스도를 표현하기 위한 훈련과 실천이 요구된다고 믿는다.

3. Steve Harper 著 *Devotional Life in the Wesleyan Tradition by Steve Harper*: 저자는 이 책에서 영적 여정과 존 웨슬리의 저서에 나타나 있는바 크리스천의 본질을 다룬다. 저자는 기도, 성경, 주님의 고난, 금식과 기독교 공동체 등의 훈련을 다루었다. 웨슬리는 이 훈련이 우리의 삶에서 하나님의 은혜를 받는 방편이라고 말했다. 이 워크북은 영성훈련 및 은혜의 수단에 대한 탁월한 자료가 될 것이다.

4. Richard L. Morgan 著 *Remembering Your Story: A Guide to Spiritual Autobiography*: 이 책은 학습자로 하여금 삶에 있어서 특별한 순간을 기억하게 하며 그것을 통해서 하나님이 뜻하시는 바를 깨닫게 돕는 10주간 영성 훈련 교재이다.

5. Gerrit Scott Dawson 著 *Called by a New Name: Becoming What God Has Promised and accompanying leader's guide: A Guide to Spiritual Autobiography*: 저자는 사회가 준 한정된 이름을 초월하여 하나님이 주시는 새로운 정체성을 경험하라고 격려하며, 하나님이 우리에게 주시는 이름을 발견하여 그것을 우리 자신의 것으로 삼으라고 권한다.

6. William H. Willimon 著 *Remember Who You Are: Baptism, a Model for the Christian Life*: 세례를 쉽게 이해할 수 있도록 쓴 탁월한 책이지만, 내용은 매우 심오하다. 저자는 이 책을 통하여 독자 자신의 세례를 기억하게 하며 그리스도의 제자가 된다는 것의 의미에 대한 새로운 비전을 갖게 해준다.

제2부

1. M. Robert Mulholland Jr 著 *Shaped by the Word: the Power of Scripture in Spiritual Formation, rev. ed.*: 저자는 영성형성에 있어서 성경의 역할을 고

부록

려하며, 독자들로 하여금 정보 습득을 위해 성경을 읽는 단계에서 영성형성적으로 읽는 단계로 나아가도록 안내해준다. 저자는 성경에 접근하는 방법이 삶의 변화에 얼마나 큰 영향을 끼치는지 설명한다. 저자는 하나님 생명의 말씀에 자신을 개방하는 데 방해가 되는 원인들을 설명한다. 독자들은 이 책이 일상생활에서 성경을 통하여 하나님께 관심을 집중하며, 영성형성적 성경 읽기를 익히는 데 유용한 자료라는 것을 쉽게 알게 될 것이다. 한글 번역서로 『영성형성을 위한 거룩한 독서』 (은성출판사, 최대형 번역)가 있다.

2. Gerrit Scott Dawson 著 *Heartfelt: Finding Our Way Back God*: 복음서에서 예수님에 대한 열 가지 이야기를 발췌하여 집중적으로 다룬 책으로서 생명이 되시며 변화를 일으키시는 그리스도와의 관계가 의미하는 바를 설명한다. 여기에 나오는 성경의 이야기를 묵상함으로써 독자들이 하나님과 관계를 방해하는 것들과, 치유하시며 새롭게 하시는 살아계신 그리스도를 온전히 체험하는 신선한 방법을 알도록 도와준다.

3. Carolyn Stahl Bohler 著 *Opening to God: Guided Imagery Meditation on Scripture*: 이 책은 상상으로 성경을 묵상하는 훈련에 대한 구체적인 기초 자료이다. 저자는 성경을 읽는 개인뿐만 아니라 소그룹에도 유용한 50개의 성경 묵상 자료를 다룬다. 이 묵상 방법은 성경과 영적 여정을 연결 짓는 창조적인 방법이다.

4. Gerrit Scott Dawson 著 *Writing on the Heart: Inviting Scripture to Shape Daily Life*: 저자는 "성경 말씀에 따라 지음을 받은 대로의 삶을 산다는 것이 왜 어려운가?"라는 대답하기 어려운 질문을 던진다. 독자들은 성경 말씀을 탐구하고 그 말씀에 등장하는 사람들과 동일시하며, 그리스도께서 우리의 삶에 접촉해 주시기를 기도하고, 그 이야기를 일상생활에 도입하기 위해서 상징적인 방법으로 묵상함을 통해서 성경과 상호작용하는 단순한 방법을 발견하게 될 것이다.

5. Norvene Vest 著 *Gathered in the Word: Praying the Scripture in small Groups*: 이 책은 소그룹이 기도하는 마음으로 성경을 읽는 방법에 대한 안내서이다. 저자는 이 과정을 독창적인 방법으로 제시한다. 소그룹 영적 독서 *lection divina*를 실천하는 방법을 제2부 제5과에서 소개된다.

6. 『영성형성 성경』 *The Spiritual Formation Bible: Growing in Intimacy with God through Scripture*.: 미국 다락방(Upper Room)에서 편집되고 존더반 출판사에서 출간된 이 『영성형성 성경』은 영성형성에 관한 기초 자료와 독서 안내 및 말씀 묵상 자료를 싣고 있으므로 개인적으로 성경을 읽는 데 유용한 자료가 될 것이다. 영어성경은 NIV 및 NRSV 두 가지가 있다.

제3부

1. John Killinger 著 *Beginning Prayer*: 이 책은 기도 생활을 통해서 성장을 추구하며 일상의 기도 패턴을 개발하려는 사람을 위한 기초 자료이다. 이 책에서는 일상에서 기도 시간을 정하는 것, 기도의 자세, 특별기도 등 기도의 태

도에 대한 주제를 다룬다.

2. Douglas V. Steere 著 *Dimensions of Prayer: Cultivating a Relationship with God*: 『기도의 능력』(은성출판사, 엄성옥 역)으로 번역 출판되었다. 이 책은 1962년에 초판되었으며 1997년에 재판되었다. 이 책에서 저자는 기도에 관한 주요 문제, 즉 왜 기도하는? 기도란 무엇인가? 어떻게 기도할 것인가? 이 세상에서 기도는 우리 자신 및 우리의 행동에 어떤 영향을 미치는가? 등을 다룬다. 틸든 에드워즈(Tilden Edwards)는 이 책을 두고 "20세기에 현명한 영적 지도자의 발치에 앉아서 평생 기도에 대해서 배운 것 중 가장 중요한 말을 듣는 것과 같다"라고 했다.

3. W. E. Sangster 著 *Teach Me to Pray by W. E. Sangster*: 크리스천의 삶에서의 기도의 중요성 및 하나님과 강력하고 친밀한 기도를 개발하는 방법을 실은 고전적인 책이다. 이 책은 기도에 관한 실천적 방법, 기도 모임을 형성하는 방법, "그리스도 안에서 사는 방법" 등의 주제로 구성되어 있다.

4. Ron Delbene 著 *Alone with God: A Workbook*: 6주 과정의 소그룹을 위한 워크북이다. 이 책은 성경을 통하여 기도하고 하나님의 말씀을 경청하는 사람들을 위한 책이다. 방법에 있어서, 이 책은 소그룹 영성형성 훈련(*Companions in Christ*) 중 「매일 묵상」과 같은 기능을 한다. 매일 기도와 성경 읽는 방법을 제시하는 이 워크북은 삶에서 하나님의 현존을 보다 깊이 체험하는 방법을 알도록 도와줄 것이다.

5. Maxie Dunnam 著 *The Workbook of Living Prayer*: 기도에 대한 6주간의 훈련을 위한 워크북이다. 이 책에는 일일 성경 읽기와 묵상 기도를 위한 자료가 들어있다. 저자는 기도 생활에 대하여 그리스도로부터 배우는 것에 초점을 둔다.

6. Martha Graybeal Rowlett 著 *Responding to God*: 저자는 우리의 삶에서 하나님의 은혜에 응답하는 것이 기도라는 것을 이해시키려 한다. 이 책 및 지도자 지침서에는 매일 기도의 모델과 10주간의 기도에 대한 다양한 연구 자료가 실려 있다. 이 책은 하나님에 대한 우리의 이해, 신자들의 삶에서 다양한 기도 형태, 그리고 왜 기도는 응답받지 못하는가 등으로 구성되어 있다. 지도자 지침서에서도 6주간, 12주간, 또는 주말 피정 등을 위한 각기 다른 과정을 제안한다.

7. Ron Delbene 著 *The Breath of Life: A Simple Way to Pray—A Workbook*: 소그룹 영성형성 훈련 제3부 제2주의 자료에 언급된 호흡기도를 통해 "끊임없이 기도"하는 방법에 대한 5주간의 영성훈련 지도서이다. 비디오로는 "Learning the Breath Prayer"를 사용한다.

제4부

1. 미국 다락방에서 편집 출판한 『영성 고전 시리즈』(*Spiritual Classics Series*): 1, 2, 3에는 기독교 전통에서 가장 훌륭한 영적 저술 중 일부의 번역본이 수록되어 있다. 제1집에는 요한 카시안, 존 웨슬리, 아빌라의 테레사, 어거스틴, 토마스 켈리; 제2집에는 노리지의 줄리안, 가가와 도오히꼬, 에블린 언더

힐, 토마스 아 켐피스, 프란치스코와 클라라; 제3집에는 십자가의 요한, 사막의 교부 및 교모, 윌리암 로, 존 울만, 시에나의 카타리나. 각각의 책은 저자의 간략한 일대기와 14개의 대표적인 저술을 싣고 있다.

2. Joyce Hollyday 著 *Then shall Your Light Rise: Spiritual Formation and Social Witness*: 생동적이고 증언하는 삶과 영적 성장의 관계에 대한 책이다. 저자는 삶에서 하나님의 사랑에 더욱 마음을 기울이게 됨으로써, 공동체 안에서 및 세상에서 사람들의 궁핍함에 더욱 마음을 기울이게 된다고 생각한다. 이 책은 개인적인 이야기와 성경 묵상을 통하여, 사랑으로 하는 행동이 얼마나 믿음을 성장하게 하며 하나님을 분명하게 보게 하는지에 대한 깊은 이해를 돕는다.

3. Gregory S. Clapper 著 *As If the Heart Mattered: A Wesleyan Spirituality*: 이 책은 기독교적 삶에 대한 웨슬리 사상을 요약한 책이다. 저자는 웨슬리의 주요 사상은 기독교란 삶의 중심을 변화하게 하는 것으로서 "마음의 종교"라고 본다. 웨슬리는 이상생활의 사랑과 두려움을 재정립하는 종교에 관심을 두었다. 저자는 이 근본적인 단계에서 우리에게 영향을 주지 못한다면, 기독교는 실제로 뿌리를 내리지 못한 종교라는 것이 웨슬리의 견해라고 말한다.

4. James C. Howell 著 *Yours Are the Hands of Christ: The Practice of Faith*: 일상생활에서 신앙을 표현하는 실천적인 방법을 찾고, 오늘의 세상에서 그리스도의 증인으로서 약속을 실천하도록 돕는다. 제자도의 부르심에 응답하기 위해서는 이 세상과 구별된 삶을 살아야 한다고 믿는다. 그리고 교사요 치유자요 동정심을 가진 종으로서 예수님의 행적을 생각함으로써, 저자는 독자들로 하여금 세상에서 그리스도의 손과 사랑이 되라고 도전한다.

5. Charles V. Bryant 著 *Rediscovering Our Spiritual Gifts: Building Up the Body of Christ through the Gifts of the Spirit*: 이 책은 성령의 은사들이 개인과 기독교 공동체의 삶을 얼마나 새롭게 하는지 깨닫게 해주는 실천적인 책이다. 저자는 은사를 발견하게 하는 길을 제공한다. 이 책과 함께 그룹 실천을 위한 워크북이 있다. 또한 개인적으로 은사를 사용하는 방법을 개발하는 데 도움을 주는 책도 있다.

6. John Indermark 著 *Neglected Voices: Biblical Spirituality in the Margins*: 성경에서 그리 중요하게 다루어지지 않지만 언제 어디에서나 중요한 교훈을 주는 라합, 시몬 마구스 등의 인물을 다룬 책이다. 저자는 당신의 삶 안에서 가능성과 주위 사람들의 삶을 향해서 개방하도록 도와준다. 6주 과정의 지도자 지침서가 있다.

7. Flora Slosson Wuellner 著 *Prayer, Stress, and Our Inner Wounds*(『어떻게 치유할 것인가?』: 은성출판사): 이 책은 육체적 고통, 괴로운 기억, 잊힌 상처, 불확실한 고통, 스트레스와 근심에서 기인한 괴로움 등을 설명한다. 저자는 세상의 고통을 변화시키는 첫 단계는 우리 자신의 고통을 정직하게 보는 것이며 하나님의 사랑에 문을 열기 시작하는 것이라고 한다. 치유에 대한 갈망은 예수님의 사역의 중심이며, 이 책은 그리스도의 치유하시는 현존에 대한 확신이 필요하다는 것에 직면하게 한다.

제5부

1. Wendy Miller 著 *Learning to Listen: A Guide For Spiritual Friends*: 이 책은 영적 친구에 대한 실천적인 개론서로서 영적 친구를 구하는 방법, 영적 친구와 함께하는 계획 세우기, 개인적인 영적 훈련을 영적 친구로 풍부하게 하는 방법 등을 다룬다.

2. Rueben P. Job 著 *A Guide to Spiritual Discernment*: 이 책은 주요한 결정을 내리기 위한 40일간의 영적 훈련 안내서이다. 매일 독서, 기도, 성찬 예배는 하나님의 현존과 당신의 삶 안에서 하나님의 활동과 하나님의 인도하심에 완전히 자신을 개방하는 방법 등을 생각하게 한다. 이 책은 큰 문제를 놓고 하나님의 뜻을 분별해야 하는 교회, 또는 어려운 문제에 당면한 회중에게 유용하다. 이러한 자료로부터 얻을 수 있는 장점은 하나님의 뜻을 함께 찾는 동안 각 개인들의 뜻이 일치를 이루는 것이다.

3. Danny E. Olsen 著 *Discerning God? Will Together: A Spiritual Practice for the Church*: 이 책은 기도와 영적 분별에 기초한 교회에서의 의사 결정 방법을 제시한다. 이 책의 핵심은 소그룹 영성형성 훈련 제5부 제4주에 소개되어 있다. 모리스와 올센은 교인들은 교회 일이 자기들의 삶과 신앙에 깊은 연관이 없는 것처럼 보이면 싫증을 낸다고 믿는다. 교인들이 하나님의 뜻에 마음의 문을 열게 하는 10단계를 제시한다.

4. Timothy Jones 著 *Finding a Spiritual Friend: How Friends and Mentors Can Make Your Faith Grow*: 이 책은 영적 친구에 대한 기대와 원동력과 영적 친구 관계를 강화하는 방법을 알고자 하는 사람들을 위한 탁월한 책이다. 저자는 상호의존이 신앙공동체의 핵심이라는 확신을 갖고 이 글을 썼다. 우리는 신앙이 성장하도록 상호 인도하고 격려해야 한다. 소그룹을 위한 안내가 없지만 각 장 마지막 부분에 개인적인 질문을 함으로써 깊이 생각할 수 있도록 했다.

5. Stephen V. Doughty 著 *Discovering Community: A Meditation on Community in Christ*: 저자는 "지난 한 주 동안 기독교 공동체를 실제로 보았는가?"라는 질문에 대한 대답을 일지에 쓰는 약속을 지켰다. 70명의 회중과 함께 한 이 일에서, 그는 참된 공동체를 증언하는 많은 시간과 장소들을 발견했다. 이 체험을 통해서 저자는 기독교 공동체를 양육하고, 그것을 방해하는 것이 무엇인지 알게 도와주시기를 . 이 책은 개인적인 소명과 개인 및 회중들을 위한 나눔의 사역에 대한 인식을 새롭게 해줄 것이다.

6. Howard Rice 著 *The Pastor as Spiritual Guide*: 번역서로 『영성목회와 영적 지도』(은성출판사; 엄성옥 역)가 있다. 이 책은 영적 지도의 큰 틀 안에서 특별한 목회자 사명을 다룬다. 저자는 이 책에서 교인들의 영적 성장을 돕는 기회로 설교, 교육, 교회 행정 등을 활용해야 한다는 것을 역설한다. 영적 지도자로서의 목회자의 이미지를 계발함에 있어서, 목회란 크리스천 제자들의 형성체로서 교회의 사명에 대한 분명한 이해 위에 세워지기 때문에 목회의 특별한 이미지를 들면서 회중들을 지도하는 자로서의 모델을 어떻게 세워나갈 것인지 보여주고 있다. 이 책의 주요 내용을 소그룹 영성형성 훈련 제5부에 요약하여 설명하고 있다.

7. John Mogabgab 著 *Communion, Community, and Commonweal*: 이 책은 영적 지도에 대한 깊은 이해와 실천을 다룬 책이다. 제1부에서는 하나님의 말씀을 경청하고 대답하는 것을 다룬다. 제2부에서는 기억, 찬양, 의사소통, 인도를 위한 믿음의 공동체의 핵심 훈련에 초점을 둔다. 제3부에서는 교회의 사명과 개인의 영적 훈련을 다룬다.

주

제1부

제1주

1. Walter Brueggemann, *Praying the Psalms* (Winona, Minn.: Saint Mary's Press, 1982), 16-24.

제2주

1. 전통적으로 교회는 이 편지를 사도 바울의 것이라고 여기는 반면, 많은 학자는 사도 바울의 제2세대 공동체의 것이라고 주장한다.
2. Elizabeth O'Connor, *The New Community* (New York: Harper & Row, 1976), 58.

제3주

1. Dallas Willard, The Spirit of the Disciplines (San Francisco, 1991), 158. 역서로는 영성훈련 (은성출판사: 엄성옥 역) 참조.
2. Marjorie Thompson, *Soul Feast* (Louisville, Ky.: Westminster John Knox Press, 1995) 69-70. 역서로는 개역개정판 『영성형성 훈련의 이론과 실천』(은성출판사: 최대형 역) 참조.
3. 상게서. 9-10

제4주

1. Augustine, *Confessions* 3.6 trans. Henry Chadwick (New York: Oxford University Press, 1991), 41.
2. Augustine, *Confessions* 3.6 trans. R. S. Pine-Coffin (New York: Penguin Books, 1961), 61.
3. *Martin Luther: Selections from His Writings*, ed. John Dillenberger (Garden City, N.Y.: Anchor Books, 1961), 11.
4. *Ibid.*, 11-12.
5. Mother Teresa, *Mother Teresa: In My Own Words,* comp. José Luis González-Balado (Liguori, Mo.: Liguori Publications, 1989), 24.
6. *Ibid.*, 99.
7. Deborah Smith Douglas. "Evelyn Underhill at Pleshey," *Weavings: A Journal of the Christian Spiritual Life* 14 (January-February 1999): 19.
8. *Ibid.*, 20.
9. *Ibid.*

제5주

1. Tilden H. Edwards, *Living in the Presence* (San Francisco: Harper & Row, 1987), 61.
2. Dietrich Bonhoeffer, *Life Together*, trans. John W. Doberstein (New York: Harper & Row, 1954), 30.

3. Clifford Williams, *Singleness of Heart* (Grand Rapids, Mich.: William B. Eerdmans, 1994), 116.
4. Robert Wuthnow, ed., "I Come Away Stronger": *How Small Groups Are Shaping American Religion* (Grand Rapids., Mich.: William B. Eerdmans, 1994), 15.
5. *Ibid.*, 105.
6. *Ibid.*, 153.
7. Morton T. Kelsey, *Companions on the Inner Way* (New York: Crossroad, 1983), 8.

제2부

제1주

1. Thomas Merton, *Opening the Bible* (Philadelphia, Pa.: Fortress Press, 1970), 18.
2. M. Robert Mulholland Jr., *Shaped by the Word: The Power of Scripture in Spiritual Formation*, rev. ed. (Nashville, Tenn.: Upper Room Books, 2000), 27, 30.

제2주

1. 이방인들은 모세의 율법을 공부하고 지킨다고 서약함으로써 쿰란공동체에 들어올 수 있다(*Manual of Discipline* 5.7-20).
2. Richard J. Foster, *Celebration of Discipline: The Path to Spiritual Growth*, rev. ed. (San Francisco: Harper & Row, 1988), 62.
3. Thomas Merton, *Spiritual Direction and Meditation* (Collegeville, Minn.: The Liturgical Press, 1960), 44.
4. *Ibid.*, 46.
5. Jean Leclercq, *The Love of Learning and the Desire for God: A Study of Monastic Culture*, trans. Catherine Misrahi (New York: Fordham University Press, 1961), 87-90.

제3주

1. Merton, *Spiritual Direction and Meditation*, 51.
2. Douglas Burton-Christie, *The Word in the Desert: Scripture and the Quest for Holiness in Early Christian Monasticism* (New York: Oxford University Press, 1993), 107-133.
3. Merton, *Spiritual Direction and Meditation*, 64.
4. *Ibid.*, 95.
5. Elizabeth Canham, unpublished article on lectio divina.
6. Merton, *Spiritual Direction and Meditation*, 75.
7. John Cassian, Conferences 10.11. trans. Owen Chadwick, *The Library of Christian Classics*, vol. 12 (Philadelphia: The Westminster Press, 1958), 244.
8. Teresa of Avila, *The Life of Teresa of Jesus, The Autobiography of St, Teresa of Avila*, ed. E. Allison Peers (Garden City, N.Y.: Image Books, 1960), 133.
9. Douglass V. Steere, *Treveling In.*, ed E. Glenn Hinson, Pendle Hill Pamphlet 324 (Wallingford, Pa.: Pendle Hill Publications, 1995), 19.
10. Teresa of Avila, *The Life of Teresa of Jesus*, 137.
11. Bonhoeffer, *Life Together*, 82.
12. *Ibid.*, 83.
13. *Ibid.*, 84.

제4주

1. Ignatius of Loyola, *The Spiritual Exercises of St. Ignatius*, trans. Anthony Mottola (Garden City, N.Y.: Image Books, 1964), 37.
2. Richard Baxter, *The Saints' Everlasting Rest*, ed. E. Glenn Hinson, The Doubleday Devotional Classics, vol. 1 (Garden City, N.Y.: Doubleday, 1978).
3. John Bunyan, *Grace of Abounding* 46, ed. E. Glenn Hinson, The Doubleday Devotional Classics, vol. 1 (Garden City, N.Y.: Doubleday, 1978), 230.
4. Baxter, *The Saints' Everlasting Rest* 13, 21; 141.
5. *Ibid.*, 14, 2; 142.
6. Richard Baxter, *The Saints' Everlasting Rest* (Philadelphia: Presbyterian Board of Publication, 1847), 306-307의 본문을 현대적인 표현으로 인용함.
7. Henry J. M. Nouwen, *Behold the Beauty of the Lord: Praying with Icons* (Notre Dame, Ind.: Ave Maria Press, 1987), 15.

제5주

1. Bunyan, *Grace Abounding* 77:237.
2. John Bunyan, *The Pilgrim's Progress*, ed. E. Glenn Hinson, The Doubleday Devotional Classics, vol. 1 (Garden City, N.Y.: Doubleday, 1978), 348.
3. In *A History of Christianity: Readings in the History of the Church*, vol. 2, ed. Clyde L. Manschreck (Engelwood Cliffs, N.J.: Prentice-Hall, 1964), 31.
4. 그룹 묵상에 대해 더 상세히 알고 싶은 사람은 Norvene Vest의 *Gathered in the Word: Praying the Scripture in Small Groups* (Nashville, Tenn.: Upper Room Books, 1996) 중 특히 17-27쪽을 보라.
5. 어떤 사람들은 수도사들은 시편으로 영적 독서(*lectio divina*)를 하지 않았을 것이라고 생각하고 있다. 수도사들은 하루에 여덟 시간씩 모여 성무일과(Daily Office; *Opus Dei*)를 행할 때 시편으로 찬양을 드렸다. 그들은 네 시간 거룩한 묵상 기도를 하는 동안 보통 성경과 다른 저서를 가지고 묵상하였다. *Lindisfarne Gospel* 및 *The Books of Kelly to Lectio* 등의 자료가 도움이 될 것이다.

제3부

제1주

1. Thompson, *Soul Feast*, 31. 번역서로는 『영성형성 훈련의 이론과 실천』(은성출판사) 참조.
2. Augustine, *Confessions* 10. 27. 38, trans. J. G. Pilkington, *Nicene and Post-Nicene Fathers*, First Series, vol. 1 (1886; reprint, Peabody, Mass.: Hendrickson Publishers, 1994), 152-53.

제2주

1. Jean-Pierre de Caussade, *Abandonment to Divine Providence*, trans. John Beevers (New York: Image Books, 1975), 72. 번역서로는 『자기포기』(은성출판사, 엄성옥 역)가 있다.
2. Douglass V. Steere, *Dimensions of Prayer* (Nashville, Tenn.: Upper Room Books, 1997), xx. 번역서로는 『기도의 능력』(은성출판사)을 참조하기 바람.

제3주

1. Steere, *Dimensions of Prayer*, 69. 『기도의 능력』(은성출판사) 참조.
2. Maria Boulding, *The Coming God* (Collegeville, Minn.: The Liturgical Press, 1982), 7-8.

제4주

1. Harvey D. Egan,: "Negative Way," in *The New Dictionary of Catholic Spirituality* (Collegeville, Minn.: The Liturgical Press, 1993), 700.
2. James Finley, as quoted by Allan H. Sager, *Gospel-Centered Spirituality* (Minneapolis, Minn.: Augsburg Fortress, 1990), 37.
3. Urban T. Holmes III, *A History of Christian Spirituality: An Analytical Introduction* (New York: Seabury, 1980), 4-5.
4. 네 가지 형태에 대해 상세히 알려면 Corinne Ware, *Discover Your Spirituality* (Betheda, Md.: The Alban Institute, 1995)을 보라.
5. *Ibid.*, 43.
6. *Ibid.*, 44-45.
7. Karl Rahner, *Encounters with Silence*, trans. James M. Demske (Westminster, Md.: The Newman Press, 1960), 15-16.
8. Dom Chapman, as quoted in Richard Foster's book *Prayer: Finding the Heart's True Home* (San Francisco: Harper San Francisco, 1992), 7.

제5주

1. Thomas R. Hawkins, *The Unsuspected Power of the Psalms* (Nashville, Tenn.: The Upper Room, 1985), 37.

제6주

1. William H. Shannon, "Contemplation, Contemplative Prayer," in *The New Dictionary of Catholic Spirituality*, 209.
2. Augustine, *Confessions* 1.1. ed. Keith Beasley-Topliffe, Upper Room Spirituality Classics, Series 1 (Nashville, Tenn.: Upper Room Books, 1997), 12.
3. Teresa of Avila, *The Interior Castle in the Collected Works of St. Teresa of Avila,* vol. 2, trans. Kieran Kavanaugh and Otilio Rodriguez (Washington, D.C.: Institute of Carmelite Studies, 1980), 283.
4. Teresa of Avila, *The Book of Her Life in the Collected Works of St. Teresa of Avila*, vol. 1, trans. Kieran Kavanaugh and Otilio Rodriguez (Washington, D.C.: Institute of Carmelite Studies, 1976), 80.
5. Teresa of Avila, *The Interior Castle*, 430.
6. Brother Lawrence of the Resurrection, *The Practice of the Presence of God*, trans. John J. Delaney (New York: Image Books, 1977), 68.

제4부

제1주

1. Oswald Chambers, *My Utmost for His Highest* (London: Simpkin Marshall, 1937), 120.

제2주

1. Ray Summers, *Behold the Lamb: An Exposition on the Theological Themes in the Gospel of John* (Nasville, Tenn.: Broadman Press, 1979), 188-89.
2. Lesslie Newbigin, *The Light Has Come: An Exposition of the Fourth Gospel* (Grand Rapids. Mich.: William B. Eerdmans, 1982), 197.
3. *Ibid.*, 198.
4. Thomas F. Torrance, *Scottish Theology* (Edinburgh: T & T Clark, 1996), 58.

제3주

1. Newbigin, *The Light Has Come*, 200.
2. *Ibid.*
3. Andrew Murray, *With Christ in the School of Prayer* (Old Tappan, N.J.: Fleming H. Revell, 1953), 43.
4. *Ibid.*, 44.

제4주

1. John Calvin, *Institutes of the Christian Religion*, trans. Ford Lewis Battles, Library of Christian Classics, vol. 20 (Philadelphia: The Westminster Press, 1960), 537-41.
2. Thomas F. Torrance, *The Trinitarian Faith* (Edinburgh: T & T Clark, 1993), 228.
3. *Ibid.*
4. Calvin, *Institutes of the Christian Religion*, 540-41.
5. *Ibid.*

제5주

1. Gustav Nelson, "A New Model of a New Century," *Presbyterian Outlook* (30 June 1997): 7.

제5부

제1주

1. Thompson, *Soul Feast*, 103-5: 번역서로 『영성형성 훈련의 이론과 실천』 (은성출판사) 참조.
2. Margaret Guenther, *Holy Listening: The Art of Spiritual Direction* (Cambridge: Cowley Publications, 1992), 43.
3. Ben Campbell Johnson, *Invitation to Pray*, rev. ed. (Decatur, Ga.: CTS Press, 1993), 18-22.

제2주

1. 사막의 영성에 대한 현대 탐구는 헨리 나우웬의 *The Way of the Heart: Desert Spirituality and Contemporary Ministry* (New York: Seabury Press, 1981)를 참고하라.
2. *The Wisdom of the Desert*, trans. Thomas Merton (New York: New Directions, 1960), 25-26.

3. *Desert Wisdom*, ed. and illus. Yushi Nomura (Garden City, N.Y.: Doubleday, 1982), 84.
4. Guenther, *Holy Listening*.
5. Howard Rice, *The Pastors As Spiritual Guide* (Nashville, Tenn.: Upper Room Books, 1998), 80-81. 번역서로는 『영성 목회와 영적 지도』(은성출판사) 참조.
6. Wendy M. Wright, *A Retreat with Francis de Sales, Jane de Chantal and Aelred of Rievaulx: Befriending Each Other in God* (Cincinnati: St. Anthony's Messenger Press, 1996).
7. Tilden H. Edwards, *Spiritual Friend* (New York: Paulist Press, 1980).
8. Howard Rice, *Ministry as Spiritual Guidance* (Louisville, Ky.: Westminster John Knox Press, 1991).
9. Charles M. Olsen, *Transforming Church Boards into Communities of Spiritual Leaders* (Bethesda, Md.: The Alban Institute, 1995). Also Danny E. Morris and Charles M. Olsen, *Discerning God's Will Together* (Nashville, Tenn.: Upper Room Books, 1997).
10. Esther de Waal, *Living with Contradiction: Reflections on the Rule of St. Benedict* (San Francisco: Harper & Row, 1989). 참조.
11. David Lowes Watson, *Covenant Discipleship: Christian Formation through Mutual Accountability* (Nashville, Tenn.: Discipleship Resources, 1994).
12. Kathleen Fischer, *Women at the Well: Feminist Perspectives on Spiritual Direction* (New York: Paulist Press, 1988).
13. Susan Rakoczy ed., *Common Journey, Different Paths: Spiritual Direction in Cross-Cultural Perspective* (Maryknoll, N.Y.: Orbis Books, 1992).
14. Douglas V. Steere, *Together in Solitude* (New York: Crossroad, 1982), 33-34.

제3주

1. Watson, *Covenant Discipleship*.
2. James Bryan Smith, *A Spiritual Formation Workbook* (San Francisco: Harper San Francisco, 1993).
3. Vest, *Gathered in the Word*.
4. Thomas Keating, *Invitation to Love: The Way of Christian Contemplation* (New York: Continuum, 1994).
5. Rose Mary Dougherty, *Group Spiritual Direction* (New York: Paulist Press, 1995).
6. Thomas R. Hawkins, *Sharing the Search* (Nashvill, Tenn.: The Upper Room, 1987), 19, 25.

제4주

1. Howard Rice, *The Pastor As Spiritual Guide* (Nashville, Tenn.: Upper Room Books, 1998). 번역서로는 『영성 목회와 영적 지도』(은성출판사) 참조.
2. Olsen의 *Transforming Church Boards*와 Morris and Olsen의 *Discerning God's Will Together* 참조.
3. Morris and Olsen, *Discerning God's Will Together*, 25.
4. 미 출간된 Kathleen Flood의 자료를 인용함. 이 인용문은 이냐시오 로욜라의 글에서 영감을 얻은 것임.

제5주

1. Norvene Vest, *No Moment Too Small: Rhythms of Silence, Prayer, and Holy Reading* (Kalamazoo, Mich.: Cistercian Publications, 1994), 6.
2. Damien Isabell, *The Spiritual Director: A Practical Guide* (Chicago: Franciscan Herald Press, 1976).

3. *Spiritual Directors International*, 1329 Seventh Avenue, San Francisco, CA 94122-2507.
4. *A Guide to Spiritual Discernment,* comp. Rueben Job (Nashville, Tenn.: Upper Room Books, 1996)은 매우 유용한 자료가 될 것이다.
5. Susanne Johnson, *Christian Spiritual Formation in the Church and Classroom* (Nashville, Tenn.: Abingdon Press, 1989), 121.
6. Marjorie J. Thompson, *Soul Feast*; adapted from Tilden H. Edwards, *Living in the Presence: Disciplines for the Spiritual Heart* (San Francisco: Harper & Row, 1987), 84.

난외주 및 인용 자료

제1부

제1주

James C. Fenhagen, *Invitation to Holiness* (San Francisco: Harper & Row, 1985), 10.

Evelyn Underhill, *The Spiritual Life* (New York: Harper & Row, n.d.), 36.

Henri J. M. Mouwen, *The Inner Voice of Love* (New York: Doubleday, 1996), 39.

제2주

Augustine, *Confession*, trans. Maria Boulding (Hyde Park, N.Y.: New City Press, 1997), 39.

Julian of Norwich, *Showings*, trans. Edmund Colledge and James Walsh (New York: Paulist Press, 1978), 263.

Ben Champbell Johnson, *Calming Restless Spirit* (Nashville, Tenn.: Upper Room Books, 1997), 50.

Steve Harper, *Devotional Life in the Wesleyan Tradition* (Nashville, Tenn.: The Upper Room, 1983), 54.

제3주

Martin Luther, *Preface to the Letter of St. Paul to the Romans*, trans. Andrew Thornton, 1983, (27 May 1999) <http://www.ccel.org/1/luther/romans/pref_romans.html>(7 July 2000).

Joyce Rupp, *May I Have This Dance?* (Notre Dame, Ind.: Ave Maria Press, 1992), 118.

Maria Boulding, *The Coming of God* (Collegeville, Minn.: The Liturgical Press, 1982), 2.

John Wesley, "The Means of Grace" in *The Works of John Wesley*, vol. 5 (Grand Rapids, Mich.: Zondervan Publishing House, n.d.), 189.

제4주

Dwight W. Vogel and Linda J. Vogel, *Sacramental Living* (Nashville, Tenn.: Upper Room Books, 1999), 52.

Frederick Buechner, *Whistling in the Dark* (San Francisco: Harper & Row, 1988), 104.

Richard L. Morgan, *Remembering Your Story* (Nashville, Tenn.: Upper Room Books, 1996), 21.

제5주

Mary Lou Redding, "Meeting God in Community," *The Spiritual Formation Bible NRSV* (Grand Rapids, Mich.:

Zondervan, 1999), 1498.

Dietrich Bonhoeffer, *Life Together* (New York: Harper & Row, 1954), 26.

Joshep D. Driskill, *Protestant Spiritual Exercises* (Harrisburg, Pa.: Morehouse, 1999), 74.

The Rule of Society of St. John the Evangelist (Cambridge, Mass.: Cowley Publications, 1997), 8.

제2부

제1주

John Cassian, *Conferences*, Book 14 in The Spiritual Formation Bible NRSV (Grand Rapids, Mich.: Zondervan, 1999), n.p.

Thomas à Kempis, *Imitation of Christ in The Spiritual Formation Bible* NRSV (Grand Rapids, Mich.: Zondervan, 1999), n.p.

Martin Luther in *The Spiritual Formation Bible* NRSV (Grand Rapids, Mich.: Zondervan, 1999), n.p.

제2주

Matthew Henry, *Commentary on the Whole Bible* (27 May 1999)

Dietrich Bonhoeffer, *Meditating on the Word* (Nashville, Tenn.: Upper Room, 1986), 44.

Elizabeth J. Canham, *Heart Whispers* (Nashville, Tenn.: Upper Room books, 1999), 30.

M. Robert Mulholland Jr., *Shaped by the Word* (Nashville, Tenn.: Upper Room Books, 2000), 116.

제3주

John Calvin, *Golden Booklet of the True Christian Life* (Grand Rapids, Mich.: Baker Book House, 1955), 19.

Richard J. Foster, *Celebration of Discipline* (San Francisco: Harper & Row, 1978), 26.

Norvene Vest, *Gathered in the Word* (Nashville, Tenn.: Upper Room Books, 1996), 11.

John Wesley, *Works*, vol. 14, 253.

제4주

Eugene H. Peterson, *Subversive Spirituality* (Grand Rapids, Mich.: William B. Eerdmans, 1997), 132.

Richard Baxter, *The Saints' Everlasting Rest* (New York: American Tract Society, 1824), 339-340.

Ibid., 349.

John Killinger, *Beginning Prayer* (Nashville, Tenn.: Upper Room Books, 1993), 67.

Avery Brooke, *Finding God in the World* (San Francisco: Harper & Row, 1989), 43.

제5주

Mary Jean Manninen, *Living the Christian Story* (Grand Rapids, Mich.: William B. Eerdmans, 2000), 6.

Vogel and Vogel, *Sacramental Living*, 18.

Vest, *Gathered in the Word*, 13.

제3부

제1주

Martha Graybeal Rowlett, *Responding to God* (Nashville, Tenn.: Upper Room Books, 1996), 29.

Margaret Guenther, *The Practice of Prayer* (Cambridge, Mass.: Cowley Publications, 1998), 16.

George MacDonald, *The Diary of an Old Soul* (London: George Allen & Unwin, 1905), 17.

Boulding, *The Coming of God*, 20.

Douglas V. Steere, *Dimentions of Prayer* (Nashville, Tenn.: Upper Room Books, 1997), 12.

제2주

Killinger, *Beginning Prayer*, 16.

Teresa of Avila, *The Interior Castle*, trans. Kieran Kavanaugh and Otilio Rodriquez (New York: Paulist Press, 1979). 53.

John Calvin, "Of Prayer" in *Institutes of the Christian Religion*, trans. Henry Beveridge (27 May 1999).

Thomas R. Kelly, A *Testament of Devotion* (New York: Harper & Row, 1941), 60.

제3주

Emilie Griffin, *Clinging: The Experience of Prayer* (New York: McCracken Press, 1994), 5.

Henri J. M. Nouwen, *The Genesee Diary* (New York: Image Books, 1989), 145.

Toyohiko Kagawa, *Meditations on the Cross as cited in Living Out Christ's Love: Selected Writings of Toyohiko Gagawa*, ed. Keith Beasley-Topliffe (Nashville, Tenn.: Upper Room Books, 1998), 57.

William Law, *A Serious Call to a Devout and Holy Life* (Philadelphia: The Westminster Press, 1948), 308.

제4주

Kenneth Leech, *True Prayer* (San Francisco: Harper & Row, 1980), 3.

Thimothy Jones, *The Art of Prayer* (New York: Ballantine Books, 1997), 122.

Catherine de Hueck Doherty, *Soul of My Soul* (Notre Dame, Ind.: Ave Maria Press, 1985), 113.

제5주

Walter Brueggemann, *Praying the Psalms* (Winona, Minn.: Saint Mary's Press, 1982), 17.

Kathleen Norris, *The Psalms* (New York: Riverhead Books, 1997), viii.

Larry R. Kalajainen, *Psalms for the Journey* (Nashvill, Tenn.: Upper Room Books, 1996), 10.

제6주

Thomas Merton, *Contemplative Prayer* (Garden City, N. Y.: Image Books, 1971), 89.

Tilden H. Edwards, "Living the Day from the Heart," from *The Weavings Reader* (Nashville, Tenn.: Upper Rooms Books, 1993), 58.

Mother Teresa, *A Life for God: The Mother Teresa Treasury*, comp. LaVonne Neff (London: Fount, 1997), 17-18.

Henri J. M. Nouwen, *Making All Things New* (San Francisco: Harper & Row, 1981), 57.

제4부

제1주

Jean-Pierre de Caussade, *The Joy of Full Surrender* (Orleans, Mass.: Paraclete Press, 1986), 91.

Donald P. McNeil et al., *Compassion* (Garden City, N.Y.: Image Books, 1983), 35.

Brother Roger of Taizé, *His Love Is a Fire* (London: Geoffrey Chapman Mowbray, 1990), 58.

제2주

Howard Thurman, *Deep Is the Hunger* (Richmond, Ind.: Friends United Press, 1951), 198.

Evelyn Underhill, *The Ways of the Spirit* (New York: Crossroad, 1993), 100.

Thomas R. Hawkins, *A Life That Becomes the Gospel* (Nashville, Tenn.: Upper Room Books, 1992), 70-71.

제3주

Jacqueline McMakin with Rhoda Nary, *Doorways to Christian Growth* (Minneapolis: Winston Press, 1984), 204.

Roberta C. Bondi, *To Pray and to Love* (Minneapolis: Fortress Press, 1991), 31-32.

Andrew Murray, *With Christ in the School of Prayer* (Grand Rapids, Mich.: Zondervan, 1983), 106.

Robin Maas, *Crucified Love* (Nashville, Tenn.: Abingdon Press, 1989), 71.

제4주

Andrew Murray, *The New Life: Words of God for Young Disciples* (1998) <Http://www.xxel.org/m/murray/new_life/life25.htm>(25 July 2000), chap. 22.

Ibid.

Charles V. Bryant, *Rediscovering Our Spiritual Gifts* (Nashville, Tenn.: Upper Room Books, 1991), 27.

Joan D. Chittister, *Wisdom Distilled from the Daily* (San Francisco: Harper & Row, 1990), 46.

제5주

Stephen V. Doughty, *Discovering Community* (Nashville, Tenn.: Upper Room Books, 1999), 110.

Bryant, *Rediscovering Our Spiritual Gifts*, 56.

Thomas R. Hawkins, *Sharing the Search* (Nashville, Tenn.: The Upper Room, 1987), 44.

Elizabeth O'Connor, *Eighth Day of Creation* (Waco, Tex.: Word Books, 1971), 8.

Bryant, *Rediscovering Our Spiritual Gifts*, 57.

제5부

제1주

Suzanne G. Farnham et al., *Listening Hearts: Discovering Call in Community* (Harrisburg, Pa.: Morehouse, 1991), 14.

Danny E. Morries and Charles M. Olsen, *Discovering God's Will Together* (Nashville, Tenn.: Upper Room Books, 1997), 16.

Jeannette A. Bakke, *Holy Invitations: Exploring Spiritual Direction* (Grand Rapids, Mich.: Baker Books, 2000), 223.

William A. Barry and William J. Connolly, *The Practice of Spiritual Direction* (New York: The Seabury Press, 1982), 8.

Hawkins, *A Life That Become the Gospel*, 36.

제2주

William A. Barry, *Spiritual Direction and the Encounter with God* (New York: Paulist Press, 1992), 92.

Kenneth Leech, *Soul Friend* (San Francisco: Harper & Row, 1977), 37.

Larry J. Peacock, *Heart and Soul* (Nashville, Tenn.: Upper Room Books, 1992), 24.

Morris and Olsen, *Discerning God's Will Together,* 39-40.

제3주

Tilden H. Edwards, *Spiritual Friend* (New York: Paulist Press, 1980), 96.

Peacock, *Heart and Soul*, 26.

Gustavo Gutiérrez, *We Drink from Our Wells* (Maryknoll, N.Y.: Orbis Books, 1984), 137.

Rose Mary Dougherty, *Group Spiritual Direction: Community for Discernment* (New York: Paulist Press, 1995), 36.

제4주

Howard Rice, *The Pastor As Spiritual Guide* (Nashville, Tenn.: Upper Room Books, 1998), 97.

Peacock, *Heart and Soul*, 12.

Rice, *The Pastor As Spiritual Guide*, 132.

제5주

Kimberly Dunnam Reisman, *The Christ-Centered Woman* (Nashville, Tenn.: Upper Room Books, 2000), 18.

Carolyn Gratton, *The Art of Spiritual Guidance: A Contemporary Approach to Growing in the Spirit* (New York: Crossroad, 1993), 107.

Eugene H. Peterson, *Working the Angels* (Grand Rapids, Mich.: William B. Eerdmans, 1987), 104.

Frank Rogers Jr., : "Discernment" from *Practicing Our Faith*, ed. Dorothy C. Baas (San Francisco: Jossy-Bass Publishers, 1997), 118.